Jürgen Reulecke
Sozialer Frieden durch soziale Reform

Düsseldorfer Schriften zur Neueren Landesgeschichte
und zur Geschichte Nordrhein-Westfalens
Band 6

Jürgen Reulecke

Sozialer Frieden durch soziale Reform

Der Centralverein für das Wohl der arbeitenden Klassen in der Frühindustrialisierung

Peter Hammer Verlag
Wuppertal

Jürgen Reulecke, geb. 1940 in Düsseldorf, Studium der Geschichte, Germanistik und Philosophie in Münster, Bonn und Bochum, 1969–1979 Wissenschaftlicher Assistent an der Abteilung für Geschichtswissenschaft der Ruhr-Universität Bochum, Promotion zum Dr. phil. 1972, Habilitation 1979, 1980–1983 Lehrstuhlvertretungen an den Universitäten Bielefeld und Berlin (TU).

CIP-Kurztitelaufnahme der Deutschen Bibliothek

Reulecke, Jürgen:
Sozialer Frieden durch soziale Reform. Der Centralverein für das Wohl der arbeitenden Klassen in der Frühindustrialisierung/Jürgen Reulecke. – Wuppertal: Hammer, 1983.
(Düsseldorfer Schriften zur Neueren Landesgeschichte und zur Geschichte Nordrhein-Westfalens; Bd. 6)
ISBN 3-87294-190-9
NE: GT

Umschlaggestaltung: hammerteam
Umschlaggrafik: Kladderadatsch Nr. 27 vom 5. November 1848
Gesamtherstellung: F. L. Wagener, Lemgo
Gesetzt in der Linotype Garamond

Inhalt

Abkürzungen

Abt.	Abteilung
ADB	Allgemeine Deutsche Biographie
AfS	Archiv für Sozialgeschichte
Anm.	Anmerkung
Art.	Artikel
ders., dies.	derselbe, dieselbe
Diss.	Dissertation
DtVjschr.	Deutsche Vierteljahrs Schrift
DZAM	Deutsches Zentrales Staatsarchiv Merseburg
Ebd.	ebenda
fol.	folio, Blatt
GehStA	Geheimes Staatsarchiv Berlin-Dahlem
Gesetz-Sammlung	Gesetz-Sammlung für den Königlich Preußischen Staat
GG	Geschichte und Gesellschaft
GWU	Geschichte in Wissenschaft und Unterricht
Hb.	Handbuch
HdSt	Handwörterbuch der Staatswissenschaften
HdSW	Handwörterbuch der Sozialwissenschaften
HdWW	Handwörterbuch der Wirtschaftswissenschaft
Hg., hg.	Herausgeber, herausgegeben
HStAD	Hauptstaatsarchiv Düsseldorf
HZ	Historische Zeitschrift
IWK	Internationale Wissenschaftliche Korrespondenz zur Geschichte der deutschen Arbeiterbewegung
Jb., Jg.	Jahrbuch, Jahrgang
Kap.	Kapitel
masch.schr.	maschinenschriftlich
MEW	Marx-Engels-Werke
Mittheilungen	Mittheilungen des Centralvereins für das Wohl der arbeitenden Klassen
MS	Manuskript
NDB	Neue Deutsche Biographie
NF	Neue Folge
NPL	Neue Politische Literatur
NWB	Neue Wissenschaftliche Bibliothek
Rep.	Repositorium, Fach

SOWI	Sozialwissenschaftliche Informationen für Unterricht und Studium
StA	Stadtarchiv
StaatsA	Staatsarchiv
tit.	titulus, Titel
vgl.	vergleiche
vol.	volumen, Band
VSWG	Vierteljahrschrift für Sozial- und Wirtschaftsgeschichte
ZfG	Zeitschrift für Geschichtswissenschaft
Zit., zit.	Zitat, zitiert
ZSSD	Zeitschrift für Stadtgeschichte, Stadtsoziologie und Denkmalpflege

Vorwort

»Nichts ist konservativer als das Prinzip der Reform, und Nichts leistet revolutionären Bestrebungen mehr Vorschub, als das blinde Festhalten am Alten.«

(Deutsche Vierteljahrs Schrift, 1844)[1]

Als in der zweiten Hälfte der 1970er Jahre in der Bundesrepublik die Reformeuphorie einer nüchterneren Betrachtung des Reformkonzepts und zugleich dem Bemühen um seine theoretische Einordnung zu weichen begann, stellte sich heraus, daß es für das in der Öffentlichkeit so oft benutzte und wirkungsvolle Schlagwort »Reform« eigentlich gar keine fundierte Definition gab. Vor allem der häufige Versuch, seine Unschärfe durch die klare Entgegensetzung zum Begriff der Revolution zu beheben, erwies sich als problematisch; schließlich ist beiden Begriffen das Ziel der Status-quo-Änderung gemeinsam. Auf den ersten Blick scheint die Polarisierung von Reform und Revolution zwar viel für sich zu haben: Während der Reformer in einer Phase zunehmenden Formverlustes oder wachsender Formverhärtung angesichts vor sich gehender politischer und/oder sozioökonomischer Wandlungen durch partielle Systemveränderung dem System als Ganzem neue Form, d. h. neue Stabilität, verleihen will, zielt der Revolutionär auf die radikale Zerstörung des bestehenden Systems, um es durch ein anderes, besseres zu ersetzen[2]. In diesem Konzept wird der Reform trotz scheinbarer Fortschrittlichkeit ein letztlich konservierender Zweck unterstellt. Reform bedeutet hier eine Korrektur des Status quo in den Punkten, die sich zu gesamtsystembedrohenden Belastungen auswachsen könnten.

Die Diskussion um diese Auffassung hat aber auch zu einem davon abweichenden, umfassenderen Verständnis geführt, nach dem Reform zwar nicht auf eine sofortige und vollständige Umwälzung, aber doch auf eine in Teilbereichen beginnende und dann langfristig den Status quo weitgehend verändernde, den ablaufenden Wandlungsprozessen adäquate Neuorientierung abzielt[3]. Der Unterschied zur Revolution ist bei diesem »dynamischen« Reformbegriff durchaus nicht mehr so groß wie bei jener klaren Entgegensetzung; er ist graduell, aber nicht grundsätzlich!

---

1 *C. F. G.:* Der Pauperismus und dessen Bekämpfung durch eine bessere Regelung der Arbeitsverhältnisse, in: Deutsche Vierteljahrs Schrift, Jg. 1844, 3. Heft, S. 315–340, Zitat S. 323.

2 Vgl. etwa *Christian Graf von Krockow:* Reform als politisches Prinzip, München 1976.

3 S. hierzu *Martin Greiffenhagen:* Überlegungen zum Reformbegriff, in: *ders.* (Hg.): Zur Theorie der Reform. Entwürfe und Strategien, Heidelberg/Karlsruhe 1978, S. 7–34.

Gleichgültig, wie der Historiker diese vorwiegend von Politologen geführte Debatte, in der immer wieder auch Beispiele aus der Geschichte herangezogen wurden, beurteilt: Eine hierbei gewonnene Erkenntnis stellt ausdrücklich eine Herausforderung an ihn dar, nämlich die Feststellung, daß »jede moderne Reformpolitik die Analyse der Bedingungen und Ursachen des gegenwärtigen Zustandes in ihren theoretischen Vorgriff mit hineinnehmen« müsse[4]. Nun wird sich jeder Historiker dagegen wehren, bloß als ein Zulieferer, der aus dem Steinbruch Geschichte die jeweils passenden Steine beizusteuern hat, in die Diskussion mit einbezogen zu werden. Der Aufforderung, durch Analyse staatlicher oder gesellschaftlicher Reformversuche in der jüngeren Geschichte und vor allem ihrer historischen Schicksale zu einer abständigeren, d. h. rationaleren und von tagespolitischen Problemen abstrahierenden Beurteilung von Reformkonzepten beizutragen, wird er sich aber nicht verschließen können. Zudem könnte die Aufdeckung von längerfristig ablaufenden Trends und von Einbindungen in noch wirksame Traditionsketten Argumente zur Beantwortung der immer wieder neu anstehenden Frage nach dem bewußt gewollten Erhalt oder dem gewollten und somit vorauszuplanenden Wandel beisteuern, wenngleich die Entscheidung darüber immer eine politische bleiben wird.

Besonders bei der Auseinandersetzung um die Grenzen des Sozialstaates, d. h. um die Möglichkeit bzw. Notwendigkeit eines weiteren Ausbaus oder eines teilweisen Abbaus des sogenannten »sozialen Netzes«, hat es sich gezeigt, wie gering die historischen Kenntnisse über das Entstehen jener Institutionen und »Spielregeln« noch sind, die das Funktionieren des modernen Sozialstaates und den viel beschworenen sozialen Frieden in den letzten Jahrzehnten wesentlich mit bestimmt haben. Daß z. B. das hundertjährige Jubiläum der Kaiserlichen Botschaft vom 17. November 1881, die die Sozialversicherungsgesetzgebung einläutete, im Herbst 1981 im Berliner Reichstagsgebäude regierungsoffiziell als Geburtsstunde unseres Sozialstaates gefeiert wurde, mag politisch angebracht gewesen sein, war historisch aber zumindest fragwürdig. Die Festredner taten sich denn auch schwer, jene patriarchalisch-obrigkeitsstaatliche Initiative, die ja ohne Hinweis auf das gleichzeitig gültige Sozialistengesetz nicht zu verstehen ist, als Beginn einer gradlinigen Entwicklung herauszustellen. Die institutionelle Kontinuität der drei großen Versicherungswerke gegen Krankheit, Unfall und Invalidität bis heute ist zwar nicht zu bestreiten; die zentrale Motivation ihrer Initiatoren, allen voran Bismarcks, zur Einführung von staatlichen Zwangsversicherungen, durch die die Arbeiter-

4 Ebd., S. 21.

schaft von der Sozialdemokratie abgezogen und Deutschland »auch auf der Bahn der Sozialen Reform«[5] voranschreiten sollte, bereitete aber bei der Feststellung der Kontinuität interpretatorische Schwierigkeiten: Diese Motivation – so hieß es – müsse als ein »Geburtsfehler« verstanden werden, der erst später allmählich korrigiert worden sei.
Um den durch die Kaiserliche Botschaft vollzogenen Schwenk in der staatlichen Sozialpolitik nicht als einsame Entscheidung und Leistung einiger weniger erscheinen zu lassen, spielten in der Argumentation der meisten Redner interessanterweise die bürgerlichen Sozialreformer, allen voran die sogenannten Kathedersozialisten, die wichtige Rolle von »Geburtshelfern«: eine späte Ehrung für einen Kreis von Personen, die mindestens bis zum Ersten Weltkrieg fast immer zwischen den Stühlen gesessen haben und von ihren Gegnern der einen wie der anderen Seite leicht diffamiert werden konnten. Die eine Seite warf ihnen vor, sie ständen zu wenig auf dem Boden der Realität – womit der jeweilige Status quo gemeint war –, sie seien Sozialutopisten und unterschätzten zu sehr das Vorhandensein von Sachzwängen. Die andere Seite bezeichnete die Bestrebungen der Sozialreformer als »soziale Demagogie«, als »Harmonieduselei« und als Versuch, die vorhandenen sozialen Konfliktlagen zu verkleistern und zugleich die Arbeiterschaft zu entmündigen.
Die vorliegende Arbeit stellt sich die Aufgabe, die Anfänge und Entstehungsbedingungen der organisierten Sozialreform in Preußen, das hier eine Vorreiterrolle spielte, darzustellen, die Vorstellungen und Zielsetzungen der frühen Sozialreformer zu analysieren und die Chancen bzw. Grenzen ihres praktischen Wirkens unter den gegebenen politischen und sozioökonomischen Verhältnissen in der Phase des Übergangs zur modernen Industriegesellschaft aufzuzeigen. Bemühungen um »soziale Innovationen«, die zum Teil weit in die Zukunft wiesen, und »moderne« Blickweisen verschränkten sich hier noch viel stärker als in späteren Phasen mit einem Denken und Handeln, das von überkommenen Werthierarchien und Gesellschaftsanschauungen mit geprägt war. Dabei war es kein Zufall, daß sich neben liberalen Kreisen in Berlin mit als erste Vertreter gerade des rheinischen und westfälischen Besitz- und Bildungsbürgertums zu Wort meldeten und zu einem sozialreformerischen Engagement bereit zeigten. Einige Regionen der preußischen Rheinprovinz, wie der Bergische und der Mönchengladbach-Krefelder Raum, waren ja bereits in den ersten Jahrzehnten des 19. Jahrhunderts zu Einfallstoren für die Industrialisierung in Deutschland geworden – dies nicht nur auf die Einführung technischer Neuerungen und des »Fabrikwesens« bezogen, sondern auch

5 Zit. nach *Florian Tennstedt:* Vorgeschichte und Entstehung der Kaiserlichen Botschaft vom 17. November 1881, in: Zeitschrift für Sozialreform, 27. Jg. (1981), S. 664.

auf Änderungen der Mentalität, d. h. des Denkens und Planens der wirtschaftenden Führungskräfte[6]! Zudem traten in ehemals blühenden Gewerberegionen Rheinland-Westfalens, wie z. B. im Ravensberger Land, das vom Niedergang des leinenproduzierenden Heimgewerbes schwer betroffen war, und im Wuppertal, dessen Textilgewerbe sich erst allmählich auf die englische Konkurrenz einstellen und so den Schritt von der Manufaktur zur Industrie vollziehen konnte, die sozialen Folgen der sogenannten Emanzipationskrise vor allem seit Beginn der 1840er Jahre besonders kraß hervor. Der um sich greifende ländliche Pauperismus verlagerte sich im Zuge der in Gang kommenden Binnenwanderung in die wenigen bisher prosperierenden Gewerbe- und Handelszentren und ließ dort eine aus den herkömmlichen engen Begrenzungen befreite Unterschicht entstehen, die nur äußerlich dem traditionellen Pöbel glich, als sogenannte »arbeitende Klasse(n)« aber schon rein quantitativ für die bestehende Ordnung eine schwere Bedrohung darzustellen begann. Trotz des vorhandenen gegenseitigen Mißtrauens zwischen den preußischen Kernlanden und den beiden nach dem Wiener Kongreß zu Preußen gekommenen Westprovinzen ist der hier zu behandelnde Versuch einer organisatorischen Zusammenfassung aller sozialreformerischen Bestrebungen seit Mitte der 1840er Jahre ein Beleg dafür, daß es angesichts der immer offensichtlicher werdenden Systemgefährdung durch die »soziale(n) Frage(n)« ein bürgerliches Wir-Gefühl gab, das bei allem auch weiterhin verbleibenden Argwohn manche der Gegensätze deutlich zurückdrängte.

Die folgende Darstellung der frühen Phase des Centralvereins für das Wohl der arbeitenden Klassen ist von der Abteilung für Geschichtswissenschaft der Ruhr-Universität Bochum im Jahre 1979 als Habilitationsschrift angenommen worden. Sie wurde für den Druck überarbeitet und in einigen Teilen gestrafft; vor allem der Anmerkungsteil wurde z. T. erheblich gekürzt. Der Verfasser ist einer großen Zahl von Personen zu Dank verpflichtet, an erster Stelle Herrn Prof. Dr. Wolfgang Köllmann, Bochum, der in allen Stadien der Bearbeitung der wichtigste Gesprächspartner über das Thema war, außerdem den Herren Prof. Dr. Hans Mommsen, Bochum, und Prof. Dr. Jürgen Kocka, Bielefeld, die die Arbeit kritisch gelesen und wichtige Hinweise gegeben haben, weiterhin den Kollegen aus der Bochumer Sektion Sozial- und Wirtschaftsgeschichte, bes. Dr. Adelheid Gräfin zu Castell Rüdenhausen und Dr. Gerhard Huck, die in vielfältiger Weise zu einem freundschaftlich-kommunikativen Klima beigetragen haben, das die Entstehung der Arbeit sehr befördert hat. Den Mitarbeitern in den verschiedenen Archiven, die der Verfas-

6 S. dazu den Beitrag des *Verf.:* Nachzügler und Pionier zugleich: das Bergische Land und der Beginn der Industrialisierung in Deutschland, in: *Sidney Pollard* (Hg.): Region und Industrialisierung, Göttingen 1980, S. 52–68.

ser besucht hat und in denen er überall auf großes Entgegenkommen traf, sei ebenso gedankt wie der Deutschen Forschungsgemeinschaft, die durch ein Reisestipendium einen mehrwöchigen Besuch des Zentralen Staatsarchivs II der DDR in Merseburg ermöglichte, und den Herausgebern der Düsseldorfer Schriften zur Neueren Landesgeschichte und zur Geschichte Nordrhein-Westfalens, die freundlicherweise bereit waren, diese Arbeit in ihrer Reihe zu veröffentlichen.

Bochum, im Dezember 1981

Jürgen Reulecke

Einleitung

Zur Forschungslage, zur bisherigen Beurteilung und zur Einordnung der frühen bürgerlichen Sozialreform

Als der Karikaturist Anfang November 1848 seine »Fanatiker der Ruhe« – so die Unterschrift der auf der Titelseite des vorliegenden Bandes wiedergegebenen Illustration aus der satirischen Wochenzeitschrift »Kladderadatsch« – der Öffentlichkeit als ratlos vor sich hinstarrende, bierbäuchige Biedermänner präsentierte[1], ironisierte er damit den zu diesem Zeitpunkt augenscheinlich fehlgeschlagenen Versuch einer bis dahin recht einflußreichen Gruppe innerhalb des gehobenen Bürgertums, durch soziale Reformen den bedrohten sozialen Frieden zu sichern und die von Verelendung und »Entsittlichung« bedrohten »arbeitenden Klassen« in die bürgerliche Gesellschaft zu integrieren. Nicht so sehr die gerade bekanntgewordene blutige Niederschlagung der Revolution in Wien oder der sich bereits abzeichnende Staatsstreich in Preußen waren der Anlaß zu dieser Karikatur, sondern die in der zweiten Oktoberhälfte des Jahres 1848 wieder mächtig auflodernde Volksbewegung, die jetzt auch die Abgeordneten der Berliner Nationalversammlung bedrohte. So war es am 31. Oktober sogar dazu gekommen, daß einige Abgeordnete des radikalen Flügels den noch amtierenden Ministerpräsidenten General Pfuel, dem sie selbst gerade erst die Bereitschaft zur »bewaffneten Reaktion« unterstellt hatten[2], vor den Drohungen der aufgeregten Massen in Sicherheit bringen mußten. Wie sich noch zeigen wird, unterschätzte der Karikaturist zwar sowohl die Stärke des in den erwähnten Kreisen vorhandenen Reformwillens als auch die

1 Entnommen aus dem Kladderadatsch, Nr. 27 vom 5. 11. 1848. Die Zeitschrift wurde seit Anfang Mai 1848 von dem Publizisten David Kalisch herausgegeben; die Karikatur stammt vermutlich von dem Zeichner Wilhelm Schulz. Die drei zu erkennenden Zeitungen – die »Zeitungshalle«, hg. von dem Demokraten Gustav Julius, die »Reform«, hg. von den Junghegelianern Arnold Ruge und Heinrich Bernhard Oppenheim, und die »Deutsche Reform«, die von reformfreudigen Beamten aus den Ministerien unterstützt wurde – repräsentierten wichtige fortschrittliche bürgerliche Gruppen, die sich zugleich in verschiedenen Berliner politischen Klubs zusammengeschlossen hatten. Die Zeitungshalle war z. B. das Sprachrohr des Politischen Klubs, die Reform das des Republikanischen Klubs. Neben einer Vielzahl weiterer Blätter wäre in diesem Zusammenhang noch die Nationalzeitung als Blatt des Konstitutionellen Klubs zu erwähnen. Möglicherweise will der Zeichner allerdings mit der vierten auf der Karikatur zu sehenden Zeitung, von der zwar kein Titel, aber ein Titelsymbol in Form eines Kreuzes zu erkennen ist, auf die »Neue Preußische Zeitung«, auch »Kreuzzeitung« genannt, als zukünftige Lektüre dieser »Fanatiker der Ruhe« anspielen. Sie stand unter dem Einfluß der Gebrüder von Gerlach und galt als Sprachrohr der »extreme(n) Rückschrittspartei« (vgl. *Ernst Kaeber:* Berlin 1848, Berlin 1948, S. 102 ff.); s. zum Berliner Zeitungswesen des Jahres 1848 auch *Ruth-Esther Geiger:* Der Teufel soll die Wühlerpresse holen!, Berlin 1979.

2 So der Abgeordnete Karl d'Ester; s. hierzu: Berlin in der Bewegung von 1848, in: Die Gegenwart, 2. Bd. (1849), S. 592.

Zeit, die notwendig ist, um Folgen von Reformbestrebungen sichtbar werden zu lassen. Für ihn waren jedenfalls die Volksmassen auf den Straßen der Beweis, daß das Konzept eines Ausgleichs der sozialen Spannungen durch eine Aktivierung der Selbstheilungskräfte der Gesellschaft gescheitert war – ein Konzept, das vor allem der schon einige Jahre bestehende Centralverein für das Wohl der arbeitenden Klassen seit den Märztagen des Jahres 1848 verstärkt vertreten hatte.

Ein solches Konzept war bereits einige Monate vorher durch Karl Marx und Friedrich Engels scharf kritisiert worden. Zur klaren Konturierung ihrer eigenen Vorstellungen von Sozialismus und Kommunismus hatten sie im Kommunistischen Manifest, das übrigens durch einen Abdruck in der »Zeitungshalle« vom 5. April 1848 den Berliner Lesern bekanntgemacht worden war[3], neben dem »reaktionären« und dem »kritisch-utopischen Sozialismus« auch dem »konservativen oder Bourgeois-Sozialismus« ein eigenes Kapitel gewidmet[4]. Zählten schon die beiden Verfasser des Kommunistischen Manifests zur letztgenannten Erscheinungsform des »Sozialismus« vor allem die »Verbesserer der Lage der arbeitenden Klassen«, so hielt der Historiker Franz Mehring ein halbes Jahrhundert später den Centralverein für das Wohl der arbeitenden Klassen geradezu für das »Parade- und Prunkstück des Bourgeois-Sozialismus«[5]: Der Gedanke zur Gründung dieses Vereins habe in einer »gärenden Zeit und bei der noch großen Unreife der Klassenkämpfe kräftig genug« eingeschlagen. Alle seine Ideen seien jedoch nur »schöne Träume« gewesen, denn mit dem Erwachen des Proletariats sei der Bourgeois-Sozialismus »von selbst« verflogen: »Je geringere Profite dabei herausschauten, um so lieber verzichtete die Bourgeoisie auf die Last wie die Lust dieser Heuchelei.«

Dieser Verein, den Mehring hier mit einigen kräftigen Worten als typische Form bürgerlichen »Wohltätigkeitssports« kurz abfertigt, war im Oktober 1844 in Berlin im Anschluß an die erste große Gewerbeausstellung des Zollvereins und unter dem Eindruck des schlesischen Weberaufstandes gegründet worden. Als er schließlich nach über drei Jahren des Wartens auf behördliche Anerkennung, d. h. die Bestätigung seiner Statuten und die königliche Verleihung von Korporationsrechten, am 31. März 1848

---

3 *Hermann Meyer:* 1848. Studien zur Geschichte der Deutschen Revolution, Darmstadt 1949, S. 75.

4 Zit. nach MEW, Bd. 4, Berlin-Ost 1972, S. 488 f. Zur Geschichte des Begriffs »Sozialismus« und zum zeitgenössischen Begriffsinhalt s. *Horst Stuke:* Art. Sozialismus, in: HdWW, 5./6. Lieferung, Stuttgart u. a. 1977, S. 1 ff. Marx und Engels beziehen sich mit ihrer Zuordnung auf die praktischen Versuche von bürgerlicher Seite, durch »administrative Verfassungen, die auf dem Boden dieser (der bürgerlich-kapitalistischen, d. V.) Produktionsverhältnisse vor sich gehen«, die materiellen Lebensbedingungen der Arbeiterklasse zu verbessern und ihr damit »jede revolutionäre Bewegung zu verleiden«; s. MEW, ebd., S. 489; zur Auseinandersetzung damit s. unten S. 130.

5 *Franz Mehring:* Geschichte der deutschen Sozialdemokratie, 1. Teil, Neudruck Berlin-Ost 1976, Zitate S. 241 f.

offiziell zu bestehen begann, faßte sein Vereinsvorsitzender, Georg von Viebahn, die Vereinsziele folgendermaßen zusammen[6]: Der Centralverein sei eine freie Vereinigung von »Gewerbs- und Menschenfreunden«, die »Elend und Entbehrungen unter (den) durch die Ausdehnung der Industrie zahlreicher gewordenen Klassen« mindern und die sittliche wie materielle Lage der Arbeiter gleicherweise verbessern wollten. Die Arbeiter sollten »als berechtigte Mitglieder der bürgerlichen Gesellschaft« anerkannt, die Möglichkeiten ihres »menschlichen Bestehens« im Erwerbsleben gewährleistet werden. Der Centralverein wolle ihren Zusammenschluß zu Innungen, Vereinen und sonstigen Selbsthilfeeinrichtungen fördern und dadurch nicht nur zu ihrer wirtschaftlichen Sicherstellung, sondern auch zur Verbesserung ihrer Gesundheit und Bildung wie zur Steigerung ihrer Lebensfreude beitragen. Arbeitgeber und Arbeiter sollten in solchen Vereinen brüderlich zusammenwirken, damit »kein Hader und Widerwille der Geringen und weniger Glücklichen gegen die Großen und Gebildeten entstehe«.

Mit diesen knappen Worten ist ein Programm skizziert, das ohne jede Einschränkung als ein zu dieser Zeit herausragendes Produkt bürgerlich-liberalen Reformdenkens zu charakterisieren ist. Zwar haben einzelne bürgerliche Sozialreformer zum Teil umfassendere und auch weitergehende Konzepte entworfen; als Programm einer Organisation mit dem erklärten Willen zur praktischen Umsetzung dürften die Zielvorstellungen des Centralvereins im Vormärz bis zum Beginn der Revolution jedoch singulär gewesen sein. Mit diesen Feststellungen sind zwei Problemkomplexe angesprochen, in die der Centralverein einzuordnen ist: in die Entstehung und Ausdifferenzierung des deutschen Frühliberalismus sowie in die Ansätze und Ausformungen einer bürgerlichen Sozialreform im 19. Jahrhundert. Grundsätzlich ging es dem Centralverein um die Frage, in welcher Weise, mit welchen Mitteln und auf welchem Wege das Problem des immer bedrohlicher werdenden Pauperismus breiter Bevölkerungskreise, besonders des sogenannten »vierten Standes«, ohne eine völlige Umwälzung der gesamten, aber durch Reform einiger wichtiger Grundlagen der bestehenden Staats- und Gesellschaftsverhältnisse gelöst werden könnten. Das Leitbild, das die Prinzipien des angestrebten Wandels abgab, war – wie sich bereits aus dem zitierten Programm ablesen läßt – eine zwar vielfältig differenzierte, letztlich aber »klassenlose Bürgergesellschaft«, jenes »soziale Erwartungsmodell«[7], das den frühen Liberalismus vor dem Durchbruch der Industrialisierung weitgehend beherrschte.

---

6 S. zum folgenden den Vorspann zum 1. Heft der Mittheilungen des Centralvereins für das Wohl der arbeitenden Klassen, Bd. 1 (1848/49), S. (7) bis (12). Hier wie in allen folgenden Fällen werden die Mittheilungen nach dem Faksimile-Nachdruck, Hagen 1980, zitiert.

7 *Lothar Gall:* Liberalismus und »bürgerliche Gesellschaft«, in: *ders.* (Hg.): Liberalismus (= NWB, Bd. 85), S. 166. Die These Galls ist z. T. heftig kritisiert worden, vor allem von

Zu diesem Ziel schien es zwei Wege zu geben: Der erste Weg, den der überwiegende Teil der vorwiegend aus dem »mittleren« Bürgertum kommenden, »konstitutionellen« Liberalen verfolgte[8], war das Streben nach politischer Emanzipation[9], nach voller Mitsprache des freien Bürgers bei allen Belangen des Staates und der Gesellschaft. Der zweite Weg, der erst in den 1840er Jahren unter dem Eindruck zunehmender sozialer Bedrohungen von vergleichsweise wenigen Vertretern des Bürgertums, die zudem nicht so eindeutig nur dem mittleren Bürgertum zuzuordnen sind[10], beschritten wurde, lief auf eine mehr oder weniger weitgehende Revision des sozioökonomischen Systems hinaus. Da hier nicht so sehr der große politische Entwurf und die Verfassungsidee, sondern mehr die Anknüpfung an schon Vorhandenes, etwa die Gewerbefreiheit, ältere genossenschaftliche Formen, traditionelle Selbsthilfeeinrichtungen, und ein von Aufklärung und Humanismus geprägtes Gemeinwohldenken mit dem Ziel der Reform verfestigter Strukturen zur Abwehr von Bedrohungen der bürgerlichen Gesellschaft im Mittelpunkt standen, war dieser Weg noch stärker als der erste von »sozial tendenziell konservativen Züge(n)« mit geprägt[11], die als typisch für den kontinentaleuropäischen, besonders den deutschen Typus des frühen Liberalismus gegenüber dem englischen gelten[12]. Während bei der ersten Gruppe stärker Strategien zur Überwindung des Gegensatzes von Staat und Gesellschaft entwickelt wurden, baute die zweite Gruppe vor allem auf die sozialen Selbstheilungskräfte der Gesellschaft, die die sich immer stärker abzeichnenden sozialen Gefahren überwinden würden, falls der Staat diese Kräfte nicht behinderte. Sofern das der Fall war, wollte man den Gegensatz zwischen Staat und Gesellschaft durchaus hinnehmen und sich mit den staatlichen Institutionen arrangieren, diesen sogar Ordnungsfunktionen zuweisen[13].

Wolfgang J. Mommsen: Der deutsche Liberalismus zwischen »klassenloser Bürgergesellschaft« und »Organisiertem Kapitalismus«, in: GG, 4. Jg. (1978), S. 77–90, der Gall eine »Idealisierung des Frühliberalismus« vorwirft, die zu einer »Verkürzung der Perspektiven und zu inneren Widersprüchen« führe (S. 90). Wenn diese These nicht zu überspitzt formuliert wird, scheint sie jedoch durchaus haltbar zu sein, wie neuere Veröffentlichungen bestätigen. S. dazu zuletzt *Dieter Langewiesche:* Republik, konstitutionelle Monarchie und »soziale Frage«, in: HZ, Bd. 230 (1980), S. 529–548, bes. S. 532 f., sowie *ders.:* Die deutsche Revolution von 1848/49 und die vorrevolutionäre Gesellschaft: Forschungsstand und Forschungsperspektiven, in: AfS, Bd. XXI (1981), S. 458–498, bes. S. 477.

8 Vgl. *James J. Sheehan:* Liberalismus und Gesellschaft in Deutschland 1815–1848, in: *Gall* (Hg.): Liberalismus (s. Anm. 7), S. 214.

9 Zum Emanzipationsbegriff dieser Zeit s. *Karl Martin Grass:* Art. Emanzipation, in: Historische Grundbegriffe, Bd. 2, bes. S. 167ff.

10 Vgl. *Sheehan* (s. Anm. 8), S. 213.

11 *Gall:* Einleitung, in: *ders.* (Hg.): Liberalismus, S. 10.

12 Ebd.; s. auch *Wolfgang J. Mommsen:* Die liberale Idee in einer sich wandelnden Gesellschaft, in: Aus Politik und Zeitgeschichte, B 23/79, S. 6.

13 S. *Sheehan* (s. Anm. 8), S. 218. Vgl. auch die von der obigen Aufgliederung etwas abweichende Differenzierung bei *Gall:* Liberalismus, S. 163, der zwischen den Polen »politische Emanzipation« und »bürokratische Reform« unterscheidet. Als Ausgangspunkt der so-

Nun wäre es allerdings überspitzt, wollte man diese beiden Gruppierungen als eindeutig trennbare Blöcke im frühliberalen Lager verstehen[14]. Vielmehr handelte es sich dabei um zwei Ausdrucksformen einer breiten politischen Bewegung, die insgesamt durch eine große Heterogenität und Vielfalt charakterisiert ist[15]. Der in der älteren Forschung oft erhobene Vorwurf, die Liberalen hätten gegenüber den sozialen Fragen ihrer Zeit versagt und darin liege ein Hauptgrund für die »Tragödie des deutschen Liberalismus«[16], beruht im Grunde auf der Nichtbeachtung des sozial-liberalen Flügels der frühliberalen Bewegung, der nach der Revolution von 1848/49 in der – allerdings nur kleinen – liberalen Gruppierung um Schulze-Delitzsch und einigen Kreisen der im »Volkswirtschaftlichen Kongreß« versammelten »Freihandelspartei«[17] jene Fortsetzung fand, die Gall als »revisionistische Reaktionsweise« des deutschen Liberalismus gekennzeichnet hat[18].

Ein Ausgangspunkt der folgenden Argumentation besteht darin, den Centralverein als wichtigste Ausprägung des polemisch »Bourgeois-Sozialismus« genannten sozialen Flügels des frühen deutschen Liberalismus zu verstehen. Dabei soll nicht nur versucht werden, jene Trägergruppe sozialliberaler Ideen genauer zu fassen, sondern es ist eine weitere Absicht, die Ansatzpunkte und Rahmenbedingungen, die Reformziele und die Bemühungen zu ihrer praktischen Umsetzung durch den Centralverein darzustellen, gleichzeitig aber auch dessen Begrenztheiten und Gründe seines Scheiterns, sofern man von einem solchen sprechen kann, zu untersuchen.

Ein zweiter Ausgangspunkt der Arbeit besteht darin, den Centralverein als eine in seiner Zeit und für seine Zeit typische sozialpolitische Kraft zu verstehen, als »Stoßtrupp der Sozialreform«[19]. Indem hier ein Schlagwort zur Charakterisierung des Centralvereins benutzt wird, das der 1872 ge-

---

zialpolitischen Vorstellungen des frühen deutschen Liberalismus bezeichnet er den Gedanken »einer ›natürlich‹ vorgegebenen und in geheimnisvoller Weise durch die sich ergänzenden Bedürfnisse und Fähigkeiten ihrer Mitglieder harmonisch prästabilisierten gesellschaftlichen Ordnung« (ebd., S. 165).

14 S. *Walter Bussmann:* Zur Geschichte des deutschen Liberalismus im 19. Jahrhundert, in: *H. Böhme* (Hg.): Probleme der Reichsgründungszeit 1848–1879 (= NWB Bd. 26), Köln 1972², S. 86. Bussmann betont die »äußere und innere Einigkeit« des deutschen Liberalismus, die aber nicht in einem geschlossenen Programm, sondern im Zusammengehörigkeitsgefühl gegenüber den Obrigkeitsstaaten bestanden habe.

15 *Sheehan:* Liberalismus und Gesellschaft (s. Anm. 8), S. 214ff.; *Sheehan* weist dabei besonders auch auf eine Reihe ambivalenter Einstellungen hin, so auf das Nebeneinander von Hoffnung und Angst, Optimismus und Besorgnis bei der Beurteilung z. B. der Industrialisierung, der Verstädterung usw. (ebd., S. 216).

16 Vgl. dazu z. B. *Bussmann* (s. Anm. 14), S. 86.

17 Dazu *Volker Hentschel:* Die deutschen Freihändler und der volkswirtschaftliche Kongreß 1858 bis 1885 (= Industrielle Welt, Bd. 16), Stuttgart 1975, bes. Kap. 6; s. auch *Toni Offermann:* Arbeiterbewegung und liberales Bürgertum in Deutschland, 1850–1863, Bonn 1979, z. B. S. 169ff.

18 *Gall:* Liberalismus (s. Anm. 7), S. 174 f.

19 Zit. nach *Marie-Louise Plessen:* Die Wirksamkeit des Vereins für Socialpolitik von 1872–1890, Berlin 1975, bes. S. 10 und S. 109 f.

gründete »Verein für Socialpolitik« zur Kennzeichnung seines Selbstverständnisses geprägt hat, wird die These ausgesprochen, daß es als Reaktion auf die fortschreitenden Modernisierungsprozesse und die stufenweise Herausbildung der modernen Industriegesellschaft phasentypische sozialreformerische Aktivitäten gegeben habe, die sich um Antworten auf die jeweils für zentral gehaltenen sozialen Probleme bemühten. Hierbei ist erstens von spezifisch preußisch-deutschen Bedingungen einer »Sozialpolitik« im Vergleich zu anderen Industriegesellschaften auszugehen[20], Bedingungen, die mit der oft zitierten Ausprägung eines spezifisch deutschen Weges zum modernen Industrie-, aber auch Sozialstaat zusammenhängen[21] und bis heute nachwirken. Zweitens ist zu berücksichtigen, daß es sich bei der Geschichte der Sozialreform in Deutschland, in die der Centralverein einzuordnen ist, um die Geschichte eines langfristigen, verwickelten sozialen Lernprozesses gehandelt hat, der keineswegs gradlinig verlief, aber letztlich doch zur Herausbildung sozialer Spielregeln und Strategien zur Verhinderung oder mindestens zur Milderung sozialer Konflikte führte. Dabei liegt es nahe, von drei Phasen der Sozialreform in Deutschland vor dem Ersten Weltkrieg auszugehen, die hier nur thesenhaft[22] mit den drei ins Auge fallenden Organisationen in Verbindung gebracht werden können, welche sich jeweils als »Stoßtrupp der Sozialreform« verstanden haben: mit dem 1844 gegründeten Centralverein für das Wohl der arbeitenden Klassen als der typischen Antwort auf den Pauperismus und die soziale Problematik der beginnenden Industrialisierung, dem 1872 gegründeten Verein für Socialpolitik als der Reaktion auf die

20 Zu diesem Ergebnis kommt *Gaston V. Rimlinger:* Sozialpolitik und wirtschaftliche Entwicklung: Ein historischer Vergleich, in: *R. Braun* u. a. (Hg.): Gesellschaft in der industriellen Revolution (= NWB, Bd. 56), Köln 1973, S. 113–126, bes. S. 119 f.

21 Die These von einem »deutschen Sonderweg« hat eine lange Geschichte und war in verschiedenen Zeiten in unterschiedlicher Weise ein »Sinnzentrum« des Geschichtsbewußtseins in Deutschland (s. *Bernd Faulenbach:* Ideologie des deutschen Weges, München 1980, sowie *ders.:* »Deutscher Sonderweg«. Zur Geschichte und Problematik einer zentralen Kategorie des deutschen geschichtlichen Bewußtseins, in: Aus Politik und Zeitgeschichte, B 33/81, S. 3–21). Sie ist in ihrer die sozioökonomische Entwicklung Deutschlands berücksichtigenden Variante der Nachkriegsgeschichtsschreibung vor kurzem von jüngeren englischen und amerikanischen Historikern scharf angegriffen worden (*David P. Calleo:* Legende und Wirklichkeit der deutschen Gefahr, Bonn 1980; *David Blackbourn / Geoff Eley:* Mythen deutscher Geschichtsschreibung, Berlin 1980); trotzdem soll hier – ohne daß viele bisher zu wenig beachtete Gemeinsamkeiten mit dem westlichen Ausland gering geschätzt werden – daran festgehalten werden. Gerade der deutsche Weg zum Sozialstaat weist im Vergleich zu anderen Ländern deutliche Besonderheiten auf. S. hierzu z. B. *M. Rainer Lepsius:* Parteisystem und Sozialstruktur: zum Problem der Demokratisierung der deutschen Gesellschaft, in: *Gerhard A. Ritter* (Hg.): Die deutschen Parteien vor 1918 (= NWB, Bd. 61), Köln 1973, S. 56–80.

22 Eine Gesamtdarstellung der deutschen Sozialreform ist noch nicht geschrieben, während zu den sozialen Ideen, zur sozialen Bewegung und zur Sozialpolitik Überblicke vorliegen (z. B.: *Gottschalch/Karrenberg/Stegmann:* Geschichte der sozialen Ideen in Deutschland, München/Wien 1969; *Werner Hofmann:* Ideengeschichte der sozialen Bewegung, Berlin/New York 1974[5]; *Albin Gladen:* Geschichte der Sozialpolitik in Deutschland, Wiesbaden 1974; *Heinz Lampert:* Sozialpolitik, Berlin/Heidelberg/New York 1980).

Arbeiterfrage und Arbeiterbewegung im Bismarckreich und der 1901 gegründeten Gesellschaft für Soziale Reform als der führenden sozialreformerischen Kraft im Wilhelminischen Deutschland. In den Begriffen »Wohl«, »Politik« und »Reform« scheinen sich zwar unterschiedliche Stoßrichtungen anzudeuten, wie auch jeweils die räumliche Dimension eine andere war: Der Centralverein bezog sich auf Preußen, der Verein für Socialpolitik auf das Deutsche Reich, und die Gesellschaft für Soziale Reform verstand sich als deutsche Sektion der Internationalen Vereinigung für gesetzlichen Arbeiterschutz. Doch könnten erst eine eingehendere Analyse und ein genauer Vergleich zeigen, ob mit dem »Führungswechsel« nach 1872 und 1901 auch qualitative Sprünge und deutliche Lernschritte verbunden waren. Dagegen spricht, daß führende Mitglieder der ins zweite Glied tretenden Organisation den jeweiligen neuen »Stoßtrupp« mitbegründeten, ohne daß sich die erstere auflöste[23]. 1914 bestanden dann alle drei Organisationen mit zum Teil engen gegenseitigen Beziehungen nebeneinander. Eher bietet es sich an, von mehr taktischen Entscheidungen der sozialreformerischen Kreise auszugehen, die mit einer Neuorganisation und einer neuen Sammlung ihrer Kräfte auf die gewandelten politischen und sozioökonomischen Verhältnisse und Konfliktlagen ihrer Zeit reagieren wollten. Deutliche Lernschritte, die sich in neuen Inhalten oder einer neuen Stoßrichtung der Sozialreform ausgeprägt hätten, sind auf den ersten Blick nicht festzustellen; im Gegenteil: Die propagierten Maßnahmen waren – und das ist eine weitere Ausgangsthese bei der Untersuchung des Centralvereins – seit dem Vormärz und der Revolution 1848/49 mindestens schon vorgedacht, wenn nicht sogar bereits im einzelnen ausgearbeitet.

Der Centralverein, der eine Dachorganisation und ein Kommunikationsmittelpunkt für alle seinen Zielen entsprechenden örtlichen und regionalen Bestrebungen auf sozialem Gebiet in ganz Preußen und später im Deutschen Reich sein wollte, hat rd. 70 Jahre – von 1844 bis zum Ersten Weltkrieg – bestanden und in dieser Zeit eine Fülle von Veröffentlichungen, vor allem die Zeitschrift »Der Arbeiterfreund«, herausgegeben. Eine große Zahl von Persönlichkeiten der preußisch-deutschen Gesellschaft des 19. Jahrhunderts, die aus anderen Zusammenhängen bekannt sind, zählte zu seinen Mitgliedern, so u. a. die hohen Staatsbeamten von Berlepsch, Bornemann, von Flottwell, Lette, von Patow, von Reden, von Rönne und

23 So waren rund ein Drittel der Personen, die den Aufruf zum Gründungstreffen des Vereins für Socialpolitik in Eisenach 1872 unterzeichnet hatten, Mitglieder des Centralvereins, darunter der Vereinsvorsitzende Rudolf von Gneist, der 1873/74 auch zum Vorsitzenden des Vereins für Socialpolitik gewählt wurde; s. Arbeiterfreund, 10. Jg. (1872), S. 141. Zu den Gründern der Gesellschaft für Soziale Reform gehörten neben von Berlepsch die Mitglieder des Vereins für Socialpolitik Brentano, Sombart und Schmoller, der derzeitige Vorsitzende des Vereins; s. Die bürgerlichen Parteien in Deutschland 1830–1945, Bd. 2, Leipzig 1970, S. 169; s. auch *Ursula Ratz:* Sozialreform und Arbeiterschaft. Die »Gesellschaft für Soziale Reform« und die sozialdemokratische Arbeiterbewegung . . ., Berlin 1980.

von Viebahn, die Hochschullehrer und Wissenschaftler Baumstark, Faucher, Gneist, Herkner, Nasse, Rodbertus, Schmoller, von Sybel und Max Weber, die Sozialreformer Huber und Schulze-Delitzsch, die Pädagogen Diesterweg, Kalisch und Tews, die Unternehmer Degenkolb, Diergardt, Freese, Haniel, Harkort, Krupp, Mevissen, Siemens, Stinnes und Zeiss[24]. Außerdem waren nach 1870 viele Handelskammern, Verbände, Behörden, Firmen und vor allem die Magistrate fast aller größeren Städte korporative Mitglieder des Centralvereins. Die Mitgliederzahl, die 1848 344 betragen hatte, ging in der Reaktionszeit zunächst auf rd. die Hälfte zurück, stieg aber dann mit kurzen Unterbrechungen seit 1865 wieder an, erreichte 1872 – nach der Ausdehnung des Vereins auf das Deutsche Reich – 461 und schließlich 1896 den Höchststand von 1055 Mitgliedern. Bei Ausbruch des Ersten Weltkriegs betrug die Zahl 874; davon waren weit über 500 korporative Mitglieder[25]. In den Schriften des Centralvereins spiegelt sich – das läßt sich schon bei der Durchsicht der Inhaltsverzeichnisse der Veröffentlichungen und eines 1896 herausgegebenen Sachregisters feststellen[26] – in spezifischer Weise das gesamte Spektrum sozialreformerischer Diskussion vom Beginn der Frühindustrialisierung bis zur Hochindustrialisierungsphase wider. Gleichzeitig zeigen diese Verzeichnisse aber, daß der Centralverein nicht nur ein abgehobenes Diskussionsforum war, sondern auch nachdrücklich übergreifende Konzepte wie konkrete Einzelvorschläge, mit welchen Mitteln man der jeweils als besonders drückend empfundenen sozialen Probleme Herr werden könnte, propagiert hat.

Angesichts dessen verwundert es, daß es bis auf eine im Jahre 1894 von dem damaligen Vorsitzenden Rudolf von Gneist verfaßte Selbstdarstellung aus Anlaß des 50jährigen Vereinsbestehens[27] keine umfassendere Schrift über den Centralverein gibt. Lediglich an entlegener Stelle erschien 1928 ein Aufsatz von Otto Ruhmer, der einen Überblick über die Tätigkeit des Vereins im Zeitraum von 1844 bis 1876 gibt, sich allerdings fast ausschließlich an einem 1876 erschienenen Rechenschaftsbericht orientiert[28]. Weiterhin ist eine – nur maschinenschriftlich vorliegende – Heidelberger Dissertation aus dem Jahre 1922 über den Centralverein vorhanden, in der die Gründungsphase vor 1848 untersucht wird[29]. Wenn auch

---

24 Außer Degenkolb, Diergardt, Harkort und Siemens traten letztere allerdings erst nach 1872 in den Centralverein ein.

25 Die bürgerlichen Parteien (s. Anm. 23), S. 872; Arbeiterfreund, 52. Jg. (1914), S. 489.

26 *Peter Schmidt* (Bearb.): General- Sach- und Namen-Register der Publikationen des Central-Vereins für das Wohl der arbeiten Klassen von 1848–1895, Berlin 1896.

27 *(Rudolf von Gneist):* Der Central-Verein für das Wohl der arbeitenden Klassen in 50jähriger Thätigkeit (1844-1894), Rechenschaftsbericht, Berlin 1894.

28 *Otto Ruhmer:* Der Centralverein für das Wohl der arbeitenden Klassen in den Jahren 1844 bis 1876, in: Genossenschafts-Korrespondenz, 6. Jg. (1928), Nr. 1, S. 1-26.

29 *Nora Stiebel:* Der »Zentralverein für das Wohl der arbeitenden Klassen« im vormärzlichen Preußen. Ein Beitrag zur Geschichte der sozialreformerischen Bewegung, Diss. phil. Heidelberg 1922 (masch.schr.).

beim Vergleich mit vielen aus dieser Zeit stammenden anderen Dissertationen das Urteil begründet sein mag, daß es sich hierbei um eine »ausgezeichnete wissenschaftliche Darstellung« handelt[30], so kann sie dennoch heute nicht mehr befriedigen, ganz abgesehen davon, daß die Verfasserin die Quellen nur unzulänglich benutzt und eine Fülle von Nuancen übersehen hat[31]. Außer dieser Heidelberger Arbeit behandelt auch eine Bonner Dissertation aus dem Jahre 1967 die Vereinsbewegung für das Wohl der arbeitenden Klassen, doch konzentriert sie sich auf die preußische Rheinprovinz und widmet dem Centralverein nur wenige Seiten[32]. Für einen Überblick ergiebiger sind die Angaben über die Vereinsentwicklung in dem in der DDR herausgegebenen Handbuch »Die bürgerlichen Parteien in Deutschland 1830–1945«[33] sowie die Ausführungen, die Hans Jürgen Teuteberg in seiner Untersuchung über die Entwicklung der industriellen Mitbestimmung zu den Impulsen macht, die vom Centralverein auf die Mitbestimmungsdebatte ausgingen[34]. Wenn dieser in neueren Untersuchungen zur deutschen Sozialgeschichte des 19. Jahrhunderts überhaupt erwähnt wird, dann geschieht das meist nur beiläufig. Eine Nebeneinanderstellung von Problemfeldern, mit denen der Centralverein in Verbindung gebracht wird, weist jedoch eine beachtliche Breite auf: Danach reichen die Gebiete, in deren Zusammenhang er erwähnt wird, von der betrieblichen Mitbestimmung[35] über die Altersversorgung[36], Erwachsenenbildung[37], Frauenfrage[38], Arbeitsvermittlung[39] bis zum Arbeiterur-

30 *Hans Jürgen Teuteberg:* Geschichte der industriellen Mitbestimmung in Deutschland (= Soziale Forschung und Praxis, Bd. 15), Tübingen 1961.

31 Allerdings hat die Verfasserin, wie sie angibt, die heute im DZAM nicht mehr auffindbare Akte vol. 2 »betr. die Bildung von Vereinen für das Wohl der arbeitenden Klassen sowie die Errichtung eines Central-Vereins für solche« (DZAM Rep. 120, DXXII/1) noch benutzen können; der verlorene Band umfaßte den Zeitraum vom 27. 12. 1847 bis zum 24. 3. 1851.

32 *Heinz Richard Schneider:* Bürgerliche Vereinsbestrebungen für das »Wohl der arbeitenden Klassen« in der preußischen Rheinprovinz im 19. Jahrhundert, Diss. Bonn 1967.

33 *Siegfried Schmidt / Eldrid Czichy:* Artikel »Zentralverein für das Wohl der arbeitenden Klassen (ZWAK) 1844 bis zum ersten Weltkrieg«, in: Die bürgerlichen Parteien (s. Anm. 22), S. 872–876.

34 *Teuteberg:* Mitbestimmung (s. Anm. 30), bes. S. 47–58 und S. 327–331.

35 Neben *Teuteberg* s. auch *Heinrich Volkmann:* Die Arbeiterfrage im preußischen Abgeordnetenhaus 1848–1869, Berlin 1968, S. 43 f. und passim.

36 *Walter Vogel:* Bismarcks Arbeiterversicherung. Ihre Entstehung im Kräftespiel der Zeit, Braunschweig 1951, S. 12.

37 *Frolinde Balser:* Die Anfänge der Erwachsenenbildung in Deutschland in der ersten Hälfte des 19. Jahrhunderts, Stuttgart 1959, S. 95ff.; *Horst Dräger:* Die Gesellschaft für Verbreitung von Volksbildung. Eine historisch-problemgeschichtliche Darstellung von 1871–1914, Stuttgart 1975, S. 26.

38 *Margrit Twellmann:* Die Deutsche Frauenbewegung im Spiegel repräsentativer Frauenzeitschriften. Ihre Anfänge und erste Entwicklung 1843–1889, Meisenheim/Glan 1972, S. 43f.; vgl. auch *Greven-Aschoff* (s. Anm. 46).

39 *Otto Uhlig:* Arbeit – amtlich angeboten. Der Mensch auf seinem Markt, Stuttgart/Berlin/Köln/Mainz 1970, S. 28ff., S. 33ff. und S. 68f.

laub[40], zum gemeinnützigen Wohnungsbau[41] und zur Arbeiterkoalitionsfrage[42]. Die übrigen Erwähnungen des Centralvereins in der neueren Forschung gehen aber kaum über solch knappe Feststellungen wie die im Handbuch der deutschen Wirtschafts- und Sozialgeschichte hinaus, daß er ein »nach anfänglichen großen Hoffnungen wenig erfolgreicher Versuch« gewesen sei, aus bürgerlichem Verantwortungsbewußtsein eine umfassendere Vereinigung sozialreformerischer Bestrebungen zu schaffen[43]. Besonders überraschend ist, daß er in den meisten Untersuchungen, die die sozialen Verhältnisse im Vormärz und in der Frühphase der Industrialisierung zum Thema haben oder die mehr oder weniger radikalen »Bewegungen« und Antworten auf die Herausforderungen des Pauperismus und der »sozialen Frage« analysieren, nicht erwähnt wird[44].

Der Grund für die weitgehende Nichtbeachtung des Centralvereins durch Historiker dürfte nicht nur in bestimmten Besonderheiten der Vereinsgeschichte zu suchen sein, wenngleich diese eine Rolle gespielt haben mögen: So ist er – abgesehen von den ersten Wochen nach seiner Gründung – fast gar nicht durch spektakuläre Veranstaltungen oder durch die Ausfechtung von Kontroversen an die Öffentlichkeit getreten[45] wie etwa später der Verein für Socialpolitik. Auch ist es schwer, von offensichtlichen Ergebnissen und auf der Hand liegenden Erfolgen seiner sozialreformerischen Bemühungen zu sprechen. Da er selbst fast keine konkreten Einrichtungen geschaffen hat, gibt es auch – bis auf den heute noch existierenden Lette-Verein in Berlin[46] – keine weiterlebenden Institutionen, die sich auf ihn berufen könnten und sein Andenken pflegen.

---

40 *Jürgen Reulecke:* Vom blauen Montag zum Arbeiterurlaub. Vorgeschichte und Entstehung des Erholungsurlaubs für Arbeiter vor dem Ersten Weltkrieg, in: AfS, Bd. 16 (1976), S. 216.

41 *Ingwer Paulsen:* Viktor Aimé Huber als Sozialpolitiker, Berlin 1956, S. 91.

42 *Günter Trautmann:* Gewerkschaften ohne Streikrecht . . ., sowie *Ulrich Engelhardt:* Gewerkschaftliche Interessenvertretung als »Menschenrecht« . . ., beide Aufsätze in: *Ulrich Engelhardt* u. a. (Hg.): Soziale Bewegung und politische Verfassung (= Industrielle Welt, Sonderband für Werner Conze), Stuttgart 1976, S. 472–537, bes. S. 522ff., und S. 538–598, bes. S. 579ff., sowie *ders.:* »Verschmelzung der Interessen« statt »unseliger Konflikte zwischen Kapital und Arbeit«, in: AfS, Bd. 21 (1981), S. 97–178.

43 *Werner Conze:* Sozialgeschichte 1800–1850, in: *W. Zorn* (Hg.): Handbuch der deutschen Wirtschafts- und Sozialgeschichte, Bd. 2, Stuttgart 1976, S. 471; ähnlich *ders.*: Vom »Pöbel« zum »Proletariat«. Sozialgeschichtliche Voraussetzungen für den Sozialismus in Deutschland, in: *H. U. Wehler* (Hg.): Moderne deutsche Sozialgeschichte (= NWB, Bd. 10), Köln 1973[4], S. 129. Ausnahmen sind aber die Untersuchungen von *Offermann* (s. Anm. 17), bes. S. 196–206, und von *Hartmut Kaelble:* Berliner Unternehmer während der frühen Industrialisierung, Berlin 1972, S. 220ff. und passim.

44 Z. B. *Carl Jantke:* Der Vierte Stand. Die gestaltenden Kräfte der deutschen Arbeiterbewegung im XIX. Jahrhundert, Freiburg 1955, sowie *ders.:* Zur Deutung des Pauperismus, in: *ders. / D. Hilger* (Hg.): Die Eigentumslosen, München/Freiburg 1965, S. 7–47.

45 Die einzige Ausnahme war im Oktober 1864 eine spektakuläre öffentliche Debatte über die Arbeiterkoalitionsfrage, die der Centralverein in Berlin veranstaltete; s. dazu die Aufsätze von *Trautmann* und *Engelhardt* (s. Anm. 42).

46 Der Lette-Verein, Berlin 30, ist heute eine Stiftung des öffentlichen Rechts und unterhält eine technische und eine hauswirtschaftliche Berufsfachschule sowie Lehranstalten für me-

Wichtiger sind aber wohl historiographische Gründe. Die Einzelelemente des raschen sozialen Wandels seit Beginn des 19. Jahrhunderts, besonders seit den 1840er Jahren, sind von Historikern bisher nur ungleichgewichtig untersucht worden. Ihr Blick galt, sofern sie sich überhaupt mit den sozialen Strukturen und Bewegungen beschäftigt haben, allzuoft den Gruppen, Parteiungen und Personen auf der vorderen Bühne und den spektakulären Ideen, die angesichts der bedrückenden sozialen Bedingungen im Gefolge der frühen Industrialisierung von einzelnen Personen entwickelt wurden. Neuere Forschungsergebnisse zur Entstehungsgeschichte der sozialen Bewegung, insbesondere zu ihrer Ideen- und Organisationsgeschichte, liegen daher in großer Zahl vor. Hier ist in den letzten 15 Jahren – gerade auch in Auseinandersetzung mit Forschungen von Historikern aus der DDR – ein erheblicher wissenschaftlicher Fortschritt erzielt worden. Dagegen ist die Zahl neuerer Untersuchungen des frühen sozialreformerischen Denkens und Handelns und der Anfänge der Sozialpolitik noch leicht zu überschauen. Nachdem zwischen 1954 und 1965 verschiedene weiterführende Untersuchungen zu diesem Themenkomplex von Erich Angermann, Werner Conze, Carl Jantke, Wolfgang Köllmann, Karl Erich Born und Hans Jürgen Teuteberg vorgelegt worden sind[47], ist die Thematik der sozialreformerischen Bestrebungen und sozialpolitischen Ansätze in der Frühindustrialisierungsphase deutlich hinter der Erforschung der sozialen Bewegung zurückgetreten. Als neuere Untersuchungen lassen sich nur einige Detailanalysen und die 1970 erschienene ideengeschichtliche Darstellung der Anfänge einer deutschen »Socialwissenschaft« von Eckart Pankoke[48] nennen.

Wenn man sich über die als Antwort auf den vormärzlichen Pauperismus und die frühindustrielle »soziale Frage« erfolgten sozialreformerischen Ansätze informieren will, stellt man bald fest, daß die bisherigen Forschungsergebnisse insgesamt stark personen- und ideengeschichtlich geprägt sind. Immer wieder werden einzelne Personen genannt: Harkort, Huber, Ketteler, Schulze-Delitzsch, Wichern und einige andere, die als

---

dizinisch-technische und pharmazeutisch-technische Assistenten. Einige Hinweise zur Tätigkeit des Lette-Vereins im 19. Jahrhundert finden sich bei *Barbara Greven-Aschoff:* Die bürgerliche Frauenbewegung in Deutschland 1894–1933 (= Kritische Studien, Bd. 46), Göttingen 1981, S. 53, 82f. und S. 87f.

47 S. die in den Anm. 30, 43 und 44 angegebenen Untersuchungen, außerdem *Wolfgang Köllmann:* Die Anfänge der staatlichen Sozialpolitik in Preußen bis 1869, in: *E.-W. Böckenförde* (Hg.): Moderne deutsche Verfassungsgeschichte (1815–1918) (= NWB, Bd. 51), Köln 1972, S. 410–429; *Karl Erich Born:* Sozialpolitische Probleme und Bestrebungen in Deutschland von 1848 bis zur Bismarckschen Sozialgesetzgebung, in: *H. J. Varian* (Hg.): Interessenverbände in Deutschland (= NWB, Bd. 60), Köln 1973, S. 72–84; *Erich Angermann:* Robert von Mohl 1799–1875 (= Politica, Bd. 8), Neuwied 1962.

48 *Eckart Pankoke:* Sociale Bewegung – Sociale Frage – Sociale Politik. Grundfragen der deutschen »Socialwissenschaft« im 19. Jahrhundert (= Industrielle Welt, Bd. 12), Stuttgart 1970.

typische Vertreter bestimmter Richtungen sozialreformerischen Denkens und Handelns gelten, ohne daß die Frage nach der praktischen Verwirklichung ihrer Ideen und nach ihrer konkreten zeitgenössischen Bedeutung umfassender beantwortet würde. Unbekannt ist immer noch, in welchem Ausmaße Reformvorschläge einzelner Personen mit welchem Erfolg in die Tat umgesetzt wurden oder – allgemeiner gefragt – wieweit und in welcher Weise in der entstehenden »bürgerlichen Öffentlichkeit« kollektive soziale Erfahrungen und individuelle Aufrufe zu sozialreformerischem Handeln zur Veränderung herkömmlicher Verhaltensweisen geführt haben und ob davon auch die überkommenen Deutungsmuster zur Beurteilung gesellschaftlicher Tatbestände beeinflußt wurden.

Zwar sind auch bei vielen der erwähnten neueren Darstellungen der frühen sozialen Bewegung – gewissermaßen als Nebenprodukte – Hinweise auf gleichzeitige sozialreformerische Bestrebungen angefallen, doch werden diese hier durchgängig als unzulängliche und zur Erfolglosigkeit verurteilte Versuche interpretiert, die Existenzbedingungen der neuentstandenen Arbeiterklasse zu verbessern, die Arbeiter in die bürgerliche Gesellschaft zu integrieren und auf diese Weise Schritte zu solidarischem Handeln zu verhindern. DDR-Autoren sprechen in diesem Zusammenhang von »sozialer Demagogie«[49] und von Bestechungsversuchen an der Arbeiterklasse. Doch nicht nur ihnen, auch vielen westdeutschen Historikern der Arbeiterbewegung dienen bürgerliche sozialreformerische Bemühungen lediglich als Hintergrund, vor dem sich die Leistungen der sich von der »Klasse an sich« zur »Klasse für sich«[50] entwickelnden Industriearbeiterschaft um so deutlicher abheben. Diese Leistungen sollen hier nicht bestritten werden, auch nicht die Konflikte, die die Arbeiterklasse durchzustehen hatte, bis sie als gleichberechtigte Kraft in der Gesellschaft anerkannt war, doch bliebe die Erklärung des Entstehungsprozesses moderner Industriegesellschaften ungleichgewichtig, wenn man sein Erkenntnisinteresse nur auf die zweifellos vorhandenen Konfliktpotentiale, Konfliktkonstellationen und vor allem auf die Konfliktaustragungen ausrichten wollte.

---

49 Vgl. z. B. *Siegfried Schmidt:* Zur Frühgeschichte der bürgerlichen Parteien in Deutschland, in: ZfG, Bd. 13 (1965), S. 989; ähnlich *Helmut Bleiber:* Bourgeoisie und bürgerliche Umwälzung in Deutschland, in: ZfG, Bd. 25 (1977), S. 305–332. Beide Autoren betonen übrigens ausdrücklich, daß die liberalen Vereine, die bürgerlich-liberale Oppositionsbewegung und der linke Flügel der Fortschrittspartei noch untersucht werden müßten (*Schmidt*, S. 990; *Bleiber*, S. 311). Auch *Gall:* Liberalismus (s. Anm. 7), S. 17, beklagt, daß es an Einzeluntersuchungen über die bürgerlich-liberale Bewegung aus sozialhistorischer Perspektive noch fehlt, so z. B. zur Anhänger- und Trägerschaft, zur Organisationsstruktur usw. Hier hat sich in den letzten Jahren eine Wandlung angebahnt; s. dazu die beiden Literaturberichte von *Dieter Langewiesche* im AfS (s. Anm. 7) und von *Dieter Gessner:* Zur Genesis der »bürgerliche Gesellschaft« in Deutschland. Neue Literatur . . ., in: NPL, XXVI. Jg. (1981), S. 281–291.

50 *Karl Marx:* Das Elend der Philosophie, in: MEW, Bd. 4, Berlin-Ost 1972, S. 180f.

Die Beschäftigung mit der Frühphase des Centralvereins führt jedenfalls zu der Einsicht, daß die Erfolge und Mißerfolge von Ausgleichs- und Befriedungsstrategien sowie die in diesem Zusammenhang gemachten Erfahrungen noch zu wenig bekannt sind. Ziel ist es deshalb, die durch viele retardierende Einflüsse geprägte »Erfindung von Spielregeln« zum Ausgleich unterschiedlicher sozialer Interessen und Bedürfnisse an einem exemplarischen Fall zu untersuchen. Solche »Spielregeln« garantieren im Grunde heute das »Funktionieren« unserer – mindestens dem Anspruch nach – sozialen und gleichzeitig liberalen Staats- und Gesellschaftsordnung. Deshalb scheint es notwendig, beide Aspekte – die Austragung von Konflikten *und* die Suche nach Ausgleichsstrategien – gleichgewichtig bei der Untersuchung der Entstehungsbedingungen und Wurzeln des modernen Sozialstaates zu berücksichtigen.

Wegen jenes erwähnten Ungleichgewichts in der bisherigen sozialhistorischen Forschung sind nicht nur Rolle, Bedeutung und Wirksamkeit des Centralvereins als eines »sozialen Innovators«[51] weitgehend unbekannt; auch die übrigen vergleichbaren Initiativen, wie z. B. die Gesellschaft für Soziale Reform, die Zentralstelle für Arbeiter-Wohlfahrtseinrichtungen, der Verein Arbeiterwohl usw., sind noch in die angedeutete Entwicklungslinie einzuordnen[52]. Selbst der Verein für Socialpolitik müßte, obwohl er bereits in mehreren – allerdings im wesentlichen ideen- und organisationsgeschichtlich angelegten – Arbeiten untersucht worden ist[53], hinsichtlich seiner Anstoßwirkung, seiner Funktion als »Sauerteig« (Schmoller) in einer bestimmten Phase der preußisch-deutschen Gesellschaftsentwicklung und seiner Bedeutung im langfristigen Zusammenhang genauer analysiert werden. Daß auf dem Weg zum modernen Sozialstaat die Erfindung und die Durchsetzung einzelner Konfliktregelungsinstrumente einschließlich ihrer tatsächlichen Auswirkungen auf das soziale Klima von

---

51 Zum Begriff »soziale Innovation« s. *Otto Neuloh* (Hg.): Soziale Innovation und sozialer Konflikt, Göttingen 1977, bes. S. 9ff.

52 Zwar liegt inzwischen über die Gesellschaft für Soziale Reform die Arbeit von *Ursula Ratz* (s. Anm. 23) vor und ist in den Rheinischen Vierteljahrsblättern (41. Jg., 1977, S. 103–107) von *Wolfgang Löhr* ein kürzerer Beitrag über der Verein »Arbeiterwohl«, Verband katholischer Industrieller und Arbeiterfreunde, erschienen, doch fehlt in beiden Fällen die Einbindung in die Geschichte der gesamten bürgerlichen Sozialreform. Lediglich die folgenden beiden Aufsätze von *Rüdiger vom Bruch* bringen in dieser Richtung wichtige Anregungen: Bürgerliche Sozialreform und Gewerkschaften im späten Deutschen Kaiserreich (in: IWK, 15. Jg., 1979, S. 581–610) und: Streiks und Konfliktregelung im Urteil bürgerlicher Sozialreformer 1872–1914 (in: *Klaus Tenfelde / Heinrich Volkmann*, Hg.: Streik, München 1981, S. 253–270).

53 Neben *Plessen* (s. Anm. 19) s. vor allem *Dieter Lindenlaub:* Richtungskämpfe im Verein für Socialpolitik, 2 Teile (= Beihefte zur VSWG, Nr. 52 und 53), Wiesbaden 1967; weiterhin *Frank H. Lennox:* Socialism of the Chair in the 1870's, Diss. Madison, University of Wisconsin 1972. Die Arbeit von *Plessen* erhebt zwar den Anspruch, die »Wirksamkeit« des Vereins für Socialpolitik darzustellen, wird diesem Ziel jedoch nur in geringen Ansätzen gerecht. Die ältere Darstellung von *Franz Boese:* Geschichte des Vereins für Sozialpolitik 1872–1932, Berlin 1939, ist in weiten Teilen überholt.

hervorragender Bedeutung waren, versteht sich von selbst. Unter diesem Gesichtspunkt erweist sich die kürzlich vorgelegte Arbeit von Peter Ullmann über die Entstehung eines der wichtigsten konfliktmildernden Instrumente, des Tarifvertrags, als noch recht unbefriedigend[54]. Lediglich die schon 1961 erschienene eingehende Untersuchung der industriellen Mitbestimmung in Deutschland von Hans Jürgen Teuteberg gibt, wenngleich auch sie im wesentlichen ideengeschichtlich angelegt ist[55], einen umfassenden Überblick über einen wichtigen Teilbereich aus dem gesamten Spektrum sozialreformerischer Bestrebungen seit dem Beginn der Industrialisierung.

Während Teuteberg seine oben zitierte Arbeit über die industrielle Mitbestimmung als Längsschnitt anlegt und die Entwicklung nur eines, wenn auch wichtigen, sozialreformerischen Programmpunkts über einen Zeitraum von rd. 90 Jahren verfolgt, besitzt die vorliegende Untersuchung des Centralvereins für das Wohl der arbeitenden Klassen auf den ersten Blick den Charakter eines Querschnitts, denn sie behandelt eine sozialreformerische Organisation als Ganze über einen Zeitraum von nur rund einem Jahrzehnt, wobei sowohl die Trägerschaft des Vereins, sein Programm und seine Bemühungen um praktische Wirksamkeit als auch seine Auseinandersetzungen mit den politischen Kräften und seine Einbindung in die Zeitumstände der Jahre von 1844 bis zur Mitte der 1850er Jahre dargestellt werden sollen. Dennoch liegt auf der Hand, daß neben dem Querschnittcharakter trotz der kurzen Zeitspanne mindestens gleichgewichtig auch der prozessuale Gesichtspunkt für den Gang der Untersuchung von großer Bedeutung ist, handelt es sich doch um drei deutlich voneinander getrennte Entwicklungsstufen, die durch diesen Zeitraum verklammert werden: Vormärz, Revolution und beginnende Reaktion. Während Historiker oft dazu neigen, ihre Untersuchungen bis zu einem herausragenden politischen Ereignis hinzuführen oder mit einem solchen beginnen zu lassen, und dadurch Epochengrenzen stärker betonen als Epochenverknüpfungen, stellt die vorliegende Arbeit durch ihre Festlegung auf die zehn Jahre um die Jahrhundertmitte die Frage nach den Einflüssen der unterschiedlichen Phasen auf die jeweiligen Realisierungschancen, aber auch Inhalte eines bestimmten sozialreformerischen Konzepts. Da ihr Schwergewicht von vornherein nicht auf der oft behandelten politischen Geschichte des Vormärz und der Revolution liegt, sondern die sozialen Ver-

---

54 *Peter Ullmann:* Tarifverträge und Tarifpolitik in Deutschland bis 1914, Frankfurt/Main u. a. 1977.

55 *Teuteberg* will die »verschütteten geistesgeschichtlichen Verbindungslinien« der frühen Ansätze einer betrieblichen Mitbestimmung zur heutigen sozialen Betriebsverfassung herstellen; *Teuteberg:* Mitbestimmung (s. Anm. 30), S. XV. Das Urteil *H. U. Wehlers* (VSWG, Bd. 50, 1963, S. 140), die Untersuchung Teutebergs besitze »bahnbrechende Bedeutung«, läßt sich auch heute noch aufrechterhalten.

hältnisse der »arbeitenden Klassen«[56], wie sie sich in den Augen der im Centralverein versammelten Personen darstellten, im Mittelpunkt stehen, rückt die Bedeutung der mit dem Schlagwort von der »sozialen Unterströmung« angesprochenen sozialen Dimension der 1848er Revolution verstärkt ins Blickfeld[57]. Die damals lebenden Menschen spürten diese Dimension sehr viel nachhaltiger, als die meisten späteren politisch-historischen Darstellungen der Revolution vermuten lassen[58]. Vielen der Zeitgenossen, gerade auch den Mitgliedern des Centralvereins, war klar, »daß fast immer das Bedürfniß socialer Reformen die tiefer liegende und innerliche Triebfeder politischer Revolutionen sei«[59]. Nur in diesem Sinn scheint das Schlagwort von der »sozialen Unterströmung« sinnvoll zu sein, denn sonst läge es nahe, eher von einer zweiten, mindestens der politischen gleichzusetzenden Hauptströmung zu sprechen.

Damit ist ein Problem berührt worden, das für die gesamte vorliegende Arbeit von Bedeutung ist, aber nicht völlig befriedigend gelöst werden kann: das Problem der inhaltlichen Schärfe der benutzten Begriffe. Zwei Gründe lassen sich dafür angeben, daß die Gefahr einer gewissen Unschärfe in Kauf genommen werden muß. Den ersten Grund hat Wilhelm Heinrich Riehl bereits im Jahre 1848 folgendermaßen charakterisiert:

»In dieser erweckten Zeit entstehen täglich neue Dinge und mit denselben neue Wörter, und wo man nicht flugs das neue Wort findet, da prägt man ein altes zu neuem Werte um.«[60]

Riehl bezieht sich mit seiner Beobachtung auf das Wort »Arbeiter«; er hätte ebensogut die Begriffe Assoziation, arbeitende Klassen, Bürger, Emanzipation, Fabrikant, Klasse, Partei, Polizei, Proletarier und eine Reihe weiterer anführen können. In den meisten von ihnen überlappen sich ältere und neuere Anschauungen in einer Weise, daß ihnen jeweils recht unterschiedliche Bedeutungsnuancen selbst bei demselben Autor anhaften können. Durch die Verwendung derselben Schlagworte wird oft ein Konsens der Meinungen vorgespiegelt, der bei genauerem Hinsehen nur bedingt oder gar nicht vorhanden ist; das gilt besonders für die Adjek-

56 Dies war trotz der in diese Richtung weisenden Arbeit von *Rudolf Stadelmann:* Soziale und politische Geschichte der Revolution von 1848 (Erstauflage 1948), München 1970², ein lange Zeit vernachlässigter Aspekt der Analyse der 1848er Revolution; vgl. *Horst Stuke:* Materielle Volksinteressen und liberale Ideale 1848, in: Archiv für Frankfurts Geschichte und Kunst, Heft 54 (1974), S. 29–42; erst in den letzten Jahren hat sich hier einiges verändert, wie der Literaturbericht von *Langewiesche* (s. Anm. 7) zeigen kann.

57 *Stadelmann* (s. Anm. 56); vgl. auch *Volkmann:* Arbeiterfrage (s. Anm. 35), S. 14ff.

58 Zur Rezeptionsgeschichte der 1848er Revolution s. *Franzjörg Baumgart:* Die verdrängte Revolution (= Geschichte und Gesellschaft, Bochumer Historische Studien, Bd. 14), Düsseldorf 1976.

59 Mittheilungen, Bd. 2 (1850/51), S. (922); Zitat Wilhelm Adolf Lettes vom 12. 10. 1850.

60 *Wilhelm Heinrich Riehl:* Die Arbeiter. Eine Volksrede aus dem Jahre 1848, zit. nach *Jantke/Hilger* (Hg.): Die Eigentumslosen (s. Anm. 44), S. 394.

tive »liberal«, »sozial« und »sozialistisch«[61]. Das mit diesen Bemerkungen angesprochene Phänomen, das vor allem in Umbruchphasen deutlich zutage tritt, hängt im Vormärz und in der Revolution mit der verständlichen Unfähigkeit zusammen, die zwar mehr oder weniger deutlich gespürten, aber letztlich nicht begriffenen sozioökonomischen Wandlungsprozesse »auf den Begriff« zu bringen bzw. »in den Griff« zu bekommen[62].

Der zweite Grund für die Gefahr einer begrifflichen Unschärfe hängt mit der historischen Überfrachtung besonders der beiden Kernbegriffe der vorliegenden Arbeit, *Sozialreform* und *Sozialpolitik*, zusammen. Während sich die obenerwähnten Begriffe durch kurze Hinweise mehr oder weniger leicht aus dem Kontext der Quellen klären lassen, hängt von der Eindeutigkeit dieser beiden Begriffe für die Thesenbildung und den Gang der weiteren Untersuchung viel ab. Daß eine Eingrenzung des Begriffs »Reform« problematisch ist, ist schon im Vorwort angedeutet worden; vor allem zum Begriff »Sozialreform« lassen sich nur wenige Definitionsversuche auffinden[63]. Dagegen liegt zum Inhalt von »Sozialpolitik« eine kaum noch zu übersehende Fülle von Erklärungen und Definitionen vor[64]. Sie reichen von der engen Eingrenzung, Sozialpolitik sei das Bemühen um die Lösung der »Arbeiterfrage«[65], über die Feststellung, sie sei als Teil der Wirtschaftspolitik bzw. als staatliches Eingreifen in den ökonomischen Verteilungsprozeß zu verstehen[66], bis hin zur weitgespannten Auffassung, sie verfolge als »dynamische und integrierende Gesellschaftspolitik« einen reformerischen Ausbau der gesamtgesellschaftlichen Ordnung einschließlich ihrer wirtschaftlichen und politischen Aspekte[67]. Halten manche Autoren den Begriff auch für eine »unerfreuliche Erbschaft« aus einer Zeit, in der man auf terminologische Klarheit noch wenig Wert gelegt habe, oder gar für ein »sinnloses Flickwort« für die »in Gesetzgebung und Verwaltung sich äußernde Stellungnahme des Staates zu den sozialen Gegensätzen«[68], so bestimmt er dennoch als Oberbegriff und politisches Schlagwort bis heute die öffentliche Diskussion, wie sich z. B. vor einigen Jah-

---

61 Zum Begriffsinhalt von »liberal« in der hier angesprochenen Epoche s. *Gall:* Liberalismus (s. Anm. 7), S. 162ff.; sowie *Willi Alfred Boelcke:* Art. Liberalismus, in: HdWW, 13. Lieferung, S. 33ff.; von »sozial« s. *Erik Boettcher:* Einleitung, in: *ders.* (Hg.): Sozialpolitik und Sozialreform, Tübingen 1957, S. 7f.; von »sozialkritisch« s. *Horst Stuke:* Art. Sozialismus, in: HdWW, 5./6. Lieferung (1977), S. 1ff.

62 Hierzu besonders *Reinhart Koselleck:* Begriffsgeschichte und Sozialgeschichte, in: *P. Chr. Ludz* (Hg.): Soziologie und Sozialgeschichte, Opladen 1972, S. 116–131; vgl. auch *Werner Conze:* Das Spannungsfeld von Staat und Gesellschaft im Vormärz 1815–1848 (= Industrielle Welt, Bd. 1), Stuttgart 1970², S. 249f.

63 S. *Boettcher* (s. Anm. 61), S. 18ff.

64 S. dazu *Heinz Lampert:* Art. Sozialpolitik I, in: HdWW, 5./6. Lieferung (1977), S. 60ff.

65 Vgl. *Alois Brusatti* u. a. (Hg.): Geschichte der Sozialpolitik in Dokumenten, Linz 1962, S. 9f.

66 Vgl. *Leopold von Wiese:* Art. Sozialpolitik III, in: HdSW, Bd. 9 (1956), S. 547ff.

67 Vgl. *Albin Gladen:* Geschichte der Sozialpolitik in Deutschland, Wiesbaden 1974, S. IX.

68 *Leopold von Wiese* (s. Anm. 66), S. 547.

ren in der Auseinandersetzung um die Lösung einer »neuen sozialen Frage« wieder gezeigt hat[69].

Angesichts dieser Tatsache wird ein Historiker, wenn er nicht allzu abstrakte Formeln verwenden will[70], wohl feststellen müssen, Sozialpolitik sei immer »ihren Inhalten nach durch die geschichtlichen Voraussetzungen eines Zeitalters und eines Staates und durch die jeweiligen geographischen und ethnischen Verhältnisse bestimmt«[71]. Ein konkreterer Inhalt von »Sozialpolitik«, aber auch von »Sozialreform«, ergibt sich im Hinblick auf die hier zu behandelnde Epoche erst aus dem Zusammenhang der nun verstärkt in Gang kommenden Modernisierung. Als interdependente Primärprozesse der Modernisierung[72] gelten stetiges Wirtschaftswachstum auf der Grundlage fortschreitender Industrialisierung, zunehmende Differenzierung und Rationalisierung vor allem in den Bereichen von Produktion und Absatz sowie Mobilisierung von Arbeitskräften, Kapitalien und natürlichen Ressourcen[73]. Sie stoßen weitere Prozesse an, die mehr oder weniger ausgeprägt in einem sachlogischen Grund-Folge-Verhältnis zu den Primärprozessen stehen. Dazu gehören Umstrukturierungen in der Organisation der ökonomischen, der gesellschaftlichen und – zum Teil, wie in Preußen-Deutschland, nur sehr verspätet – auch der politischen Macht, weiterhin die Entstehung industrieller Agglomerationen als Grundlagen sowie Ausprägungen moderner Verstädterung, beschleunigter Infrastrukturausbau, Wandel der Kommunikationsstrukturen usw. Alle diese Folgeprozesse können eine Eigendynamik entwickeln, die wieder auf die anderen Prozesse zurückwirkt. Die frühe Mobilisierung des Faktors Arbeit durch die preußischen Reformgesetze führte zusammen mit einem sprunghaften Bevölkerungswachstum seit dem Ende des 18. Jahrhunderts zu den bekannten sozialen Konfliktlagen, die die bestehende gesellschaftliche Ordnung immer stärker zu bedrohen begannen und schließlich den Charakter von Klassenkonflikten annahmen.

---

69 Diese Auseinandersetzung hatte sich im Anschluß an das Buch von *Heiner Geißler:* Die Neue Soziale Frage, Freiburg 1976, entzündet. S. dazu die 1978 in der Zeitschrift »Aus Politik und Zeitgeschichte« (= Beilage zu »Das Parlament«) zwischen *Manfred Groser* und *Siegmar Mosdorf* geführte Diskussion (Hefte B 10/78 und B 39/78).

70 Eine solche Formel gibt z. B. *Heinz Lampert* (s. Anm. 64), S. 61, an: Sozialpolitik ist danach »das (staatliche) politische Handeln, das darauf abzielt, die wirtschaftliche und/oder gesellschaftliche Stellung von als schwach angesehenen Gruppen durch den Einsatz geeignet erscheinender Mittel im Sinne der in der Gesellschaft verfolgten wirtschaftlichen und sozialen (Grund-)Ziele zu verbessern«.

71 *Ludwig Heyde:* Abriß der Sozialpolitik (= Wissenschaft und Bildung, Bd. 158), hier zit. nach der Ausgabe Leipzig 1920, S. 9.

72 Hierzu und zum folgenden s. *Hans Ulrich Wehler:* Modernisierungstheorie und Geschichte, Göttingen 1975.

73 Gerade der letztgenannte Punkt ist der sozialgeschichtlich am deutlichsten ins Auge fallende; s. dazu *Pankoke:* Sociale Bewegung . . . (s. Anm. 48), bes. Kap. 1 »Sociale Bewegung«, S. 19ff.

An diesem Punkt setzten die Anfänge einer vom Staat ausgehenden Sozialpolitik[74], aber auch vereinzelte sozialpolitische Bemühungen von Gemeinden und Unternehmern ein, die die Unzulänglichkeit der traditionellen Armenpflege erkannt hatten. Sozialpolitik[75] wurde als Teil des sich ausweitenden staatlichen »Polizeywesens« verstanden[76]; sie war systemerhaltende Gesellschaftspolitik mit dem Ziel, den aus herkömmlichen Bindungen entlassenen und dadurch in Not geratenen Menschen einen Mindestschutz zu gewähren. Dementsprechend war das Leitbild dieser Sozialpolitik »auf die Gesamtgesellschaft angewandt . . . ein durchaus konservatives«[77]. Das besagt nicht, daß hier keine zukunftsweisenden Elemente vorhanden gewesen wären, doch stand im Mittelpunkt der staatlichen Einflußnahme auf die sozialen Verhältnisse das Ziel der Erhaltung des gesellschaftlichen Status quo, d. h. die Einbindung des »vierten Standes« mit Hilfe einer an traditionellen Werten orientierten Wohlfahrts- und Ordnungspolitik[78]. Diese frühe Sozialpolitik war also, wie weiter unten am preußischen Beispiel gezeigt werden soll, im wesentlichen reaktiv; sie ging von der bestehenden, weitgehend noch ständisch bestimmten Gesellschaftsstruktur sowie den überkommenen Werthierarchien und Normen aus, deren Erhalt sie – u. U. auch durch repressive Maßnahmen – sichern wollte.

Auch der Ansatz der zeitgenössischen bürgerlichen Sozialreformer war zunächst reaktiv, doch sahen sie in den derzeitigen sozioökonomischen Verhältnissen, die ihrer Meinung nach von einem Gemisch aus legitimistischen Beschränkungen und partiellen Freisetzungen geprägt waren, den eigentlichen Grund für die akuten Bedrohungen. Versteht man unter Sozialreform das Bestreben zur »Umformung der Sozialstruktur nach einem bestimmten Leitbild« mit dem Ziel eines »ökonomischen und gesellschaftlichen Gleichgewichts . . . für die sozialen Gruppen insgesamt«[79], so war das Leitbild dieser bürgerlichen Sozialreformer jene »klassenlose Bürgergesellschaft«, von der oben bereits die Rede war. Diese Zielsetzung richtete sich im Vergleich zu den vom Staat ausgehenden sozialpolitischen Eingriffen im Vormärz auf mehr als nur auf die »ökonomische Komponente« der menschlichen Existenz[80]; sie umfaßte viel stärker auch die sittliche und kulturelle Komponente bis hin zur »Steigerung der Lebensfreude«[81].

---

74 In Absetzung von einer älteren Sozialpolitik, die es nach Ansicht verschiedener Autoren auch schon in der Antike und im Mittelalter gab; s. *Lampert* (s. Anm. 64), S. 61f.

75 Den Begriff »Social-Politik« soll *Wilhelm Heinrich Riehl* Anfang der 1850er Jahre als erster benutzt haben; s. *Pankoke*, S. 167f.

76 Ebd., S. 168.

77 *Boettcher* (s. Anm. 61), S. 19.

78 Vgl. *Rimlinger:* Sozialpolitik und wirtschaftliche Entwicklung (s. Anm. 20), S. 120.

79 *Boettcher* (s. Anm. 20), S. 17.

80 Ebd., S. 18.

81 Zit. in Anlehnung an das Vorwort zu den Mittheilungen, 1. Heft (1848); s. oben S. 17 der vorliegenden Arbeit.

Ist mit diesen Feststellungen »Sozialreform« von der zeitgenössischen Ausprägung von »Sozialpolitik« abgegrenzt, so ist auch eine Absetzung von der anderen Seite, von der »sozialen Bewegung«[82], nötig. Beide – Sozialreform und soziale Bewegung – entspringen zwar einer mehr oder weniger deutlich formulierten Sozialkritik, die vom Betroffensein über die gravierenden sozialen Mißstände ausgeht. Soziale Bewegung zielt jedoch in ihrer radikalen Form auf einen weitgehenden oder totalen Umsturz der bestehenden gesellschaftlichen Ordnung und politischen Machtverhältnisse. Grundsätzlich ist dennoch festzuhalten, daß die bürgerliche Sozialreform nicht nur durch die Auseinandersetzung mit dem systemstabilisierenden sozialpolitischen Handeln des Staates, sondern gerade auch durch die Herausforderung, die die radikale Idee einer sozialen Revolution bedeutete, wesentliche Impulse erhielt.
Trotz der genannten Abgrenzungen des Begriffs »Sozialreform« nach beiden Seiten zeigt aber die historische Realität, daß in der hier behandelten Phase die Grenzen sozialreformerischen Handelns – sowohl in Richtung auf die traditionelle Wohlfahrtspflege und öffentliche Fürsorge als auch in Richtung auf radikale Vorstellungen der sozialen Bewegung – fließend waren. Dadurch, daß Sozialreform in das Spannungsfeld zwischen diesen beiden Polen eingebunden war, läßt sie sich als eine der Modernisierungserscheinungen begreifen, die nicht von einer klaren Ablösung oder scharfen Trennung von traditionellen und modernen Formen geprägt waren[83], sondern eher von Kompromissen zwischen Überkommenem und Neuem. Infolgedessen ist von einem außerordentlich komplexen Problemzusammenhang auszugehen, der vor allem durch weiterwirkende Kontinuitäten wie auch durch starke retardierende Kräfte geprägt wurde.
Die vorliegende Untersuchung gliedert sich in drei Teile, wobei der erste Teil – die Darstellung der Vereinsentwicklung im Vormärz – zwangsläufig stärker chronologisch-deskriptiv angelegt ist, da der Centralverein in dieser Zeit an der praktischen Umsetzung seiner Ideen gehindert wurde und die Auseinandersetzungen mit dem Innenministerium einen großen Raum einnahmen. Durch eine detaillierte Darstellung der Zusammenhänge bei der Vereinsgründung und der anschließenden Querelen um die Statutengenehmigung soll der Versuch unternommen werden, ein differenziertes Bild des Spannungsverhältnisses zwischen der bürgerlich-liberalen Öffentlichkeit auf der einen und dem Staat, vertreten durch die keineswegs als homogen anzusehende Beamtenschaft, auf der anderen Seite unter dem Eindruck des immer bedrohlicher werdenden Pauperismus zu geben. Im

82 Verstanden als sozialrevolutionäre Bewegung; s. dazu *Pankoke:* Sociale Bewegung, S. 170ff.

83 Vgl. etwa das »Dichotomien-Alphabet«, das *Wehler* (Modernisierungstheorie und Geschichte, S. 14f.) zur Charakterisierung der Unterschiede zwischen traditionellen und modernen Gesellschaften aufführt (s. Anm. 72).

zweiten Teil steht die Wirksamkeit des Centralvereins vor dem Hintergrund der durch die Revolution geschaffenen Zustände im Mittelpunkt der Analyse. Hierbei bietet es sich an, stärker thematische Schwerpunkte hervortreten zu lassen, d. h. verschiedene sozialreformerische Bemühungen des Centralvereins im Zusammenhang mit zeitgenössischen sozialen Forderungen zu behandeln und die Konsequenzen aufzuzeigen, die er aus der Sondersituation der Jahre 1848/49 zog. Das dritte Kapitel soll dann einen Eindruck davon vermitteln, wie sich die Zielsetzungen des Centralvereins und seine Chancen zur öffentlichen Wirksamkeit in der Reaktionszeit veränderten und warum von 1850 ab von einer neuen Phase auch der Geschichte des Centralvereins gesprochen werden kann.
Über eine recht reichhaltige zeitgenössische Literatur einschließlich der Tageszeitungen[84] hinaus kann sich die Darstellung der Entstehungsphase des Centralvereins auf ein umfangreiches behördliches Aktenmaterial in verschiedenen Staatsarchiven stützen. Eigene Archivalien des Vereins waren allerdings nicht aufzufinden. Für die Revolutionszeit kommen die Veröffentlichungen des Centralvereins als wichtige Quellen hinzu, in denen u. a. ausführliche Protokolle der Mitgliederversammlungen und Vorstandssitzungen abgedruckt sind; dagegen geht die behördliche Überlieferung zurück, vor allem deshalb, weil eine Lücke in den Aktenbeständen des Handelsministeriums besteht. Erst vom Ende des Jahres 1849 an ist die Überlieferung zu einigen Detailfragen, die den Centralverein betreffen, wieder reichhaltiger, erreicht aber nicht mehr den Umfang der vormärzlichen Bestände.
Notwendig erscheint es, vorab noch einen knappen Überblick über die staatlichen sozialpolitischen Ansätze im Vormärz zu geben, um den Hintergrund aufzuhellen, vor dem der Centralverein seine Wirksamkeit begann, und um gleichzeitig die Bemerkungen zum Inhalt des Begriffs »Sozialpolitik« am preußischen Beispiel zu verdeutlichen und zu differenzieren. Mit dem Blick auf die weitreichenden Sozialversicherungsgesetze der Bismarckzeit, die einer erklärten sozialpolitischen Zielsetzung und Absicht entstammten, erscheint es verständlich, daß die vorhergehende sozialpolitische Gesetzgebung in Preußen und anderen deutschen Staaten, vor allem vor 1860, als »verhältnismäßig wenig ergiebig«[85] angesehen wird. Geht man jedoch vom oben angeführten Begriff von Sozialpolitik aus, so ergibt sich, daß bereits das sozialpolitische Handeln des Staates im Vormärz eine gewisse Breite und Vielfalt besaß, obwohl es fast durchgängig nur aus ungenügenden ersten Schritten bestand. Bei der Interpretation

84 Abgesehen von Einzelausgaben verschiedener Zeitungen sind die *Kölnische Zeitung* als liberales Blatt und die *Elberfelder Zeitung* als eher konservatives Blatt systematischer ausgewertet worden.
85 *Bruno Seidel:* Art. Sozialpolitik I, in: HdSW, Bd. 9 (1956), S. 537.

dieses Befundes ist für Preußen, das in dieser Hinsicht führend war, von einem grundsätzlichen Dilemma auszugehen, in das sich die preußische Monarchie nach dem Abschluß der Reformphase, d. h. seit Beginn der 1820er Jahre, hineinmanövriert hatte, einem Dilemma, »das sich aus dem Widerspruch zwischen liberaler Wirtschafts- und christlich-konservativer Sozialauffassung ergab«[86]. Die Reformpolitiker waren noch von dem Doppelziel ausgegangen, die wirtschaftlichen Kräfte im Staat von traditionellen Fesseln befreien *und* eine freie Staatsbürgergesellschaft begründen zu wollen. Dieses Ziel wurde nur teilweise, im wirtschaftlichen Bereich, erreicht, während alle Ansätze zur Reformierung der staatlichen Sphäre, besonders durch ein zukunftsweisendes Verfassungswerk, in der Reaktionsphase nach 1820 abgeschnitten wurden. Verschiedene neuere sozialhistorische Untersuchungen dieses Themenkomplexes, vor allem von Reinhart Koselleck[87], haben gezeigt, daß es durch das Nebeneinander von traditioneller Legitimität und partieller Liberalität schließlich im Vormärz zu einer folgenschweren Polarisierung zwischen Staat und Gesellschaft kam, die auch die Art und Weise sozialpolitischen Handelns – als ein solches vom Staat gefordert wurde und er sich dieser Forderung nicht mehr entziehen konnte – bestimmte. Als Folge der Hinwendung zum reaktionären Kurs Metternichscher Prägung mußte dieses staatliche Handeln zwangsläufig im wesentlichen auf ordnungspolitische Maßnahmen, die – modern ausgedrückt – mit polizeistaatlichen Mitteln durchgesetzt wurden, hinauslaufen. Da das Leitbild einer freigesetzten Staatsbürgergesellschaft, wenngleich eine große Zahl von Beamten sich ihm auch weiterhin verpflichtet fühlte, in der offiziellen Politik nun keine Rolle mehr spielte, begann ein anderes, in der Reformzeit zurückgedrängtes Leitbild wieder verstärkt die Gesetzgebung – wenn man die Wirtschaftspolitik ausklammert – zu bestimmen: die in einem christlich-patriarchalischen Ständestaat in Abhängigkeit gehaltene Untertanengesellschaft.

Obwohl hohe Beamte wie Fürst Hardenberg schon 1817 die möglichen sozialen Konsequenzen einer völligen Freisetzung der Wirtschaft erkannt und hellsichtig vorausgesehen hatten, daß die um sich greifende »Erziehung zum Fabrikarbeiter aufkosten der Erziehung zum Menschen und Staatsbürger« gehen werde[88], wurde die zunächst durchaus vorhandene Bereitschaft des Staates, die in der liberalen Wirtschaftsgesellschaft benachteiligten sozialen Gruppen zu schützen, zugunsten wirtschaftspolitischer Zielvorstellungen aufgegeben. Elemente eines modernen sozialpolitischen Denkens, wenngleich hier im wesentlichen noch vom Ideengut der

86 *Köllmann:* Anfänge der Sozialpolitik (s. Anm. 47), S. 421.

87 S. vor allem seinen Aufsatz »Staat und Gesellschaft in Preußen, 1815–1848«, Wiederabdruck in: *H. U. Wehler* (Hg.): Moderne deutsche Sozialgeschichte (= NWB, Bd. 10), Köln 1973⁴, S. 55–84.

88 Ebd., S. 79.

Aufklärung wie des Neuhumanismus bestimmt, waren also bereits in der Vorausschau liberaler Beamter auf eine zukünftige Industriegesellschaft vorhanden. Ein Beispiel für ein solches Denken war der Inhalt jenes von Hardenberg veranlaßten, oft zitierten Rundschreibens aus dem Jahre 1817 an verschiedene Oberpräsidenten, in dem er u. a. um Auskunft über die Lage der Fabrikkinder bat[89].
In den Jahren nach 1820 wich – zwar nicht durchgängig in der gesamten Beamtenschaft, aber doch in den entscheidenden Regierungskreisen – die in jenem Rundschreiben sichtbar werdende sozialpolitische Vorausschau der wirtschaftsliberalen Auffassung, daß sich der Staat jedes Eingriffs in die Wirtschaftsgesellschaft zu enthalten habe; die bewährten Methoden des obrigkeitsstaatlichen »Polizeyrechts« einschließlich der Armenfürsorge wurden für ausreichend erachtet, gravierende soziale Mißstände im Einzelfall zu beheben[90]. Daß dies nicht genügte, daß es nicht um Einzelfälle ging, sondern – wie im Falle der Kinderarbeit – um eine bedrohliche Entwicklung mit der Tendenz, den »Erziehungs- und Wehranspruch des Staates« in Frage zu stellen[91], zeigt die seit Ende der 1820er Jahre verstärkt geführte Diskussion um den Kinderschutz in den Fabriken, die zum ersten spezifisch sozialpolitischen staatlichen Eingreifen führte. Anstoß dazu gaben nicht umgreifende sozialpolitische oder gar sozialreformerische Konzepte, sondern einerseits Berichte über die schwindende Wehrtauglichkeit sowie vor allem über die Vernachlässigung des Schul- und Religionsunterrichts durch die Fabrikkinder, andererseits eine von Mitleid und einem »vorsozialpolitischen Fürsorgedenken«[92] geprägte Initiative des Barmer Fabrikanten Johann Schuchardt, die der rheinische Provinziallandtag aufgriff. Das nahezu wirkungslose »Regulativ über die Beschäftigung jugendlicher Arbeiter in Fabriken«[93] vom 9. März 1839 enthält deshalb nur geringe Spuren eines sozialpolitischen Gestaltungswillens[94]. Äußeres Zeichen dafür ist, daß trotz der Androhung von Strafen bei Zuwiderhandlungen auf eine wirksame Kontrolle der Gesetzesbefolgung, etwa

89 Abgedruckt bei *Ruth Hoppe* (Hg.): Geschichte der Kinderarbeit in Deutschland 1750–1939, Bd. 2 (Dokumente), Berlin–Ost 1958, S. 70–74; sowie auch bei *E. R. Huber:* Dokumente zur deutschen Verfassungsgeschichte, S. 75–78; s. dazu u. a. *Köllmann:* Anfänge der Sozialpolitik, S. 412f., und *Koselleck:* Staat und Gesellschaft (s. Anm. 87), S. 78.

90 *Conze:* Vom »Pöbel« zum »Proletariat« (s. Anm. 43), S. 128.

91 *Köllmann:* Anfänge der Sozialpolitik, S. 421.

92 Ebd., S. 416.

93 S. dazu *Gladen:* Sozialpolitik (s. Anm. 67), S. 18ff.

94 Der § 10 des Regulativs legte zwar fest, die Minister könnten weitere Anordnungen »zur Erhaltung der Gesundheit und Moralität der Fabrikarbeiter« erlassen, doch ist davon kein Gebrauch gemacht worden; s. auch die Darstellung des sehr hindernisreichen Weges bis zum Zustandekommen des Gesetzes bei *Köllmann:* Anfänge der Sozialpolitik (s. Anm. 47), S. 416f.; zum Umfang der Kinderarbeit in der damaligen Zeit s. zuletzt *Wilfried Feldenkirchen:* Kinderarbeit im 19. Jahrhundert, in: Zeitschrift für Unternehmensgeschichte, 26. Jg. (1981), S. 1–41.

durch Fabrikinspektoren, verzichtet wurde. Dennoch ist das Regulativ als erster Schritt in eine neue Richtung zu interpretieren, weil zumindest auf dem Papier der privatrechtlichen Verfügungsgewalt des Fabrikherrn über die Arbeitskraft aller seiner Arbeiter eine Grenze gesetzt wurde. Rückgriff auf ältere Vorstellungen von der Sozialpflichtigkeit des Staates und Vorgriff auf zukünftige sozialstaatliche Prinzipien zugleich, läßt dieses erste Arbeiterschutzgesetz trotz aller Beschränkungen den Grundsatz erkennen, daß »das Gesamtwohl im Fall einer echten Kollision den Vorrang vor dem Einzelinteresse« besaß[95] und auch in Zukunft besitzen sollte, wobei »Gesamtwohl« ansatzweise erstmalig jenen sozialpolitischen Akzent erhielt, der oben bei der Begriffserläuterung angesprochen worden ist[96]. Ähnliche Ansätze zeigen sich auch im Inhalt eines Gesetzeskomplexes, der nach langen Vorbereitungen an der Jahreswende 1842/43 Gültigkeit erlangte. Es handelt sich dabei um die miteinander verbundenen Gesetze über die Freizügigkeit und die Verpflichtung der Kommunen zur Armenpflege[97]. Auf den ersten Blick scheinen die Gesetze völlig unterschiedliche Richtungen zu verfolgen: Während das Armenpflegegesetz an das Preußische Allgemeine Landrecht von 1794 und noch ältere Traditionen der kommunalen Armenfürsorge anknüpfte, war das Freizügigkeitsgesetz, das jedem preußischen Staatsbürger außer im Falle aktueller Armut und Bedürftigkeit die freie Wahl seines Wohnsitzes zusicherte, zunächst Ausdruck jener liberalen Wirtschaftsgesinnung, die »dem Umlauf der Kräfte und Kapitale« freie Bahn schaffen sollte[98]. Der dennoch vorhandene sozialpolitische Akzent der Gesetze, der in den Einzelbestimmungen nicht deutlich zutage tritt, geht aus den Voten hoher Staatsbeamter hervor, die – gegen ablehnende Stellungnahmen aus den Provinziallandtagen der Rheinprovinz und Westfalens – das Bedürfnis eines staatlichen Eingreifens begründeten. So führte von Meding, Direktor im preußischen Innenministerium und Mitglied des Staatsrats, in seinem Votum folgendes aus: Durch das Anwachsen des Wohlstandes in den höheren Klassen nehme auch die Zahl der Besitzlosen,

»der Proletarien, aus denen die der öffentlichen Armenpflege anheimfallenden Hülfsbedürftigen meist hervorgehen, oft auf erschreckende Weise zu. Es ist dies ein Übel, was von den Fortschritten der Civilisation selbst unzertrennbar scheint, was

95 *Huber:* Verfassungsgeschichte, Bd. 2, S. 29f.

96 Die Betonung des »Gesamtwohls« als solche war nichts Neues, auch ältere Gesetze wie z. B. das Bauernbefreiungsedikt vom 9. 10. 1807 sprachen vom »gemeinsamen Wohl«.

97 Es handelt sich dabei um insgesamt vier Gesetze: über die Aufnahme neu anziehender Personen, über die Verpflichtung zur Armenpflege, über den Erwerb oder den Verlust der Eigenschaft als preußischer Untertan und über die Bestrafung der Landstreicher, Bettler und Arbeitsscheuen; s. Gesetz-Sammlung, Jg. 1843, S. 5–20.

98 Zit. nach *Harald Schinkel:* Armenpflege und Freizügigkeit in der preußischen Gesetzgebung vom Jahre 1842, in: VSWG, Bd. 50 (1963), S. 476; vgl. auch *Jürgen Reulecke:* Sozioökonomische Bedingungen und Folgen der Verstädterung in Deutschland, in: ZSSD, 4. Jg. (1977), S. 269–287.

aber auch nur mit Mitteln, die sich aus eben diesem Fortschritt ergeben, mit moralischen Mitteln, wirksam bekämpft werden kann. Nur dadurch, daß die wohlhabenden und besitzenden Klassen der Gesellschaft sich der besitzlosen und dürftigen mit wohlwollender Vorsorge annehmen, kann der mehreren Verarmung und dem moralischen Verderb der letzteren vorgebeugt werden . . . die Verschiedenheit ihres Schicksals (könne sonst) nicht umhin, in der Seele der Proletarien einen innerlichen Krieg gegen ihre vom Glück mehr begünstigten Mitbürger anzuregen, für dessen Ausbruch die Richtung unserer Zeit, welche jeder Art von Neid so günstig und jeder Autorität so feindselig ist, wahrlich keine geringe Gefahr darbietet.«[99]

Aus all diesen Gründen sei es falsch, so fuhr von Meding fort, den Kommunen die Möglichkeit zu belassen, Personen, die eventuell künftig einmal verarmen könnten, die Niederlassung zu verwehren. Wegen der großen Gefahr, die von der wachsenden Armut ausgehe, dürfe die Armenpflege nicht mehr, wie es der rheinische Provinziallandtag gefordert hatte, »der Privatwohlthätigkeit allein überlassen werden«. Beweggrund zum ausdrücklichen Rückgriff auf die kommunale Armenfürsorge war also nicht so sehr christliche Nächstenliebe, sondern die »Abwehr gemeiner Gefahr«. In einem anderen Votum heißt es, Hilfe für die Armen sei keine Rechtssache, sondern eine Gewissenspflicht aller, das Gesetz werde deshalb nicht aus diesem Grunde, vielmehr »um derer willen (erlassen), die dadurch, daß sie etwas für die Armen thun sollen, blos einem größeren Uebel entgegentreten«[100]. Auch hier besaß, wie schon bei dem Kinderschutzregulativ, der Gemeinwohlbegriff einen deutlichen sozialpolitischen Akzent. In der Gleichsetzung der »Proletarien« mit den traditionellen Armen zeigt sich aber gleichzeitig auch die Unfähigkeit, die Gründe für die erschreckende Zunahme der »Armut« zu begreifen. Der Unterschied zwischen der »naturwüchsig entstandne(n)« und der »künstlich produzierte(n) Armut«[101], den die zeitgenössische Sozialkritik schon festgestellt hatte, war offenbar nicht erkannt.
Als dritte staatliche Maßnahme von sozialpolitischer Bedeutung im Vormärz ist die preußische Gewerbeordnung vom 17. Januar 1845 zu nennen. Um Bedrohungen des Gemeinwohls zu begegnen, die sich aus der Freisetzung des Handwerks und dem sich ausbreitenden »Fabrikwesen« ergaben, sah sich der Staat zugunsten des Handwerks zum Eingreifen gezwungen, allerdings ohne die wirtschaftsliberalen Prinzipien damit aufgeben zu wollen[102]. Auch hier knüpfte er an ältere Traditionen an, indem er zunftähnliche Korporationen, d. h. staatlich beaufsichtigte Innungen, wieder zuließ, den Gesellen und Gehilfen wie auch den Fabrikarbeitern die Neu-

---

99 GehStA Berlin Rep. 84a, Nr. 10955, Votum von Medings vom 6. 1. 1841, S. 2; hierher stammen auch die folgenden Zitate.

100 Ebd., Votum des Geh. Oberfinanzrats von und zur Mühlen, S. 5.

101 *Karl Marx:* Zur Kritik der Hegelschen Rechtsphilosophie, Einleitung, in: MEW, Bd. 1, Berlin-Ost 1972, S. 390.

102 *Köllmann:* Anfänge der Sozialpolitik, S. 419; *Gladen:* Sozialpolitik, S. 20ff.

gründung bzw. die »Beibehaltung der zur gegenseitigen Unterstützung vorhandenen besonderen Verbindungen und Kassen« gestattete[103] und die Lehrlingsausbildung wieder an bestimmte Kriterien band. Doch ein umfassenderer sozialpolitischer Gestaltungswille fehlte auch hier. Dies zeigt sich darin, daß der scheinbar zukunftsweisenden Regelung, nach der Arbeitsstreitigkeiten vor Schiedsgerichten der Innungen oder der Ortspolizeibehörden zu klären waren, bis auf eine »verwässerte« Übernahme der Kinderschutzbestimmungen[104] von 1839 keine Lohnsicherungs- oder Arbeiterschutzvorschriften entsprachen. Auch weiterhin sollte der Arbeitsvertrag zwischen dem Arbeitgeber und dem Arbeiter individuell ausgehandelt werden – ohne Rücksicht auf die höchst unterschiedlichen Verhandlungspositionen; jeder Versuch einer kollektiven Konfliktregelung, jedes kollektive Vorgehen überhaupt wurde durch ein strenges Koalitionsverbot für Gesellen und Arbeiter unterbunden[105]. Mit dieser Bestimmung glaubte der Staat, sich in Zukunft vor Lohnkämpfen, wie sie von England und Frankreich her bekannt waren, schützen zu können. Neben die höchst unzulänglichen sozialpolitischen Elemente der Gewerbeordnung trat also mit dem Koalitionsverbot, zu dem im Januar 1845 in Preußen – abgesehen vom schlesischen Weberaufstand – nahezu keine direkten Anlässe bestanden[106], ein restriktives, polizeistaatliches als Pendant. Hierin deutet sich jenes Doppelgesicht staatlicher Sozialpolitik an, das in der Kombination von Sozialversicherungsgesetzgebung und Sozialistengesetz in den 1880er Jahren seinen deutlichsten Ausdruck fand. In der gesetzlichen Regelung des Hilfskassenwesens – der Beitritt zu solchen Kassen konnte durch Ortsstatut sogar erzwungen werden – und in dem Bestreben, Teile des Kleinbürgertums vor dem Absinken in die Verelendung zu schützen[107], zeigt sich dennoch ein sozialpolitischer Schritt in Richtung auf eine später ausgeprägtere Bereitschaft des Staates, in die sich entwikkelnde innere Struktur der Industriegesellschaft zur Stabilisierung des Gesamtsystems einzugreifen.

Über diese drei direkten gesetzgeberischen Eingriffe von sozialpolitischer Bedeutung hinaus ist auf einen weiteren Bereich hinzuweisen, in dem der preußische Staat mindestens indirekt im Vormärz sozialpolitisch Stellung

103 Zit. nach § 144 des Gesetzes (Gesetz-Sammlung, Jg. 1845, S. 68).

104 *Köllmann:* Anfänge der Sozialpolitik, S. 419.

105 *Karl Erich Born:* Sozialpolitische Probleme und Bestrebungen (s. Anm. 47), S. 74.

106 Folgendes Zitat aus den Vorberatungen der Gewerbeordnung charakterisiert die mehr vorbeugende Absicht des Koalitionsverbots: »Von den Koalitionen der Arbeitnehmer aber sei sicher zu befürchten, daß sie das Bestehen von Fabriken gefährden, leicht zu Tumult und Aufruhr führen und die öffentliche Sicherheit bedrohen«, zit. nach *Wolfgang Ritscher:* Koalitionen und Koalitionsrecht in Deutschland bis zur Reichsgewerbeordnung, Stuttgart/Berlin 1917, S. 158f.; vgl. auch *Born:* Sozialpolitische Probleme, S. 74, und *Jürgen Reulecke:* Sozialer Konflikt und bürgerliche Sozialreform in der Frühindustrialisierung, in: *Klaus Tenfelde / Heinrich Volkmann* (Hg.): Streik, München 1981, bes. S. 239ff.

107 *Köllmann:* Anfänge der Sozialpolitik, S. 419.

bezog und soziale Einrichtungen unterstützte, ja sogar sozialpolitische Experimente förderte. Es handelt sich um Einrichtungen, die – auf genossenschaftliche Sozialinstitutionen des späten Mittelalters und der frühen Neuzeit ebenso wie auf christlich-patriarchalisches Fürsorgedenken zurückgehend – im frühen 19. Jahrhundert im Bergbau, in den staatlichen Manufakturen und in sonstigen staatlichen Unternehmen weiterlebten und auch weiterentwickelt wurden. Das Ziel solcher Knappschaften und betrieblicher Kassen und Laden war es, Existenzbedrohungen von den »Arbeitern« und ihren Familien abzuwenden und »den Schaden, der den einzelnen traf, auf die Schultern der Gesamtheit zu verteilen«[108]. Die zu diesem Zweck geschaffenen Institutionen konnte sich der Staat – wie selbstverständlich auch der private Unternehmer – zu Beginn der Industrialisierung zunutze machen, indem er mit den praktischen Vorteilen, die solche Kassen für die Arbeiter besaßen, eigene Zwecksetzungen verband: die Erziehung zur Arbeitsamkeit, Ordnung und Pünktlichkeit, zur Eingliederung in neue Arbeitsabläufe und zur Sparsamkeit, gleichzeitig die Stärkung des Zusammengehörigkeitsgefühls und die Abwehr von Abwerbeversuchen und schließlich auch die nachdrückliche Disziplinierung der Arbeiter sowie die Leistungs- und Gewinnsteigerung des Unternehmens. Es lag nahe, daß gerade eine wirtschaftsliberal eingestellte Staatsführung für ihre Unternehmen den Weg beschritt, sich durch Beibehaltung des alten fürsorgerischen Bestandes bei gleichzeitiger Modifikation der Rahmenbedingungen aus der direkten Sorgepflicht gegenüber ihren Untertanen zurückzuziehen, ihr indirekt aber doch in gewisser Weise nachzukommen[109].

Am Beispiel des Bergbaus wird das besonders deutlich: Im Rahmen des Direktionsprinzips, dessen bergrechtliche Grundlage die Bergordnung vom 29. April 1766 war, wurden die Bergleute an der Ruhr besonders privilegiert[110]. So gestand ihnen der Landesherr im »Königlichen General-Privilegium« vom 16. Mai 1767 die Befreiung vom Militärdienst, von Steuern und von sonstigen Abgaben zu. Zwar verloren die Bergleute diese Vorrechte Anfang des 19. Jahrhunderts – solche Sonderstellung ließ sich nicht mehr mit den Ideen einer freigesetzten Wirtschaftsgesellschaft vereinen –, doch wurden Ausbau und Ausweitung der bestehenden Knappschaften nach einer kurzen Übergangsphase seit dem 1820er Jahren zügig

108 *Teuteberg:* Mitbestimmung (s. Anm. 30), S. 118.

109 Ebd., S. 116.

110 Ebd., S. 143; s. auch *Gladen:* Sozialpolitik, S. 28, sowie *Wolfgang Köllmann:* Vom Knappen zum Bergarbeiter. Die Entstehung der Bergarbeiterschaft an der Ruhr, in: *Hans Mommsen / Ulrich Borsdorf* (Hg.): Glück auf, Kameraden! Die Bergarbeiter und ihre Organisationen in Deutschland, Köln 1979, S. 23–48. Zu den aus dem Direktionsprinzip resultierenden besonderen sozialen Existenzbedingungen der Bergleute s. *Klaus Tenfelde:* Sozialgeschichte der Bergarbeiterschaft an der Ruhr im 19. Jahrhundert, Bonn-Bad Godesberg 1977.

weiter vorangetrieben, wofür die recht wirksame »Knappschafts-Ordnung für die Bergleute in den Bezirken des märkischen und Essen-Werdenschen Bergamts« vom 14. Dezember 1824 ein Beispiel ist[111]. Bemerkenswert daran ist einerseits die rechtliche Einbeziehung auch der Bergtagelöhner in die Bergarbeiterschaft, wenn auch noch nicht in die Knappschaft – der Wandel vom Knappen zum Bergarbeiter hatte damit begonnen[112] –, andererseits aber die strenge Disziplinargewalt, die den Bergbehörden zugewiesen blieb.

Vergleichbar, wenn auch weniger ausgeprägt, waren die Verhältnisse in staatlichen Manufakturen mit ihren Betriebskassen und mit Anfängen einer Arbeiterselbstverwaltung[113], ganz besonders aber in den Unternehmen der preußischen Seehandlungs-Societät. Diese Institution war 1772 zunächst zur Förderung der preußischen Salz- und Leinwandausfuhr gegründet worden und diente dann allgemein dazu, den preußischen Seehandel im merkantilistischen Sinn zu erweitern. Nach einer Phase des Niedergangs, die sich bis in die ersten Jahrzehnte des 19. Jahrhunderts hinzog[114], erhielt sie 1820 eine neue Struktur als selbständiges staatliches Bank- und Handelsinstitut in Form einer Aktiengesellschaft, deren Aktien zu fast 90 % im Besitz der Krone waren[115]. An ihrer Spitze stand als Präsident von 1820 bis 1848 Christian von Rother mit nahezu unbeschränkter Vollmacht, nur dem König gegenüber verantwortlich. Unter von Rother entwickelte sich die Seehandlung nicht nur zum wichtigsten Kreditgeber für den preußischen Staat, sondern durch Ankauf von Landgütern sowie durch die Übernahme und den eigenen Aufbau von Fabrikanlagen auch zu einem bedeutenden Unternehmer sowie zum größten »industriellen Arbeitgeber« in Preußen.

Beim Ausbau der Seehandlung hat von Rother – mit Wissen der preußischen Könige – in einer überraschend weitgehenden Weise neben den ökonomischen auch sozialpolitische Ziele verfolgt. Schon die Standorte der Unternehmen waren oft unter dem Gesichtspunkt ausgewählt, ob damit den Bewohnern einer verarmenden Gegend neue Beschäftigungsmöglichkeiten und damit eine Erweiterung ihres Nahrungsspielraumes geschaffen werden könnten[116]. Für den innerbetrieblichen Bereich wurden Maßnahmen ergriffen und Einrichtungen gegründet, die in einer für die damalige Zeit sehr weitgehenden Weise auf die materielle Sicherstellung

111 *Gladen:* Sozialpolitik, S. 29.

112 *Köllmann:* Vom Knappen zum Bergarbeiter (s. Anm. 110).

113 *Teuteberg:* Mitbestimmung, S. 115ff.

114 *Heinrich von Treitschke:* Deutsche Geschichte im Neunzehnten Jahrhundert, 3. Teil, Leipzig 1927, S. 78.

115 Zur Seehandlung s. *Koselleck:* Preußen zwischen Reform und Revolution, S. 612ff.

116 Hierzu und zum folgenden s. *Hansjoachim Henning:* Preußische Sozialpolitik im Vormärz? Ein Beitrag zu den arbeiterfreundlichen Bestrebungen in Unternehmen der Preußischen Seehandlung unter Christian von Rother, in: VSWG, Bd. 52 (1965), S. 485–539, hier S. 525.

der Arbeiter und gleichzeitig auf ihre Erziehung zur Einordnung in den industriellen Arbeitsprozeß abzielten. Neben Kranken- und verschiedenen Unterstützungskassen wurden Sparkassen eingerichtet, Werksärzte eingestellt, Pläne für preisgünstige Arbeiterwohnungen entworfen und »außerordentlich hohe« Löhne gezahlt[117]. Der Entwicklung und dem Schutz der Arbeitskraft dienten nicht nur eine kostenlose Krankenfürsorge und die Lohnfortzahlung im Krankheitsfall, sondern ebenso berufliche Weiterbildungsschulen wie die Einführung eines individuellen Leistungslohnsystems mit Prämien. Wenn hier auch ein ausdrücklicher Ausnahme- und Extremfall vorliegt, bei dem einem ungewöhnlich sozial eingestellten und weitblickenden hohen Beamten durch die große Finanzkraft der Seehandlung die »Verwirklichung (s)eines privaten Ideals mit staatlichen Mitteln« ermöglicht wurde[118], wenn gleichzeitig auch betont werden muß, daß die genannten Maßnahmen durchaus nicht nur aus sozialpolitischen und humanitären Erwägungen erfolgten, sondern durch die Disziplinierung und Arbeitserziehung der Arbeiter auch dem ökonomischen Ziel der Gewinnsteigerung dienten; wenn von Rother für die Propagierung seiner Ideen und eine öffentliche Verbreitung der Ergebnisse seines Experiments fast nichts unternahm, so liegt hier dennoch eine soziale staatliche Aktivität von einer Breite und zukunftsweisenden Bedeutung vor, wie sie sonst für die Vormärzphase nirgends festzustellen ist. Sicherlich ist davon auszugehen, daß die Förderung, die von Rother durch Friedrich Wilhelm III. und Friedrich Wilhelm IV. erhielt, nicht Ausfluß eines zielgerichteten sozialpolitischen Wollens war; Rothers eigene Vorstellungen weisen dagegen weit über eine bloß patriarchalische Untertanenfürsorge hinaus und zeigen ein breites Spektrum von praktischen Ansatzmöglichkeiten zur Milderung der sozialen Gegensätze und zur materiellen Absicherung der gerade erst entstehenden Industriearbeiterschaft.
Zwar ist in der zeitgenössischen Kritik an der Seehandlung dieser Aspekt fast gar nicht zur Sprache gekommen[119], dennoch gibt es einen Beleg dafür, daß der Seehandlung aufgrund ihrer finanziellen Möglichkeiten, ihrer »Gemeinnützigkeit« und ihrer gelungenen sozialen Experimente von sozialreformerischen Kreisen der Zeit zentrale Aufgaben zur Bewältigung der »sozialen Frage« zugewiesen wurden. So verstand sie der Historiker Wilhelm Adolf Schmidt, von 1845 bis 1851 Professor an der Universität Berlin und 1845 einer der beredtesten Befürworter des Centralvereins für das Wohl der arbeitenden Klassen, als eine das Gemeinwohl fördernde Institution[120], die durch ihr Vorbild den »Geist der Association unter den

117 Ebd., S. 502.
118 Ebd., S. 535.
119 Ebd., S. 536.
120 *Adolf Schmidt:* Die Zukunft der arbeitenden Klassen und die Vereine für ihr Wohl. Eine Mahnung an die Zeitgenossen, Berlin 1845, bes. S. 114.

Gewerbetreibenden zu wecken, zu beleben« habe[121]. Staatliches Handeln und gesellschaftliche Fortentwicklung sollten so wieder stärker aufeinander bezogen werden. Als Befürworter einer liberalen Wirtschaftsordnung empfiehlt Schmidt, die Seehandlung solle florierende Betriebe in die Hände privater Assoziationen übergeben und sich gleichzeitig wieder »neuen Strebungen« zuwenden: ». . . unaufhörlich gründend und belebend, aufmunternd und fördernd. Ist es doch die herrlichste Aufgabe, die einem Staatsinstitute zutheil werden kann, – ein Organ des Gemeinwohls, das Auge des Verkehrs, die Vorsehung der Industrie zu sein!«[122] Der durch das Vorbild der Seehandlung geweckte »Trieb zu gewerblicher *Vergesellschaftung*«, an dem es zur Zeit noch fehle, werde schließlich die Erhöhung des Nationalwohlstandes und die Behebung der »gesellschaftlichen Uebelstände« herbeiführen[123].

Vieles spricht dafür, daß eine ähnliche – von liberalen Ideen wie vom Gemeinwohldenken geprägte – Staatsauffassung auch von von Rother und einer Reihe weiterer höherer Beamter geteilt wurde[124]. In solchem Denken zeigt sich eine – wenn auch von einem harmonisierenden Fortschrittsglauben und -optimismus getragene – umfassendere sozial- und ordnungspolitische Vorstellung, wie sie in allen übrigen sozialpolitischen Aktivitäten des Staates im Vormärz nirgendwo zu finden ist. Die sozialen Experimente der Seehandlung bieten somit – trotz ihrer geringen Wirkung – die Möglichkeit, die potentielle Bandbreite abzuschätzen, die eine »sociale Politik«[125] vor 1848 durchaus schon besitzen konnte.

Insgesamt zeigen die spärlichen und nur punktuellen Ansätze sozialpolitischen Handelns des preußischen Staates im Vormärz – gerade im Vergleich mit dem Extremfall der sozialpolitischen Seehandlungsexperimente und den mit ihnen in Verbindung gebrachten, wenn auch weitgehend illusionären sozialreformerischen Vorstellungen –, wie zögernd der Staat nach seiner Selbstentbindung von sozialer Verantwortung[126] wieder zu Ansätzen eines Gemeinwohldenkens zurückfand. Die Einsicht, daß dieses Denken von nun an sozialpolitisch sein, d. h. auf die benachteiligten Bevölkerungsschichten ausgerichtet sein mußte, verbreitete sich nur allmählich und nur im Zusammenhang mit ordnungspolitischen Vorstellungen. Hierin liegt die Wurzel für die spezifische sozialpolitische Entwicklung in Preußen und später im Deutschen Reich im 19. Jahrhundert, wenn man sie mit der Herausbildung einer »Politik der sozialen Sicherheit« etwa in

---

121 Ebd., S. 116.
122 Ebd., S. 118.
123 Ebd.
124 *Henning* weist in diesem Zusammenhang vor allem auf Einflüsse der Freimaurerlehre hin; *Henning:* Preußische Sozialpolitik im Vormärz? (s. Anm. 116), S. 534f.
125 S. auch *Pankoke:* Sociale Bewegung (s. Anm. 48), S. 174ff.
126 *Köllmann:* Anfänge der Sozialpolitik, S. 411.

England oder in den Vereinigten Staaten vergleicht[127]. Es ist deshalb wohl kein Zufall, daß der deutsche Begriff »Sozialpolitik« in anderen Sprachen keine Entsprechung besitzt[128].

127 *Rimlinger:* Sozialpolitik (s. Anm. 20), S. 119f. Es gibt bisher kaum vergleichende historische Analysen; einige Aspekte behandelt *Hans-Jürgen Puhle:* Vom Wohlfahrtsausschuß zum Wohlfahrtsstaat, in: *Gerhard A. Ritter* (Hg.): Vom Wohlfahrtsausschuß zum Wohlfahrtsstaat. Der Staat in der modernen Industriegesellschaft, Köln 1973, S. 29–68. S. auch die Beiträge in dem von *Wolfgang J. Mommsen* hg. Sammelband: Die Entstehung des Wohlfahrtsstaates in Großbritannien und Deutschland 1850–1950, Stuttgart 1982, sowie die Länderberichte bei *Peter A. Köhler / Hans F. Zacher* (Hg.): Ein Jahrhundert Sozialpolitik in der Bundesrepublik Deutschland, Frankreich, Großbritannien, Österreich und der Schweiz, Berlin/München 1981.

128 Vgl. *Boettcher:* Sozialpolitik und Sozialreform (s. Anm. 61), S. 3.

I. Der Centralverein für das Wohl der arbeitenden Klassen im Vormärz

Die Berliner Gewerbeausstellung 1844 und die Vorgeschichte des Centralvereins

Es war kein Zufall, daß der Centralverein ein Nebenprodukt, nach zeitgenössischer Beurteilung gar eines der wichtigsten »geistige(n) Resultat(e)«[1] der ersten großen Gewerbeausstellung des Deutschen Zollvereins war und daß die Idee zu einem solchen Verein erstmals auf einer der festlichen Abschlußveranstaltungen dieser Ausstellung öffentlich propagiert wurde. Mit seiner Gründung zogen vor allem bestimmte Vertreter des liberalen Bildungs- und Besitzbürgertums[2] die Summe aus zwei Erfahrungen, die sie im Laufe des in mehrfacher Hinsicht bemerkenswerten Jahres 1844[3] gemacht hatten: der Erfahrung des glänzenden Fortschreitens der preußisch-deutschen Industrie, wie es sich bei der genannten Ausstellung gezeigt hatte, auf der einen und des bedrückenden wie bedrohenden Pauperismus breiter Bevölkerungskreise auf der anderen Seite[4], der – für viele Zeitge-

---

1 *Otto Lüning:* Ergebnisse der Gewerbeausstellung, in: Weser-Dampfboot, Jg. 1844, S. 342.

2 Zum hier und im folgenden gemeinten Begriffsinhalt von »liberal« s. oben, bes. S. 18f.

3 Das Jahr 1844 läßt sich als das eigentliche Umbruchjahr des Vormärz, sowohl in politischer als auch in wirtschaftlicher und sozialer Hinsicht, verstehen. *Karl Obermann* spricht in seinem Aufsatz »Die Volksbewegung in Deutschland von 1844 bis 1846« (in: ZfG, 5. Jg., 1957, S. 503–525) mit Recht von einem »gewaltigen Aufschwung des öffentlichen Lebens in Deutschland« in diesem Jahr und zitiert Lenin, der es mit dem Vorabend der russischen Revolution von 1905 verglichen hat: »Alles drängt zur Politik, alles lodert voll oppositioneller Empörung gegen die Regierung« (zit. S. 504; ähnlich auch *Varnhagen:* Tagebücher 2, S. 276, Eintragung vom 18. 3. 1844). Dem widerspricht nicht die Feststellung in »Die Gegenwart« (2. Bd., 1849, S. 62), dieses Jahr sei ein »wahres Stillstandsjahr in der preußischen Geschichte« gewesen, denn diese Bemerkung bezog sich allein auf das Verhalten der Regierung, die mit aller Macht »ein unglückliches, unwahres und beschränktes System« aufrechterhalten habe. Nach positiven Anfangserwartungen auch der bürgerlichen Liberalen an die Regierungszeit Friedrich Wilhelms IV. machten sich nun Enttäuschung und die Einsicht breit, daß – gerade auch angesichts des zunehmenden Pauperismus – von diesem Staat keine durchgreifenden Maßnahmen in Richtung auf mehr »Fortschritt« und »Freiheit« zu erwarten waren. Neben dieser wachsenden politisch-sozialen Spannung, die sich u. a. in vielen Bürger- und Volksversammlungen Luft machte, ist außerdem auf eine beachtliche Erregung im religiösen Bereich hinzuweisen, die alle Konfessionen erfaßte (vgl. z. B. die Trierer Rock-Wallfahrt, den Deutschkatholizismus, die Lichtfreunde-Bewegung, die Gustav-Adolf-Vereine usw.).

4 Zum Pauperismus des Vormärz gibt es inzwischen eine breite Literatur mit einer Fülle von Analysen seiner Ursachen, Zusammenhänge und konkreten Folgen, auf die hier nicht eingegangen werden soll. Daß auch unter diesem Aspekt das Jahr 1844 von den Zeitgenossen als Einschnitt empfunden wurde, spiegelt sich in der sprunghaft anwachsenden Zeitschriften- und Broschürenliteratur zu diesem Thema wider; s. dazu z. B. die Bibliographie von

nossen überraschend[5] – Auslöser für erste größere soziale Unruhen, vor allem für den Aufstand der schlesischen Weber im Sommer 1844 gewesen war[6].

Die Bedeutung der frühen Gewerbeausstellungen für den industriellen Entwicklungsprozeß, gerade auch aus sozialgeschichtlichem Blickwinkel, ist bisher fast gänzlich übersehen worden[7], obwohl diese wie kaum andere Ereignisse den Zeitgenossen den so häufig beschworenen »Fortschritt« vor Augen führten und damit wichtige, sozialpsychologisch zu verstehende Impulse zur Überwindung traditionalen Denkens und Wirtschaftens gaben. Die offiziellen wie inoffiziellen Berichte über die erste umfassende Gewerbeausstellung im nationalen Rahmen in Berlin im Jahre 1844, zehn Jahre nach der Gründung des Zollvereins, sind denn auch entsprechend enthusiastisch[8]. Da ist von bewundernswerter und ehrfurchtgebietender

---

Ruth Hoppe (in: *Jürgen Kuczynski:* Bürgerliche und halbfeudale Literatur aus den Jahren 1840 bis 1847 zur Lage der Arbeiter, Bd. 9 der »Geschichte der Lage der Arbeiter unter dem Kapitalismus«, Berlin-Ost 1960, S. 267–284), die für die Zeit vor 1844 durchschnittlich 4–5 Titel pro Jahr nachweisen kann, für 1844 dann aber 20, für 1845 35, 1846 25, 1847 30 und 1848 schließlich weit über 100. Zwar dürften die Angaben nicht vollständig sein; sie geben aber den Trend deutlich wieder.

5 Obwohl es schon vorher vereinzelt deutliche Warnungen vor gewaltsamen Lösungsversuchen (z. B. von *Karl Rodbertus* und *Karl Quentin*, s. Literaturverz.) und auch schon Aufrufe zur Hilfe für die notleidenden schlesischen Spinner und Weber in westdeutschen Zeitungen gegeben hatte (s. unten Anm. 30), wurde die preußisch/deutsche Öffentlichkeit durch die Ereignisse in Schlesien im Sommer 1844 überrascht und nachdrücklich erschüttert. Nun sei die Möglichkeit zerstört zu sagen, solche Ereignisse seien nur in England und Frankreich möglich, schrieb die Elberfelder Zeitung am 25. 6. 1844. Typisch für diese Betroffenheit ist der Beitrag von *W(olfgang) M(enzel)* »Aus Anlaß der Fabrikemeuten« in der DtVjschr. (Jg. 1844, 4. Heft, S. 371–405): Dieses »überraschende Schlaglicht in das Elend der untern Volksschichten« habe gezeigt, daß nicht Almosen, sondern eine dauerhafte Abstellung der Not, vor allem aber auch die Suche nach Natur und Ursache des Übels vonnöten sei (ebd., S. 371). Das heißt jedoch nicht, daß es nicht bereits in den Jahren vorher in wachsender Zahl Beispiele für soziale Proteste gegeben hätte (s. dazu z. B. *Hans-Gerhard Husung:* Politische Krisen und kollektiver Protest in Norddeutschland zwischen Restauration und Revolution 1848, Diss. Braunschweig 1979); der Weber-Aufstand hat aber das vorhandene Protestpotential als erster ins öffentliche Bewußtsein gehoben.

6 Als zeitgenössische Darstellung der Lage der schlesischen Spinner und Weber kurz vor dem Aufstand s. *Alexander Schneer:* Über die Noth der Leinen-Arbeiter in Schlesien und die Mittel, ihr abzuhelfen. Ein Bericht an das Comité des Vereines zur Abhilfe der Noth unter den Webern und Spinnern in Schlesien . . ., Berlin 1844. Zum Aufstand selbst s. *Wilhelm Wolff:* Das Elend und der Aufruhr in Schlesien, in: *H. Püttmann* (Hg.): Deutsches Bürgerbuch für 1845, Darmstadt 1845, S. 174–199 (Faksimile-Druck Köln 1975). Als neueste Zusammenfassung s. die von *Lutz Kroneberg / Rolf Schloesser* hg. Anthologie: Weber-Revolte 1844, Köln 1979.

7 Vgl. *Wilhelm Treue:* Gewerbeförderung und technische Entwicklung zur Zeit der Frühindustrialisierung in Preußen, in: Technikgeschichte, Jg. 36 (1969), S. 71; ähnlich *Utz Haltern:* Die »Welt als Schaustellung«. Zur Funktion und Bedeutung der internationalen Industrieausstellung im 19. und 20. Jahrhundert, in: VSWG, Bd. 60 (1973), S. 1–40, bes. S. 2, sowie *Evelyn Kroker:* Die Weltausstellungen im 19. Jahrhundert, Göttingen 1975, bes. S. 15ff.

8 In den zeitgenössischen Zeitungen finden sich sowohl ausführliche Berichte als auch die Texte der vielen Eröffnungsansprachen und Toasts auf den offiziellen Veranstaltungen. Zur Wirkung auf die Zeitgenossen s. *Heinrich Eduard Kochhann:* Mitteilungen aus den

Vervollkommnung der Technik ebenso die Rede wie von der sichtbar werdenden »Veredlung des Menschlichen«, die für alle Stände ein »weiterwirkender Segen« sei[9]. Ausstellungen im nationalen wie zunehmend auch im internationalen Rahmen wurden von nun an zum Schaufenster des technischen Fortschritts, denn anders als auf den traditionellen Messen und Märkten kam es hier »mehr auf die Schau als auf das unmittelbare Kaufen an«[10]. Zwar hatte es auch schon vor 1844 eine Reihe von örtlichen oder regionalen Ausstellungen gegeben[11], aber ihre Bedeutung war durch die geringe Zahl der Aussteller und ausgestellten Produkte wie auch der Besucher beschränkt geblieben[12]. Ausländische, vor allem französische Vorbilder und die positiven Erfahrungen mit dem seit 1834 fast alle deutschen Bundesstaaten umfassenden Zollverein ließen dann 1841 bei der vierten Generalkonferenz für Zollvereinsangelegenheiten in Berlin den Gedanken an periodische, das ganze deutsche Zollgebiet umfassende Gewerbeausstellungen aufkommen, um hier »mittelst der freien Konkurrenz der produktiven Kräfte« der Öffentlichkeit »ein lebendiges Bild . . . (des) Wettbewerbs deutscher Betriebsamkeit« zu zeigen[13]. Gerade im Vergleich der folgenden mit den vorhergegangenen Ausstellungen werde der »Fortschritt« sichtbar werden. Außerdem versprach man sich eine ausdrückliche Förderung und Stärkung der inländischen Produktion gegenüber der ausländischen, besonders der englischen Konkurrenz und hoffte, daß in Deutschland vorhandene Produktionsrückstände deutlich sichtbar würden: Das könne dann zur »Auffüllung der Lücken ermuntern«[14]. Auf der nächsten Generalkonferenz in Stuttgart wurde am 26. September 1842 ein

---

Jahren 1839–1848, Berlin 1906, S. 47f.; außerdem *Ruth Köhler / Wolfgang Richter* (Hg.) Berliner Leben 1806–1847. Erinnerungen und Berichte, Berlin 1954, S. 357–360; vor allem aber: Amtlicher Bericht über die allgemeine Deutsche Gewerbe-Ausstellung zu Berlin im Jahre 1844, 3 Bände, Berlin 1845/46. Zum Pro und Kontra und zu den Erfahrungen der Gewerbeausstellung vgl.: Ein Wort über die Gewerbeausstellungen des Zollvereins, in: DtVjschr., Jg. 1845, 1. Heft, S. 255–275.

9 *Varnhagen:* Tagebücher 2, S. 350 (Eintrag vom 29. 8. 1844).

10 *Hermann Kellenbenz:* Verkehrs- und Nachrichtenwesen, Handel, Geld-, Kredit- und Versicherungswesen 1800–1850, in: *Wolfgang Zorn* (Hg.): Handbuch der deutschen Wirtschafts- und Sozialgeschichte, Bd. 2, Stuttgart 1976, S. 408.

11 S. die Aufzählung im Amtlichen Bericht (s. Anm. 8), Bd. 1, S. 3–9. Eine der ersten Ausstellungen in Deutschland war die bergische Gewerbeausstellung in Düsseldorf im November 1811, die den Zweck verfolgte, Napoleon von der Leistungsfähigkeit des bergischen Gewerbes zu überzeugen; s. dazu *Edmund Strutz:* Bergische Wirtschaftsgeschichte, in: *J. Hashagen* u. a.: Bergische Geschichte, Remscheid-Lennep 1958, S. 396.

12 Ein Grund dafür lag auch im Mißtrauen der Gewerbetreibenden solchen Ausstellungen gegenüber; s. *Treitschke*, Bd. 4, S. 568. Eine gewissen Ausnahme stellte die Mainzer Gewerbe-Ausstellung des Großherzoglich Hessischen Gewerbvereins dar, zu der im Jahre 1842 immerhin 715 Aussteller zusammenkamen. Diese Ausstellung endete mit einer großen Zufriedenheit aller Beteiligten und ließ den Wunsch nach einer Wiederholung in noch größerem Rahmen wachwerden; s. dazu den Amtlichen Bericht (s. Anm. 8), Bd. 1, S. 13.

13 Ebd., S. 11. Als weiterer Grund wurde angeführt, man wolle die »richtige Ansicht von der Industrie . . . verbreiten und . . . befestigen«.

14 Ebd.

entsprechender Beschluß vor allem auf Betreiben Bayerns angenommen, und Preußen erklärte sich bereit, als erster Bundesstaat eine solche Ausstellung auszurichten. Am 10. Februar 1844 lud der preußische Finanzminister von Bodelschwingh im Auftrage Friedrich Wilhelms IV. in einem ausführlichen Publikandum die deutschen Gewerbetreibenden, auch der dem Zollverein noch nicht beigetretenen Staaten, zur Beteiligung ein[15]. Letzteren sollten auf diesem Wege die Vorzüge des Zollvereins und die Vorteile eines Beitritts vor Augen geführt werden.
Trotz anfänglicher Zurückhaltung bei manchen Unternehmern, vor allem im Rheinland[16], übertraf die Zahl der Aussteller und besonders der Exponate schließlich alle Erwartungen. Insgesamt 3040 Gewerbetreibende stellten Ausstellungsstücke im Gesamtwert von mehr als einer Million Taler aus, wobei noch zu berücksichtigen ist, daß eine Reihe von Gegenständen aus Platzmangel im Berliner Ausstellungsgebäude, dem für diese Zwecke leergeräumten Zeughaus unter den Linden, unberücksichtigt blieb. Zunächst auf acht Wochen Dauer geplant, nämlich vom 15. August bis zum 9. Oktober 1844, mußte die Ausstellung wegen des Publikumandrangs um weitere zwei Wochen bis zum 24. Oktober verlängert werden. Insgesamt strömten fast 250000 Besucher in das Zeughaus und bewunderten die Gewerbeerzeugnisse wie auch einige Maschinenvorführungen der 2791 Aussteller aus den Zollvereinsstaaten (= 91,8 %) und der 249 (= 8,2 %) aus den nicht zum Zollverein gehörenden Staaten einschließlich Österreichs[17].

---

15 Das Publikandum ist im Amtlichen Bericht (s. Anm. 8), Bd. 1, S. 14–18, abgedruckt; Ergänzungen erfolgten am 2. 6. 1844 (ebd., S. 19) und am 8. 6. 1844 (ebd., S. 19f.).

16 Abgesehen von einem – nicht erst durch den Kölner Kirchenstreit hervorgerufenen – grundsätzlich gespannten und von Argwohn geprägten Verhältnis des rheinischen Bürgertums zur Berliner Bürokratie (s. z. B. *Treitschke*, Bd. 5, S. 253f. und passim) kritisierte man hier die sehr kurzfristige Einladung und vor allem den Ton des Publikandums. Man müsse »mit Fabrikanten und Gewerbetreibenden nicht im Rescriptentone, wie mit Unterbehörden, reden«, schrieb die Elberfelder Zeitung am 29. 7. 1844. Z. T. stand hinter dieser Zurückhaltung aber auch die Befürchtung, die Konkurrenz könne besondere Herstellungsverfahren und Produktionsgeheimnisse kennenlernen; s. dazu das Beispiel Kölner Fabrikanten, über das *Fuchs* in der Kölner Stadtchronik (= StA Köln, Chroniken und Darstellungen, Bd. 217, 3. Teil: 1837–1848, S. 27) ausführlich berichtet. *Varnhagen* (Tagebücher 2, S. 328f., Eintrag vom 19. 7. 1844) zitiert folgende – wohl mehr scherzhaft gemeinte – Bemerkung des Prinzen von Preußen in Bad Homburg gegenüber dem Remscheider Fabrikanten Josua Hasenclever: »Die Rheinländer wären so unartig gewesen und hätten anfangs nicht theilnehmen wollen an jener Ausstellung, dafür gebühre ihnen wohl einige Züchtigung.« Erst im Juni 1844 entschlossen sich offenbar doch einige rheinische Fabrikanten zur Beschickung der Ausstellung, nachdem die Handelskammer von Elberfeld und Barmen in Anzeigen nachdrücklich den Nutzen klargelegt hatte (s. z. B. Elberfelder Zeitung vom 15. 6. 1844); dennoch blieb die Zahl der rheinischen Aussteller, gemessen an der gewerblichen Bedeutung der Rheinprovinz, eher gering: Es waren 271 von insgesamt 1932 preußischen Ausstellern (= 14,0 %); auch der Wert ihrer Exponate am Gesamtwert aller preußischen Exponate betrug ebenfalls nur 14,1 % (s. Amtlicher Bericht, Bd. 1, S. 48). Die Bemerkung *Kochhanns* (s. Anm. 8, S. 47), »die rheinische Industrie glänzte noch durch Abwesenheit«, trifft also so nicht zu, deutet aber den vorherrschenden Eindruck an.

17 Einzeldaten über die Ausstellung befinden sich im Amtlichen Bericht (s. Anm. 8), Bd. 1,

Ein Grund für die allgemeine Begeisterung und die breite Beachtung der Ausstellung ist neben der Faszination, die von den Exponaten und dem festlichen Rahmen ausging, wohl auch darin zu suchen, daß sich hier über die Einzelstaaten hinweg ein »vaterländisches Unternehmen« präsentierte, das dem latenten Wunsch nach nationaler Einigung entgegenkam[18]. So ist denn auch in den pathetischen Eröffnungs- und Schlußansprachen ausdrücklich vom deutschen Vaterland, von »deutscher Größe« und vom »deutschen Volk«, das in Zukunft den »Kampf der materiellen Interessen ... nicht mehr zu scheuen« brauche, die Rede[19]. Obwohl der Gastgeber Preußen fast zwei Drittel der Aussteller stellte, die wiederum ca. 75 % des Gesamtwertes aller Ausstellungsstücke repräsentierten und damit weitaus dominierten, stand in allen offiziellen Äußerungen nicht das einzelstaatliche, z. B. preußische Interesse im Vordergrund, sondern ein neuerwachtes deutsches Gemeinschaftsbewußtsein, das auch das Verhältnis der Deutschen zu ihren Nachbarn – politisch wie ökonomisch – neu zu prägen begann[20].

Der »großartige und überwältigende« Gesamteindruck der Ausstellung verband sich in den Augen der Besucher mit einer Personengruppe, die

---

S. 47–50, und Bd. 3, S. 217–232. Die größte Faszination ging wohl von einer Lokomotive Borsigs aus, die auch vorgeführt wurde (*Kochhann*, S. 47).

18 Darauf war die Zielsetzung von vornherein ausgerichtet; so ist z. B. schon in den Vorverhandlungen von der Sehnsucht nach »einem Vereinigungspunkt der vielfach gesonderten, so oft entzweiten Stämme« und einem »deutschen Vaterlandsgefühl« die Rede (Amtlicher Bericht, Bd. 1, S. 11). Z. T. verband sich mit der Vorstellung, nun sei ein »großer Schritt ... zur Vereinigung des gesammten Deutschland gethan«, allerdings auch schon der Wunsch nach stärkerem Zollschutz für die deutschen Produkte, s. den Toast des Eilenburger Fabrikanten Degenkolb, den die Köln. Zeitung am 16. 10. und die Elberfelder Zeitung am 23. 10. 1844 zitiert.

19 Zitate aus der Schlußansprache von Bodelschwinghs am 8. 10. 1844 im Krollschen Wintergarten (Amtlicher Bericht, Bd. 1, S. III, s. auch ebd., S. 69ff.). »Deutscher Fleiß« und »deutsche Treue« waren auch Kernbegriffe der Abschlußrede von Viebahns (zit. in der Elberfelder Zeitung vom 13. 10. 1844, ebenfalls in der Kölnischen Zeitung vom selben Tage).

20 S. dazu allgemein *Werner Conze:* Sozialgeschichte 1800–1850 in: *Wolfg. Zorn* (s. Anm. 10), Bd. 2, S. 428. Im Hinblick auf die Gewerbeausstellung läßt sich vom erwachten Bewußtsein einer zwischennationalen Konkurrenz im wirtschaftlichen Bereich sprechen: Deutschlands Stellung in gewerblicher Hinsicht sei von nun an keine untergeordnete mehr; seine »Abhängigkeit vom Ausland hat aufgehört«, schrieb die Elberfelder Zeitung am 1. 11. 1844. Typisch für die allgemeinen Erwartungen in dieser Richtung ist der lt. Köln. Zeitung vom 13. 10. 1844 bei dem Gewerbevereinsfest am 8. 10. vorgetragene und »jubelnd aufgenommen(e)« Liedtext von L. Schneider:
»Als Kind warst Du (gemeint: der friedliche Fortschritt, d. V.)
gar schwächlich nur,
Wärst fast bei einem Haar
An der englischen Krankheit gestorben
Und hätt'st unsre Hoffnung verdorben,
Wovor uns Gott bewahr'!
Da kam ein Arzt behende
Gab Dir ein Mittel ein:
Den Zoll der Achtung des Vertrauens,
Des bewußten eignen Beschauens,
Also: einen Zollverein.«

bisher in ihren Leistungen und ihrem Einfluß in solch gebündelter Form in Deutschland noch nicht an die Öffentlichkeit getreten war: den »Fabrikanten« und »Industriellen«[21]. Sie ernteten – wie es in dem amtlichen Bericht über die Ausstellung heißt – »wohlverdienterweise von allen Seiten die wärmsten Bezeugungen der Freude, der Teilnahme und Hochachtung, welche wiederum zu neuer Anstrengung und Ausdauer in den Mühen und Sorgen dieses Berufes anzufeuern wohl geeignet waren«[22]. Man sucht jedoch in diesem Bericht vergeblich nach vergleichbaren Aussagen über die Leistungen ihrer Arbeiter, es sei denn, man bezieht solch allgemeine Lobsprüche wie etwa den von »dem unermüdlichen Fleiß, der Beharrlichkeit und Ausdauer und von der hohen Intelligenz unseres deutschen Volkes«[23] auf die Arbeiterschaft. Lediglich an einer Stelle des Vorworts zum Bericht über die Ausstellung findet sich der offenbar erst im nachhinein konzipierte Gedanke, die Ausstellung habe auch »außergewöhnliche nachahmenswerte Einrichtungen zur Verbesserung des Zustandes der Arbeiter« zeigen wollen[24]. Im Katalog selbst tauchen jedoch in dieser Hinsicht nahezu keine Hinweise auf[25]. Es läßt sich nur ein Punkt nachweisen, an dem im Rahmen einer größeren Veranstaltung und getragen von der herrschenden Hochstimmung über die gelungene Selbstdarstellung der jungen Industrie auch einmal der »Millionen Hände der arbeitenden Classe« gedacht wurde: Bei einem Festessen am 10. Oktober, das die ausstellenden Unternehmer zu Ehren der Berliner Ausstellungskommission gaben, brachte der Viersener Fabrikant Friedrich Diergardt einen Toast auf »die Arbeiter« aus, die »bei der Würdigung dessen, was die Gewerbe-Ausstellung geleistet, nicht übergangen werden dürften«. Von Bodelschwingh und von

---

21 Zum neuen Begriffsinhalt des Begriffs »Fabrikant« in dieser Zeit s. *Dietrich Hilger:* Art. »Fabrik, Fabrikant«, in: Geschichtliche Grundbegriffe, hg. von *O. Brunner* u. a., Bd. 2, Stuttgart 1975, S. 229–252, bes. S. 247ff. Danach meinte der Begriff »Fabrikant« zu Beginn der Industrialisierung zwar auch noch den Verleger, der Waren fabrizieren ließ, und den handwerklichen Gewerbetreibenden, der selbst produzierte, aber auch schon den industriellen Fabrikbesitzer, den eigentlichen »Industriellen«.

22 Amtlicher Bericht (s. Anm. 8), Bd. 3, S. 227.

23 Zitat aus der Rede des Finanzministers Flottwell bei der Ausstellungseröffnung; s. Amtlicher Bericht, Bd. 1, S. 70. Vgl. auch Adolf Streckfuß' Kritik an der Unterschlagung der Leistungen der Arbeiterschaft in: Berlin im 19. Jahrhundert, zit. nach *Köhler/Richter* (s. Anm. 8), S. 358f. Schon vorher war in der Presse darauf hingewiesen worden, daß das »allgemeine Volk« durch den relativ hohen Eintrittspreis von 5 Sgr. vom Ausstellungsbesuch ausgeschlossen werde: »Ein nationales Unternehmen muß für Alle da sein, auch für die, welche ihr Geld nöthig haben, um Brod zu kaufen« (Elberfelder Zeitung vom 23. 6. 1844). Zur Diskussion über diese Frage s. auch den Aufsatz »Ein Wort über die Gewerbeausstellungen des Zollvereins« (s. Anm. 6), S. 274. Später ist dann doch wohl noch an einigen Tagen freier Eintritt gewährt worden; vgl. Weser-Dampfboot, Jg. 1844, Nr. 77.

24 *Georg von Viebahn:* Vorbemerkung, in: Amtlicher Bericht (s. Anm. 8), Bd. 1, S. Vf.

25 Allenfalls finden sich Bemerkungen wie die folgende, die aber wohl kaum auf die Arbeiterschaft zu beziehen sind: Der Gladbacher Fabrikant Quirin Croon habe sich als »Vicepräsident des Fabrikengerichts für die gewerblichen Zustände seiner Heimath . . . verdient gemacht« (Amtlicher Bericht, Bd. 1, S. 303).

Viebahn schlossen sich daraufhin in ihren Trinksprüchen dieser Anregung an[26].

Trotz verschiedener »Kinderkrankheiten« und Mißstimmigkeiten bei der Organisation und Durchführung erwies sich die Ausstellung insgesamt aufgrund des Weitblicks und der Umsicht der Central-Ausstellungskommission unter dem Vorsitz des Geheimen Finanzrats und Vortragenden Rats beim Gewerbs-Departement des Finanzministeriums, Georg von Viebahn, als hervorragend geplant und betreut[27]. Dabei war es unter dem Gesichtspunkt der offenen und ungehinderten Kommunikation von besonderer Bedeutung, daß sowohl durch ein fast rund um die Uhr geöffnetes Versammlungslokal als auch durch vielerlei Veranstaltungen und Festlichkeiten für die ausstellenden wie für die bloß besuchenden Unternehmer und Kaufleute die Möglichkeit zum Austausch von Ansichten, Erfahrungen und Neuerungsideen untereinander wie bisher nie zuvor bestand. Gleichzeitig konnten sie auch den ebenfalls häufig anwesenden Regierungsvertretern und höheren Beamten ihre Probleme und Wünsche ausführlich vortragen. Diese wiederum besaßen hier die Chance, ungezwungener die Unternehmer auf allgemeine Zusammenhänge aus Regierungssicht aufmerksam zu machen und bürokratische Maßnahmen zu erläutern[28]. In den Inhalten der Toasts auf den festlichen Veranstaltungen spie-

---

26 Zit. nach der Kölnischen Zeitung vom 16. 10. 1844; s. dazu auch Weser-Dampfboot, Jg. 1844, S. 342.

27 S. zur Beurteilung der Ausstellungsplanung den Aufsatz in der DtVjschr. »Ein Wort über die Gewerbeausstellungen des Zollvereins« (s. Anm. 8), bes. S. 273. *Johann Georg Wilhelm von Viebahn* (1802–1871) war eine zentrale Figur in der Entstehungsphase des Centralvereins. Als jüngster Sohn des Soester Stadtrichters Johann Erwin von Viebahn studierte er 1820–1823 Jura und neuere Philosophie in Heidelberg und Berlin, wo er vor allem Hegels Vorlesungen besuchte. Als Mitglied der Heidelberger Burschenschaft angeklagt, konnte er zunächst nicht in den Staatsdienst eintreten, bis er 1827 von dem Verdacht »politischer Vergehen« freigesprochen wurde. In dieser Zeit promovierte er in Jena zum Dr. jur. und wurde nach dem Freispruch Referendar in den Regierungen in Arnsberg und Minden, nach seinem 2. Staatsexamen dann Assessor in Posen, wo ihn der damalige Oberpräsident Flottwell im Gewerbepolizeidepartment beschäftigte. Weitere Stationen waren Düsseldorf, Berlin und wieder Arnsberg, ehe er 1841 als Vortragender Rat in das Finanzministerium, Abteilung für Handel, Gewerbe und Bauwesen (Abt. IV unter Beuth), berufen wurde. In dieser Eigenschaft erhielt er den Auftrag, die Gewerbeausstellung des Jahres 1844 vorzubereiten und zu leiten. Er galt als ausgezeichneter Kenner der gewerblichen Verhältnisse in den beiden preußischen Westprovinzen und war in der Abt. IV in erster Linie für die Verkehrsprobleme dieser Provinzen zuständig (hierzu *Rudolph von Delbrück:* Lebenserinnerungen, Bd. 1, Leipzig 1905, S. 137f.). Zur Person von Viebahns s. die beiden Personalakten DZAM, 2.6.2, Nr. 5172, und HStAD Reg., Präsidialakten, Nr. 1624, außerdem die Kurzbiographie in: Unsere Zeit, 2. Bd. (1858), S. 280–282, und den Nekrolog in der Zeitschrift des Königl. Preuß. Statist. Bureaus, 11. Jg. (1871), S. 286f. Zum Geschlecht Viebahn s. *Walter Serlo:* Bergmannsfamilien in Rheinland und Westfalen (= Rheinisch-Westfälische Wirtschaftsbiographien, Bd. III), Münster 1936, S. 98–104.

28 Zu dieser Kommunikation s. Amtlicher Bericht, Bd. 3, S. 227. Zur Kommunikationsfunktion der Ausstellungen allgemein s. *Kroker* (s. Anm. 7). Die Köln. Zeitung lobte am 4. 11. 1844, daß auf der Ausstellung die Fabrikanten in eine ähnliche Verbindung getreten seien wie schon vorher die Naturforscher, Architekten, Apotheker usw., wobei erstmalig Erfahrungen, Ideen und Meinungen hätten ausgetauscht werden können.

gelte sich diese als sehr positiv empfundene Kommunikationserfahrung deutlich wider, wenn auch die im kleinen Kreis wohl offener angesprochenen Probleme hinter dem Pathos der Reden zurücktraten.
Ohne Zweifel ist in diesem Rahmen und in dieser Form von einigen Unternehmern auch die »Arbeiterfrage« mit verschiedenen Beamten ausführlich erörtert worden. Der Eindruck des schlesischen Weberaufstandes war noch frisch und wurde in vielen Zeitungen bis weit in den August hinein durch immer neue Berichte über Einzelheiten, Hintergründe und Konsequenzen wachgehalten. Weitblickende Zeitgenossen hatten erkannt, daß es nun mit der selbstsicheren Behauptung vorbei war, solche »Fabrikemeuten« und »Exzesse« seien nur in England oder Frankreich möglich[29]. Wenn auch vor dem Aufstand durchaus schon über das Arbeiterelend in Schlesien berichtet worden war[30], so begann nach den Ereignissen – vor allem in den liberalen Blättern – die Diskussion über die tieferen Ursachen, wobei in der Argumentation gerade auch die »Härte und Rücksichtslosigkeit der Fabrikbesitzer« zunehmend eine Rolle spielten[31]. Kritischen Beobachtern der Gewerbeausstellung erschien die Diskrepanz zwischen den glänzenden Höchstleistungen der jungen Industrie und dem Elend weiterer Arbeiterkreise wie eine Provokation: »Der Vortrab unsrer Zivilisation, die Reichen und Gebildeten, verzehrt alles, und der nachziehende Haupttrupp, oder gar der Troß, kommt (nur) kümmerlich weiter.«[32] Daß frühsozialistisches Denken in dieser Diskrepanz durchaus einen Ansatzpunkt zur Kritik finden konnte, zeigt die Folgerung, die Varnhagen von Ense aus seiner Beobachtung zog: »In einer Saint-Simonistischen Volkswirtschaft würden alle diese schönen Sachen sogleich alle den Leuten zugute kommen, die davon Gebrauch machen könnten oder daran Gefallen hätten.«[33]
Kurz vor dem zunächst vorgesehenen Ausstellungsende häuften sich die Festlichkeiten. Am 6. Oktober 1844 lud Friedrich Wilhelm IV. die anwe-

---

29 S. oben Anm. 5.

30 Am 2. 2. 1844 veröffentlichte etwa die Elberfelder Zeitung den Aufruf zu einer Spendenaktion für arme schlesische Weber an die Rheinländer, »die Ihr vorzugsweise gesegnet seid, daß bei Euch alle Erwerbsquellen fließen«. Noch am 5. 6. 1844 wurde in derselben Zeitung ein weiterer Aufruf abgedruckt, in dem zu Leinwandbestellungen in Schlesien aufgefordert wurde, um so den Webern zu helfen.

31 Zitat aus der Elberfelder Zeitung vom 26. 6. 1844.

32 *Varnhagen:* Tagebücher 2, S. 350, Eintrag vom 29. 8. 1844. Es werde, so schrieb das Weser-Dampfboot am 5. 10. 1844 (Jg. 1844, S. 77), »manches gleißende Luxuswerk angestaunt, ohne daß man an die blutigen Schweißtropfen denkt, welche ihnen vielleicht ankleben«, und das Blatt fragte weiter, wie es denn wohl um den Lohn und die Lebensbedingungen derer bestellt sei, die die »glänzenden Gegenstände« hergestellt haben.

33 Ebd.; s. auch *Ernst Kaeber:* Vormärzlicher Liberalismus in Berlin (Wiederabdruck in: *ders.:* Beiträge zur Berliner Geschichte. Ausgewählte Aufsätze, Berlin 1964), der auf eine Schrift Adolf Glasbrenners zur Gewerbeausstellung hinweist, die zu den in Berlin vielgelesenen Volksschriften gehörte und »eine fast sozialrevolutionäre Tendenz« verfolgt habe (ebd., S. 156).

senden Unternehmer zu einem Königsfest nach Potsdam ein; am 8. Oktober veranstaltete der Preußische Gewerbeverein für alle »fremden« Industriellen und für die mit Preisen und Belobigungen ausgezeichneten Aussteller im Krollschen Wintergarten ein Fest, und als »Schlußstein« der Gewerbeausstellung fand am 10. Oktober das oben schon erwähnte Festessen im Saal des Englischen Hauses statt. Vermutlich während des Königsfestes ist von einigen Festteilnehmern die abschließende Diskussion über ein Projekt geführt worden, das bei dem Fest am 8. Oktober auf einem dort verteilten Flugblatt erstmalig der Öffentlichkeit bekanntgemacht wurde: die Bildung eines »Centralvereins für das Wohl der Hand- und Fabrikarbeiter«. Dieses Flugblatt, mit Datum vom 7. Oktober 1844 versehen, nannte eine Reihe von Punkten, die die in Aussicht genommenen Ziele und Bestrebungen des projektierten Vereins aufführten, und war von 22 Personen unterzeichnet: von vierzehn Unternehmern (sieben aus Rheinland-Westfalen, vier aus Berlin, zwei »ausländischen« Fabrikanten aus Pforzheim und vom preußischen Generalkonsul in Hamburg) und von acht höheren Beamten[34]. Die Festbesucher und alle sonstigen interessierten Personen, die den Aufruf am nächsten Morgen in den Berliner Zeitungen lesen konnten, wurden eingeladen, sich am Nachmittag des 9. Oktober um 16.00 Uhr im Berliner Hotel du Nord zur konstituierenden Generalversammlung des geplanten Vereins einzufinden. In den ersten Pressekommentaren wurde die Idee dieser Vereinsgründung als »glücklicher Gedanke« gelobt, weil der Zweck des Vereins »mit den Interessen des deutschen Gewerbefleißes überhaupt in dem innigsten Zusammenhange«

34 Ein Original des Flugblattes befindet sich im DZAM, Rep. 120, DXXII/1, vol. 1, fol. 40, außerdem im StaatsA Münster, OP 2510; Abdruck u. a. in: Mittheilungen des Centralvereins für das Wohl der arbeitenden Klassen, Bd. 1 (1848/49), hier und im folg. zit. nach dem Reprint Hagen 1980, S. (19)ff. Zum Inhalt des Flugblattes s. unten S. 76ff. Die 22 Unterzeichner waren: Friedrich Böddinghaus (Wollwarenfabrikant aus Elberfeld), Ferdinand Ludwig Wilhelm Bornemann (Präsident des Oberzensurgerichts in Berlin), Heinrich Conrad Carl (Kommerzienrat, Spinnereibesitzer in Berlin), Quirin Croon (Kommerzienrat, Baumwollwarenfabrikant aus Viersen), C. A. Dennig (Fabrikbesitzer aus Pforzheim), Friedrich Diergardt (Geh. Kommerzienrat, Seidenwebereibesitzer aus Viersen), Karl Ebbinghaus (Bronzewarenfabrikant aus Iserlohn), Finckenstein (Tuchwebereibesitzer aus Pforzheim), Eduard Goldschmidt (Kattunfabrikant aus Berlin), Knoblauch (Geh. Finanzrat in der Staatsschuldenverwaltung und Berliner Stadtältester), von Mülmann (Regierungsassessor im Berliner Polizeipräsidium), Nobiling (Färbereibesitzer und Hauptmann aus Berlin), William Oswald (Kommerzienrat, preußischer Generalkonsul in Hamburg, Leiter eines Afrika-Handelshauses), Erasmus Robert Frh. von Patow (Direktor der Abt. I im Innenministerium), Karl Quentin (Regierungsrat in Düsseldorf), Friedrich Wilhelm Frh. von Reden (Statistiker, Regierungsrat im Außenministerium), Friedrich Ludwig von Rönne (Präsident des 1844 gegründeten Preußischen Handelsamtes), G. S. Schwenger (Kaufmann aus Aachen), Johann Georg von Viebahn (Geh. Finanzrat im Finanzministerium), Karl Vopelius (Kommerzienrat, Glashüttenbesitzer aus Saarbrücken), Gustav Wiesenthal (Seiden- und Baumwollwarenfabrikant aus Berlin), Wilhelm Wittenstein (Färbereibesitzer aus Barmen). Von den meisten der unterzeichnenden Beamten und auch von einigen Unternehmern waren die Lebensdaten feststellbar, aus denen hervorgeht, daß alle – mit Ausnahme Quentins (geb. 1810) – zu diesem Zeitpunkt über 40 Jahre alt waren.

stehe[35] und sich ganz organisch aus den Erfahrungen anläßlich der Gewerbeausstellung ergebe.

Über die engere Vorgeschichte des Aufrufs vom 7. Oktober 1844 und über die eigentlichen Wortführer unter den 22 Unterzeichnern lassen sich nur Vermutungen anstellen. Abgesehen von der Tatsache, daß es eine Reihe von Vorbildern, Vorläufern und Anknüpfungspunkten gab, auf die die Initiatoren hinsichtlich Organisationsform und Zielsetzung zurückgreifen konnten und auf die noch einzugehen sein wird, ist jedoch davon auszugehen, daß rheinische Kreise die Hauptanreger zu der Vereinsgründung waren. Während man aber bisher lediglich die rheinischen Fabrikanten damit meinte[36], spricht einiges dafür, daß auch die Beamten unter den Unterzeichnern, die aus Rheinland-Westfalen stammten bzw. die dortigen gewerblich-industriellen Verhältnisse aus eigener Anschauung gut kannten, als Mitinitiatoren in Betracht kommen. Hier ist neben Georg von Viebahn in erster Linie an den Düsseldorfer Regierungsrat Karl Quentin[37] zu den-

---

35 Zit. nach der Elberfelder Zeitung vom 13. 10. 1844.

36 *Stiebel*, S. 65, leider ohne Belegangabe. S. jedoch *Karl Gundlach:* Die erste Versammlung des Berliner Localvereins für das Wohl der arbeitenden Klassen, in: Norddeutsche Blätter für Kritik, Literatur und Unterhaltung (Dez. 1844, Heft IV), der vermerkt, die Vereinsbewegung habe »den äußern Anstoß durch die Gewerbeausstellung und Herrn Diergardt's Vorschläge bekommen« (S. 28); ähnlich ebd., S. 77: Diergardt habe »den ersten Anstoß zu unserem Vereine« gegeben; vgl. auch Elberfelder Zeitung vom 16. 10. 1844: Die Anregung sei zuerst von »einigen rheinischen Fabrikanten« ausgegangen.

37 Lt. Köln. Zeitung vom 13. 10. 1844 brachte im wesentlichen Quentin bei dem Fest am 8. 10. den Vereinsplan zur Sprache »und fand volle Zustimmung«. Neben von Viebahn (s. Anm. 27) war also auch Quentin eine Schlüsselfigur bei der Gründung des Centralvereins: *Johann Christian Karl Quentin* (1810–1862) wurde als Sohn des Fürstl. Lippischen Medizinalrats Quentin in Minden geboren und studierte nach dem Abitur in Minden zunächst Naturwissenschaften, besonders die Mineralogie, in Göttingen und Clausthal, da er in die Bergverwaltung eintreten wollte. Nach dem überraschenden Tod seines Vaters 1832 entschloß er sich jedoch zum Studium der allgemeinen Verwaltungslehre unter bes. Berücksichtigung der Gewerbelehre. Zu diesem Zwecke holte er bis zum Herbst 1833 in Göttingen kameralistische Studien nach und wurde nach seinem 1. Examen zunächst Referendar in Stettin und dann bei der Regierung in Aachen, wo er unter dem damaligen Regierungspräsidenten von Arnim die Gelegenheit erhielt, seine »Kenntnisse im Gewerbewesen durch praktisches Studium der, in der Rheinprovinz und deren Nachbarländern so reichen Fabriken- und Manufaktur-Industrie« zu erweitern und auch Reisen z. B. nach Belgien und Paris zu unternehmen (Lebenslauf in der Personalakte Quentins; DZAM, 2.6.2, Nr. 3856). Nach dem 2. Staatsexamen Anfang 1837 wurde er Assessor und dann Regierungsrat in Düsseldorf, wo er zunächst für das Schulwesen und die »Volkswohlfahrt«, kurze Zeit später für das Gewerbewesen zuständig war. 1842 heiratete er Charlotte Harkort, Tochter Peter Harkorts II, eines Vetters Friedrich Harkorts, so daß er auf diese Weise einen engen Kontakt zur märkischen landsässigen Bürgerlichkeit erhielt. Seit 1838 trat er durch seine Aufgaben in der Regierung in immer engere Verbindung einerseits zu vielen rheinischen Fabrikanten wie z. B. Mevissen, Croon und Diergardt (s. *Hansen:* Mevissen I, S. 157ff.), andererseits auch zu den Beamten in der Beuthschen Abteilung im Berliner Finanzministerium. *Delbrück* bezeichnete Quentin aus der Sicht des Finanzministeriums als einen der ganz wenigen Departementsräte in allen preußischen Provinzen, der wirkliches »Interesse und Verständnis für die gewerbliche Entwicklung des Bezirks« besessen habe ((*Delbrück:* Lebenserinnerungen, Bd. 1, S. 144). Als ihm wegen seines Engagements in der 1848er Revolution eine Strafversetzung nach Görlitz drohte, wanderte er 1851 nach Amerika aus, wo er sich in Milwaukee niederließ und schon bald zum Parlamentarier gewählt wurde

ken. Quentin hatte bereits 1840 eine Broschüre mit dem Titel »Ein Wort zur Zeit der Arbeiter-Koalitionen« veröffentlicht, in der er den positiven Folgen der Gewerbefreiheit für den gewerblichen Aufschwung ihre »beklagenswerthen Wirkungen« auf die Arbeiterschaft, vor allem in Zeiten der Handelskrisen, gegenüberstellte[38]. Da er eine wachsende Entfremdung zwischen den Fabrikherren und ihren Arbeitern und als Konsequenz daraus bedrohliche »Kombinationen (der Arbeiter) gegen ihre vermeintlichen Zwangsherren« befürchtete, fragte er nach Gegenmitteln gegen die »Demoralisation der arbeitenden Bevölkerung in den Fabrikdistrikten« im Rahmen der von ihm als »ein köstliches Kleinod« eingeschätzten »unbeschränkten Freiheit der Gewerbe«. In der Gründung von Vereinen aller »Gutgesinnten« zur »Förderung der Moralität und des Wohlstandes unter der arbeitenden Klasse« glaubte Quentin einen Weg zur Lösung der sich zuspitzenden sozialen Probleme gefunden zu haben, da sich solche Vereine einer Fülle von Mitteln zum Beispiel durch Einwirken auf die Erziehung, die Bildung, das Sparverhalten u. ä. bedienen könnten, um den »drohenden Vorboten« eines Kampfes »der Armuth gegen den Reichthum« zu begegnen. Daß Interessenkonflikte zwischen Fabrikanten und Arbeitern entstehen konnten, übersah er nicht, sie sollten aber seiner Meinung nach durch den Ausbau »der herrlichen Institute der Fabrikengerichte« öffentlich und unparteiisch gelöst werden.

Quentin ließ es nicht mit der Propagierung seiner Ideen in einer Broschüre genug sein; er unternahm auch zu Beginn des Jahres 1841 eine Reise durch den Düsseldorfer Regierungsbezirk, auf der er vor allem in Stadtverordnetenversammlungen seine Gedanken erläuterte und für seine Vereinspläne warb[39]. Trotz durchaus vorhandenen Wohlwollens gegenüber Quentins Vorschlägen und auch Einsicht in die »hohe Zweckmäßigkeit« des Zusam-

---

(*Delbrück:* Lebenserinnerungen, Bd. 2, S. 12). Zur Biographie Quentins über die erwähnten Quellen hinaus s. *Eberhard Winkhaus:* Wir stammen aus Bauern- und Schmiedegeschlecht, Görlitz 1932, S. 147–149.

38 *Karl Quentin:* Ein Wort zur Zeit der Arbeiter-Koalitionen, Düsseldorf 1840 (ein Exemplar mit eigenhändiger Widmung an den Innenminister von Arnim befindet sich im DZAM, Rep. 120, DXXII/9, vol. 2, fol. 69–81); Wiederabdruck mit geringfügigen Änderungen im Schlußkapitel in: Mittheilungen des Centralvereins . . ., Bd. 1, S. (84) bis (93). Die folgenden Zitate sind hierher entnommen: S. (84)f. und S. (87)ff.

39 S. z. B. Quentins Besuch in den Stadtverordnetenversammlungen in den Wupperstädten Elberfeld und Barmen am 15. 1. 1841, wo er besonders auf die »in neuer Zeit wieder vorgekommenen Arbeiter-Koalitionen« hinwies (StA Wuppertal, D V 536 und 610, Stadträthliches Protokoll-Buch Barmen 1839/43 und Stadtratsprotokolle Elberfeld 1840/41). Mitglied des Stadtrats von Barmen war übrigens der Fabrikant Wilhelm Wittenstein, von Elberfeld der Fabrikant Friedrich Boeddinghaus, die beide 1844 zu Unterzeichnern des Aufrufs zur Gründung des Centralvereins gehörten (s. Anm. 34). S. zu Quentins Bemühungen im Wuppertal neuerdings *Hermann Herberts:* Alles ist Kirche und Handel . . . Wirtschaft und Gesellschaft des Wuppertals im Vormärz und in der Revolution 1848/49, Neustadt/Aisch 1980, S. 124f., und *Eberhard Illner:* Bürgerliche Organisierung in Elberfeld 1775 bis 1850, Neustadt/Aisch 1982, S. 138ff.

menschlusses in solchen Vereinen, die die arbeitende Klasse nicht nur vor Verarmung schützen, »sondern auch ihr materielles Wohl . . . fördern und insbesondere auf ihre Moralität« einwirken sollten[40], konnte Quentin mit einer Ausnahme keine spektakulären Erfolge seiner Werbung verzeichnen. Lediglich in drei Städten, in Mülheim/Rhein, in Gladbach und in Düsseldorf, bildeten sich kurz darauf Vereine »zur Beförderung der Arbeitsamkeit«[41]. Vor allem in den bergischen Fabrikstädten blieb jedoch die Resonanz zunächst gering; nur in Elberfeld kam es zur Bildung eines kurzlebigen Stadtverordnetenkomitees zur Prüfung der Vereinsfrage[42]. Als recht erfolgreiche und vor allem dauerhafte Gründung erwies sich allein der Düsseldorfer »Verein zur Beförderung von Arbeitsamkeit, Sparsamkeit, Wohlstand und Sittlichkeit«, der sich nach einem Aufruf mehrerer angesehener Bürger, u. a. des Oberbürgermeisters Fuchsius, am 4. März 1841 in einer Generalversammlung Statuten gab, die bereits am 9. April 1841 durch von Bodelschwingh, zu dieser Zeit Oberpräsident der Rheinprovinz, bestätigt wurden[43]. Quentin gehörte dem Vorstand an und beeinflußte in der Folgezeit in starkem Maße die Richtung des Vereins. Nach dem Vorbild eines schon 1824 geplanten, schließlich dann im Jahre 1834 von David Hansemann in Aachen gegründeten »Vereins zur Beförderung der Arbeitsamkeit«[44] betonte auch der Düsseldorfer Verein in erster Linie die Förderung der Sparsamkeit als »Quelle vieler Tugenden« und gründete zunächst eine Sammelkasse für kleine und kleinste Sparbeträge, doch gingen bald seine Aktivitäten darüber hinaus. So richtete er außerdem eine allgemeine Kranken- und Sterbelade ein sowie eine spezielle Krankenkasse für zugewanderte Arbeiter, Gesellen und Dienstboten. Einige Jahre später trat eine Fortbildungsschule vor allem für Gesellen hinzu, in der u. a. unentgeltlich Zeichenunterricht erteilt wurde.

---

40 Stadtratsprotokolle Elberfelds (s. Anm. 39), S. 299.

41 S. dazu *Heinz Richard Schneider:* Bürgerliche Vereinsbestrebungen für das »Wohl der arbeitenden Klassen« in der preußischen Rheinprovinz im 19. Jahrhundert (Diss. Bonn), Bonn 1967, S. 13, S. 15 und S. 33. Voraufgegangen war der Versuch des Düsseldorfer Regierungspräsidenten von Stolberg-Wernigerode, einen Gewerbeverein für den Regierungsbezirk zu gründen, der sich in erster Linie um die Gewerbeförderung bemühen sollte. In ihm engagierten sich u. a. Friedrich Diergardt, August von der Heydt und Josua Hasenclever. Nach der Gründungsversammlung im Mai 1836 bildeten sich auch verschiedene lokale Gewerbevereine, doch schlief diese Bewegung schon bald wieder ein und löste sich im Jahre 1840 wieder auf. Quentin konnte sich also bei seinem Versuch, eine neue Vereinsbewegung mit einem neuen Inhalt zu stiften, auf die Organisationserfahrungen dieser Gewerbevereine stützen, was besonders am Beispiel des Gladbacher Vereins zur Beförderung der Arbeitsamkeit deutlich wird (Einzelheiten bei *Schneider,* ebd., S. 14f.).

42 S. Anm. 39. Die Elberfelder Stadtverordneten sprachen schon von vornherein von großen Schwierigkeiten, die einer Verwirklichung der Ideen Quentins im Wege ständen (ebd., S. 299).

43 Zu diesem Verein s. die Akten DZAM, Rep. 120, DXXII/9, vol. 2; StaatsA Koblenz Abt. 403/7385; HStAD, Reg. Düsseldorf, Präs. 1031; außerdem *Schneider:* Vereinsbestrebungen (s. Anm. 41), S. 15–18.

44 *Schneider* (s. Anm. 41), S. 7–13; s. dazu auch unten S. 86.

Möglicherweise von Quentin persönlich, zumindestens aber wohl unter seinem Einfluß verfaßt, erschien kurz nach dem schlesischen Weberaufstand Ende Juni 1844 in rheinischen Zeitungen ein anonymer Artikel, in dem ein mit Beamten und Nichtbeamten aller Provinzen gleicherweise besetzter Untersuchungsausschuß gefordert wurde, der bei der Berliner Gewerbeausstellung in aller Öffentlichkeit und mit Hilfe von Sachverständigengutachten sämtliche Fragen, »die sich bei den schlesischen Unruhen in den Vordergrund drängen«, erörtern sollte[45]. Bei seinen Verhandlungen dürften – so hieß es weiter – keine »zarte(n) und schonende(n) Rücksichten gegen Einzelne, gegen reiche Fabrikanten etwa« genommen werden. Sehr weitgehend war die Forderung, nicht nur Arbeiter der verschiedenen Gewerbezweige anzuhören, sondern auch eine Anzahl von Arbeitervertretern mit Sitz und Stimme wie die Beamten, Fabrikanten und Kaufleute in den Ausschuß aufzunehmen. Das sei »so notwendig und einfach, daß es sich von selbst« verstehe[46]. Anfang Oktober 1844, also zur Zeit der oben erwähnten Festlichkeiten, befand sich Quentin in Berlin, um dem neuen Finanzminister Flottwell[47] ein Memorandum über die rheinischen Fabrikgerichte vorzulegen. Flottwell hatte ein solches Memorandum angefordert, weil er in der Einrichtung und im Ausbau dieser im Rheinland schon seit der Zeit der französischen Besetzung bestehenden Gerichte in den übrigen Fabrikgegenden, namentlich in Schlesien, eine Möglichkeit sah, eine Verbesserung des sozialen Klimas zu erreichen[48]. In seinem Memorandum[49] erhob Quentin nachdrücklich die Forderung, der Staat solle durch Gesetz »wieder eine Art Gleichgewicht« herstellen, denn das Verhältnis zwischen den Fabrikherren und ihren Arbeitern sei ein »anormales«. Erst wenn der Arbeiter »zum Bewußtsein seiner wahren, dem Fabrikanten gegenüber einzunehmenden Stellung« geführt worden sei und – z. B. in den Fabrikgerichten – die Möglichkeit zu gleichberechtigtem und verantwortlichem Handeln erhalten habe, werde es zu einer »wirtschaftlichen und moralischen Erhebung der Arbeiter-Bevölkerung kommen«. Für eine Übergangszeit sei allerdings eine »weise Bevormundung« der Arbeiterklasse durch die Gebildeten z. B. in Vereinen nötig.

45 Elberfelder Zeitung vom 22. 6. 1844; auch abgedruckt bei *Kroneberg/Schloesser:* Weber-Revolte (s. Anm. 6), S. 186f. (nach dem in der Köln. Ztg. erschienenen Artikel vom 21. 6. 1844).

46 Ebd.

47 Zur Person Flottwells s. u. Anm. 159. Er löste den nur kurze Zeit als Finanzminister amtierenden von Bodelschwingh im April 1844 ab – zur Überraschung der Öffentlichkeit, denn der liberale Oberpräsident der Provinz Sachsen galt zwar als »glänzendes Verwaltungstalent«, nicht aber als Finanzfachmann (*Treitschke,* Bd. 5, S. 259).

48 *Stiebel,* S. 66, Anm. 1.

49 Memorandum vom 13. 10. 1844; zit. nach *Stiebel,* S. 66. Quentin hatte sich schon in einem Memorandum vom 22. 6. 1838 an Beuth im Zusammenhang mit Überlegungen zur Bekämpfung des Trucksystems für den Ausbau der Fabrikgerichte lebhaft eingesetzt (s. dazu *Joseph Hansen,* Hg.: Rheinische Briefe und Akten zur Geschichte der politischen Bewegung 1830–1850, Bd. 1, Neudruck Osnabrück 1967, S. 700f., Anm. 2).

Nun ist nicht anzunehmen, daß Quentin alleiniger Initiator des Aufrufs vom 7. Oktober war, sondern vermutlich liefen mehrere Aktivitäten zusammen, die schon vor der Ausstellung in der Rheinprovinz abgesprochen worden waren. Für diese Annahme spricht, daß der Baumwollfabrikant Quirin Croon als Vizepräsident des Gladbacher Fabrikgerichts[50] ständigen Kontakt mit der Düsseldorfer Regierung, hier wiederum besonders mit Quentin, hatte. Ähnliche Verbindungen bestanden zu Friedrich Diergardt, der sowohl im eigenen Viersener Betrieb als im gesamten linksrheinischen Raum schon seit den 1830er Jahren Anstrengungen zur Besserung der Lage der Arbeiter vor allem in Krisenzeiten unternommen hatte[51]. Kurz vor der Ausstellung in Berlin hatte Diergardt in Bad Homburg dem Prinzen von Preußen, dem späteren König Wilhelm I., eine Denkschrift über die Auswanderung als Lösungsmöglichkeit des Pauperismus vorgelegt[52] und gleichzeitig mit dem Remscheider Fabrikanten Josua Hasenclever[53] und dem Berliner Geheimen Finanzrat und Stadtältesten Knob-

50 S. oben Anm. 25. Zur Person Quirin Croons (1788–1864) s. *Gerhard Schrader:* Quirin Croon, in: Rheinisch-Westfälische Wirtschaftsbiographien, Bd. IV, Münster 1941, S. 49–70.

51 So gründete Diergardt z. B. 1830 einen »Verein zur Beschäftigung brotloser Fabrikarbeiter« (s. HStAD, Reg. Düsseldorf, Präs. 1329); zu weiteren Aktivitäten Diergardts in dieser Richtung s. *Ludwig Puppke:* Sozialpolitik und soziale Anschauungen frühindustrieller Unternehmer in Rheinland-Westfalen, Köln 1966, S. 168f. *Friedrich Diergardt* (1795 bis 1869) galt im Vormärz neben Josua Hasenclever (s. Anm. 53) als einer der herausragenden und dabei betont königstreuen protestantischen Unternehmer des Rheinlands. Bezeichnend ist die Beschreibung, die *Delbrück* in seinen Erinnerungen von der Art und Weise des Diergardtschen Auftretens in den Berliner Ministerien gibt, wo er durch immer neue Eingaben, Denkschriften, Einlassungen und Korrespondenzen auffiel. Bezeichnend ist aber auch, wie Diergardt und Hasenclever ihre jährlichen Badbesuche in Bad Homburg zur Kontaktaufnahme mit Personen des Hofes ausnutzten, was ihnen den Vorwurf des »Servilismus« eintrug (*Delbrück:* Lebenserinnerungen, Bd. 2, S. 129f.; *Varnhagen:* Tagebücher 2, S. 331ff., Eintrag vom 23. 7. 1844, und Tagebücher 3, S. 126, Eintrag vom 18. 7. 1845 und passim; zur Kritik an Diergardt und Hasenclever s. auch *Friedrich Zunkel:* Der Rheinisch-Westfälische Unternehmer 1834–1879, Köln/Opladen 1962, bes. S. 109). Diergardt kann wegen seiner Aktivitäten im sozialen Bereich und seiner »immense(n) Tätigkeit im Umherrennen, im Werben von Kräften und Namen für seine unreifen Einfälle, im Zusammentragen von Materialien und im Korrespondieren mit hohen Beamten und berühmten Männern« (Urteil Camphausens, zit. nach *Hansen:* Briefe und Akten, Bd. 1, S. 565) als ausgeprägtester Vertreter der älteren Honoratiorenunternehmer patriarchalischen Typs angesehen werden, die durchaus die Gefahren der sozialen Zustände erkannten und sich »mit einem warmen Herzen« (*Delbrück,* ebd., S. 130) für ihre Arbeiter einsetzten, ohne gleichzeitig – wie die jüngeren rheinischen Liberalen – auch die politischen Zustände verändern zu wollen. Die Elberfelder Zeitung rühmte ihn am 11. 10. 1844 ausführlich wegen dieser sozialen Einstellung und erwartete am 19. 11. 1844 – allerdings ohne Namensnennung – daß er wegen seiner Verdienste im gewerblich-sozialen Bereich geadelt werde, was im Rheinland »sehr beifällig aufgenommen« werden würde (zur Verleihung des Freiherrntitels erst im Jahre 1860 s. *Puppke,* S. 168, und *Zunkel,* S. 121). Zur Biographie Diergardts s. ADB, Bd. 5, S. 140, und NDB, Bd. 3, S. 655 (*Kurt Apelt),* sowie *Josef Wilden:* Gründer und Gestalter der Rhein-Ruhr-Industrie, Düsseldorf 1951, S. 38f.

52 *Varnhagen:* Tagebücher 2, S. 332f. (Eintrag vom 23. 7. 1844).

53 Lt. Angaben im DZAM, Rep. 120, DXXII/1, vol. 1, fol. 18f., war auch Hasenclever Gründungsmitglied des Centralvereins. *Josua Hasenclever* (1783–1858) spielte im bergischen Raum eine ähnliche Rolle wie Diergardt im linksrheinischen Gewerbegebiet

lauch[54], ebenfalls einem der späteren Unterzeichner des Aufrufs zur Gründung des Centralvereins, ausführlich die Themen »Noth, Fabriken, Handel« erörtert[55].

Vorläufer, Vorbilder und Vorformen des Centralvereins

Die Idee, dem nicht erst durch den Weberaufstand deutlicher ins öffentliche Bewußtsein getretenen Pauperismus durch Aktivitäten freiwillig zusammengetretener Vereine zu begegnen, ist auf den ersten Blick allerdings nicht besonders originell, denn es bestand 1844 schon eine große Anzahl von Vereinen, die in irgendeiner Form wohltätige und humanitäre Ziele verfolgten[56]. Gerade auch auf diesen Wirkungsbereich des Vereinswesens traf jene Feststellung in der Deutschen Vierteljahrsschrift zu, die zu Anfang 1844 »ein überraschendes Hinneigen zum Associations-Geiste, namentlich in Deutschland erkennbar aus der Menge wissenschaftlicher und populärer, lokaler und universeller Vereine« konstatierte[57]. Die oben erwähnten rheinischen Vereine zur Förderung der Arbeitsamkeit waren Beispiele dafür. Auf dem Gebiete des sozialen Vereinswesens gab es also bei der Gründung des Centralvereins schon einen reichen, wenn auch sehr unterschiedlichen und verstreuten Erfahrungsschatz, von dem seine Initiatoren ausgehen oder sich aber möglicherweise auch absetzen konnten. Beflügelnd kam wohl hinzu, daß sie gleichzeitig darauf hoffen konnten, daß ihr Plan allerhöchste Unterstützung finden würde, weil Friedrich Wilhelm IV. Ende 1843 zwei Vorstöße unternommen hatte, die in die gleiche Richtung zu weisen schienen.

(s. Anm. 51). Zu seinen Beziehungen zum preußischen Königshause s. *Adolf Hasenclever* (Hg.): Josua Hasenclever aus Remscheid-Ehringhausen. Erinnerungen und Briefe, Halle 1922; eine Kurzbiographie Hasenclevers befindet sich in: *August Lomberg:* Bergische Männer, Elberfeld 1921, S. 138–147, sowie in der NDB, Bd. 8, S. 27f. (*Heinrich Wilms*).

54 *Knoblauch,* Geheimer Finanzrat im Finanzministerium wie Viebahn, jedoch in der Abt. I (Kassen- und Etatswesen), galt als »freimütiger und offener« Mann, der sich in Berlin als Stadtältester und Bürgerdeputierter einen Namen gemacht hatte (s. *Kochhann:* Mitteilungen, S. 38f.). Er stammte aus einer alten Berliner Kaufmannsfamilie, hatte in den 1830er Jahren auch in der Armenverwaltung gewirkt und trat im Vereinigten Landtag 1847, in dem er als Abgeordneter Berlins saß, als gemäßigter Liberaler auf, der sich besonders in der Frage der Landrentenbanken mutig gegen die Regierung engagierte. Knoblauch war kurz vorher, 1846, aus Protest gegen Regierungspläne zur Umwandlung der Staatsbank aus der Hauptverwaltung der Staatsschulden ausgeschieden (s. dazu *Dora Meyer:* Das öffentliche Leben in Berlin im Jahr vor der Märzrevolution, Berlin 1912, S. 79f.).

55 *Varnhagen:* Tagebücher 2, S. 332 (Eintrag vom 23. 7. 1844).

56 S. dazu unten S. 61f. die Ergebnisse einer behördlichen Umfrage über das Vereinswesen in Preußen aufgrund einer Kabinettsordre des Königs vom 13. 11. 1843.

57 DtVjschr., Jg. 1844, 1. Heft, S. 356 (Notizen über Vereine); s. auch in derselben Zeitschrift – 3. Heft des Jg. 1840, S. 287–333 – die ausführliche Aufzählung von schon vorhandenen Vereinstypen von *Mone:* Ueber das deutsche Vereinswesen, wo auch Spar-, Armen-, Krankenpflege- und sonstige Wohltätigkeitsvereine aufgeführt werden (bes. S. 321f.), so-

Wenn sich auch nach ersten optimistischen Erwartungen anläßlich des Thronwechsels 1840 der neue König Friedrich Wilhelm IV. keineswegs als so konsequent offen und einsichtig in innenpolitischen Konfliktbereichen erwiesen hatte, wie er zunächst, z. B. bei der Beilegung der kirchenpolitischen Streitigkeiten und einer Lockerung der Pressezensur, erschienen war, so deuteten verschiedene Äußerungen des Monarchen über die Lage der »niederen Volksklassen« doch darauf hin, daß er wenigstens hier ein Problembewußtsein besaß und auch umfassender aktiv werden wollte. Für ihn gehörte die Sorge für das Wohl der ärmeren Schichten mit zu den Aufgaben eines von erneuerter Religiosität geprägten christlichen Staates, den er durch die Autorität der Krone und mit Hilfe einer Neufestigung der ständischen Gesellschaftsstruktur ausbauen wollte[58]. Trotz völliger Ablehnung seiner gesamten sonstigen Politik bestätigten ihm zunächst selbst seine schärfsten Kritiker in diesem Punkt einen »unbezweifelt gutmütigen Charakter«[59].

Aus dieser betont patriarchalischen Einstellung ist eine Kabinettsordre Friedrich Wilhelms IV. vom 13. November 1843 an die Minister Eichhorn und von Arnim zu verstehen, die als erster Vorstoß in Richtung auf eine wie auch immer zu bewertende Bekämpfung des Pauperismus zu sehen ist: »Um den großen Übeln zu steuern, welche aus der Vernachlässigung der Jugend in den niederen Volksklassen, dem Pauperismus und der Hülfslosigkeit entlassener Sträflinge hervorgehen«, forderte der König seine Minister auf, dafür zu sorgen, daß die Behörden »die Förderung und Unterstützung von Vereinen, die zu jenen Zwecken freiwillig zusammentreten, auf alle Weise sich angelegen sein lassen und dieses hinfüro als eine ihrer Amtspflichten erkennen«[60]. Er erwartete gutachtliche Vorschläge, wie die Behörden am besten mit den Vereinen zusammenarbeiten könnten, und legte gleichzeitig Wert darauf, daß überall dort, wo solche Vereine noch nicht bestünden, durch »Beispiel und Ermunterung« bald welche gegründet würden. Laut Präsentationsvermerk lag diese Ordre bereits am 15. November dem Kultusminister Eichhorn und am 22. November dem Innenminister von Arnim vor, der sie dann aber offenbar dilatorisch behandelte. Erst auf Rückfrage Eichhorns gab von Arnim am 25. Januar 1844 eine Stellungnahme zu dem Entwurf eines Zirkulars an die Oberprä-

---

wie besonders *Johannes Fallati:* Das Vereinswesen als Mittel zur Sittigung der Fabrikarbeiter, in: Zschr. für die gesammte Staatswissenschaft, Bd. 1 (1844), S. 737–791.

58 Vgl. *Ernst Rudolf Huber:* Deutsche Verfassungsgeschichte seit 1789, Bd. 2, Stuttgart u. a. 1975², S. 256.

59 *Friedrich Engels:* Friedrich Wilhelm IV., König von Preußen (1842), Wiederabdruck in: MEW, Bd. 1, Berlin-Ost 1972, S. 446–453, Zitat S. 452; s. auch *Arnold Ruges* Artikel: Der König von Preußen und die Sozialreform. Von einem Preußen (in: Vorwärts, Nr. 60, Paris 1844) und *Karl Marx'* »Kritische Randglossen« dazu (ebenfalls abgedruckt in: MEW, Bd. 1, S. 392–409).

60 Original im DZAM, Rep. 76/II, Sekt. I, Gen. 1, Bd. 1, fol. 7; s. auch den Auszug bei *Hansen:* Briefe und Akten, S. 674f., Anm. 2.

sidenten ab. Von Arnim regte in seiner Antwort an, daß die königliche Ordre nicht nur den untersten Behörden ebenfalls zur Kenntnis gebracht werden sollte, sondern auch der Öffentlichkeit, die »darin den wirksamsten Antrieb zur Erfüllung der Intentionen Seiner Majestät finden wird«[61]. Mitte Februar verließ das Zirkular an die acht preußischen Oberpräsidenten[62] schließlich das Ministerium Eichhorn, kam einen weiteren Monat später auf der Ebene der Regierungspräsidenten an und erreichte die Landräte und Bürgermeister wieder einen Monat später, d. h. Mitte April. Als noch langwieriger erwies sich der Rücklauf der Ergebnisse aus den unteren Verwaltungsebenen bis in das Kultusministerium, denn die in dem Zirkular geforderte Berichterstattung bzw. statistische Übersicht über die in den Regionen und Orten bestehenden Vereine warf so viele Probleme auf, daß eine Fülle von Rückfragen erforderlich war. Die von den Ministern angegebene Abgabefrist bis zum 1. Juli 1844 konnte daher von den meisten Oberpräsidenten nicht eingehalten werden. Die Veröffentlichung der königlichen Kabinettsordre in den Zeitungen erfolgte übrigens erst Mitte Juli 1844[63]. Am Jahresende 1844, also mit halbjähriger Verspätung, ging der letzte Oberpräsidentenbericht (Sachsen) ein; und die Ausarbeitung des Gesamtberichts an den König konnte schließlich nach mehreren Entwürfen erst am 9. März 1846 fertiggestellt werden[64], als die Entwicklung des Vereinswesens schon einen gegenüber 1843/Anfang 1844 völlig anderen Stand erreicht hatte.

Trotz aller Ungenauigkeiten und verschiedener Schwächen der Umfrage, die z. B. auch die Vergleichbarkeit des Materials zwischen den Provinzen beeinträchtigen, sind einige Teilergebnisse recht aufschlußreich: In den acht preußischen Provinzen existierten zur Zeit der Umfrage 1680 Vereine, die in irgendeiner Form wohltätige oder moralische Zwecke verfolgten – eine Zahl, die wohl eher als zu niedrig einzuschätzen ist, weil einige Vereinstypen, wie z. B. die Mäßigkeitsvereine und die sogenannten Bürgerrettungsinstitute, nicht überall mit aufgeführt wurden. Allein 663 Vereine

61 DZAM, ebd., fol. 6'.

62 Ebd., fol. 10–12; zu den behördlichen Vorgängen auf unterer Ebene siehe z. B. die Akte HStA Düsseldorf, Reg. Aachen 1253. Das Zirkular enthielt noch keine genauen Handlungsanweisungen, sondern zunächst im wesentlichen die Aufforderung, sich gutachtlich zu äußern und eine Erhebung über die Zahl und Art der in den Provinzen bestehenden Vereine durchzuführen.

63 So etwa in der Elberfelder Zeitung am 10. 7. 1844.

64 Konzept im DZAM, Rep. 76/II, Sekt. I, Gen. 1, Bd. 2, fol. 42–57'; auch mit dem Antwortzirkular an die Oberpräsidenten ließ man sich Zeit; es wurde am 6. 12. 1847 fertiggestellt (ebd., fol. 144–153'). Das blasse Fazit lautete, die Oberpräsidenten sollten sich darum bemühen, die »wohltätigen Zeitbestrebungen mehr und mehr zu beleben und zu verbreiten und ihre Wirksamkeit immer fruchtbringender zu machen« (fol. 153). Wenn auch das Innenministerium mitunterzeichnete, so ist doch zu beachten, daß die Behandlung der Angelegenheit die ganze Zeit über im Kultusministerium erfolgte, während alle mit den Zweigvereinen für das Wohl der arbeitenden Klassen zusammenhängenden Entscheidungen von vornherein im Innenministerium fielen, da hier nicht der Wohltätigkeitsaspekt, sondern die polizeilich-politische Bedeutung als im Vordergrund stehend erachtet wurde.

waren aus der Rheinprovinz gemeldet worden, während in Pommern die geringste Anzahl, nämlich 25, registriert wurde. 917 Vereine hatten auch ihr Gründungsjahr angegeben, so daß wenigstens ungefähre Angaben über den Trend der Vereinsentwicklung möglich sind, obwohl keine genauere Aufschlüsselung nach den jeweiligen Vereinstypen erfolgte. 57 der 917 Vereine (= 6,2%) waren vor dem Jahre 1800 entstanden, 85 (= 9,3%) in der Zeit von 1800 bis 1820, weitere 125 (= 13,6%) im folgenden Jahrzehnt und 650 (= 70,9%) seit 1830, wobei allein in den vier Jahren 1840 bis 1843 316 gegründet worden waren[65] – ein Beweis für den erwähnten »Assoziations-Geist« der späten dreißiger und frühen vierziger Jahre.

Ein Ergebnis der zusammenfassenden Stellungnahmen der Oberpräsidenten vom Sommer und Herbst 1844 war, daß die große Mehrzahl der Vereine in den größeren Städten zu finden sei, da dort auch die »größere Ungleichheit des Besitzes und die hieraus in natürlicher Folge entspringenden Uebel«[66] beständen, obwohl auch in den kleineren Städten und auf dem Lande durchaus ein »Bedürfnis nach Gegenhülfe« nicht zu übersehen sei. Eine weitere Folgerung in einigen Berichten bestand in der Betonung der Notwendigkeit staatlicher Oberaufsicht über das Vereinswesen, »um das Einschleichen etwaiger gefährlicher Tendenzen zu verhüten«[67]. Als drittes bemerkenswertes Ergebnis ist die Empfehlung verschiedener Oberpräsidenten zu werten, die »verstreuten Bestrebungen« der vielen Vereine durch »Beschaffung eines festen Bandes« in gegenseitige Verbindung treten zu lassen: Ohne daß die Behörden über eine allgemeine Anregung hinaus unmittelbar wirksam werden sollten, sei es doch wünschenswert, die Vereine aus ihrer Isolierung herauszuführen: das gesamte Assoziationswesen müsse in dieser Richtung fortschreiten[68].

Grundsätzlich lassen die verschiedenen Stellungnahmen den Schluß zu, daß die meisten Oberpräsidenten das Vereinswesen – unter einer abständigen und weisen Oberaufsicht der Staatsbehörden – als wichtige Ergänzung der staatlichen Aktivitäten in den Bereichen ansahen, in denen ein direktes behördliches Eingreifen eher schädliche Folgen haben würde. Freiheit und Selbständigkeit der Vereine wurden als deren »wesentliches Lebenselement« verstanden[69]. Zur Empfehlung, den Oberpräsidenten die Kompetenz zur Verleihung der Korporationsrechte an die Vereine zu geben, wie z. B. der westfälische Oberpräsident von Vincke vorgeschlagen hatte[70],

65 Die Zahlenangaben stammen aus dem Abschlußbericht an den König (fol. 42–57').
66 Ebd., fol. 46.
67 Ebd., fol. 53.
68 Ebd., fol. 55f.
69 Ebd., fol. 47f.
70 Bericht Vinckes vom 30. 7. 1844, ebd., Bd. 1, fol. 41–159, bes. fol. 43', wo Vincke sich auch über die zu erwartende viele »Schreiberei« beklagt, falls die Gewährung der Korporationsrechte ausschließlich in der Kompetenz der Ministerien liege.

konnten sich die Verfasser des Abschlußberichts jedoch »zunächst« noch nicht entschließen: Damit werde die von höchster Instanz ausgeübte Kontrolle zu früh aus der Hand gegeben. Trotz dieser vorsichtig abwartenden Haltung und trotz des oben zitierten Hinweises auf das »Einschleichen etwaiger gefährlicher Tendenzen« vermochten sich aber offenbar alle Beamten die grundsätzliche Möglichkeit, daß ein soziales Engagement in politische Aktivitäten und Forderungen umschlagen konnte, noch nicht vorzustellen. Die im Sommer 1844 vorhandenen, im wesentlichen aus der alten Armenpflege hervorgegangenen Wohltätigkeitsvereine boten noch keinen Anlaß zu begründeter Sorge in dieser Richtung.

Doch nicht nur diese ursprünglich von Friedrich Wilhelm IV. angeregte Bestandsaufnahme mit dem Ziel einer breiten Förderung der in Vereinen organisierten Wohltätigkeit schärfte den Blick der höheren Beamten wie auch der Öffentlichkeit für zukunftsweisende Möglichkeiten zur Bewältigung des Pauperismus, wie sie z. B. in einer besseren Koordinierung des gesamten Vereinswesens lagen, sondern auch ein zweiter Vorstoß des Königs hat, gerade weil er höchst umstritten war, die Diskussion über diese Frage stimuliert. Immerhin nahm dieser Vorstoß vom Jahresende 1843 den ein gutes halbes Jahr später von den Oberpräsidenten kommenden Vorschlag einer besseren Koordinierung der vielen fürsorgerischen Vereinsaktivitäten teilweise schon vorweg.

Nachdem im September 1843 erste Gerüchte über eine Ordensgründung durch den König an die Öffentlichkeit gedrungen, aber zu diesem Zeitpunkt noch dementiert worden waren[71], überraschte Friedrich Wilhelm IV. am Weihnachtsfest 1843 selbst die meisten seiner engeren Vertrauten mit der Veröffentlichung eines Patents zur »Wiederbelebung der Gesellschaft des Schwanenordens«[72]. Offenbar von seinem Hofhistoriker von Stillfried-Rattonitz und dem Antiquarien sammelnden preußischen Staatsminister und Generalpostmeister von Nagler inspiriert, griff Friedrich Wilhelm IV. die vierhundertjährige Wiederkehr des Gründungstages dieses spätmittelalterlichen Marienordens, den sein Vorfahr Markgraf Friedrich II. von Brandenburg 1440/43 ins Leben gerufen hatte, auf und benutzte das Motto jenes Ordens (»Bekenntnis der christlichen Wahrheit

---

71 Allgemeine Preußische Zeitung vom 17. 9. 1843; s. auch *Varnhagen:* Tagebücher 2, S. 213 (Nachtrag zum 17. 9. 1843) und S. 246 (Eintrag vom 9. 1. 1844); ähnlich Elberfelder Zeitung vom 7. 1. 1844.

72 Das Patent ist u. a. abgedruckt bei *Adolf Schmidt:* Die Zukunft der arbeitenden Klassen und die Vereine für ihr Wohl, Berlin 1845, S. 86–88. Zum Schwanenorden s. die zeitgenössischen Darstellungen von *Rudolph Frh. von Stillfried-Rattonitz:* Der Schwanenorden. Sein Ursprung und Zweck, seine Geschichte und seine Alterthümer, Berlin 1845[2]; *anonym:* Der Schwanen-Orden. Wort eines Preußen an seine Zeitgenossen, Erfurt 1844; *anonym:* Die Wiederbelebung des Schwanenordens in Preußen im Jahre 1843, in: DtVjschr., 2. Heft, Jg. 1844, S. 212–246. S. auch *Treitschke,* Bd. 5, S. 241 ff., und *Carl Jantke:* Der Vierte Stand, Freiburg 1955, S. 67.

durch die That«) als Ansatz zu seiner »Wiederbelebung«. Das Ziel sollte sein, auf diesem Wege »ein gemeinsames Band« um die vielfältigen Wohltätigkeitsbestrebungen in Preußen zu legen und sie so zu höherer Wirksamkeit zu führen. Bemerkenswert ist, daß nach dem Willen des Königs Männer und Frauen »ohne Ansehen des Standes und Bekenntnisses« Mitglieder werden und bei der »Abhülfe fühlbarer Mängel« sowie der »Förderung heilsamer Anstalten« gleichberechtigt mithelfen sollten[73].

In Form, Stil und Wortwahl an eine mittelalterliche Urkunde erinnernd und das Gottesgnadentum des Königs betonend – »ein seltsames Erzeugnis, unreif, verworren, betrübend«[74] –, rief das Patent eine Welle der Entrüstung und Kritik in der Öffentlichkeit hervor. Die Berliner verspotteten die Ordensgründung als »Kinderei«, die Königin als »die erste Gans« im Schwanenorden und hefteten an ein Portal des Gartens in Sanssouci ein Schild mit der Aufschrift »Zum Schwanenwirth«[75]. Die Presse hielt sich, soweit sie eine liberale Linie verfolgte, zurück und berichtete allenfalls den reinen Sachverhalt. Nur die ausdrücklich regierungstreuen Blätter lobten den Orden pauschal als »gute, reine menschliche Sache«[76] oder als »neue frohe Botschaft«, derer die Zeit bedürfe[77]. Daneben gab es aber auch bei einigen Autoren den Versuch, aus den pathetischen Phrasen und den noch höchst vagen Andeutungen über Einzelheiten der Ordenswirksamkeit einen positiven Kern herauszuschälen und diesen in der Öffentlichkeit zu erörtern. Hervorgehoben wurde von ihnen z. B. die »politische Bedeutung« der Tatsache, daß in der geplanten Gesellschaft Personen aller Stände gleichberechtigt zusammenwirken sollten und daß zur Entwicklung des Ordens, wenn er nicht nur irgendein Wohltätigkeitsinstitut unter anderen sein wolle, auch die gleichzeitige Weiterentwicklung der politischen Freiheit notwendig sei[78].

Vor allem der in mancher Hinsicht recht unkonventionelle Ideen vertretende konservative Professor Victor Aimé Huber[79], ein späteres aktives

---

73 Zit. nach *Schmidt* (s. Anm. 72), S. 87.

74 *Varnhagen:* Tagebücher 2 (Eintragung vom 30. 12. 1843), S. 243. Ebd., einen Tag später: Es sei nun viel vom Schwanenorden die Rede, »von allen Seiten mit entschiedener Mißbilligung, mit traurigem Achselzucken«, (S. 243).

75 Ebd., S. 245f. (Eintrag vom 5. und 7. 1. 1844) und S. 277 (Eintrag vom 20. 3. 1844).

76 Zitat aus der Magdeburger Zeitung, abgedruckt in der Elberfelder Zeitung vom 7. 1. 1844.

77 Vossische Zeitung, zit. nach *V. A. Huber* (s. u. Anm. 81).

78 So der gemäßigt liberale Literat Theodor Mundt, mit dessen Vorstellungen sich die Elberfelder Zeitung am 31. 1. 1844 auseinandersetzte. Statt dessen trat sie für eine klare Trennung zwischen der sozialen Hilfe und der Forderung nach politischer Freiheit ein.

79 *Victor Aimé Huber* (1800–1869) war seit 1843 Professor für abendländische Sprachen in Berlin. Nach anfänglichem Interesse für liberale Ideen schwenkte er nach 1830 immer stärker zum Konservativismus über und wandte sich besonders gegen die Junghegelianer. Die Probleme der Industrialisierung hatte er vor allem auf Reisen in England kennengelernt und bemühte sich um die Verbreitung eines sozialkorporativen Programms zur Lösung der sozialen Frage. Zur Biographie Hubers s. neben den Artikeln in der ADB (Bd. 13, S. 249 bis 258) und der NDB (Bd. 9, S. 688f.) vor allem *Ingwer Paulsen:* Victor Aimé Huber als Sozialpolitiker, Berlin 1956[2]; zum Verhältnis Hubers zum Schwanenorden s. dort S. 60f.

Mitglied im Centralverein, versuchte zu vermitteln. In der von dem engen Vertrauten des Königs Ernst Wilhelm Hengstenberg[80] herausgegebenen Evangelischen Kirchenzeitung nutzte er in einem längeren Artikel die Chance, die darin lag, daß die Statuten des Schwanenordens noch nicht vorlagen, zu Spekulationen über »dessen *mögliche* Bedeutung«[81]. Offenbar versuchte Huber auf diesem Wege auf die Statutenausarbeitung Einfluß zu nehmen. Für Huber war der zeitgenössische Pauperismus – er benutzte diesen Begriff in seinem Beitrag allerdings nicht, sondern die traditionelle Bezeichnung »Armut« – eine »welthistorische Tatsache, die bald eine welthistorische *Macht* zu werden« drohe[82]. Auch er bedauerte den »Mangel an einer wirklichen Concentration«[83] aller Kräfte zur Überwindung der herrschenden Armut und drängte darauf, daß die Gesellschaft des Schwanenordens nicht nur die tatsächlich vorhandenen Leiden durch Wohltätigkeit beheben solle, sondern gerade auch die Beseitigung ihrer Ursachen in Angriff nehmen müsse. Fünf Punkte hielt er dabei für grundsätzlich beachtenswert[84]; in ihnen zeigt sich Hubers eigenwillige Position im Spektrum konservativer und liberaler Anschauungen seiner Zeit:
1. Europa werde nur dann vor den furchtbarsten Zerrüttungen bewahrt, wenn man das verwirkliche, »was den *communistischen Bestrebungen* als billige, ja gerechte Forderungen zum Grunde liegt«.
2. Staat und Kirche sollten zwar bei diesen Bestrebungen die Oberleitung haben und Geld bereitstellen, die eigentliche Arbeit müsse aber durch »freie Vereine« geleistet werden, in denen sich »die besten Elemente der

80 *Ernst Wilhelm Hengstenberg* (1802–1869), seit 1828 ordentlicher Professor an der theologischen Fakultät der Berliner Universität, bekämpfte in der von ihm herausgegebenen Evangelischen Kirchenzeitung jeden Rationalismus und Liberalismus und unterstützte die Erweckungsbewegung. Er galt als Vertreter der »Thron- und Altar-Ideologie« und besaß großen Einfluß auf Friedrich Wilhelm IV. (s. NDB, Bd. 8, S. 522f.). Weiterhin zu Hengstenbergs Biographie: ADB, Bd. 11, S. 737–747, und die Bonner Dissertation von *A. Kriege:* Geschichte der Evangelischen Kirchenzeitung unter der Redaktion E. W. Hengstenbergs, Bonn 1958. Zu seiner Bedeutung im Vormärz vgl. *Robert M. Bigler:* The Social Status and Political Role of the Protestant Clergy in Pre-March Prussia, in: H. U. Wehler (Hg.): Sozialgeschichte Heute, Festschrift für Hans Rosenberg zum 70. Geburtstag, Göttingen 1974, S. 175–190.

81 *Victor Aimé Huber:* Auch ein Wort über den Schwanenorden und dessen mögliche Bedeutung, in: Evangelische Kirchenzeitung, Jg. 1844, Nr. 11 vom 7. 2. 1844, Sp. 81–88. Parallel dazu gab es eine Reihe weiterer Ausgestaltungsvorschläge für den Schwanenorden: s. z. B. den Artikel »Luxus und Mäßigkeit« in: DtVjschr. Jg. 1844, 4. Heft, S. 163–177, bes. S. 176f.; außerdem einen Artikel in der Elberfelder Zeitung vom 18. 3. 1844, der ihn mit Plänen zur Förderung der Auswanderung und einer »inneren Colonisation« verbindet. Auch Wichern hielt die Idee des Schwanenordens für »kerngesund« und versuchte in einem Gutachten, die Idee des Ordens »ins Deutsche unserer Tage« zu übersetzen, wobei er besonders an die Innere Mission dachte; s. *Martin Gerhardt:* Johann Hinrich Wichern. Ein Lebensbild, Bd. II, Hamburg 1928, S. 26.

82 *Huber* (s. Anm. 81), Sp. 82.

83 Ebd., Sp. 83.

84 Ebd., Sp. 86f.

wohlhabenden oder reichen und der arbeitenden Klassen die Hand reichen«.

3. Die arbeitenden Klassen müßten »nach Verwandtschaft der Beschäftigung«, d. h. berufsständisch, auf religiös-moralischen Grundlagen organisiert werden, wobei Huber gleichzeitig von einem »neu zu schaffenden Gesamteigentum« ausgeht, das

4. durch eine Umverteilung und richtige Verwendung der vorhandenen Mittel einschließlich »bedeutende(r) Beiträge der Reichen und Wohlhabenden und des Staates« zu bilden sei.

5. Erst dann sei auch wieder eine »nachhaltige Wirkung der Kirche auf jene Massen möglich«, die zur Zeit noch »in ihrem atomistischen Zustand jeder Einwirkung entschlüpfen«.

Ohne seine Vorschläge schon als völlig ausgereift zu verstehen, glaubte Huber dennoch, zu der farbig-schönen Schleife, wie er den Schwanenorden bildhaft bezeichnet, die Möglichkeit eines Kopfes und Hutes, zu denen diese Schleife paßt, beschrieben zu haben: Er jedenfalls wolle mit seinen Thesen Verständnis erzeugen und Bundesgenossen gewinnen, damit die bürgerliche Gesellschaft in dem bevorstehenden »großen Kampf zwischen christlicher Civilisation und einer neuen mehr als heidnischen Barbarei«[85] bestehen könne. Der noch unstrukturierte Schwanenorden schien ihm ein brauchbares Mittel zu diesem Zweck zu sein.

Es blieb jedoch, um im Huberschen Bild zu bleiben, bei der »Schleife mit viel bedeutenden Farben und Losungen«; Kopf und Hut, d. h. die genauen Statuten und ausformulierten Zielsetzungen einschließlich der Ordensorganisation, wurden der Öffentlichkeit nie vorgestellt. Zwar wurde im Frühjahr 1844 in einer zur Ausarbeitung der Statuten des Schwanenordens vom König berufenen Kommission lebhaft beraten, so daß im Juni das Gerücht umging, die Statuten seien nun fertiggestellt und sollten bald publiziert werden[86], aber die vielen Abänderungsvorschläge und Einwände selbst seiner engsten Vertrauten, die scharfe, mit Spott gewürzte Kritik in der Öffentlichkeit an der Idee des Schwanenordens und schließlich wohl die Ereignisse des Sommers 1844 ließen Friedrich Wilhelm IV. von seinem Projekt zurücktreten. Angesichts der sehr eng begrenzten Tätigkeitsfelder, die der König dem Orden letztlich nur zuweisen wollte – Krankenpflege, Gefangenenfürsorge, Sorge für die »reuig Gefallenen« und Betreuung von Kleinkinderschulen, d. h. also die »Werke der freien Liebe« außerhalb des Zuständigkeitsbereichs der »großen Nationalinstitutionen« (gemeint sind Hospitäler, Armenverwaltungen) –, hatte schon ein enger

85 Ebd., Sp. 88.

86 *Varnhagen:* Tagebücher 2, S. 316 (Eintrag vom 26. 6. 1844). Tatsächlich ist auch ein Statutenentwurf, der aber nie publiziert wurde, erhalten. Er befindet sich im Nachlaß von Arnims, GehStA Berlin, Rep. 92, Nr. A43, und besteht aus einer längeren Präambel und 50 Paragraphen.

Freund des Königs, Christian Karl Josias von Bunsen[87], bei den Kommissionsberatungen festgestellt: »Die ganze Richtung der Zeit wird ihn (den Schwanenorden, d. V.) über den Haufen werfen, und er wird spurlos in der Geschichte verschwinden.«[88] Mit Ausnahme der Gründung des Krankenhauses Bethanien in Berlin, die auf die Ordensidee zurückging[89], sollte Bunsen mit seiner Prognose Recht behalten.

Bemerkenswert ist für den von der Idee des Schwanenordens zunächst begeisterten Bunsen, daß er, wenn er mit seinen Ideen zur Ausgestaltung des Ordens auch nicht annähernd an Huber heranreichte, doch weitsichtig genug war, das aufblühende Assoziationswesen zu begrüßen, es in die Konzeption des Schwanenordens einbauen zu wollen und in ihm einen Weg zu sehen, wie man der drohenden Zerstörung der bestehenden Ordnung begegnen könne. Besonders gegen die Auswirkungen des Pauperismus gerichtete Handwerkervereine sollten seiner Meinung nach unterstützt werden, da »nirgends . . . bösere Keime künftiger Revolution im Boden der Gegenwart (liegen) als im Handwerkerkreise«[90]. Bunsen bezog sich mit dieser Bemerkung einerseits auf radikale Einflüsse, die von den Auslandsvereinen deutscher Handwerker in Paris und in der Schweiz ausgingen[91], andererseits auf die seiner Meinung nach positiven Erfahrungen mit Handwerkervereinen in Baden und besonders mit einem gerade in Berlin gegründeten Verein (s. u.). Bildungsvereine für Handwerker seien »von der höchsten Wichtigkeit«, damit diese nicht der radikalen »Seelenverderbung« anheimfielen[92].

Wenn auch die beiden Initiativen des Königs mit dem Ziel einer Bekämpfung der zunehmenden Verarmung in den unteren Bevölkerungsschichten – die Kabinettsordre über das Vereinswesen und das Projekt des Schwanenordens – letztlich völlig erfolglos waren, so haben sie doch die Diskussion bis in die höchsten Beamtenkreise hinein und kurzfristig auch in einer

---

87 *Christian Karl Josias Frh. von Bunsen* (1791–1860), bis 1845 preußischer Gesandter in Bern, dann in London, war einer der engsten Freunde und Ratgeber Friedrich Wilhelms IV. Zu seiner Biographie s. ADB, Bd. 3, S. 541–552, sowie NDB, Bd. 3, S. 17f. (*Walter Bussmann*).

88 Zu diesen Verhandlungen s. Christian Carl Josias Frh. von Bunsen. Aus seinen Briefen und nach eigener Erinnerung geschildert von seiner Witwe, dt. Ausgabe von *F. Nippold*, Bd. 2, Leipzig 1869, S. 259 und S. 295–304, Zitat S. 303.

89 Ebd., S. 259; außerdem *Treitschke*, Bd. 5, S. 242, und *Gerhardt:* Wichern (s. Anm. 81), S. 25ff. Die Berliner nannten das Krankenhaus »Schwanenhaus«, empörten sich aber ansonsten über diese »neue katholische Einrichtung«. Auch Kochhann berichtet von ausdrücklichem Unmut und Widerwillen der Bevölkerung gegen das Haus (*Kochhann:* Mitteilungen, S. 50).

90 *Bunsen* (s. Anm. 88), S. 302.

91 Zum Einfluß dieser Vereine s. *Wolfgang Schieder:* Anfänge der deutschen Arbeiterbewegung. Die Auslandsvereine im Jahrzehnt nach der Julirevolution von 1830, Stuttgart 1963.

92 *Bunsen* (s. Anm. 88), S. 302. Zu den Handwerkervereinen im Vormärz allgemein s. *Karl Birker:* Die deutschen Arbeiterbildungsvereine von 1840–1870, Berlin 1973, mit allerdings nur recht unvollständigen Angaben über den Vormärz.

breiteren Öffentlichkeit über die sozialreformerischen Möglichkeiten des Assoziationswesens angeregt und das Terrain für die Gründung des Centralvereins vorbereitet. In diesem Zusammenhang können zwei Berliner Vereine[93], ein als direkte Reaktion auf den schlesischen Weberaufstand gegründeter »Verein zur Hebung der niederen Volksklassen« und der sogenannte »Hedemannsche Handwerkerverein«, der eine mehr, der andere weniger, als Vorformen des Centralvereins bezeichnet werden.

Der von dem Berliner Stadtsyndikus Hedemann gegründete Verein kam auf Betreiben der Berliner Stadtverwaltung zustande, die auf diese Weise die »geistige und sittliche Hebung des Handwerkerstandes« gefördert sehen wollte, um so besonders die zunehmend unruhiger werdenden Gesellen gegen aus dem Ausland kommende radikale Ideen zu immunisieren[94]. Nach verschiedenen fehlgeschlagenen Anläufen gelang es dem gemäßigten Liberalen Hedemann[95], am 8. Februar 1844 nach einem Zeitungsaufruf und ersten Vorbesprechungen eine öffentliche Versammlung zustande zu bringen, zu der sich nicht nur Gesellen, sondern auch verschiedene Bürger der mittleren und höheren Stände, z. T. »Männer der freiesten Gesinnung«, einfanden[96]. Handwerksmeister fehlten dagegen fast völlig, weil

93 Zum Berliner Vereinsleben im Vormärz s. insgesamt *Dora Meyer:* Das öffentliche Leben in Berlin im Jahr vor der Märzrevolution, Berlin 1912, S. 40–51; zur sozialen Lage der Unterschichten und zur Sozialstruktur Berlins im Vormärz s. vor allem die Beiträge von *Günter Liebchen* (Zu den Lebensbedingungen der unteren Schichten im Berlin des Vormärz, S. 270–314), *Hans-Peter Helbach* (Berliner Unternehmer in Vormärz und Revolution 1847–1848, S. 416–454) und *Dieter Bergmann* (Die Berliner Arbeiterschaft in Vormärz und Revolution 1830–1850, S. 455–511) in dem von *Otto Büsch* hg. Sammelband: Untersuchungen zur Geschichte der frühen Industrialisierung vornehmlich im Wirtschaftsraum Berlin/Brandenburg, Berlin 1971. Außerdem den Aufsatz von *Frederick D. Marquardt:* A Working Class in Berlin in the 1840's?, in: *H. U. Wehler:* Sozialgeschichte Heute (s. Anm. 80), S. 191–210.

94 Angaben zu diesem Verein sind in der Literatur an vielen, aber recht verstreuten Stellen zu finden, s. dazu *Bergmann* (s. Anm. 93), S. 474f., Anm. 66. Ausführlich berichtet über den Handwerkerverein *Gerhard Ziese:* Über die Anfänge der Arbeiterbewegung in Berlin. Neue Quellen zur Geschichte des Bundes der Gerechten in Deutschland, in: Beiträge zur Geschichte der deutschen Arbeiterbewegung, 7. Jg. (1965), Sonderheft, S. 140–156, bes. S. 144f. Zur Einschätzung des Vereins durch Innenminister von Arnim in der Entstehungsphase s. *Wilhelm Friedensburg:* Stephan Born und die Organisationsbestrebungen der Berliner Arbeiterschaft bis zum Berliner Arbeiterkongreß, Leipzig 1923, S. 22: Friedensburg zitiert ein Schreiben von Arnims aus dem Februar 1844, in dem es heißt: »Derartige Vereine (seien) geeignet, die gelockerten Bande gewerblicher Genossenschaft und korporativer Verwandtschaft in den Gewerben zu befestigen, . . . auf die Gesinnung und Fortbildung des Gewerbestandes günstig einzuwirken«, denn es fehle »gerade in der heutigen Zeit nicht an Veranlassung . . ., gerade diese Klassen der Gesellschaft auf Abwege zu führen«.

95 *Hedemann* war Stadtsyndikus und später auch zeitweise zweiter Bürgermeister von Berlin. Stephan Born bezeichnet ihn als »wohlwollenden Mann«, der sich im wesentlichen um die Mäßigung des »politisch oppositionelle(n) Geist(es)« unter den Gesellen bemüht habe (*Stephan Born:* Erinnerungen eines Achtundvierzigers, Nachdruck der Ausgabe von 1898, Bonn 1978, S. 18). Was Born nicht wußte, war, daß Hedemann regelmäßig Geheimberichte über Interna des Vereins an die Behörden lieferte, s. *Ziese* (s. Anm. 94), S. 144, Anm. 20.

96 Ebd., S. 145.

sie in einer besseren Bildung der Gesellen eine Gefahr für die eigene Position sahen und deshalb solche Vereine für überflüssig hielten.
Hedemann scheint zunächst eine Verbindung des geplanten Vereins mit einem christlichen Gesellenverein angestrebt zu haben, den der Berliner Konsistorialrat Karl Friedrich Otto von Gerlach unter dem Einfluß Ernst Wilhelm Hengstenbergs kurz vorher ins Leben gerufen hatte[97]. Allerdings besaß dieser Verein mehr den Charakter eines pietistischen Mäßigkeits- und Erbauungsvereins. Der der Versammlung vom 8. Februar 1844[98] vorgelegte Statutenentwurf, nach dem im sechsköpfigen Vorstand von vornherein drei Plätze für Geistliche reserviert sein sollten, rief aber dann solch heftige Auseinandersetzungen zwischen denn betont christlich orientierten und den liberalen Versammlungsteilnehmern hervor, daß schließlich, als auch noch »oppositionelle Stimmen« laut wurden, die Versammlung ergebnislos abgebrochen werden mußte. In der Diskussion soll sich vor allem der wenige Wochen später zum Präsidenten des Revisionskollegiums für Landeskultursachen im Innenministerium ernannte bisherige Oberregierungsrat Wilhelm Adolf Lette für liberale Grundsätze des geplanten Vereins eingesetzt haben[99]. Dieser Hinweis ist deshalb wichtig, weil Lette vom Jahre 1848 an für viele Jahre Vorsitzender des Centralvereins war.

---

97 Vermutlich bezog sich Bunsen bei seiner lobenden Erwähnung eines Berliner Handwerkervereins, der – so Bunsen – »eine nicht geringere Wunde der Zeit . . . als den Pauperismus« berühre (s. Anm. 88, dort S. 302), auf diesen Verein. Zum Einfluß Hengstenbergs s. *Kochhann:* Mitteilungen, S. 49; bei *Gerhardt:* Wichern (s. Anm. 81), S. 30f., befinden sich einige Angaben zum religiösen Charakter des Gerlachschen Vereins.

98 Dazu und zum folgenden *Ziese* (s. Anm. 94), S. 145; außerdem *Friedensburg* (s. Anm. 94), S. 21; weiterhin *Karl Haenchen:* Zur revolutionären Unterwühlung Berlins vor den Märztagen des Jahres 1848, in: Forschungen zur Brandenburgischen und Preußischen Geschichte, Bd. 55 (1944), S. 83–114, bes. 96f.

99 *Kochhann:* Mitteilungen, S. 49. Als Friedrich Wilhelm IV. davon hörte, daß der Handwerkerverein das Beiwort »christlich« ablehnte, soll er zu seinem Bruder Karl »mit grimmiger Gebärde« gesagt haben: »Christlich sollen sie heißen, oder ich leide die ganze Sache nicht«; s. *Varnhagen:* Tagebücher 2, S. 262 (Eintrag vom 18. 2. 1844). *Wilhelm Adolf Lette* (1799 bis 1868), der hier erstmals in Erscheinung tritt, hatte bis zu diesem Zeitpunkt einen Lebenslauf hinter sich, der dem von Viebahns recht ähnlich war (s. Anm. 27). Auch Lette hatte in Heidelberg und dann in Berlin Hegels Vorlesungen gehört und gleichzeitig ein juristisches Studium absolviert, war ebenfalls Burschenschafter gewesen und deshalb zunächst vom preußischen Staatsdienst ausgeschlossen worden. In einem Strafverfahren wurde Lette schließlich zu einer halbjährigen Gefängnisstrafe verurteilt, doch durfte er sich in dieser Zeit auf sein zweites Staatsexamen vorbereiten, das er im Februar 1825 bestand. Anschließend war er neun Jahre in der Regulierungs-Generalkommission zu Soldin in der Neumark, dann beim Oberlandesgericht in Posen als Justizrat tätig. Ab 1839 war er Dirigent der neumärkischen Generalkommission und wurde schließlich Anfang 1843 als Vortragender Rat in das Innenministerium nach Berlin berufen, wo er im wesentlichen für landwirtschaftliche Angelegenheiten zuständig war. Seit 1844 war er auch Mitglied des Staatsrates und wurde am 25. 4. 1845 zum Präsidenten des neugeschaffenen Revisionskollegiums für Landeskultur-Sachen ernannt. Zu Lette s. ADB, Bd. 18, S. 459, weiterhin die Nekrologe von *Karl Brämer* und *Rudolf Gneist* in: Der Arbeiterfreund, Bd. 6 (1868), S. 357–364, und Bd. 7 (1869), S. 119–124; außerdem das Lebensbild in: Unsere Zeit, 1. Bd. (1857), S. 596–599, sowie die Personalakte Lettes im DZAM, Rep. 87, ZB, Nr. 496; weiterhin *Fischer-Lette* und *Goldschmidt*, s. Lit.-Verz.

Hedemann rief nach diesem Mißerfolg die liberale Minderheit zu einer erneuten Versammlung auf, in der sich dann am 16. April 1844 der neue Handwerkerverein mit rd. 250 Gründungsmitgliedern »auf rein ›humaner‹ Grundlage« konstituierte. Im Gegensatz zu dem Gerlachschen »Verein zur Beförderung christlicher Sitte und Geselligkeit unter den jungen Leuten des Gewerbestandes«, dessen Mitgliederentwicklung stagnierte und der auch 1846 noch kaum mehr als 150 Mitglieder zählte[100], konnte der Hedemannsche Verein seine Mitgliederzahl schon bis 1845 auf 87 Meister und 1254 Gesellen steigern und in seinem Versammlungslokal an der Johannisstraße ein umfangreiches Bildungs- und Geselligkeitsprogramm recht erfolgreich anbieten[101]. Politische und kirchliche Zwecke und Diskussionen über tagespolitische Fragen waren allerdings laut Satzung von vornherein ausgeschlossen; durch Kurse in praktisch-technischen Bereichen, durch Anreize zur Verbesserung der Allgemeinbildung, durch Geselligkeit, wozu auch die Pflege des Gesangs, turnerische Übungen und Ausflüge in die Umgebung Berlins gehörten, sollten »Geist« und »Gemüt« der Gesellen veredelt werden. Trotz dieser Zielsetzungen und trotz ständiger kritischer Beobachtung durch Hedemann selbst wie durch die Behörden sickerte aber durch vor allem aus Paris zurückkommende Gesellen radikales Gedankengut in den Verein, so daß mehrfach einzelne Gesellen wie auch Mitglieder des Lehrerkollegiums ausgeschlossen wurden[102], ohne daß der Trend zu einer teilweisen Politisierung damit hätte aufgehalten werden können. Rückblickend konnte deshalb Stephan Born,

---

100 *Gerhardt:* Wichern (s. Anm. 81), S. 31. Neben diesen beiden Vereinen bestanden noch zwei weitere Gesellenvereine in Berlin, ein stärker zünftlerisch ausgerichteter unter Leitung des Stadtrats Risch (s. dazu den Brief Heinrich Runges an Johann Jacoby vom 6. 11. 1844, abgedruckt in *Edmund Silberner* (Hg.): Johann Jacoby. Briefwechsel 1816–1849, Hannover 1974, S. 261–263) und ein weiterer christlicher, den Victor Aimé Huber und Hermann Wagener gegründet hatten; s. dazu *Friedensburg* (s. Anm. 94), S. 27, Anm. 1, und *Dora Meyer* (s. Anm. 93), S. 42.

101 Zahlen bei *Friedensburg* (s. Anm. 94), S. 27; dort auch die Angabe, daß im April 1846 94 Meister und 1984 »Gehilfen« und Fabrikarbeiter Mitglieder gewesen seien. Zu dem weitgefächerten Bildungsangebot s. besonders *Haenchen* (s. Anm. 98), S. 97f., *Ziese* (s. Anm. 94), S. 146, sowie den Brief Runges (s. Anm. 100); weiterhin die Erinnerungen *Stephan Borns* (s. Anm. 95), S. 17ff. Zu den Lehrern des Handwerkervereins gehörten Privatdozenten, Seminar- und Gymnasiallehrer und Ärzte, die kostenlos Unterricht erteilten. Zeitweise standen bis zu 20 Lehrer zur Verfügung.

102 So z. B. der ehemalige Predigeramtskandidat Julius Berends und der Privatdozent Friedrich Eduard Schmidt (s. dazu besonders *Haenchen*, S. 99ff.). Unter Mitgliedern des Handwerkervereins wurde Ende 1846 auch eine angebliche Verschwörung aufgedeckt. Aus Paris zurückkommende Gesellen, bes. der Schneidergeselle Mentel, hatten kommunistisches Gedankengut des Bundes der Gerechten zu verbreiten versucht und eine »Gemeinde« gegründet, s. dazu *Ziese* (s. Anm. 94), S. 149ff.; sowie die zeitgenössische Darstellung aus Polizeisicht in *Wermuth/Stieber:* Die Communisten-Verschwörungen des neunzehnten Jahrhunderts, 1. Teil, Berlin 1853, S. 36–43 (zit. nach der Faksimilie-Ausgabe Hildesheim 1969). In der Öffentlichkeit wurden die »Verschwörung« wie auch der polizeiliche Aufwand nicht ernst genommen, s. *Varnhagen:* Tagebücher 3, S. 480 (Eintrag vom 12. 12. 1846) und S. 487 (Eintrag vom 27. 12. 1846).

der 1845 als Zwanzigjähriger in den Verein eingetreten war, feststellen, der Handwerkerverein sei »eine Bildungsstätte für heranwachsende Revolutionäre, nicht bloß des Arbeiterstandes, sondern aller Berliner Gesellschaftskreise« gewesen[103].

Die Nachrichten über den schlesischen Weberaufstand ließen jedoch die engagierten Liberalen, von denen sich verschiedene im Lehrerkollegium des Handwerkervereins befanden, zu der Einsicht gelangen, daß behördlich gelenkte und disziplinierte Vereine wie der Hedemannsche nur in einem viel zu engen Rahmen wirken konnten. Unter dem Einfluß dieser Berichte entstand vor allem in Berliner Lehrerkreisen der Gedanke, einen »Centralverein für alle einzelnen, die Abhülse der Noth des Volkes bezweckenden Bestrebungen zu constituiren«[104]. Erste Beratungen im größeren Kreis fanden auf Initiative des Armenschullehrers Ferdinand Schmidt[105] am 12. Juni 1844 im Café de Hollande statt. Rund 50 »Männer des Volkes« – neben Lehrern Beamte, Professoren, Literaten[106] – berieten über Statutengrundsätze, Ziele und mögliche Aktivitäten des zu gründenden Vereins. Schmidt leitete die Versammlung mit einem Vortrag ein, in dem er nachdrücklich für die »Aufhebung des Proletariats« eintrat[107]. Die Proletarier sollten von unverschuldeter Armut, Massenelend und Demoralisation gerettet werden. Die Ereignisse in Schlesien hätten gezeigt, daß ihre Empörung »alle bürgerliche Ordnung in radicale Gefahr (zu) bringen« imstande sei. Heiligste Pflicht aller Gebildeten und Besitzenden müsse es daher sein, »die niedergedrückte Volksmasse aus ihrer Rohheit und ihrem Elende, der Schuld unserer bestehenden Verhältnisse, freiwillig

---

103 *Stephan Born* (s. Anm. 95), S. 17. *Dieter Bergmann* hat jedoch mit Recht darauf hingewiesen, daß die Arbeit des Handwerkervereins und auch sein Einfluß nicht überschätzt werden dürfen, da letztlich »nur ein kleiner Kreis von bessergestellten Gesellen-Arbeitern« sich in ihm engagierte; *Bergmann* (s. Anm. 93), S. 474.

104 Wegen seiner Kurzlebigkeit hat dieser Verein im Gegensatz zum Hedemannschen Handwerkerverein in der Literatur kaum Beachtung gefunden, s. dazu lediglich *Nora Stiebel*, S. 63f. Das Zitat stammt aus der Magdeburger Zeitung vom 15. 6. 1844 (Beilage in der Akte DZAM, Rep. 120, DXXII/1, vol. 1, fol. 4). Einiges läßt sich auch aus *F. A. W. Diesterweg:* Sämtliche Werke, Bd. 6, Berlin-Ost 1963, S. 205ff. und S. 603ff., entnehmen.

105 *Ferdinand Schmidt* (1816–1890) war Volksschullehrer in Berlin und stark von den Ideen Diesterwegs (s. Anm. 108) beeinflußt, wobei er sich besonders um die Verbesserung des Lehrstoffes in den Armenschulen bemühte. Er geriet deshalb auch einige Male in Gegensatz zu den Schulbehörden Berlin. Einen Namen machte sich Schmidt durch eine große Zahl von Erzählungen, die ihn zu einem der bekanntesten Jugendschriftsteller Berlins werden ließen. Zu Schmidt s. ADB, Bd. 31, S. 719f., wo allerdings seine Aktivitäten im Sommer 1844 nicht erwähnt werden, und *Hermann Jahnke:* Ferdinand Schmidt. Ein Bild seines Lebens und Wirkens, Berlin o. J. (1886), bes. S. 64ff.

106 Nach einem ausführlichen Artikel der Trierschen Zeitung, den die Elberfelder Zeitung am 23. 6. 1844 nachdruckte, gehörten zu den Anwesenden außer Schmidt die Professoren Benary und Kalisch, die Stadtverordneten Benda und Schwartz, Seminardirektor Diesterweg, sowie die Literaten Mundt, Mügge, Meyen und Rutenberg, die zum Kreis der »Freien« um Bruno Bauer und Max Stirner gezählt werden.

107 Ebd.; hierher auch die folgenden Zitate.

zum Lebens*rechte*, zu Arbeit und Genuß und Bildung und freiem Gebrauch ihrer Kräfte und Rechte heraufzurufen und zu holen«.

In der Diskussion, die nach übereinstimmenden Berichten sehr sachlich und mit »noblem parlamentarischen Takt« geführt wurde, zeigten sich zwei Standpunkte: Während eine Gruppe von Anwesenden, vorwiegend die radikaleren Literaten, für konkrete Schritte, d. h. für baldige gezielte Initiativen zur materiellen wie geistigen Hebung der unteren Klassen bis hin zu ihrer politischen Bildung eintrat, wies eine zweite Gruppe unter Führung Adolf Diesterwegs[108] auf die Notwendigkeit hin, vor den eigentlichen Aktivitäten zunächst einmal genau zu untersuchen, worin das Elend der Proletarier bestehe und seinen Grund habe[109]. Letztlich konnte sich die zweite Gruppe durchsetzen, denn ihre Wortführer wurden Mitglieder des provisorischen Vorstandes bzw. der Kommission, die die Statuten ausarbeiten und der nächsten Versammlung zur abschließenden Beratung vorlegen sollte[110]. Die Mehrheitsverhältnisse dieser Versammlung

---

108 Das Engagement Diesterwegs im Schmidtschen Verein, im Hedemannschen Handwerkerverein und später im Berliner Lokalverein für das Wohl der arbeitenden Klassen (s. u.) ist bisher in der ansonsten recht breiten Diesterweg-Literatur wenig beachtet worden. *Friedrich Adolf Wilhelm Diesterweg* (1790–1866) stammte aus Siegen, war nach seinem Studium in Herborn und Tübingen zunächst Lehrer in Mannheim, Worms und Frankfurt, ehe er 1818 als Lehrer an der Elberfelder Lateinschule das Elend der unteren Schichten in dieser Stadt kennenlernte und beschloß, sich in Zukunft der Verbesserung der Volksschule zu widmen. Von 1820 bis 1832 leitete er das Lehrerseminar in Moers und anschließend bis zu seiner Suspendierung im Jahre 1847 das in Berlin. Gleichzeitig entfaltete er eine reiche publizistische Tätigkeit, bei der er vor allem für eine bessere und einheitliche Volksbildung eintrat, die ihm wiederum nur durch eine besser ausgebildete Lehrerschaft erreichbar schien. Neben seine pädagogischen Forderungen traten sozialpolitische, die u. a. zeigen, daß er Schriften der Frühsozialisten (z. B. Blanc und Fourier) gekannt hat, ohne daß er deren Gedanken einfach übernommen hätte. Er war stärker Pragmatiker, der – von den Gedanken humaner Toleranz und christlicher Nächstenliebe in der Nachfolge Pestalozzis geprägt – die soziale Integration der unteren Klassen – ähnlich wie Friedrich Harkort, den er persönlich kannte – vor allem über deren Bildung und Erziehung anstrebte. Dabei sollten die Kräfte des einzelnen, sich selbst zu helfen, ebenso gefördert werden wie sein Gemeinsinn. Diesterwegs Kritik an der Schulpolitik des Kultusministers Eichhorn und wohl auch sein Engagement in den verschiedenen von den Behörden skeptisch beurteilten Vereinen führten am 20. 7. 1847 zu seiner Suspendierung, wobei ihm »sozial-kommunistische und demagogische Umtriebe« vorgeworfen wurden.

Zur Person Diesterwegs s. ADB, Bd. 5, S. 150–153, und NDB, Bd. 3, S. 666f. (*Albert Reble);* außerdem *Hugo Gottwald Bloth:* Adolf Diesterweg. Sein Leben und sein Wirken für Pädagogik und Schule, Heidelberg 1966; *Eberhard Groß:* Erziehung und Gesellschaft im Werk Adolf Diesterwegs. Die Antwort der Schule auf die soziale Frage, Weinheim 1966; sowie die Beiträge des Diesterweg-Symposiums 1966 in der DDR: Diesterweg und wir, Berlin-Ost 1967. Vgl. auch *Frolinde Balser:* Die Anfänge der Erwachsenenbildung in Deutschland in der ersten Hälfte des 19. Jahrhunderts, Stuttgart 1959, bes. S. 113ff.

109 In einer Kritik der Schlesischen Zeitung vom 17. 6. 1844 (Abschrift in DZAM, Rep. 120, DXXII/1, vol. 1, fol. 7f.) hieß es, der Gegensatz zwischen Theorie und Praxis habe die ganze Versammlung beherrscht; s. auch *Stiebel,* S. 63f.

110 Zur Kommission gehörten u. a. Diesterweg, Benda, Kalisch, Benary und Schmidt. Erstes Ziel des Vereins sollte die Gründung eines Volksblattes sein, in dem in Abwehr gegen alle kommunistischen Ideen »der Verein seine sozialistischen Anschauungen niederlegen und durch welches er sich mit dem Volke verständen will«; s. Schlesische Zeitung (s. Anm. 109), ähnlich auch die Elberfelder Zeitung vom 22. 6. 1844.

entsprachen diesem Ergebnis allerdings nicht, doch nahmen die Vertreter der radikaleren Gruppe wie Theodor Mundt, Theodor Mügge und Adolf Rutenberg ihre Wahl nicht an, weil sie einsahen, daß ihre Beteiligung an der Kommissionsarbeit zu sofortigem starken Mißtrauen bei den Behörden und damit zur Gefährdung des Projekts überhaupt geführt hätte. Daß diese Einschätzung nicht unbegründet war, geht aus einem vertraulichen Bericht des Berliner Polizeidirektors Duncker über die Versammlung an den Innenminister von Arnim hervor[111]. Duncker schloß aus der Anwesenheit der den Behörden schon gut bekannten Literaten Meyen, Mügge, Rutenberg u. a., daß von diesen Vertretern der »Partei des Fortschritts« in dem projektierten Verein »gar leicht und sogar wahrscheinlich im sogenannten communistischen Sinne gewirkt werden soll«.

Schmidt hatte die Versammlung mit Hilfe Diesterwegs gut vorbereitet und taktierte zunächst auch recht geschickt[112]. Das zeigt sich etwa darin, daß er sich schon vorher um wohlwollende Stellungnahmen höherer Beamter und integrer Persönlichkeiten bemüht hatte. So hatten u. a. der ehemalige Finanzminister von Alvensleben, Staatsratsmitglied seit 1833, und auch Bettina von Arnim, die gute Verbindungen zum König besaß, lebhafte Sympathie für die Vereinsgründung geäußert. Offenbar haben diese und ähnliche Rückversicherungen, außerdem die zu dieser Zeit immer noch diskutierten Projekte im Rahmen des Schwanenordens[113] die Initiatoren des Vereins zu der optimistischen Vorstellung veranlaßt, daß eine behördliche Genehmigung der Statuten reibungslos erfolgen werde, zumal die Wahl von Männern mit gutem Namen in den provisorischen Vorstand eine Garantie für die Solidität des Vereins abgeben konnte.

Gute drei Wochen später, am 5. Juli 1844, fand die nächste Versammlung statt[114]. Die Vorstellungen, die der provisorische Vorstand der Versammlung unterbreitete, belegen, daß man bei der Bekämpfung des Pauperismus tatsächlich neue Wege beschreiten wollte, die sich von allen bisherigen unterschieden, ohne diese allerdings völlig zu ignorieren. Erstmalig wurde hier ein praxisbezogenes, auf gründliche Reform der sozialen Verhältnisse abzielendes Gesamtkonzept unterbreitet, das durchaus innovatorischen Charakter besaß. Um die materiellen wie die »geistigen« Nöte

---

111 Original vom 17. 6. 1844 im DZAM, Rep. 120, DXXII/1, vol. 1, fol. 1–2'; ähnlich auch ein weiterer Bericht des Polizeirats Sebald im DZAM, Rep. 120, DXXII/5, vol. 1, fol. 2ff.

112 Das hebt besonders die Magdeburger Zeitung in einem Bericht vom 15. 6. 1844 hervor (Anlage im DZAM Rep. 120, DXXII/1, vol. 1, fol. 4f.); vgl. auch die Elberfelder Zeitung vom 23. 6. 1844.

113 Der Schwanenorden wurde ausdrücklich in diesem Zusammenhang erwähnt, s. Magdeburger Zeitung vom 15. 6. 1844 (s. Anm. 112). *Varnhagen* berichtet gerade in diesen Tagen von dem Gerücht, die Statuten des Schwanenordens seien nun fertiggestellt und sollten in der nächsten Zeit veröffentlicht werden (Tagebücher 2, S. 316, Eintrag vom 26. 6. 1844).

114 Bericht darüber in der Magdeburger Zeitung vom 6. 7. 1844, den die Elberfelder Zeitung am 11. 7. 1844 nachdruckte; außerdem in der Kölnischen Zeitung vom 11. 7. 1844.

der unteren Klassen wirksam und auf Dauer zu bekämpfen, sollten von dem zu gründenden »Gesamtverein« nicht direkte Beihilfen gegeben oder Aktionen gegen einzelne Mißstände unternommen werden, sondern zunächst die tatsächlichen Zustände in ihrer ganzen Vielfalt, dann die zur Verfügung stehenden Mittel zur Behebung der Not untersucht werden. Erst nach ihrer sorgfältigen Prüfung wollte man zu »unmittelbarer praktischer Anwendung« der geeigneten Mittel schreiten. Jede Person ungeachtet ihres Standes, Herkommens oder Geschlechts war berechtigt, nach Zahlung eines beliebigen jährlichen Mitgliedsbeitrags Mitglied zu werden, an den monatlichen Versammlungen teilzunehmen und Vorschläge für die weitere Arbeit zu unterbreiten. Einzelne Kommissionen sollten sich im Fortgang der Vereinsarbeit besonders wichtiger Detailfragen annehmen und im Zusammenwirken mit schon bestehenden oder noch zu gründenden Hilfsvereinen, die ständig von der Zentrale »ihren Halt und ihre Richtung auf das Eine Ziel hin empfangen« würden, für gut gehaltene Lösungsideen in die Tat umsetzen.

Die vielfältigen und weitreichenden Konsequenzen dieses Konzepts dürften sich allerdings die meisten Kommissionsmitglieder wohl kaum klargemacht haben. Immerhin war damit eine neue Argumentationsbasis erreicht, auf der sich durchaus auch einige Elemente der verschwommenen Idee des Schwanenordens wieder auffinden lassen, so z. B. die Bündelung der vereinzelten Aktivitäten und die Notwendigkeit einer beispiel- und hilfegebenden Dachorganisation. Diese Elemente waren aber nun in ein nüchternes, realistischeres Konzept eingebunden, ihres romantischen Gewandes entkleidet und mit liberalen Prinzipien in Einklang gebracht[115]. Das Konzept stellte also auch den Versuch dar, positive Aspekte der ins Lächerliche gezogenen und dahinsiechenden Schwanenordensidee zu retten und einer zukunftsweisenden Sozialreform nutzbar zu machen, um so – da der Staat offenbar dazu nicht in der Lage war – die tiefgreifenden Gefährdungen der Gesellschaft nachhaltig zu bekämpfen.

Die Reaktionen auf die Vorstellung des Schmidtschen Vereins in der Öffentlichkeit waren in den meisten Fällen von wohlwollender Zurückhaltung geprägt, wenngleich der Optimismus der Gründer nicht überall geteilt wurde. Die Aufzählung der Ziele und Prinzipien des Vereins begleitete die Magdeburger Zeitung z. B. mit der skeptischen Einschränkung: ». . . wenn er (der Verein, d. V.) in seiner Entwicklung nicht gehemmt wird.«[116] Kritik an dem zunächst eher »theoretischen« Konzept des Vereins, offenbar ganz im Sinne der bei der Vereinsgründung anwesenden ra-

115 Der liberale Charakter wurde nachdrücklich betont: Es seien keine Geistlichen anwesend gewesen, und man habe »von jeder religiösen, beziehungsweise pietistischen Beymischung (abstrahiert)«, schrieb die Magdeburger Zeitung am 15. 6. 1844 (s. Anm. 112).

116 Zitat nach der Elberfelder Zeitung (s. Anm. 114).

dikaleren Literaten, äußerte die von Julius Lasker herausgegebene Zeitschrift »Der Freimüthige«[117]. Nicht die Suche nach theoretischen »Grundsätzen« führe zur Abwendung der Gefahren, sondern die Behebung konkreter Not durch Beschaffung von Arbeit und Brot, denn die Unruhen in Schlesien hätten gezeigt, daß »die Noth das Verbrechen erzeugt«. Vor allem gelte es, den Egoismus zu bekämpfen: »Zwischen Volk und Nation ist ein gewaltiger Unterschied; die Lücke dazwischen füllt der Egoismus aus, den man den Zeitgeist nennt.«

Der Junghegelianer Karl Nauwerck, ein gerade wegen zu deutlicher Kritik von der Berliner Universität verwiesener Privatdozent[118], sprach sich dagegen in den »Berliner Blättern« für eine Erweiterung der Vereinsziele in einer anderen Richtung aus[119]. Er empfahl besonders die Steuerverfassung und das Schulwesen der Aufmerksamkeit der Vereinsmitglieder und regte an, den »persönlichen Umgang« mit den unteren Klassen zu pflegen, um so »durch ein Heraufziehen des Volkes zu sich, diesem die Achtung zu Theil werden (zu lassen), welche der Mensch dem Menschen schuldig ist«[120].

Wie sich der Schmidtsche Verein nach dem Juli 1844 entwickelte, geht aus den Quellen nicht mehr hervor; über eine für Mitte August angekündigte dritte Versammlung liegen keine Unterlagen vor – es ist fraglich, ob sie überhaupt stattgefunden hat. Ein der Regierung mit dem Antrag auf Genehmigung vorgelegtes Statut stieß offenbar auf erhebliche Einwände; Einzelheiten der Argumentation sind aber nicht bekannt[121]. Inzwischen hatte aber in Berlin die Gewerbeausstellung des Zollvereins begonnen: Die Aktivitäten des Schmidtschen Vereins mündeten nun in die Anfänge des Centralvereins, wenngleich keiner der 22 Unterzeichner des Aufrufs

---

117 Zu *Julius Lasker* s. ADB, Bd. 17, S. 735f. Der Untertitel der Zeitschrift lautete »Journal für Litteratur, Kunst und öffentliches Leben«; die Zitate stammen aus dem 2. Jg., Nr. 105 vom 31. 8. 1844. In dieser Zeitschrift hat auch Stephan Born seine erste Veröffentlichung abdrucken lassen (Erinnerungen, S. 15, s. Anm. 95).

118 *Karl Nauwerck* (1810–1891) war Mitglied der »Freien« (s. Anm. 106) und gegen den Willen der Berliner Universität von Innenminister von Arnim wegen eines Beitrages in Herweghs »Einundzwanzig Bogen aus der Schweiz« aus der philosophischen Fakultät entfernt worden. Dieser Vorgang erregte die gesamte liberale Öffentlichkeit in starkem Maße, wie die Tagebücher *Varnhagens* zeigen (Tagebücher 2, passim). S. zu Nauwerck bes. *Kaeber:* Vormärzlicher Liberalismus (s. Anm. 33), S. 154f.

119 Zitiert nach der Elberfelder Zeitung vom 11. 8. 1844, Beilage.

120 Ebd.; dieser Gedanke tauchte dann fast wörtlich wieder in der Programmatik des Berliner »Volks-Klubs« im April 1848 auf, in dem neben Nauwerck auch Benary, Born und Bisky, letztere die Begründer der »Arbeiterverbrüderung«, Mitglieder waren; s. *Friedensburg* (s. Anm. 94), S. 88f.

121 Ein Statutenentwurf befindet sich im DZAM, Rep. 120, DXXII/5, vol. 1, fol. 9ff. In derselben Akte findet sich fol. 212 der kurze Hinweis, daß eine Entscheidung nicht erfolgt sei, da der Schmidtsche Verein später von dem Berliner Lokalverein für das Wohl der arbeitenden Klassen »absobiert« worden sei. S. auch *Stiebel*, S. 64, und *Jahnke* (s. Anm. 105), S. 67.

zur Gründung vom 7. Oktober 1844 im Zusammenhang mit jenem hervorgetreten war. Der Centralverein wurde jedoch in der Presse sogleich als »Surrogat« des Hedemannschen und des Schmidtschen Vereins apostrophiert, »indem letztgenannte Vereine wegen communistischer Tendenzen nicht beliebt seien und deshalb höhern Orts schwerlich sanctioniert werden möchten«[122]. Immerhin erscheint eine Reihe von Namen, die im Zusammenhang mit dem Schmidtschen Verein erwähnt worden sind, auch in den Berichten über die Gründungsversammlung des Centralvereins[123], zu der der oben schon erwähnte Aufruf eingeladen hatte.

Die Gründung des Centralvereins

Zur Gründungsversammlung des Centralvereins im »Hotel du Nord« fanden sich am 9. Oktober 1844 etwa 60 bis 70 Personen ein, die im wesentlichen drei Gruppen zuzurechnen sind: Fabrikanten, höhere Beamte und »Literaten«[124]. Die recht geringe Zahl der Anwesenden ist wohl kein Indiz für Desinteresse, sondern dürfte mit der sehr kurzfristigen Einladung zusammenhängen. Möglicherweise hat auch die Anwesenheit der vielen hohen Beamten eine zunächst eher abwartende Einstellung zur Folge gehabt[125]. Den Vorsitz der Versammlung führte der Geheime Finanzrat Georg von Viebahn; Grundlage der Diskussion waren die vorgeschlagenen Ziele und Schritte, wie sie im Aufruf vom 7. Oktober formuliert waren. Dieser Aufruf enthielt elf Punkte[126]. Ausgehend von der grundsätzlichen Absicht, durch die Vereinsgründung intensiv – zunächst in Preußen – zur »Verbesserung des sittlichen und wirtschaftlichen Zustandes der Hand- und Fabrikarbeiter« beitragen zu wollen (Punkt 1 und 2), wird in Punkt 3 die angestrebte Organisationsstruktur erläutert. Vorgesehen waren drei Ebenen der Aktivität, auf denen jeweils selbständige, aber miteinander in Verbindung und in ständigem Ideenaustausch stehende Institutionen wirken sollten: Lokalvereine für einzelne Orte oder Distrikte, Provinzial- bzw. Bezirksvereine in den Provinzen oder Regierungsbezirken und der

122 Elberfelder Zeitung vom 18. 10. 1844.

123 Ein Polizeibericht vom 11. 10. 1844 des Polizeipräsidenten von Puttkamer nennt ausdrücklich u. a. Meyen und Rutenberg (Original im DZAM, Rep. 120, DXXII/1, vol. 1, fol. 15). In einer vor dem 26. 10. 1844 zusammengestellten Liste der ersten Einzeichnungen (ebd., fol. 18f.) tauchen auf: Meyen, Benda, Rutenberg, Nauwerck und Kalisch.

124 Neben dem Polizeibericht finden sich weitere Berichte über diese Versammlung in fast allen größeren Tageszeitungen, so in der Vossischen Zeitung vom 11. 10. 1844, in der Kölnischen Zeitung vom 14. 10. 1844 und in der Elberfelder Zeitung vom 16. 10. 1844.

125 *Stiebel*, S. 72f. S. auch Kölnische Zeitung vom 13. 10. 1844.

126 Zitiert nach dem späteren Abdruck in: Mittheilungen des Centralvereins, Bd. 1, S. (19) bis (21).

Centralverein als Dachorganisation für das gesamte preußische Staatsgebiet. In diesem Organisationsschema waren offenbar die Anregungen des Schmidtschen Vereins weiterentwickelt sowie möglicherweise auch Organisationserfahrungen der sich seit Anfang 1844 ausbreitenden Gustav-Adolf-Vereine berücksichtigt worden[127]. Insgesamt war diese Konstruktion jedoch sowohl hinsichtlich ihrer inneren Systematik als auch durch ihre Zielsetzung und den Anspruch, den ganzen preußischen Staat und später (so Punkt 11) alle übrigen deutschen Staaten mit einem differenzierten Netz solcher Vereine überziehen zu wollen, ein Novum und ein durchaus innovatorischer Schritt. Sie kann gleichzeitig als Fazit aus allen bisherigen Vereinserfahrungen und Diskussionen um eine effektivere Organisation des sozialen Vereinswesens angesehen werden.
Den *Lokalvereinen* wurde in den Punkten 2 bis 6 die Aufgabe zugewiesen, praktisch bewährte Mittel unter besonderer Berücksichtigung der örtlichen Verhältnisse in die Tat umzusetzen. Gedacht war dabei im wesentlichen an die Errichtung von Spar- und Prämienkassen, weiterhin von Kranken-, Sterbe-, Unterstützungs- und Pensionskassen. Außerdem wird die Gründung von Fortbildungsschulen für Fabrikkinder und von Kleinkinder-Bewahranstalten erwähnt. Durch Vorträge und Schriften, vor allem von Vereinsmitgliedern, sollte darüber hinaus »die Verbreitung gemeinnütziger Kenntnisse« angestrebt werden. Bei all diesen Einrichtungen sollten »die Hand- und Fabrikarbeiter möglichst Theil nehmen und bei deren Verwaltung thätig mitwirken«, sei es als Vereinsmitglieder, sei es als Delegierte der Arbeiterschaft. Die notwendigen Geldmittel waren durch die Mitgliederbeiträge, durch freiwillige Zuschüsse der Gemeinden und durch Stiftungen aufzubringen. Außerdem würde im Bedarfsfall der Centralverein oder der zuständige Bezirksverein Gelder zuschießen.
Die *Provinzial-* bzw. *Bezirksvereine* waren als fördernde, vermittelnde und anregende Zwischeninstanz zwischen den Lokalvereinen und der Zentrale geplant; die Mitgliedschaft war hier an einen Betrag von mindestens einem Taler im Jahr gebunden. Eine besondere Aufgabe der Provinzial- oder Bezirksvereine war die Gründung einer Bezirkskasse in jedem Bezirk, in die die Überschüsse der einzelnen lokalen Sparkassen fließen sollten, um so zur Anhäufung größerer Kapitalien zu kommen, die dann auch höhere Zinserträge einbringen würden.

127 Der Gustav-Adolf-Verein bemühte sich, ein Netz von Zweigvereinen zur Unterstützung der Protestanten in der Diaspora aufzubauen. Friedrich Wilhelm IV. hatte nach anfänglichem Zögern das Protektorat für Preußen übernommen; s. dazu z. B. *Treitschke,* Bd. 5, S. 311f. Aus einem im Nachlaß Gneist (DZAM, Rep. 92, Nr. 61, fol. 65) befindlichen, allerdings aus dem Jahre 1850 stammenden Verzeichnis des Berliner Gustav-Adolf-Vereins geht hervor, daß eine größere Zahl führender Centralvereinsmitglieder sich auch dort engagierte.

Der *Centralverein* (Punkt 8 und 9), in dem man durch einen Jahresbeitrag von mindestens vier Talern Mitglied werden konnte, war als der zentrale »Ideenumschlagplatz« konzipiert; d. h., er sollte die gesammelten Erfahrungen diskutieren, den gewonnenen Erfahrungsschatz zum »Gemeingut« werden lassen und die Kommunikation zwischen allen Zweigvereinen herstellen – in erster Linie durch kostenlos zu beziehende Veröffentlichungen, aber auch durch öffentliche Veranstaltungen wie z. B. Vorträge. Über die weitere Zukunft des Centralvereins wurden in den abschließenden Punkten 10 und 11 einige Überlegungen angestellt, wobei die Unterzeichner des Aufrufs voller Optimismus davon ausgingen, daß die finanzielle Basis des Vereins durch Vermächtnisse, Stiftungen und Schenkungen »nach und nach bedeutend anwachsen (werde)«. Dadurch sollte es dann möglich sein, weitere »großartige und durchgreifende Einrichtungen« zum Wohle der arbeitenden Klassen zu schaffen. Gedacht war z. B. an den Bau gesunder Wohnungen, an den Ankauf und die Verteilung von Gartenland und an die Einrichtung von Gewerbeschulen. Auch hoffte man, ähnliche Organisationsbestrebungen wie die des Centralvereins in anderen deutschen Staaten anregen zu können und mit diesen zu einem »brüderlichen Zusammenwirken« zu kommen. Die zukünftigen Gewerbeausstellungen des Zollvereins sollten gleichzeitig mit Konferenzen aller deutschen Centralvereine verbunden werden, um so die weitere »Fortbildung des ganzen Instituts«, d. h. des ganz Deutschland umfassenden Netzes von Vereinen für das Wohl der arbeitenden Klassen, voranzutreiben.

Die Diskussion in der Gründungsversammlung am 9. Oktober 1844[128] zeigte aber, daß solche Höhenflüge wie die letztgenannten noch keine Rolle spielten; es ging zunächst um näherliegende Probleme. Ähnlich wie bei dem Schmidtschen Verein bildeten sich zwei Lager heraus, allerdings mit nur auf den ersten Blick vergleichbar erscheinenden Argumentationen. Vor allem hinsichtlich der Aufgabenstellung für die Lokalvereine standen die Befürworter konkreter und praktischer, d. h. materieller Hilfen einer Gruppe gegenüber, die eine allgemeinere und umfassendere Konzeption durchzusetzen versuchte. Doch wurden die Unterschiede weniger als von grundsätzlicher Art, sondern mehr als Differenzen über die Taktik des weiteren Vorgehens empfunden, obwohl sich durchaus schon deutliche Einschätzungsabweichungen über die Lösungsmöglichkeiten der sozialen Frage abzeichneten. Die rheinischen Fabrikanten wie Diergardt und Schwenger, aber auch der Düsseldorfer Regierungsrat Quentin argumentierten – vor allem mit dem Hinweis auf die Gefahr einer zu frühen Zersplitterung der Kräfte – für Anstrengungen zur zunächst materiellen Hebung der unteren Klassen durch die Spar- und Prämienkas-

128 S. dazu die Berichte in den Zeitungen (s. Anm. 124); außerdem *Stiebel*, S. 72ff.

sen und verwiesen auf die gelungenen Experimente in Aachen und Düsseldorf. Demgegenüber verteidigte die andere Gruppe, in erster Linie die hohen Berliner Beamten von Viebahn, von Patow[129] und von Reden[130], gleichzeitig in Angriff zu nehmende Bestrebungen zur »Hebung des sittlichen und intellectuellen Zustandes«. Im nachhinein stellt sich also heraus, daß der Aufruf vom 7. Oktober ein Nebeneinander beider Richtungen enthielt und als ganzer insofern schon ein Kompromiß war[131]. Ein Kompromiß war auch das Ergebnis der Gründungsversammlung. Nach einer Abstimmung, bei der die Vorschläge der zweiten Gruppe mit Mehrheit befürwortet wurden, die Vorstellungen der ersten Gruppe aber auch eine beachtliche Stimmenzahl erhielten, wurde eine nun gebildete neunköpfige Kommission[132] beauftragt, ein Vereinsstatut zu entwerfen, in dem sowohl die geistige als auch die materielle Hebung der arbeitenden Klassen mit besonderer Betonung des Instrumentes der Spar- und Prämienkassen angesprochen sein sollte. Zwar wurden auch noch sehr viel weitergehende Vorschläge, wie z. B. der einer Arbeitergewinnbeteiligung, gemacht, aber so weit wollte sich die Mehrheit der Anwesenden nun doch noch nicht vorwagen[133]. Erst zwei Jahrzehnte später griff der Centralverein diesen Vorschlag wieder auf.

---

129 *Erasmus Robert Frh. von Patow* (1804–1890) hatte an der Berliner juristischen Fakultät vor allem bei Savigny und Staatsphilosophie bei Hegel studiert, dann in Heidelberg promoviert. Anschließend trat er in den Staatsdienst ein und war – nach Zwischenstationen in Frankfurt/Oder und Potsdam – zunächst als Hilfsarbeiter im Innenministerium (Abt. I für Handel, Gewerbe und Bauwesen) beschäftigt. Seit 1832 unterstützte er als Regierungsassessor den für die Zollvereinsverhandlungen zuständigen Oberfinanzrat Kühne und wurde schließlich zum Geh. Finanzrat in der Staatsbuchhaltung ernannt. Für knapp ein Jahr war er 1844/45 Leiter der Abt. I des Innenministeriums unter von Arnim, ehe er Mitte 1845 zum Ministerialdirektor im Außenministerium ernannt wurde. Zu von Patow s. ADB, Bd. 52, S. 760f., außerdem das Lebensbild in: Unsere Zeit, 2. Bd. (1858), S. 186–190, sowie die Personalakte im DZAM, 2.6.2, Nr. 3654.

130 *Friedrich Wilhelm Otto Ludwig Frh. von Reden* (1804–1857) war seit 1843 als Statistiker im preußischen Außenministerium tätig; s. ADB, Bd. 27, S. 513f.

131 Man kann jedoch nicht von Dissonanzen reden, denn es wurde größter Wert auf das gegenseitige Verständnis gelegt. Von Patow befürwortete sogar eine stärkere Beteiligung der »Fabrikherren und Kaufleute« an der Vereinsführung, da diese »die Sache viel besser als die Beamten verständen« (zit. nach der Kölnischen Zeitung vom 14. 10. 1844). Es liegt nahe, hinter einer solchen Aussage auch die Taktik zu vermuten, auf diese Weise die selbstbewußt auftretenden rheinischen Fabrikanten stärker an den Staat heranführen zu können.

132 In diese Statutenkommission wurden von Viebahn (mit den meisten, d. h. mit 48 Stimmen), Diergardt, Schwenger, Carl, Nobiling, von Patow, Quentin, von Reden und Bornemann gewählt (Kölnische Zeitung vom 14. 10. 1844).

133 Schon am 10. 10. 1844 wurde in der Kölnischen Zeitung von solchen Vorschlägen berichtet; durch eine Gewinnbeteiligung würden die Arbeiter »für den Flor der Fabriken interessirt, während sie bei dem bisherigen System nur zu sehr als die Lastthiere angesehen werden . . .«. Am nächsten Tag berichtete das Blatt, der erwähnte Vorschlag stamme von Diergardt, während nach *Hansen* (Briefe und Akten, S. 675f., Anm. 2) Friedrich Harkort der Anreger gewesen sein soll (s. auch *Stiebel*, S. 74). Tatsächlich hat sich Harkort in seiner im September 1844 fertiggestellten Schrift »Bemerkungen über die Hindernisse der Civilisation und Emancipation der unteren Klassen« (Wiederabdruck in: *Karl-Ernst Jeismann*, Hg.: Friedrich Harkort, Schriften und Reden zu Volksschule und Volksbildung, Pader-

Typisch für die Selbsteinschätzung der Gründungsversammlung ist, daß sie zum Schluß einen Antrag Diergardts einstimmig annahm, in dem dieser vorschlug, dem König eine Adresse zukommen zu lassen, die den Dank der Industriellen für die durch die Gewerbeausstellung gebotene Gelegenheit zur öffentlichen Präsentation der deutschen Industrieerzeugnisse ausdrücken sollte[134]. In dieser Geste zeigt sich erneut, wie eng die Verbindung zwischen der Gewerbeausstellung und der Gründung des Centralvereins war und wie deutlich beide vom Optimismus und Selbstbewußtsein der Industriellen geprägt waren[135]. Es liegt nahe, die von den Berliner hohen Beamten in der Gründungsversammlung eingenommene Gegenposition nicht allein mit einer umfassenderen sozialen Färbung ihrer liberalen Einstellung zu erklären, sondern auch mit einer gewissen Zurückhaltung gegenüber der so selbstbewußt auftretenden neuen Gruppe – trotz der Beteuerung der Interessenharmonie. Bei ihrem Plan, den örtlichen Gegebenheiten angepaßte Einrichtungen zur sittlichen und geistigen Bildung der arbeitenden Klassen zu schaffen, dachten sie im Gegensatz zu

---

born 1969) für eine »Theilnahme (der Arbeiter) am Gewinn des Capitals« ausgesprochen (ebd., S. 80f.; zur Einordnung dieser Idee in Harkorts sozialreformerische Vorstellungen s. *Wolfgang Köllmann:* Gesellschaftsanschauungen und sozialpolitisches Wollen Friedrich Harkorts, in: Rheinische Vierteljahrsblätter, Jg. 25 [1960], S. 81–99, bes. S. 96f.). Da Harkort auch mit großer Wahrscheinlichkeit an der Versammlung in Berlin teilgenommen hat (ohne sich zu diesem Zeitpunkt aber schon als Mitglied einzuzeichnen), kann er für diesen Vorschlag tatsächlich in Frage kommen. Grundsätzlich ist zu bemerken, daß die Frage einer Arbeitergewinnbeteiligung von verschiedenen Zeitgenossen, z. T. durch französische Vorbilder angeregt, durchaus schon Anfang der 1840er Jahre diskutiert worden war, so z. B. von Robert von Mohl und Johannes Alois Perthaler; s. dazu *Teuteberg:* Mitbestimmung, S. 26ff. 33ff. und 36ff., und *Angermann:* Robert von Mohl, S. 283; vgl. außerdem *Dieter Dowe:* Die erste sozialistische Tageszeitung in Deutschland. Der Weg der »Trierschen Zeitung« vom Liberalismus über den »wahren Sozialismus« zum Anarchismus (1840–1851), in: AfS, Bd. XII (1972), bes. S. 73, Anm. 125. Eine zeitgenössische Zusammenstellung der Ideen einer Arbeitergewinnbeteiligung lieferte *Karl Biedermann:* Sozialistische Bestrebungen in Deutschland, 2. Artikel, in: Unsere Gegenwart und Zukunft, 2. Bd. (1846), bes. S. 257ff.; s. neuerdings auch *Ulrich Engelhardt:* »Verschmelzung der Interessen« statt »unseliger Konflikt zwischen Kapital und Arbeit«?, in: AfS, Bd. XXI (1981), S. 97–178.

134 Kölnische Zeitung vom 16. 10. 1844; Elberfelder Zeitung vom 16. 10. 1844. Der Text der Adresse, den der Fabrikant Wittenstein aus Barmen an der Spitze einer dreißigköpfigen Delegation vortrug, ist in der Kölnischen Zeitung vom 17. 10. 1844 abgedruckt.

135 S. zur Beurteilung der Wirkung der Ausstellung auf die beteiligten rheinischen Fabrikanten den Bericht des Düsseldorfer Regierungspräsidenten von Spiegel an Innenminister von Arnim (Abdruck in: *Hansen:* Briefe und Akten, S. 676f.), in dem es heißt: Die Gewerbeausstellung habe »einen sehr günstigen Eindruck hervorgebracht. Die Notabilitäten dieses Teils der Bevölkerung sprechen gern über politische Angelegenheiten, und wenn man ihr Urteil näher verfolgt, so findet man leicht, daß solches fast immer den finanziellen Nutzen oder die Erhöhung des persönlichen Ansehens zur Grundlage hat. Da nun in beiden Beziehungen sich vielversprechende Aussichten dort eröffnet, zum Teil bereits realisiert haben, so sind auch manche Wolken am Horizont jener Leute verschwunden, die nichts weniger lieben als den Schatten, dagegen wie Mücken im Sonnenschein spielen und mit allem zufrieden sind, sobald sie persönlich sich geschmeichelt sehen« (= Quartalbericht vom 1. 11. 1844). Mit der letzten Bemerkung spielte von Spiegel auf die große Zahl von Ordens- und Titelverleihungen an rheinische Unternehmer im Anschluß an die Ausstellung an.

den mehr »zentralistisch« und in erster Linie »ökonomisch« argumentierenden Fabrikanten viel stärker an eine »föderalistische« Vereinsstruktur und damit offenbar an die Möglichkeit, in den Lokalvereinen auch die eklatante und rigorose Ausnutzung der ökonomischen Macht durch einzelne Unternehmer anprangern und bekämpfen zu können, was auf der oberen Vereinsebene möglicherweise unklug gewesen wäre. Die Berichte über die Verhältnisse im schlesischen Langenbielau und Peterswaldau und die »schreienden Ungerechtigkeiten und Unterdrückungen« einiger Fabrikanten[136] waren noch frisch in der Einnerung.

Die während der Gründungsversammlung ebenfalls anwesenden, von den Behörden durchgängig als »radikal« eingeschätzten Literaten hielten sich in der Diskussion übrigens zurück. Dennoch wurden gerade sie in dem Polizeibericht, den der Berliner Polizeipräsident zwei Tage später an den Innenminister von Arnim schickte, nachdrücklich und nicht ohne Argwohn erwähnt[137].

Bereits eine Woche später, am 16. Oktober 1844, fand im Börsen-Lokal die nächste Generalversammlung statt, auf der die Kommission den Entwurf eines Statuts für einen »Central-Verein in Preußen für das Wohl der Fabrik- und Handarbeiter« vorlegte[138]. Zwar wurde dieser Entwurf mit nur geringfügigen Änderungen von der Versammlung schließlich akzeptiert – vor allem die Aussagen über die Ziele und Zwecke des Vereins fanden ohne lange Diskussion die Zustimmung aller Anwesenden –, doch entzündeten sich einige Kontroversen an der Frage des Vereinsnamens und der Kompetenzverteilung im Verein. Hier beteiligten sich nun auch die anwesenden radikaleren Literaten. Die Einschränkung der Aktivitäten auf die »Fabrik- und Handarbeiter« im zunächst vorgeschlagenen Namen wurde als zu eng abgelehnt, auch sei die Nebeneinanderstellung unlogisch. Die Versammelten entschieden sich schließlich für die erheblich umfassendere Bezeichnung »arbeitende Klassen«, ohne sich allerdings um eine Definition zu bemühen. Widerspruch erhob sich weiterhin gegen die geringen Einflußmöglichkeiten, die den Mitgliedern mit Blick auf die Tätigkeiten des Vorstands laut Statut eingeräumt werden sollten. Das Statut, das im wesentlichen von Wilhelm Bornemann, dem Präsidenten des Oberzensurgerichts und Staatssekretär im Justizministerium[139], ausgear-

136 Elberfelder Zeitung vom 24. 6. 1844. Das Fazit daraus hatte gelautet: »Die arbeitenden Klassen bedürfen eben so sehr dringend einer legalen Organisation als das Kommunalwesen.« Die Zeitung hoffte in dieser Hinsicht auf die angekündigte neue Gewerbeordnung, die die Mittel darbieten müsse, »um auf gesetzlichem Wege gegen die factische Uebermacht der großen Fabrikanten mit Erfolg ankämpfen zu können«.

137 DZAM, Rep. 120, DXXII/1, vol. 1, fol. 15. Erwähnt werden die »Literaten« Woeniger, Rutenberg, Meyen, Rellstab und Gumbinner.

138 Berichte u. a. in der Vossischen Zeitung vom 19. 10. 1844 und in der Kölnischen Zeitung vom 20. 10. 1844; s. auch *Stiebel*, S. 78f.

139 *Friedrich Wilhelm Ludwig Bornemann* (1798–1864) war zunächst seit 1831 Gerichtsrat am Kammergericht Berlin gewesen, 1837 zum Vortragenden Rat im Finanzministerium er-

beitet worden war und im übrigen weitgehend die Punkte des Aufrufs vom 7. Oktober zur Grundlage hatte, sah einen auf drei Jahre gewählten neunköpfigen Vorstand vor, dem ein Ausschuß von insgesamt 36 Personen – 18 aus Berlin, 18 aus den preußischen Provinzen – zur Seite stehen sollte. Abgesehen von der Wahl der Vorstands- und Ausschußmitglieder besaß die Mitgliederversammlung während der dreijährigen Amtszeit des Vorstandes nahezu keine Möglichkeit zur Einflußnahme auf den Gang und den Inhalt der Vereinsgeschäfte. Laut § 26 des Statuts konnten die Mitglieder zwar Anträge einreichen, es wurde »indessen (für) wünschenswerth (gehalten), daß dieselben, Behufs der Vorbereitung in dem vereinigten Vorstande und Ausschusse, dem ersteren gleichzeitig mitgetheilt werden«[140]. Im Grunde nahm die jährliche Mitgliederversammlung den Rechenschaftsbericht entgegen und besaß lediglich eine beratende Funktion. Zu den Sitzungen des vereinigten Vorstandes und Ausschusses waren zwar Mitglieder zugelassen, »ohne jedoch an den Berathungen und Beschlüssen Theil . . . nehmen« zu können (§ 22).

Der Versuch der betont liberal argumentierenden Anwesenden bei der Statutenberatung, in diesem Punkt noch Modifikationen in Richtung auf eine stärkere Mitbeteiligung der Mitglieder zu erreichen, scheiterte. Die Vorstellungen der Statutenkommission wurden bei den Abstimmungen durchgängig akzeptiert. Vorschläge wie eine Verkürzung der Amtszeit des Vorstandes oder die jährliche Neuwahl eines Drittels seiner Mitglieder sowie die Gewährung des Mitspracherechts für alle Mitglieder in den Ausschußsitzungen fanden keine Mehrheit, obwohl von den Kritikern des Statuts hervorgehoben wurde, daß eine solch bürokratische Struktur wie die vorgelegte das Engagement der Mitglieder für den Verein bald lähmen würde. Die Kommissionsmitglieder wiesen ihrerseits darauf hin, daß die Öffentlichkeit der Vorstandssitzungen schon ein erhebliches und ganz ungewöhnliches Zugeständnis sei, das in allen anderen vergleichbaren Vereinen und Institutionen nicht gewährt werde[141]. Wie sich später herausstell-

---

nannt und schließlich 1843 zum Präsidenten des neuen Oberzensurgerichts berufen worden. Er galt als ausgezeichneter Jurist »von entschieden liberaler Gesinnung« und hatte dieses Amt wohl nur aus Gehorsam, nicht aus Neigung angenommen (*Treitschke,* Bd. 5, S. 204, S. 588). Aus diesem Grunde trat er auch schon bald wieder von diesem Amt zurück und wurde Anfang 1845 zum Direktor im Justizministerium ernannt. Zu Bornemann s. ADB, Bd. 3, S. 173f., außerdem die Personalakte im DZAM, 2.5.1, Nr. 148.

140 Das Original des ersten Statutenentwurfs befindet sich im DZAM, Rep. 120, DXXII/1, vol. 1, fol. 36–39. Ein Abdruck zusammen mit der Einladung zum 16. 10. 1844 und dem Aufruf vom 7. 10. 1844 ist in der Akte OP 2510 des StaatsA Münster zu finden.

141 Die Forderung nach Öffentlichkeit der Beratungen in Ausschüssen und Versammlungen war eine häufige Forderung der vormärzlichen Liberalen; besonders die Veröffentlichung der Beratungen in den Stadtverordnetenversammlungen spielte dabei eine große Rolle. Zu den Bestrebungen in Berlin in diesem Punkt s. *Kochhann:* Mitteilungen S. 62f. Die Versuche des Berliner Stadtverordneten Heinrich Runge, auf eigene Faust die Verhandlungen in der Berliner Presse zu veröffentlichen, waren im Herbst 1844 sehr schnell unterbunden worden; s. Kölnische Zeitung vom 11. 10. 1844. In diesem Zusammenhang kam den im-

te, konnte die Kommission auch, selbst wenn sie gewollt hätte, über dieses Zugeständnis nicht hinausgehen, wenn sie nicht von vornherein die Chance der behördlichen Billigung des Statuts im Innenministerium verspielen wollte. Für eine »demokratischere« Vereinsstruktur, die einige Mitglieder forderten, war die Zeit noch nicht reif.

Nach der Annahme des Statuts durch die Versammlung wurden die neun Mitglieder der Statutenkommission ermächtigt, als provisorisches Komitee den Verein bis zur offiziellen Konstituierung nach außen zu vertreten und der Regierung die Statuten mit dem Antrag auf Bestätigung vorzulegen. Das Komitee wählte hierzu den Weg einer Immediat-Vorstellung an den König, die am 24. Oktober 1844 eingereicht wurde und in der der Centralverein um die Genehmigung seiner Statuten und um die Verleihung der Korporationsrechte sowie der Portofreiheit nachsuchte, darüber hinaus aber auch Friedrich Wilhelm IV. um die Übernahme des königlichen Protektorats für den Verein bat[142].

Mit diesem Schritt endete die Gründungsphase des Centralvereins im engeren Sinn. Bis zu diesem Zeitpunkt hatten 110 Personen ihre Mitgliedschaft erklärt und Mitgliedsbeiträge zwischen 4 und 50 Talern gezeichnet[143]. 78 dieser Mitglieder stammten aus Berlin, 17 aus der Rheinprovinz, 10 aus den übrigen preußischen Provinzen und 5 aus anderen deutschen Bundesstaaten. Während die nicht aus Berlin stammenden Mitglieder mit Ausnahme des Oberpräsidenten der Rheinprovinz, von Schaper, des Oberbergrats Böcking aus Saarbrücken und des Oranienburger Professors Runge sämtlich Fabrikanten waren, war die Berliner Mitgliedschaft stärker differenziert: 36 Mitglieder, also nicht ganz die Hälfte der Berliner, waren Fabrikanten oder Handwerker, 12 Kaufleute oder Bankiers; ihnen standen 16 höhere Staatsbeamte und 14 Vertreter sonstiger Berufe gegenüber, darunter einige Gelehrte, Literaten und Redakteure. Die gesamte

---

mer häufiger, bes. in der Provinz Sachsen stattfindenden Bürgerversammlungen erhöhte Bedeutung zu, wie die Kölnische Zeitung am 19. 10. 1844 und am 10. 11. 1844 ausführlich begründete; s. dazu auch den Aufsatz von *Obermann* (s. Anm. 3).

142 Abschrift im DZAM, Rep. 120, DXXII/1, vol. 1, fol. 47–48'. Die Verleihung der Korporationsrechte beinhaltete die Rechte einer »moralischen Person« einschließlich des Rechts zum Grundstückserwerb. Fast gleichzeitig schickte der Vorstand ein Schreiben an die Minister von Arnim und Flottwell (Original ebd., fol. 34f.), in dem er um die Genehmigung der inzwischen geringfügig veränderten Statuten bat und die Hoffnung ausdrückte, daß er bald »zu einer fruchtbringenden Leitung der dem Wohle der arbeitenden Klassen günstigen Stimmung der Nation in den Stand versetzt« werden möge.

143 Die folgenden Angaben beruhen auf einer gedruckten, mit Datum vom 26. 10. 1844 versehenen Mitgliederliste im DZAM, Rep. 120, DXXII/1, vol. 1, fol. 18f. Diese Liste war nur vorläufig, da in den folgenden Wochen weitere Personen ihre Mitgliedschaft erklärten. Die Elberfelder Zeitung berichtete am 18. 11. 1844 von rd. 260 Mitgliedern, die etwa 2000 Taler gezeichnet hätten, während die Kölnische Zeitung am 16. 11. 1844 234 Berliner Mitglieder und 45 auswärtige Mitglieder erwähnte, von denen rd. 2300 Taler eingegangen seien. Diese Zahlen bezog *Stiebel* (S. 80, Anm. 3) fälschlicherweise schon auf den 16. 10. 1844.

Zeichnungssumme betrug am 26. Oktober 1331 Taler; davon hatten die beiden Viersener Fabrikanten Diergardt und Croon ebenso wie die vier Berliner Fabrikanten Carl, Goldschmidt, Sußmann und Beer sowie der Kaufmann und Eisenbahndirektor Dannenberger je 50 Taler gezeichnet. 37 Mitglieder, darunter fast alle Vertreter der sonstigen Berufe, einige Beamte und wohl die kleineren Kaufleute und Handwerker, zahlten lediglich den Mindestbeitrag von 4 Talern, während die meisten Fabrikanten, die Bankiers und die höheren Beamten ihren Beitrag auf 10 bis 20 Taler festlegten.

In den Wochen nach der Immediat-Vorstellung vom 24. Oktober spielten sich die für die Zukunft des Centralvereins wichtigsten Ereignisse auf drei Ebenen ab: Erstens sorgte eine rührige Öffentlichkeitsarbeit der Vereinsführung dafür, daß die Ziele und Pläne des Centralvereins in der Öffentlichkeit lebhaft diskutiert wurden; zweitens beschäftigte sich das Innenministerium ausführlich mit dem Verein und seinen Statuten, und drittens traten an einer ganzen Reihe von Orten im Laufe des November spontan Bürger zusammen, die Lokal- oder Bezirksvereine im Sinne des Centralvereins gründen wollten. Erheblich gefördert, aber auch – zumindest was die Arbeit im Innenministerium anging – verkompliziert wurde die Entwicklung durch ein Ereignis, das alle Beteiligten wie die Öffentlichkeit überraschte. Noch ehe Friedrich Wilhelm IV. die offizielle Immediat-Vorstellung des Centralvereins oder eine Stellungnahme seiner Minister in Händen hatte, wies er den Finanzminister Flottwell in einer königlichen Ordre vom 25. Oktober an, dem Centralverein sein »großes und lebhaftes Interesse« auszudrücken und ihm gleichzeitig eine Summe von 15000 Talern für die Vereinszwecke zur Disposition zu stellen, dieses allerdings unter der Voraussetzung, »daß nicht die Errichtung von Spar-Prämien-Kassen ausschließlich von demselben für jetzt ins Auge gefaßt, sondern seine Thätigkeit auch gleichzeitig den anderen von ihm beabsichtigten wohlthätigen Einrichtungen mit werde zugewendet werden[144]«. Der Monarch begründete sein Wohlwollen mit der »höheren Weihe« und dem »dauernden Segen«, die »auf dem Wege des gemeinsamen hülfreichen Wirkens für das Wohl der arbeitenden Klassen« die so glänzend fortschreitende »vaterländische Industrie« erhalte. Er äußerte gleichzeitig den Wunsch, daß der Centralverein »bald durch den Hinzutritt aller wahrhaft edlen Männer unter dem Gewerbestande zu einem Baum erwachsen (werde), der seine

---

144 Original im DZAM, Rep. 120, DXXII/1, vol. 1, fol. 17. Abdruck in Band 1 der Mittheilungen des Centralvereins S. (94)f., Anm.; ebenfalls bei *Kuczynski:* Lage, Bd. 9, S. 254. Die Höhe der Summe war zwar beachtlich, erscheint aber relativ gering, wenn man sie mit gleichzeitigen Stiftungen des Königs vergleicht: So stiftete er 50000 Taler jährlich für den Kölner Dombau (s. *Herman von Petersdorff:* König Friedrich Wilhelm der Vierte, Stuttgart 1900, S. 38) und allein 20000 Taler im Oktober 1844 für den Druck eines Reisebuches über Ostindien (*Varnhagen:* Tagebücher 2, S. 388, Eintrag vom 31. 10. 1844).

Zweige über das ganze Vaterland breitet«. Es spricht manches, gerade auch die Forderung der Ordre, nicht nur die Spar- und Prämienkassen zu fördern[145], dafür, daß dem König von den höheren Beamten, die sich im Centralverein engagiert hatten, gezielt Informationen und Argumente zugespielt worden waren, ohne daß allerdings der Weg rekonstruierbar wäre. So war es z. B. sicher kein Zufall, daß zunächst das Finanzministerium die Initiative zugewiesen bekam und daß der zuständige Referent im Finanzministerium, von Viebahn, der das Begleitschreiben verfaßte, durch das die königliche Ordre schließlich am 7. November dem Vorstand des Centralvereins »zu Hd. Herrn Geh. Finanzrath Viebahn« zur Kenntnis gebracht wurde, mit dem Empfänger identisch war[146]. Die Verzögerung von fast zwei Wochen vom Erlaß der Ordre bis zur offiziellen Mitteilung an den Centralverein rührte wohl daher, daß das Finanzministerium, das Innenministerium vor vollendete Tatsachen stellend, auch die Unterschrift eben dieses Ministeriums unter einem Schreiben haben wollte, in dem bestätigt wurde, daß der vorläufigen Wirksamkeit des Centralvereins nichts im Wege stehe, wenn auch die endgültige Statutenbestätigung einer besonderen Verfügung vorbehalten bleiben sollte[147]. Daß diese Bestätigung bald erfolgen würde, daran zweifelte nach dem Stand der Dinge und dem erklärten königlichen Wohlwollen zunächst niemand.

Das geschäftsführende Komitee des Centralvereins konnte sich zu diesem Zeitpunkt nichts Wirkungsvolleres als diese moralische und finanzielle Unterstützung von allerhöchster Seite wünschen. Um für die Vereinsziele in der Öffentlichkeit zu werben, hatte es zunächst von sich aus verschiedene höhere Beamte und sonstige einflußreiche Persönlichkeiten über Einzelheiten informiert und um Unterstützung gebeten[148], sodann am

145 Bei kritischen Beobachtern erzeugte diese betonte Ausweitung aber das Mißtrauen, der König könne »eine Absicht auf geistliche Einwirkung, auf pietistische Unterweisungen, auf Glaubensförderung« damit verbinden; s. *Varnhagen:* Tagebücher 2, S. 395 (Eintrag vom 13. 11. 1844).

146 Konzept im DZAM, Rep. 120, DXXII/1, vol. 1, fol. 20; Gegenzeichnung im Innenministerium durch Bode, Direktor der Abt. II (für höhere Polizei und Preßwesen), und im Finanzministerium durch Beuth, Direktor der Abt. IV (für Handel, Gewerbe und Bauwesen).

147 Das Finanzministerium wies deshalb am 25. 11. 1844 die Generalkasse an, die 15000 Taler im Hauptextraordinarium als »Soll-Ausgabe vorzutragen und wegen deren Verwendung weitere Anweisungen zu erwarten«. Aus einer Marginalie zu diesem Schreiben geht hervor, daß der Centralverein veranlaßt wurde, allen Oberpräsidenten und Regierungspräsidenten seine Statuten und sonstigen Bekanntmachungen zuzuschicken (ebd., fol. 25). Es ist nicht ersichtlich, ob diese Aufforderung aus dem Innenministerium oder dem Finanzministerium stammte.

148 Über die in Anm. 147 erwähnten Adressaten hinaus schickte der Centralverein das Material auch z. B. an den Präsidenten des Staatsrats von Rochow und an den Oberkonsistorialrat Otto von Gerlach (s. *Stiebel,* S. 80, Anm.). Zu den sehr positiven Reaktionen der Oberpräsidenten von Schaper (Rheinprovinz) und von Vincke (Westfalen) s. die Akten StaatsA Koblenz 403/166, fol. 93f. (s. auch *Hansen:* Briefe und Akten, S. 695, Anm. 2), und StaatsA Münster OP 2510.

29. Oktober in Berlin eine Kundgebung – wohl als Pressekonferenz zu verstehen – veranstaltet. Der dort vorgetragene Aufruf an jeden, »der ein Herz für das Wohl seiner Mitmenschen hat«, die Vereinsarbeit besonders auch finanziell zu unterstützen und so bei der »Heilung der Wunden der Zeit mitzuwirken«, war in einem »populären Ton« und weit weniger trocken und formal gehalten als der Gründungsaufruf vom 7. Oktober[149]. Er charakterisierte das Vereinsziel nun folgendermaßen: Der Centralverein wolle dahin wirken,

»daß durch die Kraft des moralischen Einflusses und die zur Förderung desselben zu treffenden Einrichtungen, unter thätiger Mitwirkung der arbeitenden Klassen selbst, der sittliche und wirthschaftliche Zustand derselben allmählich gehoben und ein auf Wohlwollen begründeter unzerstörbarer Bund zwischen ihnen und den anderen Klassen der Gesellschaft mehr und mehr befestigt werde«.

Letztlich komme es darauf an, »eine sehr zahlreiche Klasse von Mitbürgern« aus ihrer »Rath- und Hülflosigkeit« emporzuheben, ihr den verlorenen sittlichen Halt wiederzugeben, sie »für die Gesellschaft zu gewinnen und mit unauflöslichen Banden der Liebe an dieselbe zu knüpfen«. Um ein Beispiel zu nennen, auf welchem Wege man diesem Ziele näherkommen könne, und um ein »Vorbild zur Nacheiferung« vorzuführen, war an den gedruckt vorliegenden Aufruf mit dem Titel »Einige Worte über den Zweck und die künftige Wirksamkeit der Vereine für das Wohl der arbeitenden Klassen« eine ausführliche Darstellung des seit 1834 bestehenden »Aachener Vereins zur Beförderung der Arbeitsamkeit« angeführt, die G. Schwenger – Ausschußmitglied dieses Vereins – verfaßt hatte[150]. Schwenger wollte, wie aus seinem Schlußsatz hervorgeht, mit diesen Ausführungen noch einmal seine Überzeugung rechtfertigen, aus der heraus er sich bisher »aufs kräftigste« für die vordringliche Errichtung solcher Kassen eingesetzt habe, während andere darin »eine zu große Hintenansetzung der sittlichen Bildungsmittel zu finden« geglaubt hätten[151].
Der Aufruf vom 29. Oktober 1844 wurde in den meisten preußischen Zeitungen veröffentlicht und verhalf dem Centralverein zu einer großen Popularität, die dann wenige Tage später durch die Nachricht über das königliche »Gnadengeschenk« von 15000 Talern noch weiter gesteigert wurde[152]. Im Zeichen dieses »Rückenwindes« lud der Centralverein zu einer

149 *Stiebel,* S. 80; ein Textabdruck dieses Aufrufs befindet sich im StaatsA Koblenz 403/166, fol. 171–173. Auszüge finden sich bei *Adolf Schmidt:* Die Zukunft der arbeitenden Klassen und die Vereine für ihr Wohl, Berlin 1845, S. 91–94, und bei *Kuczynski:* Lage, Bd. 9, S. 255f.

150 StaatsA Koblenz 403/166, fol. 173–178. Zu diesem Verein s. oben S. 56.

151 Ebd., fol. 178. Schwenger betonte dabei nachdrücklich die Notwendigkeit, die Schritte aufeinander folgen zu lassen, also zunächst eine materielle Besserstellung anzustreben, danach dann erst geeignete Maßnahmen zur sittlichen Bildung zu ergreifen.

152 Allerdings war die Reaktion der Presse je nach ihrer politischen Linie unterschiedlich: Die konservativen wie die katholischen Blätter äußerten sich nur zurückhaltend und reserviert

neuen Generalversammlung am 12. November ein, in der das provisorische Komitee abgelöst und ein neunköpfiger Vorstand sowie zunächst einmal die 18 Berliner Ausschußmitglieder gewählt wurden. Immerhin bestätigte das ministerielle Begleitschreiben zur königlichen Ordre, daß einer vorläufigen Wirksamkeit nichts entgegenstehe. Der gewählte Vorstand setzte sich aus den vier Beamten Bornemann, von Patow, Knoblauch und von Viebahn, aus den vier Berliner Kaufleuten und Fabrikanten Carl, Dannenberger, Goldschmidt und Nobiling sowie aus dem liberalen Stadtrat Daniel Alexander Benda zusammen[153]. Den Vorsitz übernahm Bornemann, zugleich der ranghöchste der im Centralverein engagierten Berliner Beamten, dies allerdings mit dem ausdrücklichen Vorbehalt des Rücktritts, da – wie er betonte – seine Zeit und Kräfte eigentlich nicht ausreichten, das »große und schwierige Werk durchzuführen«[154]. Bornemann teilte wenig später in einem persönlichen Brief dem Innenminister von Arnim mit, er habe die Wahl hauptsächlich deshalb angenommen, »damit nicht von vornherein der Schein eines erkalteten Eifers gegeben werde«[155].

Das Innenministerium und die Vereinsbewegung für das Wohl der arbeitenden Klassen bis zum Sommer 1845

In dem oben erwähnten persönlichen Brief Bornemanns, kaum drei Wochen nach der Vorstandswahl niedergeschrieben und schon fast im Tone einer Rechtfertigung gehalten, spiegelt sich eine inzwischen gewandelte

---

(Beispiel Elberfelder Zeitung), dagegen begrüßten die liberalen Blätter die Aktivitäten des Centralvereins begeistert und kommentierten sie ausführlich (Beispiel Kölnische Zeitung). Auch die Stellungnahmen aus den Kreisen der »wahren Sozialisten« waren positiv, wenngleich hier stärker die Chancen betont wurden, die in der Bildung von Lokalvereinen lagen (Beispiele Triersche Zeitung und Weser-Dampfboot). Zur Trierschen Zeitung s. *Dieter Dowe:* Die erste sozialistische Tageszeitung (s. Anm. 133), bes. S. 78; ansonsten s. *Stiebel*, S. 84–90. Die Gründung des Centralvereins rief darüber hinaus auch eine reiche Literatur in Form von Broschüren hervor, von denen die wichtigsten von *Adolf Schmidt, Friedrich Harkort, Ludwig Buhl, Julius Berends* und *Stephan Born* stammten (s. Literaturverzeichnis). Über das königliche Geschenk wurde die Öffentlichkeit durch eine Pressenotiz des Centralvereins vom 12. 11. 1844 informiert (s. z. B. Elberfelder und Kölnische Zeitung vom 16. 11.). Gleichzeitig erfolgte die Mitteilung, daß das provisorische Komitee sich nun auflösen werde und daß Vorstand und Ausschuß gewählt werden könnten.

153 Von den 165 anwesenden Stimmberechtigten erhielten von Viebahn 144, Bornemann 132, Carl 128, Nobiling 110, von Patow 109, Benda und Goldschmidt je 106, Knoblauch 101 und Dannenberger 96 Stimmen. Neben Bornemann als Vorsitzendem übernahm Knoblauch die Kassenführung; Nobiling und Benda wurden als Geschäftsführer bestellt. Berliner Ausschußmitglieder waren u. a. von Reden, von Rönne, Stadtrat Runge, Prediger Jonas und der Redakteur Dr. Woeniger (alle Angaben nach der Kölnischen Zeitung vom 16. 11. 1844). Da keine Vorschläge aus den Provinzen vorlagen, konnten noch keine auswärtigen Ausschußmitglieder bestimmt werden.

154 DZAM, Rep. 120, DXXII/1, vol. 1, fol. 59; Brief Bornemanns an von Arnim vom 2. 12. 1844.

155 Ebd., zum Anlaß und zu den Zusammenhängen, in denen dieser Brief zu sehen ist, s. unten Anm. 196.

Stimmungslage wider. Der Grund für diesen Wandel liegt in Ereignissen, die sich in verschiedenen Orten anläßlich der Gründung von Lokalvereinen abspielten, und in den Reaktionen von Arnims und der zuständigen Referenten seines Ministeriums, die es nun nachdrücklich bedauerten, daß der Gründung des Centralvereins »in der ersten Geburt eine so große Öffentlichkeit gegeben worden ist und die Statuten, noch ehe die ressortmäßige Behörde sich darüber hat äußern können, S. Majestät dem Könige eingereicht worden sind«[156]. Darin deutet sich neben einer gewissen Verärgerung und einer Dissonanz über Zuständigkeiten zwischen den Ministerien auch die unterschiedliche Einschätzung potentieller Gefahren für den Staat an. Wenn es zutrifft, daß in den ersten Regierungsjahren Friedrich Wilhelms IV. die Regierung »ratlos, steuerlos . . . zwischen freisinnigen Wünschen und bureaukratischer Angst«[157] schwankte, dann zeigt sich im vorliegenden Fall, daß dieser allgemeine Befund gerade auch mit gegensätzlichen Lagebeurteilungen und daraus folgendem unterschiedlichen Handeln der verschiedenen Ministerien zusammenhing[158]. Während im Finanzministerium – seit Mitte 1844 unter der Leitung Eduard Heinrich Flottwells, eines Schülers von Kant und Kraus[159] –, und hier besonders in der Abteilung III (für Handel, Gewerbe und Bauwesen), ein liberaler Zug vorherrschte, der sich keineswegs nur auf den ökonomischen Bereich beschränkte, prägte das Innenministerium – seit 1842 unter Adolf Graf von Arnim-Boitzenburg, einem betont ständisch denkenden, bei den Liberalen als Reaktionär verschrieenen Aristokraten[160] – die erwähnte

156 DZAM, Rep. 120, DXXII/1, vol. 1, fol. 53'; Marginalie des Vortragenden Rats Mathis vom 22. 11. Zu Mathis s. unten Anm. 164.

157 *Treitschke*, Bd. 5, S. 209.

158 Es gibt eine Fülle von Hinweisen auf die inneren Spannungen in den preußischen Regierungen des Vormärz, die sich z. T. auch auf Generationenkonflikte zurückführen lassen (s. dazu *John R. Gillis:* The Prussian Bureaucracy in Crisis 1840–1860, Stanford/California 1971). *Delbrück* (Lebenserinnerungen, Bd. 1, S. 171) spricht ausdrücklich vom »im Schoße . . . (der) Regierung herrschende(n) Kampf der Ansichten«, der für niemanden ein Geheimnis gewesen sei und Preußen viel Ansehen und Vertrauen gekostet habe. Ähnlich auch *Varnhagen:* Tagebücher 2, passim, bes. S. 354.

159 *Eduard Heinrich Flottwell* (1786–1865, geadelt 1861) hatte in Königsberg Jura studiert und war 1812 in den preußischen Staatsdienst eingetreten. 1825 wurde er zum Regierungspräsidenten in Marienwerder, 1830 zum Oberpräsidenten in Posen und 1840, nachdem er in Posen wegen seiner Eindeutschungspolitik auf zunehmenden Widerstand gestoßen war, zum Oberpräsidenten der Provinz Sachsen ernannt. Im Frühsommer 1844 berief ihn der König als Nachfolger von Bodelschwinghs, der Kabinettsminister wurde, zum Finanzminister, Flottwells ältester Sohn Eduard war ein enger Freund Johann Jacobys und gehörte 1841/42 zum Kreis der »Freien« um Bruno Bauer, was mehrfach zu Schwierigkeiten mit dem Vater führte (s. Johann Jacoby: Briefwechsel 1816–1849, hg. von *E. Silberner*, Hannover 1974, S. 141, Anm. 1, und S. 150). Zur Person Flottwells s. ADB, Bd. 8, S. 280–283, und NDB, Bd. 5, S. 357f. (*Hans Hausherr*), s. auch oben Anm. 47 dieses Kapitels.

160 *Graf Adolf Heinrich von Arnim-Boitzenburg* (1803–1868), Neffe des Frh. vom Stein, hatte in Göttingen Jura studiert und wurde schon als 29jähriger Regierungspräsident zunächst in Stralsund, dann in Aachen, wo ihn Quentin während seiner Referendarzeit als Chef kennenlernte, und schließlich seit 1839 in Merseburg, ehe er Flottwell als Oberpräsidenten

»bureaukratische Angst«, d. h. eine tiefe Skepsis gegen jede Liberalisierung[161].

Hatten die im Centralverein engagierten hohen Beamten, von denen allein vier aus dem Finanzministerium stammten[162], geglaubt, durch ihren guten Namen, durch ein maßvoll liberales Statut, durch die Erweckung eines breiten öffentlichen Wohlwollens und durch den sicherlich nicht nur als Taktik zu verstehenden, schließlich erfolgreichen Versuch, den König unmittelbar für die Vereinsziele zu gewinnen, die zu befürchtenden Hindernisse im Innenministerium überwinden zu können, so sahen sie sich schon bald getäuscht. Bereits die erste Referentenstellungnahme des Regierungsrates Wenzel im Innenministerium vom 5. November 1844[163] war trotz Anerkennung der »löblichen Zwecke« des Centralvereins von großer Zurückhaltung und von deutlichen Ängsten geprägt, obwohl zu diesem Zeitpunkt noch keine Reaktionen der Öffentlichkeit vorlagen, die dazu direkten Anlaß hätten geben können. In dem Referat, zu dem Wenzel am 31. Oktober aufgefordert worden war, werden zunächst die höchste Aufmerksamkeit des Staates und die genaueste Prüfung des Vereins als unerläßliche Notwendigkeiten bezeichnet, denn von einem solchen Verein könne ein großer Einfluß auf die arbeitenden Klassen, die »eine nach Zahl und Stärke furchtbare Macht« darstellten, ausgehen, falls die Vereinsleitung einmal in die Hände »böswilliger und leichtsinniger Männer« gerate. Die Monita gegen einzelne Paragraphen des Centralvereinsstatuts greifen im folgenden dann fast genau die Punkte auf, die auch schon in der Versammlung des Centralvereins vom 16. Oktober strittig gewesen waren, nur daß jetzt die Kritik an den Vorstellungen der Statutenkommission aus der Gegenrichtung kam: Die vorgesehene Amtszeit des Vorstandes von

---

von Posen 1840 ablöste. 1842 wurde er zum Innenminister ernannt, was in der Öffentlichkeit zunächst begrüßt wurde, da man annahm, er werde sich für konstitutionelle Reformen einsetzen, doch verscherzte er sich sehr bald diese Sympathien vor allem durch ein scharfes Vorgehen gegen die liberale Presse und galt schließlich neben dem Kultusminister Eichhorn als nachdrücklicher Verfechter einer reaktionären Innenpolitik. Zur Person von Arnims s. ADB, Bd. 1, S. 558ff., und NDB, Bd. 1, S. 368f. (*Heinrich Gollwitzer*), sowie den Nekrolog in: Unsere Zeit, NF, 4. Jg., 2. Hälfte, Leipzig 1868, S. 638f.

161 Nach *Varnhagen* (Tagebücher 2, S. 355) soll Flottwell, vom König gefragt, wie er zu seinen Ministerkollegen stehe, u. a. gesagt haben: »Mit Graf Arnim sehr schlecht, denn er ist ein ganz aristokratischer Mensch.«

162 Neben von Viebahn und Knoblauch waren auch der Geh. Oberbaurat Severin und der Geh. Oberfinanzrat Adolf von Pommer-Esche Mitglieder des Centralvereins. Flottwell wurde 1848 Mitglied. Von Patow (s. Anm. 129) und Bornemann (s. Anm. 139) waren ebenfalls längere Zeit Beamte des Finanzministeriums gewesen. Zwischen den meisten der genannten Personen bestand in dieser Zeit ein lebhafter gesellschaftlicher Kontakt mit gemeinsamen Mittagstischen und Festlichkeiten; s. dazu *Delbrück:* Lebenserinnerungen, Bd. 1, passim, bes. S. 130ff.

163 DZAM, Rep. 120, DXXII/1, vol. 1, fol. 49f. Zu *Wenzel* war nur festzustellen, daß er zunächst bei der Regierung in Oppeln und bis 1844 bei der Regierung in Frankfurt/Oder Regierungsrat und Justitiar war. Er wurde dann offenbar im Sommer 1844 als »temporärer Hilfsarbeiter« in das Innenministerium, Abt. II, abgeordnet (Angaben nach dem Handbuch für den Preußischen Hof und Staat für die Jahre 1844, 1845 und 1846).

drei Jahren (§ 10) wird als äußerstes Minimum betrachtet; zudem wird verlangt, daß die Anträge von Mitgliedern für die jährliche Mitgliederversammlung (§ 26) auf jeden Fall vorher schriftlich eingereicht werden müßten und der Vorstand auch das Recht haben sollte, solche Anträge gegebenenfalls zurückzuweisen. Weiterhin wird die Möglichkeit der Mitglieder, an den Versammlungen des vereinigten Vorstands und Ausschusses als passive Zuhörer teilzunehmen, als höchst bedenklich bezeichnet, weil dadurch die Gefahr äußerer Einflußnahme und Einmischung bestehe. Schließlich wird das Recht der auswärtigen Mitglieder, ihre Stimmen zu den Vorstandswahlen durch Briefwahl abzugeben, kritisiert, da hierdurch der Verein möglicherweise zu sehr von »Ausländern«, d. h. von Nicht-Preußen, beeinflußt werden könne. Grundsätzlich betont der Referent abschließend, daß es selbstverständlich sein und auch im Statut betont werden müsse, daß jede spätere Abänderung der Statuten von der behördlichen Zustimmung abhängig sei.

Die diesen Einwänden beipflichtenden und sie zum Teil noch verschärfenden Marginalien des Vorgesetzten Wenzels, des Geheimen Regierungs- und Vortragenden Rates Mathis, lassen schon erkennen, daß er gewillt war, dem Centralverein höchstens einen eng begrenzten Spielraum zu gewähren, und im übrigen voll Mißtrauen die Bewegung betrachtete, die vom Centralverein ausging. Da Mathis auch nach einem Ministerwechsel im Innenministerium Mitte 1845 (s. u.) bis zum Ausbruch der März-Revolution 1848 in dieser Schlüsselposition blieb, konnte er die weiteren Geschicke des Centralvereins in herausragender Weise mit bestimmen. Mit ihm kommt ein höherer Beamter in den Blick, der in besonderem Maße für die konservativ-bürokratische Gegenposition zu den liberalen Beamten, wie sie im Finanzministerium zu finden waren, typisch ist. Mathis[164] war von 1835 bis 1838 preußisches Mitglied jener Zentralbehörde des Deutschen Bundes in Frankfurt/Main gewesen, die nach dem Frankfurter Wachensturm des Jahres 1833 die Verfolgung aufrührerischer und demagogischer Bestrebungen koordinieren sollte[165], ehe er Vortragender Rat im Innenministerium und im Jahre 1846 auch Direktor der »Abteilung für die höhere Polizei und die Preßangelegenheiten« (Abteilung II) wurde[166].

---

164 *Ludwig Emil Mathis* (1797–1874) stammte aus einer Hugenottenfamilie. Nach dem frühen Tod seines Vaters, eines Justizkommissars am Berliner Kammergericht, heiratete seine Mutter den Hofprediger Theremin, dessen religiöse Vorstellungen großen Eindruck auf Mathis machten (s. aber die abwertende Beurteilung Theremins durch *Varnhagen:* Tagebücher 2, S. 84, der ihn für »feige, gleißnerisch, sorgenvoll auf guten Schein bedacht« hielt; Theremin war ein enger Vertrauter Eichhorns). Mathis trat nach seinem Jurastudium in Berlin zunächst in das Berliner Stadtgericht ein und wurde bald (1829) zum Rat beim Kammergericht ernannt, wo er bis zur Aufnahme seiner oben erwähnten Frankfurter Tätigkeit blieb. Zur Person Mathis' s. ADB, Bd. 21, S. 790ff., und Unsere Zeit, 4. Bd., Leipzig 1860, S. 200–206.

165 *Huber:* Verfassungsgeschichte, Bd. 2, S. 173f.

166 *Varnhagen* berichtet (Tagebücher 3, S. 444, Eintrag vom 25. 9. 1846), daß diese Beförde-

Schon in Frankfurt hatte der strenge Protestant Mathis Freundschaft mit einem engen Vertrauten Friedrich Wilhelms IV., dem General Josef Maria von Radowitz[167], geschlossen und besaß seither gute Beziehungen zur »hochkonservativen« Kamerilla des Königs[168]. Durch seine legalistische Auffassung und durch die Zurückweisung aller »privaten« Aktivitäten, die im liberalen Sinn Teilbereiche der »sogenannten höheren oder Staatspolizei« an sich zu ziehen suchten[169], geriet er sehr bald in das Schußfeld der liberalen Kritiker, wurde aber sowohl durch von Arnim als auch schließlich durch dessen Nachfolger von Bodelschwingh gedeckt und gefördert. Bekannt ist etwa die Rolle, die Mathis bei der Absetzung des Oberpräsidenten Merckel wegen dessen angeblich zu milder Verfolgung radikaler Elemente in Schlesien im Frühsommer des Jahres 1845 gespielt hat[170].

Im Falle des mit solch großer öffentlicher Anteilnahme und mit einem solch dezidierten königlichen Wohlwollen ausgestatteten Centralvereins mußte Mathis alles daran gelegen sein, das Gesetz des Handelns wieder in die Hand zu bekommen[171], wobei seiner Meinung nach drei parallele Strategien auf unterschiedlichen Ebenen zu verfolgen waren: Das Statut des Centralvereins mußte erheblich entschärft, die freie Entfaltung von Lokal- und Bezirksvereinen abgeblockt und der König umgestimmt werden. Gleichzeitig durfte das Innenministerium aber auch nicht zu forsch vorge-

rung zum Direktor der Abt. II des Innenministeriums zunächst gegen den Willen des Innenministers von Bodelschwingh und nur durch den Einfluß des Kabinettsministers von Thile, eines führenden Mitglieds der »Kamerilla« (s. Anm. 168), erfolgt sei, und fährt ironisch fort: »Er (Mathis) hat bei Zeiten beten gelernt!« (ebd., S. 445).

167 *Josef Maria von Radowitz* (1797–1853) stammte aus einer nach Deutschland übergesiedelten ungarischen Familie, war katholisch und galt als enger Vertrauter der Königsfamilie. Zu seiner verwickelten Lebensgeschichte und umstrittenen Rolle in der preußischen Politik s. *Huber:* Verfassungsgeschichte, Bd. 2, passim, bes. S. 343, und ADB, Bd. 27, S. 141ff.

168 Zur Bedeutung der »Kamerilla« als eines »Zentrums der politischen Macht« im vormärzlichen Preußen s. *Huber:* Verfassungsgeschichte, Bd. 2, S. 482f. und passim. Neben von Radowitz und von Thile gehörten vor allem die Brüder Leopold und Ernst Ludwig von Gerlach, der antihegelsche Professor der Rechtsphilosophie Friedrich Julius Stahl und der Minister Stolberg zu diesem »Beraterkreis« des Königs. Zur Rolle dieser Gruppe in der Verfassungsdiskussion des Vormärz s. *Siegfried Bahne:* Die Verfassungspläne König Friedrich Wilhelms IV. von Preußen und die Prinzenopposition im Vormärz, Habil.schrift Bochum 1971 (Ms.). Weitere Details auch bei *Herman von Petersdorff:* König Friedrich Wilhelm der Vierte, Stuttgart 1900, bes. S. 22f.

169 Zit. nach dem biographischen Artikel über Mathis in: Unsere Zeit (s. Anm. 164). Was darunter zu verstehen war, drückte die DtVjschr. 1845 mit Blick auf die Vereine als die wichtigsten Ausprägungen dieser »privaten« Aktivitäten folgendermaßen aus: »Vereine bilden . . . die vermittelnden Glieder zwischen der Staatsregierung und den Regierten und werden nach und nach von selbst die Härten ausgleichen, welche nothwendig aus dem schroffen Gegenüberstehen der Bureaukratie und der Staatsbürger so wie der einzelnen Stände unter sich entstehen« (DtVjschr. Jg. 1845, Heft 2, S. 337.)

170 Zu dieser Affäre s. *Treitschke*, Bd. 5, S. 511f.; bes. auch *Leopold Auerbach* (Hg.): Denkwürdigkeiten des Geheimen Regierungsrathes Dr. Stieber, Berlin 1884, bes. S. 4ff.

171 Vgl. die oben zit. Marginalie Mathis' (Anm. 156).

hen, um nicht das sofortige Mißtrauen der anderen Ministerien gegen sich zu haben. Mathis trug zunächst am 22. November von Arnim seine Bedenken gegen das Statut eines Vereins vor, »dessen Gegenstand der aufregendsten Natur, das Lieblingsthema aller unruhigen und vieler verworrener Köpfe der Zeit ist, . . . in dem unzuverlässige Literaten ein Vehikel sehen, sich eine Bedeutung zu verschaffen, an den sich solche eifrig herandrängen werden und schon beim Beginn herangedrängt haben«[172]. Er bestritt nicht den guten Willen der derzeit führenden Personen, sah aber große Gefahren bei einem Wechsel der Führungsspitze. Da ihm bis zu diesem Zeitpunkt noch keine offiziellen Berichte, allenfalls Gerüchte über konkrete Lokalvereinsbegründungen vorlagen, blieb seine Argumentation zunächst noch abstrakt. Trotzdem überzeugte sie von Arnim, der jetzt verfügte, daß dem König all diese Bedenken vorzutragen seien, um klare »Verhaltensbefehle« zu erhalten, da er, von Arnim, sonst »nach der auf die eingereichten Statuten ergangene und veröffentlichte Kabinettsordre Anstand nehmen (müsse), mit Monita entgegenzutreten, die leicht eine große Störung in den Verein bringen könnten«[173].

Die Ausarbeitung des Berichts an den König dauerte einen Monat, so daß die intern informierten führenden Centralvereinsmitglieder Bornemann und von Patow noch versuchen konnten, Einfluß auf die Entwicklung von Lokalvereinen zu gewinnen und den Inhalt des Berichts so weit wie möglich zu entschärfen. Daß ihnen dies jedoch letztlich nicht gelang, hing damit zusammen, daß seit Ende November verschiedene Meldungen über Lokalvereinsgründungen im Ministerium des Innern eingingen, die Mathis als Bestätigung seiner Befürchtungen interpretieren konnte und ihn wie von Arnim in der erwähnten Linie befestigten. Mathis selbst hatte nach der Unterrichtung von Arnims am 22. November den Auftrag gegeben, gezielt nach solchen Meldungen zu suchen, um mit ihrer Hilfe seiner Argumentation mehr Gewicht verleihen zu können. Daraufhin wurden ihm am 30. November zwei Artikel aus der Mannheimer Abend-Zeitung vom 20. November und der Weser-Zeitung vom 23. November vorgelegt, die über die Gründungsversammlung eines Lokalvereins in Köln – wie der Referent bemerkte – »in einer Weise (berichteten), die hoffentlich hinreicht, Ew. Hochwohlgeboren die gewünschte Auskunft zu geben«[174].

---

172 DZAM, Rep. 120, DXXII/1, vol. 1, fol. 53. Gleichzeitig bemühte sich das Innenministerium, bei den Ministern Flottwell und Nagler einen anderen Eindruck zu erwecken, indem es betonte, daß die Verleihung der Portofreiheit »bei dem löblichen Zwecke« des Centralvereins wünschenswert sei, sobald nur die Statutenbestätigung erfolgt sei (Schreiben an beide Minister vom 5. 12. 1844, ebd., fol. 30).

173 Marginalie von Arnims zum ersten Wenzelschen Entwurf eines Berichts an den König vom 23. 11. (ebd., fol. 52).

174 DZAM, Rep. 120, DXXII/9, Nr. 1, fol. 1; in dieser Akte befinden sich auch die Abschriften der beiden erwähnten Artikel (fol. 2f. und fol. 26f.). Das folgende Zitat stammt von fol. 3.

So zitierte die Mannheimer Abend-Zeitung u. a. die in Köln vertretene Meinung, solche Vereine sollten für die Gleichstellung aller Menschen eintreten, denn zur Zeit gebe es noch zwei gegensätzliche Klassen: eine nützliche, die arbeite, und eine müßige, schädliche, die »von der Arbeit der erstern zehre und dieser nur lästig falle«. Ein politischer Fortschritt sei nur zu erlangen, wenn die »sociale Basis«, d. h. der materielle und geistige Zustand, der »verwahrlosten Mehrzahl« gehoben und gleichzeitig Arbeitsbedingungen geschaffen würden, »welche den Menschen nicht körperlich und geistig (erdrückten) und ihnen Zeit und Mittel (ließen), einen entsprechenden Antheil an den menschlichen Genüssen zu haben«. In den nächsten Tagen gingen weitere Zeitungsberichte ein, die ebenfalls zeigten, wie sowohl die Gründung des Centralvereins als auch besonders die Anfänge von Lokalvereinen – zunächst in Köln und dann auch in Berlin – die Gemüter zu erhitzen begannen[175]. Da wird z. B. von »sozialistischen Tendenzen, die jetzt allenthalben in den Lüften schwirren« berichtet[176]: Der Aufruf zur Mitarbeit aller wohlmeinenden und einsichtigen Bürger, so hieß es, sei durchaus nicht bloß als »Akt bequemer Wohltätigkeit«, sondern als ein höchst politischer Akt zu verstehen – »politisch in der Ausübung, politisch in der Wirkung«. Aus »hinsiechenden Pflanzenmenschen« sollten durch die Vereine »bewußte Staatsbürger« werden, die dann mit Sitz und Stimme im Staat vertreten sein müßten[177]. Die Triersche Zeitung zitierte gar die französische Zeitschrift »Réforme«, die – offenbar mit Blick auf die Centralvereinsgründung – festgestellt hatte, die deutsche Bourgeoisie sei in ihrem Bestreben, sich »den anderen Klassen brüderlich zu nähern«, der französischen längst weit vorausgeeilt; gerade in den sozialen, d. h. sozialistischen Ideen liege in Zukunft »das wahre Bindemittel einer innigen Allianz zwischen Frankreich und Deutschland«[178].

In Kenntnis solcher Presseäußerungen begann Wenzel Anfang Dezember 1844 mit der endgültigen Ausarbeitung des Immediatberichts an den König, wobei Mathis als Leitlinie vorgab, die Genehmigung der Statuten sol-

---

175 Schon ein erster Blick in die zeitgenössische Presse zeigt, daß *Hansen* Recht hat, wenn er in seiner Mevissenbiographie (Bd. 1, S. 345) schreibt: »Etwa ein halbes Jahr lang war fortan die Presse in Preußen und über seine Grenzen hinaus mit Erörterungen über dieses große soziale Projekt erfüllt.« Zur Reaktion der Presse s. auch *Stiebel,* S. 84ff.

176 Zit. nach der Abschrift aus der Weser-Zeitung vom 27. 11. 1844 in: DZAM, Rep. 120, DXXII/9, Nr. 1, fol. 26.

177 Zit. nach einer Abschrift aus der Aachener Zeitung vom 25. 11. 1844 in: DZAM, Rep. 120, DXXII/1, vol. 1, fol. 27.

178 Zit. nach einer Abschrift aus der Trierschen Zeitung vom 25. 11. 1844, ebd., fol. 28. La Réforme war eine von französischen bürgerlichen Demokraten und Sozialisten (z. B. Louis Blanc und Alexandre-Auguste Ledru-Rollin) 1843 bis 1850 herausgegebene Zeitung, für die 1847/48 auch Friedrich Engels Artikel geschrieben hat. Zur Bedeutung und Richtung der Trierschen Zeitung, die ab 1844 eine Hinwendung zum »wahren Sozialismus« vollzog, s. *Dieter Dowe:* Die erste sozialistische Tageszeitung in Deutschland (s. Anm. 133).

le an Bedingungen geknüpft werden, die »soweit möglich eine Garantie wider Ausschreitungen bieten«[179]. Überhaupt solle vor einer eventuellen Genehmigung die weitere Entwicklung der Angelegenheit in der Öffentlichkeit zunächst einmal sorgfältig beobachtet werden. Alles sprach zu diesem Zeitpunkt dafür, daß Mathis im Laufe der nächsten Wochen noch weitere Trümpfe in die Hand bekommen würde. Den Wenzelschen Entwurf, der am 5. Dezember fertig wurde, veränderten dann sowohl Mathis als auch von Arnim noch durch eine Fülle von Streichungen und Zusätzen. Die Reinschrift des so zustandegekommenen Entwurfs eines Immediatberichts zeichneten Mathis am 15. Dezember und der Geheime Regierungsrat Göring am 16. Dezember ab, ehe ihn auch von Patow als Direktor der Abteilung I des Innenministeriums zu Gesicht bekam[180].

Auf 24 Seiten stellte darin der Innenminister dem König sämtliche Bedenken, zu denen seiner Meinung nach einerseits das Statut des Centralvereins, andererseits auch die inzwischen eingegangenen Meldungen aus der Provinz Anlaß gaben, ausführlich dar. Zwar wurde auch hier der gute Wille der im Centralverein engagierten Beamten und Fabrikanten nicht in Zweifel gezogen, doch schien von Arnim an die Möglichkeit einer dauerhaften Durchsetzung dieses guten Willens überhaupt nicht zu glauben. Über die fünf schon von Wenzel und Mathis artikulierten Kritikpunkte am Statut hinaus (Dauer der Vorstandswahlperiode, Zutrittsrecht von Mitgliedern zu Vorstandssitzungen, Einflußmöglichkeit von Nicht-Preußen, Vorschlagsrecht von Behandlungspunkten für Mitgliederversammlungen, zukünftige Statutenänderungen) nannte von Arnim noch einen zusätzlichen Punkt, auf den gerade in den letzten Wochen der Blick gefallen war: das ungeregelte Verhältnis zwischen dem Centralverein und den Bezirks- und Lokalvereinen. Hier verlangte er eine enge Verbindung zwischen den Zweigvereinen und der – weisungsbefugten – Zentrale, um eine zu weitgehende Selbständigkeit auf den unteren Ebenen auszuschließen. Außerdem machte von Arnim den Vorschlag, den Vorstand nach einer – möglichst langen – Wahlperiode nur zu einem Drittel neu wählen zu lassen, damit nicht alle Vorstandsmitglieder gleichzeitig ausschieden und plötzlich »gefährliche« Personen, d. h. vor allem die radikalen Literaten, an die Vereinsspitze gelangen könnten. Grundsätzlich forderte er, daß bei jeder Vorstandswahl der Regierung das Recht der Bestätigung eingeräumt werden müsse.

Probleme bereitete dem Innenministerium offenbar auch die als vorschnell empfundene Festlegung des Königs in seiner Ordre vom 25. Oktober 1844, er wolle mit den zur Verfügung gestellten 15000 Talern nicht nur

179 Marginalie Mathis' zum Entwurf Wenzels vom 1. 12. 1844 (DZAM, Rep. 120, DXXII/1, vol. 1, fol. 56').

180 Ebd., fol. 64–76', mit den Paraphen der genannten Beamten; die folgenden Zitate stammen aus diesem Dokument; s. auch *Stiebel*, S. 160–165.

den Ausbau von Spar- und Prämienkassen gefördert sehen, sondern gerade auch andere »wohltätige Einrichtungen«. Vor allem in einer Beschränkung auf das Kassenwesen sah aber von Arnim die Möglichkeit, den evtl. wechselnden Vorstand des Centralvereins von vornherein in einer überschaubaren, eindeutigen und ungefährlichen Richtung festzulegen. Er schlug deshalb dem König vor, die Bereitschaft zur Zuwendung der 15000 Taler auch in dem Fall aufrechtzuerhalten, daß der Verein seine Wirksamkeit »zunächst« nur auf die Errichtung von Spar- und Prämienkassen beschränken werde.

Über diese Details hinaus ermöglicht der Immediatbericht aber auch einen Einblick in die Art und Weise, wie von Arnim und seine engsten Mitarbeiter die soziale Frage verstanden. Der Grund für die Notwendigkeit, der Lage der unteren Schichten »in erhöhtem Grade« Aufmerksamkeit zu schenken, wird in den Gefahren gesehen, die von der Agitation einiger Demagogen ausgingen. Sie hätten »in Wort und Schrift in neuester Zeit die Zustände der untersten arbeitenden Klassen mit besonderer Lebhaftigkeit, oft nicht ohne grelle Übertreibung besprochen«. Dabei sei die Meinung verbreitet worden, »daß die Not der einen ein Unrecht der anderen sei«. Daß eine solche Not vorhanden war, wurde nicht bestritten; sie wurde auf die Folgen der liberalen Gewerbe- und Agrargesetzgebung zurückgeführt, die »frühere gesellschaftliche Bande gelockert und zum Teil gelöst (habe)«. Zwar erkannte von Arnim die »Assoziation« als ein mögliches Heilungsmittel an, er sah aber in einer zu starken Propagierung dieses Mittels, wie sie im Zusammenhang mit der Gründung des Centralvereins zu beobachten gewesen sei, eine große Gefahr, weil dadurch »maßlose und unerfüllbare Hoffnungen und Erwartungen« geweckt und »die Massen in Bewegung und unter die Leitung unruhiger Köpfe« gebracht werden könnten. Polizeiliche Vorbeugung und gegebenenfalls auch Unterdrückung zu weit gehender Aktivitäten standen deshalb für von Arnim an der ersten Stelle seiner Überlegungen; sie bestimmten seine Stellungnahme.

Als von Patow am 17. Dezember 1844 als Direktor der Abteilung I des Innenministeriums den Entwurf des Immediatberichts zur Abzeichnung vorgelegt bekam, geriet er in eine schwierige Lage. Als hoher Beamter des Innenministeriums und führendes Centralvereinsmitglied zugleich befand er sich in einem Interessenkonflikt, zumal er innerhalb des Ministeriums als ausdrücklicher Befürwortet eines liberalen Vereinswesens zum Wohle der arbeitenden Klassen zu diesem Zeitpunkt weitgehend allein stand. Ob von Patow schon vorher informell über die Monita informiert worden war, ist nicht festzustellen. Am 17. Dezember mit einer Fülle solch gravierender Einwände gegen das Statut konfrontiert, wählte er den Weg einer sofortigen schriftlichen Stellungnahme zur Vorlage, um auf diese Weise noch zu versuchen, die vorgetragenen Kritikpunkte wenn nicht auszuräumen, so doch wenigstens zu mildern und den Immediatbericht zu entschärfen. Angesichts der Meldungen über Vorfälle bei Lokalvereinsgründungen war sein Argumentationsspielraum allerdings nur sehr begrenzt. Grundsätzlich mußte er daher die Monita »vom Standpunkte des Ministeriums aus« als im allgemeinen berechtigt anerkennen[181]. Trotzdem ging er die einzelnen Kritikpunkte durch und versuchte, sie durch Erläuterungen und zusätzliche Informationen zu entkräften. Lediglich im Falle der Öffentlichkeit der Vorstandssitzungen stellte er fest, daß es im Interesse der Regierung – wenn auch nicht des Vereins – sein könne, auf einen Ausschluß auch der nur zuhörenden Mitglieder zu drängen. Dieses Monitum sei also durchaus zu vertreten. Aus einer Marginalie zu dieser Stellungnahme läßt sich jedoch entnehmen, daß Mathis nicht daran dachte, auf die Bemerkungen von Patows einzugehen. Er forderte Wenzel nur auf, von Arnim in den nächsten Tagen darüber zu informieren, daß von Patow lediglich eine Statutenänderung im Punkt Öffentlichkeit der Vorstandssitzungen für angebracht halte. Wenzel solle erfragen, was von Arnim dazu denke[182]. Auf diesen machten jedoch die Anmerkungen von Patows keinen Eindruck, denn am 26. Dezember 1844 ging der Immediatbericht, unverändert gegenüber dem Entwurf, an den König ab.

Knapp einen Monat später kam die Antwort in Form einer königlichen Ordre an von Arnim[183]. Ähnlich wie bei der Gründung des Schwanenordens ein Jahr vorher ließ Friedrich Wilhelm IV. auch jetzt ein zunächst von ihm mit Begeisterung begrüßtes oder betriebenes Projekt fallen, ehe es überhaupt voll zu existieren begonnen hatte. Er erklärte sich zunächst mit den Bedenken von Arnims »überall« einverstanden, billigte auch die Absicht, die Bedingungen für eine Genehmigung der Statuten so zu formulieren, daß keine »späteren Ausschreitungen« möglich wären, und ermächtigte das Innenministerium, die Statuten jedes einzelnen Lokalvereins gesondert zu überprüfen. Auch stimmte er dem Vorschlag zu, die dem Centralverein in Aussicht gestellten 15000 Taler auch bei einer Beschränkung seiner Wirksamkeit auf das Sparkassenwesen anzuweisen. Mit dieser Ordre, d. h. mit dem deutlichen Verlust an Interesse an dem Centralvereinsprojekt bei Friedrich Wilhelm IV., ging von jetzt an die gesamte weitere Entscheidungskompetenz an das Ministerium des Innern über – eine Entwicklung, die die Initiatoren des Centralvereins gerade hatten vermeiden wollen. Sie mußten sich nun eingestehen, daß sie offenbar zu naiv und optimistisch, vor allem aber in völler Unterschätzung der politischen und psychologischen Wirkungen ihres sozialreformerischen Vorstoßes geplant und gehandelt hatten. Das bezog sich sowohl auf die Auslösung von Ängsten und damit von Abwehrreaktionen in konservativen Kreisen

---

181 Original der Stellungnahme von Patows in: DZAM, Rep. 120, DXXII/1, vol. 1, fol. 62f.
182 Marginalie Mathis', ebd., fol. 63.
183 Ebd., fol. 126.

als auch auf die Eröffnung von Agitations- und Profilierungschancen für radikalere sozialkritische Kreise. Es blieb so den Gründern des Centralvereins drei Monate nach der mit Engagement und optimistischen Erwartungen getragenen Vereinsgründung nichts anderes übrig, als zu retten, was noch zu retten war, und zäh um einen noch akzeptablen, wenn auch viel engeren als zunächst erhofften Handlungsspielraum zu kämpfen.

Nach dem Einreichen der Statuten an den König und an die Ministerien Ende Oktober und nach der Vorstandswahl kurz nach dem Bekanntwerden der Kabinettsordre Mitte November hatte sich der Vorstand des Centralvereins in Erwartung einer baldigen ministeriellen Stellungnahme zunächst zurückgehalten. So konnte die Elberfelder Zeitung, eines der dem Centralverein gegenüber eher kritischen Presseorgane[184], Mitte Dezember schreiben, vom Centralverein habe man nun schon seit einiger Zeit kaum noch etwas gehört, um so mehr aber von Lokalvereinen, wobei hier neben einem Elberfelder (Gründung am 27. Oktober) und dem schon erwähnten Kölner (Gründung am 10. November) vor allem der am 29. November gegründete Berliner Lokalverein gemeint war[185]. Weiterhin hatte auch die konstituierende Sitzung eines Bezirksvereins für den Regierungsbezirk Düsseldorf am 8. Dezember 1844 den Blick auf sich gezogen. Darüber hinaus waren bis zu diesem Zeitpunkt Lokalvereine in Aachen, Breslau, Essen, Mülheim/Rhein und Solingen gegründet worden, kurze Zeit später folgte die konstituierende Sitzung eines Provinzialvereins für Westfalen in Münster (21. Dezember); Kreis- bzw. Distriktvereine für den Kreis Franzensburg (Pommern), für die Kreise Merzig/Saarlouis und Bielefeld/Wiedenbrück traten ebenso wie etwa 20 weitere Lokalvereine in den nächsten Wochen und Monaten zusammen[186].

---

184 Indiz für die Haltung dieser Zeitung, die *Otto Lüning* im Weser-Dampfboot (Jg. 1844, S. 107) als »Organ der pietistischen Duselei« charakterisierte, ist die Tatsache, daß sie den Aufruf des Centralvereins vom 29. 10. erst nach ausdrücklicher Aufforderung am 9. 11. veröffentlichte. Sie druckte als eine der wenigen Zeitungen auch kritische Stimmen zum Projekt des Centralvereins ab, so am 14. 11. einen Artikel, der dem Centralverein Richtungslosigkeit, zu vage Vorstellungen bei einer gleichzeitig »unendlichen Rubrik« von Ideen vorwarf.

185 Elberfelder Zeitung vom 16. 12.; im November und Dezember erschienen diverse Artikel zu den genannten drei Lokalvereinen, wobei besonders zwei kritische Artikel zum Kölner Lokalverein vom 24. 11. und 15. 12. ins Auge fallen.

186 Auf eine detaillierte Darstellung der verschiedenen Zweigvereine kann nicht eingegangen werden. Hier sollen sie nur behandelt werden, insoweit ihre Aktivitäten Einfluß auf die Entwicklung des Centralvereins gehabt haben. Umfangreichere Hinweise zu einzelnen Vereinen sind in der Literatur – wenn auch verstreut – zu finden, so z. B. bei *Stiebel,* bes. S. 91–159, bei *Schneider,* bes. S. 24–48, bei *Dowe:* Aktion und Organisation, bes. S. 69–77, bei *Hansen:* Mevissen, Bd. 1, S. 343–357, bei *Sänger:* Rheda, S. 22ff. u. a., zudem ist in den Staatsarchiven eine Fülle von Quellen zur Lokalvereinsbewegung vorhanden. Die obigen zusammenfassenden Angaben sind das Ergebnis einer Durchsicht der erwähnten Literatur und der einschlägigen Aktenbestände. Übrigens hat die Lokalvereinsbewegung auch über Preußen hinausgegriffen: Unter dem Einfluß eines Bruders von Otto Lüning bildete sich in Zürich in der Schweiz ein Lokalverein für das Wohl der arbeitenden Klassen (s. Westph. Dampfboot, 1. Jg. 1845, S. 110).

Zwei Drittel der nachweisbaren Zweigvereine wurden in den beiden preußischen Westprovinzen Rheinprovinz (15 Vereine) und Westfalen (7 Vereine) gegründet, wodurch hier für kurze Zeit der Eindruck entstehen konnte, daß »über die ganze Nation ein organisches Netz« von Vereinen gebreitet werden könne und sich auf diesem Wege tatsächlich »die ganze bürgerliche Gesellschaft« neu organisieren werde[187]. Doch während bürgerliche Sozialreformer wie Friedrich Harkort von einem »echten Gemeinsinn«, von »vermittelnden Kräften« und der Einführung der unteren Klassen »in ein wahres Bürgerleben« sprachen[188], sahen andere Kreise in den Lokalvereinen die Chance, quasi unter dem Deckmantel königlichen Wohlwollens eine Oppositionsbewegung aufbauen zu können und sich eine Plattform für die Verbreitung ihrer sozialkritischen Ideen zu schaffen. Schon am 19. November hat z. B. Friedrich Engels von Barmen aus an Karl Marx in Paris über die plötzlichen lokalen Aktivitäten im Gefolge des Gründungsaufrufs des Centralvereins und vor allem der könglichen Kabinettsordre vom 25. Oktober berichtet:

»Wir haben jetzt überall öffentliche Versammlungen, um Vereine zur Hebung der Arbeiter zu stiften; das bringt famos Bewegung unter die Germanen und lenkt die Aufmerksamkeit des Philisteriums auf soziale Fragen. Man beruft diese Versammlungen ohne Weiteres ohne die Polizei zu befragen.«[189]

Engels zeigte sich optimistisch, daß er und seine Freunde die Lokalvereine im Sinne der z. B. in Köln und Elberfeld bestehenden kommunistischen Zirkel beeinflussen könnten, und vermerkte, daß in Köln »die Hälfte des Comités zur Statutenentwerfung mit Unsrigen besetzt, in Elberfeld . . . wenigstens Einer drin (sei)«[190]. Für die Geschichte des Centralvereins war es sicherlich ein Verhängnis, daß ausgerechnet in der – abgesehen von Elberfeld[191] – frühesten Gründung eines Lokalvereins im Gefolge des Centralvereinsaufrufs, nämlich der Kölner, die Tendenz einer solchen Unter-

187 *Friedrich Harkort:* Die Vereine zur Hebung der untern Volksclassen nebst Bemerkungen über den Central-Verein in Berlin, Elberfeld 1845, S. 7 und S. 11.

188 Ebd., S. 29.

189 Brief Engels' vom 19. 11. 1844 an Karl Marx, zit. nach MEW, Bd. 27, S. 10.

190 Ebd.

191 Die Elberfelder Lokalvereinsgründung erfolgte bereits am 27. 10., war aber offenbar zunächst als Zweigverein eines von Friedrich Harkort in Dortmund im Februar 1843 gegründeten »Vereins für die Deutsche Volksschule und die Verbreitung gemeinnütziger Kenntnisse« geplant (Elberfelder Zeitung vom 30. 10. 1844, Beilage; zum Harkortschen Verein s. *Louis Berger:* Der alte Harkort, Leipzig 1890, S. 300ff., und *Gottfried Uhlig:* Bourgeoisie und Volksschule im Vormärz, Berlin-Ost 1960, bes. S. 101ff.), wurde aber dann in einer Sitzung vom 17. 11. zu einem Lokalverein für das Wohl der arbeitenden Klassen umgewandelt, was Harkort offenbar sehr verärgert zur Kenntnis nahm (*Harkort:* Vereine, S. 21). Gegen die betont liberale Tendenz des Vereins wandte sich eine Reihe von Geistlichen und gründete kurz darauf als Gegenpol einen »Verein zur Beförderung christlicher Volksbildung«. An der erwähnten Sitzung vom 17. 11. nahm auch Friedrich Engels teil, wie aus dem in Anm. 189 erwähnten Brief an Marx hervorgeht. Vgl. auch *Illner* (s. Anm. 39), S. 140f.

wanderung auch am deutlichsten zutage trat. Bereits die erste Versammlung vom 10. November 1844 führte in der konservativen Presse zu der Feststellung, daß sich dabei »mitunter großer Communismus . . . auf eine recht dünkelhafte Weise spreizte und seine Absichten gar nicht bergen konnte«[192]. Gerade solche Presseberichte bestimmten aber die Meinungsbildung im Innenministerium.

Daß es sich in Köln nicht um Ausnahmeerscheinungen handelte, wurde auch dem Vorstand des Centralvereins nach der Gründungsversammlung eines Lokalvereins in Berlin klar[193]. Hatten sich die bekannten Berliner radikalliberalen Literaten wie Brüggemann, Meyen, Nauwerck, Rutenberg und Waldeck bei der Gründung des Centralvereins noch zurückgehalten, so versuchten sie nun erneut, ihre Vorstellungen, die sie schon im Schmidtschen Verein im Sommer 1844 vorgetragen hatten, sowohl gegen die ebenfalls anwesende damalige Gegenpartei wie Diesterweg und Lette als auch gegen die führenden Centralvereinsmitglieder von Patow, von Viebahn und Bornemann sowie die sonstigen teilnehmenden Honoratioren einzubringen und durchzusetzen. Zwar kann man die Berliner Radikalen nicht mit den Kölner Kommunisten in einen Topf werfen[194]; weder waren sie so geschlossen wie die Kölner, noch hatten sie die Chance zu einer solch erfolgreichen Einwirkung wie in Köln, weil in Berlin von vornherein der Centralverein seinen Einfluß geltend machte, doch schienen den anwesenden höheren Beamten aus dem Vorstand des Centralvereins ebenso wie dem durch einen Protokollanten informierten Innenmini-

---

192 Elberfelder Zeitung vom 24. 11. 1844. Zum Kölner Lokalverein s. außer einer Fülle von Presseberichten vor allem die Artikel »Geschichte des Allgemeinen Hülfs- und Bildungs-Vereins zu Köln« in: Gesellschaftsspiegel, 1. Bd., Elberfeld 1845, S. 23–29 und S. 52–59, und »Der Allgemeine Hülfs- und Bildungsverein zu Köln«, in: *H. Püttmann* (Hg.): Rheinische Jahrbücher zur gesellschaftlichen Reform, 1. Bd. (Darmstadt 1845), S. 215–249, sowie die verschiedenen Aktenstücke, die bei *Hansen* (Briefe und Akten, Bd. 1, S. 678ff.) abgedruckt sind. Die ergiebigste Akte im StaatsA Koblenz ist die Akte 403/166. Vgl. im übrigen *Schneider*, S. 35–44, und *Dowe:* Aktion und Organisation, S. 69–74. Gustav Mevissens – zunächst optimistische – Vorstellungen über eine Wirksamkeit des Kölner Lokalvereins sind wieder abgedruckt bei *Horst Dräger* (Hg.): Volksbildung in Deutschland im 19. Jahrhundert, Bd. 1, Braunschweig 1979, S. 242–250.

193 Abgesehen von Zeitungsberichten (z. B. Voss. Zeitung vom 2. 12. und Triersche Zeitung vom 6. 12. – Abschriften in DZAM, Rep. 120, DXXII/5, vol. 1, fol. 22–25 und 27–32) liegen verschiedene weitere Darstellungen dieser Versammlung vor: *Eduard Meyen:* Der Berliner Local-Verein für das Wohl der arbeitenden Classen, in: Rheinische Jahrbücher zur gesellschaftlichen Reform (s. Anm. 192), S. 198–214; *Karl Gundlach:* Die erste Versammlung des Berliner Localvereins für das Wohl der arbeitenden Klassen, in: Norddeutsche Blätter für Kritik, Literatur und Unterhaltung, Heft VI, Dezember 1844, S. 28–34; *Anonym* (wahrscheinlich *Adolf Diesterweg*): Der 29. November in Berlin, ein Zeichen der Zeit, Berlin 1844. Vgl. auch *Stiebel*, S. 134ff.

194 S. die abwertenden Bemerkungen von Engels über die Berliner »Freien« in seinen Briefen vom 19. 11. 1844 und 20. 1. 1845 an Marx, Abdruck in MEW, Bd. 27 (s. Anm. 189). Die grundsätzliche Auseinandersetzung mit »Bruno Bauer und Konsorten« erfolgte in der von *Engels* und *Marx* gemeinsam verfaßten Schrift »Die heilige Familie oder Kritik der kritischen Kritik«, Frankfurt/M. 1845 (s. MEW, Bd. 2, S. 3–223).

ster[195] ihre Diskussionsbeiträge und Forderungen eine große Gefahr zu signalisieren: den Vorstandsmitgliedern des Centralvereins wegen des falschen Lichts, das dadurch auch auf den Centralverein fiel und die Genehmigung seiner Statuten gefährdete, dem Innenminister wegen der möglicherweise aufregenden Wirkungen auf die Arbeiterschaft Berlins.

Wenn von Patow Mitte Dezember, wie oben geschildert, noch auf den Bericht von Arnims an den König einen mäßigenden Einfluß auszuüben versuchte, so bemühte sich Bornemann aus den oben erwähnten Gründen sofort um eine ähnliche Einwirkung auf die Arbeit des am 29. November gewählten Statutenkomitees für den Berliner Lokalverein[196]. Wenige Tage nach der offenbar recht tumultuarischen, die meisten Anwesenden dennoch begeisternden Gründungsversammlung des Lokalvereins[197] befaßte sich der Vorstand des Centralvereins mit den Folgerungen aus den Ereignissen dieser Versammlung und beauftragte Bornemann, durch ein ausführliches Schreiben an das gewählte Komitee seinen Einfluß geltend zu machen und es vor einem zu weitgehenden Statutenentwurf zu warnen. In diesem Schreiben vom 5. Dezember, das als »offener Brief« konzipiert war, hob Bornemann hervor[198], daß neben vielen positiven Ansätzen auch Bestrebungen festzustellen gewesen seien, den Lokalverein »zu fremdartigen Zwecken zu benutzen«, von denen einige »mehr oder minder auf die sozialistischen Richtungen der neuen Zeit« hinausliefen. Die Versammlung des Berliner Lokalvereins vom 29. November müsse »in dieser Hinsicht zur Warnung« dienen; es solle daher sowohl das zukünftige Arbeitsfeld des Lokalvereins »innerhalb möglichst enger Grenzen« bleiben, als auch die Vereinsorganisation die Gewähr bieten, daß gefährliche Tenden-

---

195 S. die Protokolle im DZAM, Rep. 120, DXXII/5, vol. 1, passim.

196 Zu Bornemann s. Anm. 139. Bornemann war offenbar über die Entwicklung besonders betroffen. Als er am 2. 12. 1844 dem Innenministerium eine Reinschrift der Statuten des Centralvereins nachreichte, nutzte er diesen Anlaß zu einigen persönlichen Bemerkungen an von Arnim, die schon fast Rechtfertigungs- und Entschuldigungscharakter haben (s. oben S. 87). Bornemann ließ durchblicken, daß er sich eigentlich aus zeitlichen und gesundheitlichen Gründen nicht mehr voll in der Lage fühle, das »große und schwierige Werk« fortzuführen und das »besonnene maaßhaltende Element fortdauernd aufrecht (zu) erhalten« (DZAM, Rep. 120, DXXII/1, vol. 1, fol. 59). Tatsächlich war Bornemann wenige Tage vorher als Präsident des Oberzensurgerichts zurückgetreten und wurde am 1. 12. 1844 zum Direktor im Justizministerium ernannt. Der Brief Bornemanns muß insgesamt als ungeschickter Schritt gekennzeichnet werden, denn er lieferte von Arnim weitere Argumente gegen den Centralverein. Im Grunde belegt er eine eklatante Fehleinschätzung von Arnims durch Bornemann.

197 S. dazu besonders die ironische Darstellung der Vorgänge von *Karl Gundlach* (s. Anm. 193). Leiter der Versammlung war übrigens Adolf Diesterweg.

198 Der »offene Brief« Bornemanns ist mehrfach in den Archiven erhalten und inzwischen auch abgedruckt bei *Siegfried Bahne:* Die Freiherren Ludwig und Georg Vincke im Vormärz, Dortmund 1975, S. 139–142. Die folgenden Zitate sind dem Exemplar entnommen, das sich im DZAM befindet (Rep. 120, DXXII/1, vol. 1, fol. 109–112). Zu den Mäßigungsversuchen der Lokalvereine durch den Centralverein s. auch Westph. Dampfboot, 1. Jg. (1845), S. 23f.

zen keine Chancen hätten. Im zweiten Teil seines Briefes schwenkte Bornemann dann vollständig auf die Linie ein, die die rheinischen Fabrikanten schon in der Gründungsversammlung des Centralvereins verfolgt hatten. Als zu bevorzugende Einrichtung für das Wohl der arbeitenden Klassen, bei der man sich nicht irren könne und man auch sicheren Boden unter den Füßen habe, empfahl er dem Lokalverein die Einrichtung von Spar- und Prämienkassen für Fabrikarbeiter. In einem zunächst ausschließlichen Engagement in dieser Richtung liege – wie Vorbilder in Paris und Aachen zeigten – die Gewähr für einen soliden Start, der keine unerfüllbaren Wünsche und Erwartungen wecke wie manch andere diskutierte Pläne. Zur Durchsetzung seiner Ziele müsse sich der Lokalverein einen festen Mittelpunkt, d. h. einen starken Vorstand und Ausschuß, geben und dürfe sich auf keinen Fall als Gesamtverein von selbständig agierenden Zweigvereinen einzelner Stadtbezirke verstehen, weil in diesen »die abwegigsten und verkehrtesten Anforderungen zur Sprache gebracht werden könnten«. Der Mitgliedsbeitrag solle, um den Mitgliederzulauf zu bremsen, möglichst auf zwei Taler im Jahr, mindestens aber auf einen Taler festgesetzt werden. Zwar nahm Bornemann an, daß seine dringenden Empfehlungen Widerspruch erzeugen würden, doch wies er darauf hin, daß eine Gestaltung des Statuts in der angedeuteten Richtung im Interesse der Sache unbedingt notwendig sei; das werde auch den Kritikern einer zunächst nur auf einen Punkt reduzierten Wirksamkeit bald einleuchten. Zwar nicht klar ausgedrückt, für alle Eingeweihten aber dennoch unmißverständlich, deutete Bornemann mit dem letzten Hinweis auf die Gefahr einer grundsätzlichen Ablehnung der Lokalvereinstätigkeit und damit auch einer erheblichen Beeinträchtigung der Entfaltung des Centralvereins durch das Innenministerium hin.

Wenn auch der übrige Vorstand des Centralvereins mit dieser völligen Abkehr von den anfangs gegenüber den rheinischen Fabrikanten betonten weiteren Zwecken nicht völlig einverstanden war[199], so akzeptierte er offenbar wenigstens den taktischen Aspekt. Zudem ist anzunehmen, daß Bornemann die von Arnim kurz nach der Lokalvereinsversammlung vom 29. November mitgeteilten Rücktrittsabsichten auch den Vorstandsmitgliedern des Centralvereins angedeutet hat. Ein Ausscheiden Bornemanns zu diesem Zeitpunkt wäre aber ein spektakuläres und für den Verein höchst schädliches Ereignis gewesen. Es blieb ihnen daher nichts anderes übrig, als die Vorstellungen Bornemanns, wie man das »besonnene und maaßhaltende Element fortdauernd aufrecht erhalten« könne[200], zu akzeptieren.

---

199 Das geht aus einem Schreiben des Lokalvereinskomitees vom 7. 5. 1845 an den Brandenburger Oberpräsidenten von Meding hervor, s. DZAM Rep. 120, DXXII/5, vol. 1, fol. 151; vgl. auch *Stiebel*, S. 137, Anm. 3.

200 Zitat aus dem in Anm. 196 erwähnten Brief Bornemanns an von Arnim.

Das Statutenkomitee des Lokalvereins wollte sich dagegen durchaus nicht allen Einschränkungen, die Bornemann empfohlen hatte, anschließen, was Daniel Alexander Benda, der ja zugleich auch Mitglied des Centralvereinsvorstands war, zum demonstrativen Austritt aus dem Komitee veranlaßte[201]. Dennoch war der Statutenentwurf schließlich ein Kompromiß, in dem die unterschiedlichen Standpunkte hinter vagen Formulierungen zurücktraten. Von einer eindeutigen Beschränkung auf die Spar- und Prämienkassen war allerdings nicht die Rede, vielmehr wollte der Lokalverein »durch die Kraft des moralischen Einflusses« und durch »alle nach den örtlichen Verhältnissen zulässig erscheinende(n) Mittel« die Entstehung von »leiblicher wie geistiger Not« so gründlich wie möglich verhindern[202]. Ein Entgegenkommen gegenüber Bornemanns Vorstellungen bestand hier lediglich darin, daß dabei solche Mittel vorzüglich berücksichtigt werden sollten, die sich schon in der Praxis bewährt hätten. Mit nur geringfügigen Abänderungen wurde der Statutenentwurf nach mehreren zum Teil wieder recht stürmischen Versammlungen am 22. Januar 1845 beschlossen und anschließend dem für Berlin zuständigen Brandenburger Oberpräsidenten von Meding zur Genehmigung vorgelegt[203]. Daß die Änderungen trotz einer Fülle von Abänderungsanträgen nur geringfügig blieben, war auf die feste Haltung des Statutenkomitees zurückzuführen. Vor allem in dem brisantesten Punkt, dem Antrag auf statutenmäßige Festlegung, monatlich öffentliche Bezirksversammlungen in den Berliner Stadtbezirken

201 S. Westph. Dampfboot, 1. Jg. (1845), S. 23: Der »alte liberale, aber wie es scheint etwas gallige Stadtrath Benda« schied vor allem wegen der Frage nach der Höhe des Jahresmitgliedsbeitrags aus, den die Mehrheit im Komitee auf 10 Silbergroschen festsetzen wollte. S. auch die Kölnische Zeitung vom 29. 12. 1844, wo behauptet wurde, von Patow habe Druck auf das Komitee ausgeübt, sich auf einen Jahresbeitrag von einem Taler zu einigen, da sonst keine Aussicht auf behördliche Genehmigung der Statuten bestehe. Von Patow hat diese Behauptung jedoch ausdrücklich zurückgewiesen (s. DZAM, Rep. 77, tit. 1542, Nr. 2, Stellungnahme von Patows an den Innenminister vom 1. 1. 1845).

202 Statut in DZAM, Rep. 120, DXXII/5, vol. 1, fol. 13–21, Abdruck bei *Adolf Schmidt:* Die Zukunft der arbeitenden Klassen und die Vereine für ihr Wohl, Berlin 1845, S. 94–102, sowie bei *Kuczynski:* Lage, Bd. 9, S. 258–264. Die Zitate stammen aus den §§ 1 und 2. Das Berliner Statut lehnte sich in vielen Punkten sehr stark an das Kölner Vorbild an, doch ist die »Kraft des moralischen Einflusses« als Mittel zur Hebung der unteren Klassen – ein Begriff, der auch schon in der »Kundgebung« des Centralvereins vom 29. 10. 1844 auftaucht (s. oben S. 86) – nur im Berliner Statut erwähnt. Über die Schwammigkeit dieses Begriffs macht sich *Karl Köppen* lustig, wenn er in den Norddeutschen Blättern für Kritik, Literatur und Unterhaltung (Heft VI, Dezember 1844, S. 51 f.) schreibt: »Die National-Oeconomen und Socialisten waren Dummköpfe, daß sie dieses herrliche Mittel in ihrer Apotheke vergaßen. Sie verdienten zur Strafe für ihre Dummheit Mitglieder des Berliner Localvereins . . . zu werden.«

203 DZAM, Rep. 120, DXXII/5, vol. 1, passim. Zur 2., 3. und 4. Versammlung s. in den Norddeutschen Blättern (s. Anm. 202), S. 39–52 und S. 75–77; außerdem Westphäl. Dampfboot, 1. Jg. (1845), S. 70f., sowie einen Polizeibericht über die Versammlung vom 22. 1. 1845 im DZAM, Rep. 120, DXXII/1, vol. 1, fol. 85–88, in dem zwischen drei Gruppen unterschieden wird: einer »Partei des Rechts«, einer des »gemäßigten Fortschritts« und einer »illegalen Partei«, zu der u. a. Rutenberg, Nauwerck und Berends gezählt werden.

mit uneingeschränktem Beratungsrecht abzuhalten, blieb das Komitee hart und drohte schließlich mit seinem Rücktritt, wodurch es ein Einlenken der Mehrheit der Versammelten erreichte, die zunächst für solche Versammlungen eingetreten waren[204].

Der Vorstand des Centralvereins mußte nach seinen Berliner Erfahrungen und nach den vor allem aus Köln vorliegenden Nachrichten zu dem Eindruck kommen, daß er die Geister, die er zunächst naiv-optimistisch gerufen hatte, nicht mehr los werden würde, wenn er nicht mit dem Innenministerium gemeinsam versuchte, die zu wuchern beginnende Bewegung in klare Bahnen zu lenken. Nur so konnte er dazu beitragen, wenigstens für den Centralverein halbwegs liberale Statuten zu erreichen. Von Arnim hatte am 9. Dezember 1844 sämtliche Oberpräsidenten in einem kurzen Schreiben aufgefordert, sich über die Vereinsaktivitäten zum Wohle der arbeitenden Klassen in der jeweiligen Provinz »gutachtlich gegen mich äußern zu wollen, damit die etwa entstehenden Bedenken von einem gleichen Gesichtspunkte aus beurtheilt werden können«[205]. Bei den Regierungen eingehende Statuten von Vereinen sollten deshalb erst nach dem Erlaß einheitlicher Beurteilungsrichtlinien bearbeitet werden.

Nachdem Friedrich Wilhelm IV. – wie oben erwähnt – am 24. Januar 1845 das Innenministerium ermächtigt hatte, die Angelegenheit selbständig weiterzuverfolgen und sogar jedes einzelne Statut gesondert zu prüfen, begann man dort im Februar mit den Vorarbeiten zu einem detaillierten Zirkular an die Oberpräsidenten. Die seit Anfang November 1844 anstehende Verfügung an den Centralverein über dessen Statut sollte erst im Anschluß daran ausgearbeitet werden. Der Vorstand des Centralvereins – offenbar über diese Behandlungsfolge im Innenministerium informiert – unternahm daher am 24. Februar 1845 auf zwei Wegen den Versuch, den Inhalt des geplanten Zirkulars zu beeinflussen: Zum einen schickte Bornemann eine ausführliche persönliche Stellungnahme an von Arnim[206], in der er Fehler des Centralvereins zugab, die Einrichtung von Bezirks- und Provinzvereinen zur Zeit für nicht ratsam erklärte und den Lokalvereinen – möglichst unter dem Einfluß der Kommunalbehörden und der »potentesten Männer« – zur Sicherung gegen Mißbrauch zunächst nur das Engagement in einer bestimmten Sache, vornehmlich der Errichtung von Spar- und Prämienkassen, zubilligte. Entschieden sprach er sich gegen sogenannte »sittliche Institutionen« aus, da hier am ehesten »antisociale Tendenzen« Fuß fassen könnten. Zum zweiten richtete der Vorstand des Centralvereins am selben Tage ein offizielles Schreiben an den Innenmini-

204 Vgl. dazu neben dem erwähnten Bericht von *Meyen* (s. Anm. 193), S. 202, auch *Stiebel*, S. 142ff.

205 StaatsA Koblenz 403/166, fol. 203.

206 DZAM, Rep. 120, DXXII/1, vol. 1, fol. 90–92. Am Rand befinden sich mehrfach die Marginalien von Arnims »sehr richtig», »einverstanden«.

ster[207], in dem er sich im gleichen Sinne wie Bornemann äußerte und nachdrücklich die Entwicklung in manchen Orten bedauerte. Er fügte 50 Abschriften jenes offenen Briefes bei, den Bornemann am 5. Dezember 1844 an das Statutenkomitee des Berliner Lokalvereins geschickt hatte[208], um dem Innenministerium Material zur Verteilung an die Unterbehörden zu geben, mit dem es zeigen konnte, wie der Centralverein sich in den Lokalvereinen unter der Führung der »potentesten und geachtetsten Männer« eine Wirksamkeit vorstellte, die keine »Einwirkung fremdartiger Tendenzen« oder gar die »Herrschaft der arbeitenden Klassen« zulasse[209]. Tatsächlich führten beide Vorstöße des Vorstands in diesem Punkt zu einer Zusammenarbeit mit dem Innenministerium. Mathis befragte vor der endgültigen Fertigstellung des Zirkulars Bornemann noch persönlich zur Behandlung der Provinz- und Bezirksvereine[210] und arbeitete dessen Stellungnahme dann in den Text ein, der am 3. März fertiggestellt, dann metallographisch vervielfältigt wurde, aber erst am 16. März aus dem Haus ging[211]. Dem Zirkular waren Kopien der Stellungnahme des Centralvereins vom 24. Februar und des Bornemann-Briefes an das Berliner Statutenkomitee vom 5. Dezember 1844 beigegeben. Ein wirkliches Einschwenken auf die – inzwischen ja schon recht reduzierten – Vorstellungen des Centralvereinsvorstands bedeuteten diese Vorgänge jedoch nicht; der Inhalt des Zirkulars zeigt, daß von Arnim auf die Stellungnahmen Bornemanns und des übrigen Vorstands im wesentlichen nur dort zurückgriff, wo dieser selbst eine bedauerliche Entwicklung konstatierte und Gefährdungen zugab. Solche Bemerkungen stellte von Arnim bewußt und mit Nachdruck an den Anfang seines Zirkulars, um sie als Begründung für seine dann folgenden restriktiven Bestimmungen im Hinblick auf die Lokalvereine zu benutzen. Mehrfach betonte er dabei die Meinungsharmonie zwischen ihm und dem Vorstand des Centralvereins und spielte dabei die noch offene Frage der Genehmigung der Statuten herunter: Dort gehe es lediglich noch um die »Beseitigung einiger Anstände«, die jedoch die eigentlichen Grundprinzipien nicht berührten. Um zu verhüten, daß die Lokalvereine »überspannte Hoffnungen der sogenannten arbeitenden Klassen« erweckten und auf »fremde, der Absicht der Gründer durchaus nicht entsprechende« Gebiete übergriffen, verlangte er, daß die »Befugniß zur thätigen Mitgliedschaft sich nur auf die gebildeten Klassen der bürger-

---

207 Ebd., fol. 94.

208 S. oben S. 100 (Anm. 198).

209 Die letzte Passage ist im Original (s. Anm. 207) zwar wieder getilgt worden, aber noch lesbar. Mathis hat durch Bleistiftanstreichung diese Stelle dennoch angemerkt und damit dieses Argument bewußt und betont hervorgehoben.

210 Mathis an von Arnim am 5. 3. 1845, ebd., fol. 96.

211 Konzept ebd., fol. 97–107'. Original u. a. im StaatsA Koblenz, Akte 403/6632, fol. 1–11. Zu der Verzögerung um fast zwei Wochen s. unten S. 108 und S. 112.

lichen Gesellschaft erstrecke«. Jeder Verein solle sich zudem nur auf einen bestimmten praktischen Gegenstand beschränken, der Aussicht auf Erfolg und Gewähr gegen Mißbrauch biete. Eine spätere Ausweitung der Aktivitäten könne dann von den Oberpräsidenten der Provinz genehmigt werden, wenn der erste Schritt erfolgreich gewesen sei. Als solchen ersten Schritt hob von Arnim die Errichtung von Spar- und Prämienkassen hervor: Die Sittlichkeit der arbeitenden Klassen werde sicherer indirekt durch materielle Einrichtungen gefördert, die gleichzeitig einen sittlichen Halt gäben, als durch direkte Mittel. Die Entscheidung über die Bestätigung von Lokalvereinen machte von Arnim nachdrücklich von deren eindeutigem Anschluß an diese Prinzipien, die ja auch der Vorstand des Centralvereins verfolge, abhängig und betonte die unbedingt notwendige enge organisatorische Verbindung mit dem Centralverein. Zusätzlich legte er fest, daß zukünftig Lokalvereinsversammlungen nur noch unter der Leitung von Vertretern der Staatsbehörden oder von Gemeindevorständen und nach Genehmigung durch den Oberpräsidenten stattfinden dürften. Eine Fortsetzung aller übrigen Bestrebungen sei nicht mehr zu gestatten, wie auch weitere Beratungen nach einer Einigung über einen zur Genehmigung vorzulegenden Statutenentwurf unstatthaft seien. Da selbst der Vorsitzende des Centralvereins die Bildung von »Zwischengliedern«, d. h. von Provinz- und Bezirksvereinen, zur Zeit »für unangemessen« erachte, sollten alle Bemühungen um solche Vereine eingestellt werden. Damit den Landes- und Bezirksregierungen die Rechtslage in dieser Angelegenheit ganz klar war, wies von Arnim abschließend noch darauf hin, daß der König die Prüfung und Genehmigung aller Statuten von Lokalvereinen für das Wohl der arbeitenden Klassen ausdrücklich dem Innenministerium übertragen habe.

Daß eine solche Einengung der Lokalvereinstätigkeit weit über das hinausging, was sowohl der Vorstand des Centralvereins als auch einige Provinz- und Bezirksregierungen als Rahmensetzung für notwendig hielten, wurde mit Enttäuschung und auch Verärgerung registriert. Der Vorstand mußte sich nun sagen, daß seine Vorstellungen vom 24. Februar dem Innenminister nur als Vorwand für eine scharfe Zurückweisung nicht nur einiger radikaler Bestrebungen, sondern praktisch aller liberalen Kräfte gedient hatten. Doch es blieb nicht bei diesem Zirkular vom 16. März; gute vierzehn Tage später, am 2. April 1845, folgte eine weitere, noch einschneidendere Verfügung[212]. Hierin wurde den Generalversammlungen der Lokalvereine lediglich das Recht zugesprochen, den Vorstand zu wählen, den Rechenschaftsbericht entgegenzunehmen und – nach Zustimmung der Behörden – über eventuelle Statutenänderungen zu beraten. Je-

212 Konzept im DZAM, Rep. 120, DXXII/1, vol. 1, fol. 121–124; Original im StaatsA Koblenz, Akte 403/6632, fol. 23–26.

de Erörterung von Vorschlägen und Maßnahmen der Vereinsvorstände wurde ebenso untersagt wie das Einbringen und erst recht die Beratung von Anträgen der Mitglieder. Die Begründung dafür lautete – abgesehen von dem Hinweis auf die Gefahren des Zusammentritts von »Hunderten von Personen aller Stände und Bildungsstufen« – folgendermaßen:

»Es liegt überdies in der Natur der Sache, daß diejenigen Personen, welchen eine Gesellschaft die Besorgung ihrer Angelegenheiten eben deshalb anvertraut, weil sie *selbst* der großen Anzahl ihrer Mitglieder halber dazu nicht imstande ist, die übertragenen Geschäfte innerhalb der ertheilten Vollmacht selbstständig und ohne unmittelbare Konkurrenz ihrer Machtgeber verwalten.«[213]

Jeder Zutritt von Mitgliedern zu den Vorstandssitzungen wurde ebenfalls verboten, weil ein solcher sich nur ungünstig auf die Ruhe und Besonnenheit der Beratungen auswirken werde. Besonders gravierend war ein dritter Punkt: Von Arnim verlangte, daß in allen Statuten festgelegt werden sollte, daß die gewählten Vorstände durch die Oberpräsidenten, nur im besonderen Fall auch durch die Bezirksregierungen, zu bestätigen seien, da die »ersprießliche Entwicklungen der Vereine wesentlich durch die Persönlichkeit der an der Spitze stehenden Männer bedingt« werde[214]. Der Grund, den das Innenministerium für diese zweite Verfügung innerhalb kurzer Zeit angab, lautete, daß inzwischen verschiedene Statutenentwürfe eingegangen seien, die nachträglich noch zusätzliche Richtlinien erforderlich gemacht hätten. Tatsächlich war es aber so, daß von Arnim erstens inzwischen eine Strategie über das weitere Vorgehen bei der Behandlung des Centralvereins entwickelt hatte (s. u.) und zweitens auf eine Immediat-Eingabe des Justitiars der Düsseldorfer Regierung, des Regierungsrats von Mirbach zu Harf, zurückgreifen konnte, mit der er jetzt auch vor seinen Ministerkollegen ein noch schärferes Vorgehen zu rechtfertigen vermochte. Von Mirbach hatte in seiner Eingabe an Friedrich Wilhelm IV. vom 5. Februar 1845 über die »hierzulande zunehmenden bedenklichen Strebungen« im Zusammenhang mit Lokalvereinsgründungen berichtet[215]. Solche Vereine, beklagte von Mirbach, verfolgten die »öffentliche und geheime Bearbeitung der untern Volksklassen zu communistischen Zwecken und Richtungen«, sie seien somit »Vorbereitungsschulen verderblicher Lehren und Grundsätze« und betrieben die »Lösung der Bande der anhänglichen Ehrfurcht und heiliger Scheu in sittlicher und politischer Gesinnung«[216]. Als Beleg hatte von Mirbach einen Bericht über einen angeblich kommunistischen Zirkel in Kleve beigelegt, der versucht haben sollte, auf die von dem Klever Bürgermeister betriebene Gründung

213 Zit. nach dem Original im StaatsA Koblenz, ebd., fol. 24.
214 Ebd., fol. 26.
215 Original im DZAM, Rep. 120, DXXII/9, Nr. 2, fol. 63.
216 Ebd.; Mirbach wies u. a. auf die Unterstützung und Verbreitung dieser Lehren in der liberalen Presse des Rheinlands hin.

eines Lokalvereins Einfluß zu gewinnen[217]. Die Eingabe verfehlte nicht ihren Eindruck auf den König, der ja wenige Tage vorher zur ferneren Behandlung der gesamten Vereinsfrage das Innenministerium ermächtigt hatte. Trotzdem empfahl er am 12. Februar 1845 nicht nur von Arnim, sondern auch dem Justizminister Uhden und dem Minister für geistliche Angelegenheiten, von Eichhorn, den Hinweisen von Mirbachs nachzugehen und diese bei Maßnahmen zu berücksichtigen[218]. Obgleich sowohl von Eichhorn als auch Uhden schon nach kurzer Zeit feststellen konnten, daß die in dem Immediatbericht von Mirbachs mitgeteilten Nachrichten »den Mangel der Glaubwürdigkeit zu tragen scheinen« und wohl die Sache schlimmer aufgefaßt und dargestellt worden war, als sie sich in Wirklichkeit abgespielt hatte[219], verfolgte von Arnim in Übereinstimmung mit Mathis hier eine ebenso harte Linie wie bei der gleichzeitigen Aufdeckung jener angeblichen kommunistischen Verschwörung in Schlesien, die nach einem heftigen Streit zwischen Mathis und dem schlesischen Oberpräsidenten von Merckel über die Art des Vorgehens u. a. auch zur Entlassung von Merckels führte[220].

Obwohl von Patow der Mirbachsche Bericht schon am 23. Februar bekannt war und von Arnim ihn kurz darauf erhielt, konnte Mathis ihn erst am 6. März zur Kenntnis nehmen[221]. Zu diesem Zeitpunkt war es aber zu

---

217 Die Gründung dieses Vereins war auf Anregung Karl Quentins erfolgt. In den benutzten Archiven befindet sich zu dieser Angelegenheit noch eine große Fülle von Schriftstücken, so im DZAM, Rep. 120, DXXII/9, Nr. 2; im HStAD Reg. Düsseldorf 1587; im StaatsA Koblenz 403/6581 und im GehStA Berlin 84a/5410. S. auch *Obermann:* Volksbewegung, S. 511; *Schneider,* S. 33f., *Dowe:* Aktion und Organisation, S. 75f. und *Stiebel,* S. 97 und S. 111.

218 Marginalie Friedrich Wilhelms IV. am Original der Mirbachschen Eingabe (s. Anm. 215). Der Grund dafür, der auch zu der erwähnten Fülle von Schriftstücken über den Klever Verein führte, lag darin, daß bei der Gründung des Vereins sowohl Gymnasiallehrer, für die das Kultusministerium, und beamtete Juristen, für die das Justizministerium zuständig war, hervorgetreten waren. S. dazu auch ein Schreiben des Kultusministers Eichhorn an von Arnim vom 23. 2. 1845 (GehStA Berlin 84a/5410, fol. 148c–148d').

219 Eichhorn an von Arnim am 14. 3. 1845 (DZAM, Rep. 120, DXXII/1, vol. 1, fol. 120). Von Arnim betonte dagegen in einem Brief an Eichhorn und Uhden, den Justizminister, vom 16. 3. 1845 (ebd., fol. 116f.), daß Vorkommnisse wie die in Kleve »nicht vereinzelt« seien und mit der »Ausartung der Vereine für das Wohl der arbeitenden Klassen« zusammenhingen; eine Verfolgung sei daher von großer Wichtigkeit. Trotz des Briefes von Eichhorn vom 14. 3. forderte von Arnim am 31. 5. 1845 Eichhorn und Uhden erneut auf, Schritte gegen einzelne bei dem »Clever Vorgange« beteiligte Beamte zu unternehmen (GehStA Berlin 84a/5410, fol. 176).

220 S. oben Anm. 170. Zu dieser harten Linie Mathis' s. vor allem die Verfügungen an Stieber, den mit der Aufklärung der angeblichen Verschwörung beauftragten Beamten (zit. bei *Auerbach:* Stieber, S. 6).

221 Lt. DZAM, Rep. 120, DXXII/1, vol. 1, fol. 119, reichte von Patow, der als erster im Innenministerium informiert war, die Mirbach-Sache am 23. 2. an von Arnim weiter. Gerade in diesen Tagen (24. 2.–10. 3.) war Mathis aber besonders aktiv mit Maßnahmen gegen die schlesische »Verschwörung« beschäftigt, außerdem mit Verfügungen im Zusammenhang mit den kommunistischen Versammlungen in Elberfeld (s. Anm. 224); s. *Auerbach:* Stieber, S. 4–6; sowie DZAM, Rep. 77, tit. 245, Nr. 4, fol. 3–19, und GehStA Berlin 84a/5410, fol. 156f.

spät, das am 3. März fertig gewordene Zirkular noch einmal völlig umzuarbeiten, zumal verschiedene Oberpräsidenten und Regierungen – selbst wieder unter dem Druck der Vereine stehend – auf eine »baldmöglichste Ausfertigung« von Richtlinien drängten[222]. In diesen Verwicklungen und Zuspitzungen lag also ein wichtiger Grund für die Zweistufigkeit der Entscheidung über die Rahmenbedingungen für Lokalvereine und nicht, wie behauptet, in gerade erst eingegangenen Statuten[223]. Vor allem der dritte Punkt der Verfügung vom 2. April, die Bestätigung der Vorstandsmitglieder durch den Oberpräsidenten, hing eng mit dem Bericht über die verschiedenen »kommunistischen Umtriebe« in Kleve, Elberfeld[224] und Schlesien zusammen: Die Tatsache, daß in Kleve sogar Staatsbeamte – der Steueramtsrendant, zwei Advokat-Anwälte, der Kreissekretär, der zugleich stellvertretender Zensor war, und ein Gymnasiallehrer[225] – Vorstellungen vertreten hatten, wie sie auch in Köln zu hören gewesen waren, ließ Mathis und von Arnim zu der Meinung kommen, daß die Forderung im Zirkular vom 16. März nach Besetzung der Vereinsvorstände mit den »potentesten Männern«, vornehmlich mit Behördenvertretern, noch keine ausreichende Gewähr gegen »fremde Tendenzen« bot.

Mit den Verfügungen vom 16. März und besonders vom 2. April war das Schicksal fast aller Vereine, die sich im Anschluß an den Aufruf des Centralvereins und unter dem Eindruck der königlichen Ordre seit Anfang November 1844 gebildet hatte, besiegelt. Eine Reduzierung ihrer Statuten und Wirksamkeit auf einen solch eingeschränkten Rahmen, wie ihn die Bestimmungen des Innenministeriums erzwangen, ließen sich nur die wenigsten Vereine gefallen, wenn sie nicht schon sowieso vorher aufgelöst worden waren[226]. Zudem war in den meisten Orten die Begeisterung bald erlahmt, als sich eine langwierige Auseinandersetzung mit den Behörden abzuzeichnen begann. Was kritische Beobachter schon von vornherein ge-

---

222 Vor allem drängte z. B. die Düsseldorfer Regierung – wohl von Quentin beeinflußt – auf Anerkennung des Düsseldorfer Bezirksvereins; s. StaatsA Koblenz 403/166, fol. 231–245' (Regierung Düsseldorf an den Oberpräsidenten von Schaper) sowie DZAM, Rep. 120, DXXII/9, Nr. 1, fol. 18 (von Schaper an von Arnim).

223 S. dazu oben S. 104 und unten S. 112.

224 Zu den Elberfelder Versammlungen s. zuletzt *Jürgen Reulecke:* Die erste sozialistische Versammlung in Deutschland, in: Zeitschrift des Bergischen Geschichtsvereins, 87. Bd. (1974/76), S. 97–104, mit einem Überblick über die bisherigen Kenntnisse darüber.

225 S. dazu besonders *Dowe:* Aktion und Organisation, S. 75f., sowie die in Anm. 217 genannten Akten. In Elberfeld war der Düsseldorfer Advokat-Anwalt Hugo Wesendonck beteiligt, was von Arnim zum Anlaß nahm, Justizminister Uhden nachdrücklich zum Vorgehen gegen diesen aufzufordern (GehStA Berlin 84a/5410, fol. 155, Schreiben vom 18. 3. 1845).

226 Von den rund 35 nachweisbaren Zweigvereinsgründungen erhielten nach längerem Hin und Her lediglich die Lokalvereine in Minden und Burg bei Magdeburg sowie der Franzensburger Kreisverein die Genehmigung ihrer Statuten. Die Vorgänge befinden sich in folgenden Akten: Burg: DZAM, Rep. 120, DXXII/7, Nr. 1; Franzensburg: ebd., DXXII/4, Nr. 2; Minden: ebd., DXXII/8, Nr. 2 und StaatsA Detmold I S 491. Ausdrücklich verboten wurden u. a. der Kölner und der Bielefelder Verein.

ahnt hatten, mußten jetzt auch viele ansonsten loyale, liberal gesonnene Bürger feststellen: Der bestehende Staat hätte, wenn er es mit der Unterstützung der Vereinsbewegung für das Wohl der arbeitenden Klassen wirklich ernst meinte, der sich auf diesem Wege im sozialen Bereich emanzipierenden Gesellschaft auf Dauer auch einen wachsenden Einfluß auf die Gesetzgebung und das politische Leben überhaupt zugestehen müssen. Es war klar, daß er davor aber zurückschrecken würde, sobald ihm die Konsequenzen klar waren[227]: »Die Regierung hat durch den Versuch nur an Haß und Verachtung gewonnen . . . Unsere Halbheit, unsere Widersprüche, unsere Phantasterei, weisen die Kraft nothwendig auf solche Ansatzpunkte hin, die außerhalb der Regierung liegen und die nur allzu früh gefährlich werden müssen.«[228] Die zunächst von der Regierung gezeigte Freiheit sei eine »falsche Lockung« und deshalb töricht gewesen, weil nun der »Geschmack an solchen Berathungen geweckt« worden sei. Hatten viele liberale Bürger zunächst noch geglaubt, eine soziale Reform ohne wesentliche politische Veränderungen herbeiführen und auf dem Wege eines sozialen Vereinswesens gesellschaftlichen Sprengstoff entschärfen zu können, so sahen sie sich jetzt getäuscht. Bei einer Reihe von ihnen führte diese Erfahrung zur Wende von einem sozialen Gestaltungswillen im Rahmen des bestehenden Staates hin zum politischen Engagement gegen den Staat[229]. Bezeichnend dafür ist, daß eine große Zahl nicht nur der radikalen Literaten, sondern gerade auch der liberalen Bürger und Beamten, die in den Lokalvereinen hervorgetreten waren, in der 1848er Revolution eine wichtige Rolle spielte und oftmals anschließend emigrieren mußte[230].

Eine langfristig für den Staat wie für die Gesellschaft negative Wirkung des scharfen Vorgehens im Innenministerium befürchteten schon einige der Oberpräsidenten und Regierungspräsidenten in ihren Stellungnahmen über die Vereinsbewegung, während andere sich wiederum ausdrücklich für die weitreichenden Beschränkungen des bloß Unruhe stiftenden Vereinswesens bedankten oder diese mit offensichtlicher Genugtuung zur Kenntnis nahmen[231]. Die wichtigsten Bedenken stammten von dem Bran-

227 So z. B. *Varnhagen:* Tagebücher 2, S. 396 (Eintrag vom 13. 11. 1844).

228 *Varnhagen:* Tagebücher 3, S. 67f. (Eintrag vom 30. 4. 1845).

229 Vgl. *Hansen:* Mevissen, Bd. 1, S. 358. In diesem Befund besteht auch das wichtigste Ergebnis der Untersuchung von *Stiebel* über den Centralverein, s. bes. S. 177f. und S. 189.

230 Um nur einige Beispiele von Wortführern in Zweigvereinen zu nennen, die nach 1848 emigrieren mußten: Wesendonck und Quentin (Düsseldorf) sowie Groneweg (Gütersloh) nach Amerika, Lüning (Rheda/Bielefeld) und d'Ester (Köln) in die Schweiz, Hecker (Elberfeld) nach Brüssel, Meyen (Berlin) nach England usw.

231 S. z. B. den Dank des Mindener Regierungspräsidenten Richter für die klare Beschränkung der Zweigvereine am 15. 4. 1845 (DZAM, Rep. 120, DXXII/8, Nr. 2, fol. 2f.); der schlesische Oberpräsident teilte am 22. 6. 1845 mit, er habe das Zirkular »mit Genugtuung zur Kenntnis genommen« (ebd., DXXII/6, Nr. 1, fol. 2f.).

denburger Oberpräsidenten von Meding[232] und dem der Rheinprovinz, von Schaper. Beide wiesen auf die folgenreiche Verletzung und Entmutigung höchst achtbarer Männer hin, die sich inzwischen um eine positive Entwicklung einzelner Vereine und um eine Zurückdrängung radikaler Ideen bemüht hätten. Von Schaper machte sich vor allem die Einwände des Düsseldorfer Regierungspräsidenten von Spiegel zu eigen, der den dortigen Bezirksverein selbst mit angeregt hatte und nun nicht glauben mochte, daß dieser über jeden Zweifel erhabene Verein aufgelöst werden mußte[233]. Zwei Punkte, so bat von Schaper[234], sollten, wenn man nicht die Vereine absichtlich und grundsätzlich lähmen wolle, noch einmal überdacht werden: die verlangte offizielle Leitung der Vereine durch Behördenvertreter und der Zwang zur engen Verbindung mit dem Centralverein[235]. Zumindest sollte den Bezirksregierungen das Recht zugestanden werden, Ausnahmen nach Prüfung der Verhältnisse im einzelnen zulassen zu können. Eine Marginalie Mathis' an dieser Stelle des Schreibens zeigt jedoch, wie wenig dieser die ausführlichen Begründungen von Schapers ernst nahm: »Bei Aufgabe solcher Prinzipien wie der beiden vorgedachten werden die Vereine zu theuer erkauft!«[236]. Zudem sei strikt auf die Einheitlichkeit der Behandlung aller Vereine zu achten. Von Schaper erhielt keine Antwort mehr auf seinen Brief, weil er im Juli 1845 zum Oberpräsidenten von Westfalen ernannt wurde, doch ist das Konzept eines Antwortschreibens erhalten, in dem Mathis nachdrücklich auf den festgesetzten Bestimmungen besteht[237]. Es klingt schon fast zynisch, wenn er darin feststellt, er wisse nicht, wieso diejenigen, die ernsthaft am Wohle der unteren Klassen interessiert seien, etwas gegen die Leitung der Vereine durch Behördenvertreter haben könnten[238]. Die verlangte enge Bindung an den Centralverein sei zudem ein milderes Mittel der Kontrolle und zur Verhütung von Abwegen als ein unmittelbares Einschreiten des Innenministe-

---

232 DZAM, Rep. 120, DXXII/5, Nr. 1, bes. fol. 228ff.; zu den Einzelheiten, bes. zur Haltung von Medings, s. auch *Stiebel,* S. 171f.

233 Von Spiegel an von Schaper am 28. 4. 1845, StaatsA Koblenz 403/6632, fol. 47–65; s. auch *Hansen:* Briefe und Akten, Bd. 1, S. 734.

234 Konzept im StaatsA Koblenz 403/6632, fol. 81–85 (von Schaper an von Arnim am 13. 5. 1845), Original in DZAM, Rep. 120, DXXII/9, Nr. 1, fol. 40–42'.

235 Letzteres war ein gezielter Versuch, auf die besondere Eigenständigkeit und Empfindlichkeit der führenden rheinischen Kreise hinzudeuten; s. auch *Varnhagen:* Tagebücher 3, S. 131 (Eintragung vom 23. 7. 1845) zum rheinischen Selbstbewußtsein sowie die oben erwähnten Auseinandersetzungen um die Beschickung der Gewerbeausstellung. Allgemein dazu: *Karl-Georg Faber:* Die Rheinlande zwischen Restauration und Revolution, Wiesbaden 1966, und neuerdings *Rüdiger Schütz:* Preußen und die Rheinlande. Studien zur preußischen Integrationspolitik im Vormärz, Wiesbaden 1979.

236 Marginalie Mathis' zu DZAM, Rep. 120, DXXII/9, Nr. 1, fol. 42.

237 Ebd., fol. 43–47 mit dem Vermerk Mathis' (fol. 47), die Antwort solle noch nicht ausgefertigt werden, da erst abzuwarten sei, ob der Nachfolger von Schapers, von Eichmann, überhaupt die von seinem Amtsvorgänger geäußerten Bedenken teile.

238 Ebd., fol. 44.

riums in jedem Einzelfall. In dem letztgenannten Argument drückte sich die Erwartung Mathis' aus, daß der Centralverein unter dem Druck des Innenministeriums in einer Richtung festgelegt werden könnte, die dem genannten Zwecke entsprach. Nach der Erledigung der Frage der Zweigvereine richteten sich folglich die Bestrebungen von Mathis in der Folgezeit verstärkt auf eine solche Festlegung.

Das Ringen um die Centralvereinsstatuten 1845 bis 1848

Nach den Vorstellungen der Gründer des Centralvereins sollte die gesamte Vereinsarbeit auf zwei in Wechselwirkung zueinander stehenden Grundlagen beruhen: auf den praktischen Bestrebungen und konkreten Einrichtungen der Zweigvereine sowie auf der die vielen Anregungen sammelnden, sichtenden und abständig prüfenden Tätigkeit der Zentrale. Diese Tätigkeit war nur möglich, wenn das Statut des Centralvereins den Spielraum dazu bot. Nachdem ihm die erste Grundlage durch die Verfügungen vom 16. März und 2. April 1845 weitgehend entzogen war, begann nun ein rund drei Jahre dauerndes zähes Ringen um die zweite Grundlage, d. h. die Statuten, wenn auch Kritiker schon bald fragten, was ein Kopf ohne Glieder eigentlich überhaupt noch solle[239]. Da sich dieses Ringen zwischen dem Centralverein und dem Innenministerium im wesentlichen unter Ausschluß der Öffentlichkeit abspielte und nur wenig spektakuläre Züge besaß, wurde die Gründung des Vereins von den Zeitgenossen zunehmend aus dem Bewußtsein verdrängt oder als abgeschlossene Episode betrachtet[240]. Dennoch erscheint eine detaillierte Betrachtung und Analyse der drei Jahre dauernden Auseinandersetzung gerechtfertigt, weil sich in ihr wie in einem Brennspiegel verschiedene Tendenzen und Problemstränge bündelten, die für die Vorgeschichte der 1848er Revolution exemplarische Bedeutung besaßen.

Nach dem Einlaufen von Nachrichten über die Ereignisse in den diversen Lokalvereinen empfahl der mit dem Entwurf einer Antwort auf die Statutenvorlage des Centralvereins vom 27. Oktober 1844 betraute Regierungsrat Wenzel zunächst die Strategie, alle weiteren Versammlungen von Zweigvereinen »zu inhibieren und überall zu insistieren, damit alle üblen Tendenzen abgeschnitten« würden[241]. Erst nach Abschluß der Verhand-

239 So *Otto Lüning* in: Westphäl. Dampfboot, 2. Jg. (1846), S. 472.

240 In diesem Sinne etwa *Kochhann:* Mitteilungen, S. 48, und *Varnhagen:* Tagebücher 3, S. 67 (Eintragung vom 30. 4. 1845); vgl. auch *Karl Biedermann:* Sozialistische Bestrebungen in Deutschland, 2. Artikel, in: Unsere Gegenwart und Zukunft, 2. Bd. (Leipzig 1846), S. 234 und S. 238, sowie *Lorenz von Stein:* Der Sozialismus in Deutschland, in: Die Gegenwart, 7. Bd. (Leipzig 1852), S. 546f.

241 DZAM, Rep. 120, DXXII/1, vol. 1, fol. 114f.

lungen mit dem Centralverein über dessen Statut solle über die Art und Weise des Fortbestandes von Zweigvereinen bestimmt werden. Mathis entschied sich jedoch Anfang März 1845 unter dem Eindruck des Mirbach-Berichtes gegen diesen Vorschlag und hielt den seit dem 11. Februar vorliegenden ersten Wenzelschen Entwurf zurück[242]. Ihm schien es klüger zu sein, die Zweigvereinsfrage nicht auf die lange Bank zu schieben, sondern sie möglichst rasch zu erledigen. Ein Vorgehen, wie Wenzel es vorgeschlagen hatte, hätte zu viel Aufregung verursacht, die Verhandlungen mit dem Centralverein belastet und gleichzeitig in den Zweigvereinen Erwartungen wach gehalten. Der umgekehrte Weg wurde deshalb auch von von Arnim in einer »Conferenz über die Cabinetts-Ordre«, zu der er die engsten Mitarbeiter aus der Abteilung II des Innenministeriums kurz nach dem 6. März 1845 zusammenrief, befürwortet[243]. Hier fiel jene Entscheidung, zunächst das schon fertige erste Zirkular an die Oberpräsidenten sofort abzuschicken, ein weiteres Zirkular kurz darauf folgen zu lassen und dann erst den Antrag des Centralvereins auf Statutengenehmigung zu beantworten[244]. Der Entwurf Wenzels, der im wesentlichen die Argumente enthielt, die auch die Immediateingabe von Arnims an den König vom 26. Dezember bestimmt hatten, mußte nun überarbeitet und ergänzt werden, zumal er auch durch das Schreiben des Centralvereinsvorstandes vom 24. Februar in einigen Punkten überholt war.

Am 4. April 1845, also über fünf Monate nach der Statutenvorlage, erhielt der Centralverein die erste offizielle Antwort auf seinen Antrag[245]. Von Arnim erklärte sich darin mit den schon vom Vorstand des Vereins in dessen Brief vom 24. Februar selbst vorgeschlagenen Beschränkungen der Zweigvereine weitgehend einverstanden und verwies auf seine beiden Zirkulare an die Oberpräsidenten. Als Grundprinzipien betonte er noch einmal nachdrücklich, daß die »tätige Mitgliedschaft sich nur auf die gebildeten Klassen der bürgerlichen Gesellschaft erstrecke(n)« dürfe und daß in Zukunft nur solche Zweigvereine genehmigt würden, die in einer engen Verbindung mit dem Centralverein ständen. Ausführlich setzte er sich dann mit dem Statutenentwurf auseinander und forderte die schon erwähnten Modifikationen, die sich auf die Amtsdauer und Stellung des Vorstands, das Wahlrecht der auswärtigen Mitglieder, die Öffentlichkeit der Ausschußsitzungen, die Art der Vorlage von Erörterungsvorschlägen für die Vollversammlung, die Beziehung des Centralvereins zu den Lokalvereinen – die Idee der Bezirksvereine hatte der Vorstand ja selbst schon aufgegeben – sowie die Modalitäten einer eventuellen späteren Statutenabänderung bezogen. Darüber hinaus verlangte von Arnim auch für den

242 Ebd., fol. 127ff.
243 Ebd., fol. 119.
244 S. oben S. 108 dieser Arbeit.
245 Konzept im DZAM, Rep. 120, DXXII/1, vol. 1, fol. 135–145.

Centralvereinsvorstand die Bestätigung der gewählten Vorstandsmitglieder durch die Staatsbehörden sowie die Zulassung eines staatlichen Kommissars zu den Sitzungen. Abschließend wies er auf die Bereitschaft des Königs hin, die Stiftung der 15000 Taler auch im Falle einer zunächst nur auf die Spar- und Prämienkassen beschränkten Wirksamkeit aufrechtzuerhalten.

Der Vorstand war auf eine Reihe der Monita, mindestens durch inoffizielle Mitteilungen von Patows[246], bereits vorbereitet und hatte schon Kompromißvorschläge erörtert. Daß die Antwort des Innenministers die Vorstandsmitglieder, vor allem die höheren Beamten, dennoch »schmerzlich berührt(e)«, hing mit der Forderung nach behördlicher Bestätigung des Vorstands zusammen. Mit einem solch tiefsitzenden Mißtrauen, das sie auch auf sich beziehen mußten, hatten die Beamten im Vorstand nicht gerechnet. Möglicherweise war dies für Bornemann auch der Grund, nun doch vom Vorsitz zurückzutreten, den jetzt Georg von Viebahn übernahm[247]. Der ausführliche Antwortbrief des Vorstands vom 10. Juni 1845 war deshalb auch von einer durchgängigen Enttäuschung geprägt, die in dem Satz gipfelte: »Wir haben gehofft, daß in unserer Zusammensetzung Gründe liegen würden, uns einiges Vertrauen zu schenken.«[248] Wenn die Vorstandsmitglieder jene Forderung schon bei Übernahme des »ohnehin nicht leichten Auftrages« gekannt hätten, so fährt das Schreiben fort, wären sie zur Annahme der Wahl nicht bereit gewesen.

Die Bemerkungen zu den einzelnen Monita von Arnims zeigen, daß der Vorstand von den meisten Paragraphen seines Statuts nicht abgehen, sie allenfalls nur geringfügig ändern wollte. So lehnte er z. B. eine Einschränkung des Wahlrechts auswärtiger Mitglieder ab; dies führe dazu, daß deren Interesse bald erlahmen werde. Gerade auf den Kontakt zu den Mitgliedern in der Provinz sei der Centralverein wegen der dorther zu erwartenden Geldmittel und seiner Einflußnahme auf »zweckmäßige Organe« in den verschiedenen Orten angewiesen. Auch die Diskussion von »allgemeinen Normen« des Vereins in den jährlichen Generalversammlungen hielt der Vorstand trotz der ministeriellen Einwände für notwendig: Die bloße Beschlußfassung über eventuelle Statutenänderungen und die Entgegennahme des Rechenschaftsberichtes erreichten das Ziel, das Publikum zu interessieren und das Interesse auf Dauer lebendig zu erhalten, nicht. Mit der Forderung nach schriftlicher Vorlage von Erörterungsvorschlägen mindestens vierzehn Tage vor der Versammlung erklärte sich der Vorstand einverstanden, verneinte aber gleichzeitig die vom Innenminister be-

---

246 S. oben S. 95f. dieser Arbeit.

247 S. unten Anm. 257.

248 Original im DZAM, Rep. 120, DXXII/1, vol. 1, fol. 165–178'; hierher stammen die folgenden Zitate.

fürchtete Möglichkeit einer zu starken »lokalen Färbung« solcher Versammlungen. Weiterhin verteidigte er die ja sowieso nur passive Teilnahme von Mitgliedern an den ordentlichen Vorstandssitzungen, war aber bereit, bei außerordentlichen Sitzungen die Öffentlichkeit auszuschließen. Ein direktes Eingreifen des Centralvereins in das Leben der Lokalvereine lehnten die Vorstandsmitglieder ebenfalls ab, außer wenn der Lokalverein Geldmittel von der Zentrale erhalten habe. Die Tätigkeit des Centralvereins solle im wesentlichen aus Beratung, Auskunft und gutachtlicher Äußerung sowie der Sammlung von Nachrichten einschließlich ihrer periodischen Verbreitung bestehen. Doch bekräftigte der Vorstand seine Überzeugung, daß als wichtigste Aufgabe der Lokalvereine die Einrichtung von Spar- und Prämienkasse zu betrachten sei, wobei er allerdings die gewinnbringende Anlage des angesammelten Geldes als ein Problem bezeichnete, das ohne eine überlokale Zusammenfassung nicht zu lösen sei. Mit den Monita, die die Anwesenheit eines staatlichen Kommissars in den Sitzungen des Centralvereins, den Fortfall der Provinz- und Bezirksvereine und das Recht der Behörden zur Genehmigung von Statutenänderungen betrafen, erklärte sich der Vorstand einverstanden und war auch bereit – allerdings erst nach Ablauf der ersten drei Jahre des Vereinsbestehens –, in den Statuten das turnusmäßige Ausscheiden eines Drittels der Vorstandsmitglieder zu verankern. Das Statut solle ohnehin nach drei Jahren einer kritischen Prüfung unterzogen werden. Kompromißlos zeigten sich die Unterzeichner des Schreibens aber in der schon erwähnten Frage der Vorstandsbestätigung durch die Behörden. Ein solcher Bestätigungszwang werde in Zukunft gerade die Männer von einer Mitarbeit abhalten, die der Vorstand dringend brauche. Die Bereitschaft, einen Staatskommissar zu allen Sitzungen einzuladen, sei die äußerste Möglichkeit des Entgegenkommens.
Der Brief des Vorstandes an den Innenminister enthielt aber über die Stellungnahme zu den Monita hinaus auch eine Zwischenbilanz seiner bisherigen Entwicklung und eine Selbsteinschätzung aufgrund der Erfahrungen, die er seit der Vereinsgründung gemacht hatte. Der Vorstand gab zu, daß diese Erfahrungen sogar schon zu dem Gedanken geführt hätten, den Centralverein wieder aufzulösen. Mehr auf die theoretische Erörterung als auf die praktische Wirksamkeit festgelegt, habe er bisher noch keinen nennenswerten Erfolg gehabt, wenngleich er »doch vielfach fördernd und anregend gewirkt« habe. So hätten durchaus schon mehr und mehr größere Gewerbetreibende und Fabrikherren erkannt, »daß in ihren zahlreichen Arbeitern ein Element liegt, dessen wirtschaftliche und sittliche Hebung nicht nur ihre heilige Pflicht ist, sondern auch ihrem eigenen Vorteile entspricht«. Daß sein Aufruf auch zu »unerfreulichen Bildungen« geführt habe, bedauerte der Vorstand; er zeigte sich aber sicher, daß diese bald wieder verschwunden sein würden. Seine Vereinszwecke seien ja grundsätz-

lich auf eine langfristige Entwicklung ausgerichtet. Trotz der kurzfristig negativen Erscheinungen vermochte daher der Vorstand des Centralvereins eine Widerlegung der Vereinsziele noch nicht zu erkennen. Diese Einsicht sei der eine Grund für die Bereitschaft zur Fortführung der Arbeit; der andere sei der bei einer Auflösung zu erwartende üble Eindruck in der Öffentlichkeit, die dann annehmen werde, der Centralverein sei »von außen« gehemmt und unterdrückt worden. Als Fazit seiner Darlegungen bat der Vorstand deshalb von Arnim, »daß Ew. Exzellenz auf Anordnungen nicht bestehen werden, welche das Fortbestehen des Vereins schwer oder unmöglich machen könnten«.

Mathis, der die Angelegenheit im Innenministerium weiter zu verfolgen hatte, begriff die versteckte Drohung, die in diesem Satz lag, sehr wohl; seine Marginalien zu dem Schreiben zeigen aber schon, daß er vor allem im Kernpunkt, der behördlichen Bestätigung der Vorstände, nicht zum Einlenken bereit war[249]. Ihm ging es nun offenbar auch um eine Macht- und Prestigefrage, nicht nur um die Abwendung von vermeintlichen Gefahren[250].

Daß es dennoch nicht zu einem gravierenden Konflikt kam, der wohl mit der baldigen Auflösung des Centralvereins geendet hätte, hatte mehrere Gründe. Zum einen wurde von Arnim Mitte Juni 1845 aus seinem Amt als Innenminister entlassen, nachdem er sich schon seit dem 21. Mai nach einer Auseinandersetzung mit Friedrich Wilhelm IV., die aus unterschiedlichen Auffassungen über eine Ständevertretung hervorgegangen war, mit Rücktrittsgedanken getragen hatte[251]. Da diese Auseinandersetzung mit der Itzstein/Hecker-Affäre, die von Arnim zu verantworten hatte, zusammenfiel, entstand in der Öffentlichkeit der Eindruck, er habe wegen seiner reaktionären Gesinnung gehen müssen[252]. An seine Stelle trat der frühere

---

249 Vgl. z. B. die Marginalie Mathis' zu der Stelle des Schreibens, wo sich der Vorstand des Centralvereins über die Forderung nach behördlicher Bestätigung »schmerzlich berührt« zeigt: »Der Verein ist *ganz anderen* Gefahren wie andere ausgesetzt. Diese *jetzige* Zusammensetzung gibt für die künftigen Wahlen gar keine Garantie.«

250 Wieweit auch persönliche Differenzen im Ministerium des Innern, etwa zwischen Mathis und von Patow, eine Rolle gespielt haben, läßt sich aus den Quellen nicht entnehmen. Möglicherweise besteht ein Zusammenhang mit der am 4. 7. 1845 erfolgten Versetzung von Patows von seinem Amt als Direktor der Abt. I des Innenministeriums nach nur einjähriger Tätigkeit (seit 19. 7. 1844) in das Außenministerium, wo er ebenfalls einen Direktorensposten bekleidete. Als Motiv für diese Versetzung wurde offiziell angegeben, er solle dort zur ausdrücklichen Rückkehr zu den schon 1818 entworfenen Prinzipien der Zoll- und Handelspolitik beitragen (zit. nach dem biographischen Artikel über von Patow in: Unsere Zeit, 2. Bd., 1858, S. 188).

251 Hierzu *Treitschke*, Bd. 5, S. 268; *Petersdorff:* König Friedrich Wilhelm der Vierte, Stuttgart 1900, S. 37; Die Gegenwart, Bd. 2 (1849), S. 74; *Friedrich Keinemann:* Preußen auf dem Wege zur Revolution, Hamm 1975, S. 69ff., bes. S. 70f., Anm. 7.

252 Diese Affäre – die polizeiliche Ausweisung der sich auf einer Durchreise nur kurz in Berlin aufhaltenden liberalen badischen Kammerabgeordneten Itzstein und Hecker – führte zu einem Sturm der Entrüstung und bedrohte den Ruf der preußischen Regierung in einem sol-

Finanzminister und jetzige Kabinettsminister Ernst von Bodelschwingh-Velmede, der das Amt zunächst interimistisch verwaltete, ehe er nach über einem Jahr definitiv zum Innenminister ernannt wurde[253]. Zwar ließ auch er sich in der Centralvereinsangelegenheit inhaltlich im wesentlichen von Mathis bestimmen, doch war sein Stil ein anderer; zudem wollte er sich als bloßer Verwalter des Ministerpostens zunächst offenbar noch nicht zu eindeutig festlegen[254]. Der zweite Grund lag darin, daß sich inzwischen der Finanzminister Flottwell, der unter dem Einfluß seines Vortragenden Rats von Viebahn die Gründung des Centralvereins wesentlich wohlwollender verfolgte als von Arnim, eingeschaltet hatte. Bereits am 6. Januar 1845 hatte er seinen Amtskollegen gebeten, sich möglichst bald zum Centralvereinsstatut zu äußern, weil vom Inhalt dieser Entscheidung die eventuelle Gewährung der Portofreiheit für den Verein abhänge[255]. Als Flottwell darauf keine Antwort erhielt, bat er am 17. Mai 1845 erneut um Auskunft über den Stand der Statutenangelegenheit. Sein Ressort sei, so betonte er, in dieser Sache ebenfalls angesprochen, da der Centralverein auch zur »Verbesserung der gewerblichen Zustände zu wirken beabsichtige«[256]. Daß hinter dieser recht deutlichen, wenn auch etwas konstruiert wirkenden Anfrage von Viebahn stand, ahnte auch Mathis. Er schrieb an den Rand des Briefes: »Viebahn führt jetzt den Vorsitz!«[257] Mathis schlug daher vor, dem Finanzminister lediglich mitzuteilen, der König habe sich einverstanden erklärt, daß sich der Centralverein zunächst nur mit der Einrichtung von Spar- und Prämienkassen beschäftige; eine »Konkurrenz« der beiden Ressorts bestehe deshalb keineswegs.

Eine solch zurückweisende, knappe Antwort kam aber durch den Rück-

---

chen Maße, daß der kurze Zeit später erfolgte Rücktritt von Arnims als Rückzug »vor dem Verdammungsurteil der öffentlichen Stimme in ganz Deutschland« interpretiert wurde (Die Gegenwart, Bd. 2, 1849, S. 74). S. zur Wirkung des Arnimschen Vorgehens vor allem auch die vielen Hinweise bei *Varnhagen:* Tagebücher 3, bes. S. 78, S. 91 und passim.

253 *Ernst von Bodelschwingh* (1794–1854) stammte aus westfälischem Adel und stand seit 1817 im preußischen Staatsdienst. Er war Regierungspräsident von Trier (1831–1834) und Oberpräsident der Rheinprovinz (1834–1842) gewesen, ehe er zunächst Finanz-, dann Kabinettsminister (1844) wurde. Vom 13. 7. 1845 an übernahm er – zunächst nur interimistisch – den Posten von Arnims, ein Amt, das er schon 1842 einmal abgelehnt hatte und auch jetzt gerne bald wieder losgeworden wäre (*Ernst Kaeber:* Bodelschwingh und die Berliner Märzrevolution, S. 161f.; *Gerhardt:* Wichern, Bd. 2, S. 24f.). Aus dem Blickwinkel der »Kamerilla« wurde er als »Liberaler« skeptisch beurteilt, ist aber eher als gemäßigter Konservativer zu bezeichnen (*Huber:* Verfassungsgeschichte, Bd. 2, S. 480, Anm. 16). Zur Person Bodelschwinghs s. ADB, Bd. 3, S. 3ff., und NDB, Bd. 2, S. 350f. (*Walter Bussmann*).

254 Dies war auch ein Erklärungsversuch Woenigers in der Generalversammlung des Centralvereins vom 17. 12. 1845 dafür, daß die Statutenfrage immer noch nicht erledigt sei (s. den Polizeibericht über diese Versammlung im DZAM, Rep. 120, DXXII/1, vol. 1, fol. 219 bis 222).

255 Ebd., fol. 78 und fol. 134 (Schreiben Flottwells vom 6. 1. 1845).

256 Ebd., fol. 164.

257 Marginalie Mathis', ebd.

tritt von Arnims nicht mehr zustande. Statt dessen entschied sich von Bodelschwingh zu einer erheblich verbindlicheren und ausführlicheren Stellungnahme, die am 29. August unter Anlage verschiedener Aktenstücke aus dem Haus ging. Von Bodelschwingh bedankte sich für das Interesse des Finanzministers und bedauerte, daß sich das Innenministerium bisher habe darauf beschränken müssen, vom »polizeilichen Standpunkte aus« die Einmischung »ungehöriger Tendenzen« abzuwehren[258]. Nur so könne ein »ruhiges Bestehen« und eine »ersprießliche Wirksamkeit« gesichert werden. Nach einem ausführlichen Überblick über den Entwicklungsstand, den er durch die zur Einsichtnahme beigelegten Aktenstücke belegte, begründete von Bodelschwingh, warum das von ihm verwaltete Ministerium vor allem auf der behördlichen Bestätigung der Vorstandswahl – der zur Zeit bestehende Vorstand solle aber davon ausgenommen sein – und dem Ausschluß der Öffentlichkeit von den Vorstands- und Ausschußsitzungen des Centralvereins bestehen werde. Die dabei angeführten Argumente deckten sich mit den Marginalien Mathis' zum Original des Centralvereinsschreibens vom 10. Juni; inhaltlich ließ von Bodelschwingh also – trotz aller Verbindlichkeiten im Ton – die Verfolgung der Linie seines Referenten weiter zu. Abschließend bat er allerdings Flottwell um die Mitteilung seiner Ansicht in dieser Angelegenheit.

Es dauerte zwei Monate, bis Flottwell antwortete und die beigelegte Akte mit dem Vermerk zurückschickte, er wolle sich zunächst noch mit seiner Ansicht über die Stellungnahme des Innenministeriums zurückhalten, da, wie er gehört habe, der Vorstand des Centralvereins seinen Rücktritt plane und diese Entscheidung auf einer Generalversammlung zur Diskussion stellen wolle[259]. Für von Bodelschwingh und Mathis war diese Auskunft der Grund, ebenfalls abzuwarten – eine offizielle Antwort auf seinen Brief vom 10. Juni erhielt der Centralverein deshalb zunächst nicht[260].

Nicht so sehr das lange Warten auf eine solche Antwort als vielmehr die deprimierende Erkenntnis, die von Viebahn aus dem Brief von Bodelschwinghs an Flottwell gewinnen mußte, daß sich nämlich auch unter der neuen Leitung des Innenministeriums kein Entgegenkommen in den wichtigsten Streitpunkten abzuzeichnen schien, war der Grund für die von Flottwell erwähnte Rücktrittsabsicht des Vorstands. Die angekündigte Generalversammlung, die erste seit vierzehn Monaten, fand am 19. De-

---

258 Von diesem Schreiben sind in der Akte DZAM, Rep. 120, DXXII/1, vol. 1, sowohl das Konzept als auch das Original vorhanden (fol. 179–189 und fol. 199–204), da 1848 die Akten des Finanzministeriums mit denen des Innenministeriums zusammengefügt wurden (s. unten S. 144). Wo die vor dem August 1845 entstandenen Schriftstücke über den Centralverein aus dem Finanzministerium geblieben sind, war nicht festzustellen.

259 Flottwell an von Bodelschwingh vom 28. 10. 1845, ebd., fol. 206.

260 Lt. Marginalie Mathis', ebd.

zember 1845 unter von Viebahns Vorsitz statt[261]. In ihr berichteten die Vorstandsmitglieder von Viebahn, Carl, von Patow und Nobiling ausführlich über den enttäuschenden Verlauf der Verhandlungen mit dem Innenministerium, über die aufgewendete Zeit und Energie und über die Verlegenheit, in der sich nun nach über einem Jahr der Vorstand befand, der den in überraschend großer Zahl erschienenen Mitgliedern nun über die völlige Erfolglosigkeit seiner bisherigen Bemühungen berichten mußte. Von Viebahn teilte schließlich den Versammelten den am 18. Oktober in einer Vorstandssitzung gefällten Rücktrittsentschluß mit und deutete auch die Möglichkeit an, den Centralverein ganz aufzulösen. Doch die Versammlung verlief anders, als vom Vorstand wohl erwartet. Mit einer Ausnahme lehnten die anwesenden Mitglieder die Auflösung vehement ab; viele Redner betonten die Richtigkeit der Vereinsziele gerade angesichts des zunehmenden Pauperismus der unteren Klassen und wiesen auf den entmutigenden Eindruck hin, der bei einem Abbruch der Vereinsbemühungen in der Öffentlichkeit entstehen würde. Als einziger Gegenredner plädierte – »unter heftigen Angriffen« – der Philosophieprofessor von Henning für eine Auflösung mit dem Hinweis darauf, daß der Verein bisher nur Unruhe erzeugt habe und »die Regierung am besten wisse, was dem Volke Noth thue«[262].

Von einem solch breiten Vertrauen getragen und mit dieser für ihn überraschenden Einmütigkeit der Mitglieder konfrontiert, revidierte der Vorstand schließlich seine Rücktrittsabsicht und erklärte sich bereit, seine Funktionen bis zur Genehmigung der Statuten beizubehalten. Kurze Zeit später äußerte er in einem erneuten Schreiben an den Innenminister unter Hinweis auf das Versammlungsergebnis die »dringende Bitte«, endlich auf seine nun schon sieben Monate zurückliegende Stellungnahme zu antworten[263]. Dem Vorstand sei nichts bekanntgeworden, was in der schon über ein Jahr dauernden Wartezeit seine »Bestrebungen in einem anderen Licht erscheinen (lasse)«. Wenn nicht gewichtige Gründe vorlägen, dann möge das Innenministerium den »nach allen Seiten peinlichen und unersprießlichen Zustand der Ungewißheit« beenden. Der bisherige Zwang zur Passivität sei von ganz erheblichem Schaden für den Centralverein gewesen.

Jetzt schien für kurze Zeit die Angelegenheit in schnelleren Fluß zu kommen: Bereits am 31. Dezember 1845 forderte von Bodelschwingh seinen

261 Ausführlicher Bericht darüber in der Voss. Zeitung vom 19. 12. 1845, außerdem befindet sich ein Polizeibericht im DZAM, Rep. 120, DXXII/1, vol. 1, fol. 219–222. Vgl. weiterhin die Angaben im Westphäl. Dampfboot, 2. Jg. (1846), s. 26f., und bei *Varnhagen:* Tagebücher 3, S. 267 (Eintrag vom 18. 12. 1845).

262 Zit. nach dem Westphäl. Dampfboot, ebd., S. 27; *Varnhagen* berichtet, von Henning sei »scharf zurechtgewiesen und fast hinausgeworfen worden« (Tagebücher 3, S. 267). Von den auswärtigen Mitgliedern waren Rodbertus und Graf Schwerin anwesend; schriftliche Voten lagen u. a. von Diergardt und Schneer vor.

263 DZAM, Rep. 120, DXXII/1, vol. 1, fol. 224–227.

Amtskollegen Flottwell auf, ihm die versprochene Stellungnahme zukommen zu lassen, da der Centralverein inzwischen ja seinen Fortbestand beschlossen habe. Eine Woche später reichte er das Original des Vorstandsschreibens vom 30. Dezember mit der Bitte um Kenntnisnahme und baldige Rückgabe nach, und bereits am 14. Januar 1846 ging die Stellungnahme des Finanzministers im Innenministerium ein[264]. Der Inhalt überraschte dort allerdings: Flottwell hielt alle Kompromißvorschläge des Vorstands einschließlich der Stellung zu den Lokalvereinen »für angemessen und zureichend«; die Vorstellungen des Innenministeriums dagegen insgesamt für »unerheblich« – die deutliche Betonung des »polizeilichen Standpunktes« z. B. bei der Öffentlichkeit der Vorstandssitzungen und den Befugnissen der Generalversammlungen leuchte ihm nicht ein. Er machte sich abschließend den Vorschlag zu eigen, nach drei Jahren die genehmigten Statuten einer erneuten Prüfung zu unterziehen, und sah darin eine ausreichende Sicherheit für die Zukunft. Insgesamt, so forderte Flottwell, möge das Innenministerium das Bestehen des Centralvereins nicht mehr länger in Frage stellen.

Mit einer solch weitgehenden Identifizierung Flottwells mit den Argumenten des Centralvereinsvorstandes hatte man im Innenministerium wohl nicht gerechnet. Angesichts der konträren Positionen blieb von Bodelschwingh, wenn er es nicht zum offenen Streit zwischen den beiden Ministerien kommen lassen oder die Monita seines Hauses sang- und klanglos zurücknehmen wollte, als einzige Möglichkeit, die Angelegenheit zunächst einmal wieder dilatorisch zu behandeln: Ohne einen sonst ersichtlichen Grund erfolgte im Innenministerium in den nächsten siebeneinhalb Monaten kein Schritt mehr in dieser Richtung. Am 1. Juni 1846 wiederholte der Vorstand des Centralvereins unter Bezugnahme auf seine Eingabe vom 30. Dezember 1845 sein dringendes Gesuch um Antwort, »da das längere Ausbleiben des erbetenen Bescheides (ihn) in eine unhaltbare Stellung zu bringen« drohe[265]. Weitere drei Monate vergingen, in denen u. a. Flottwell wegen seiner Position in einem Streit um die Neugestaltung der Preußischen Bank, der Seehandlung, von Friedrich Wilhelm IV. »ungnädig entlassen« wurde[266]. Erst am 31. August bequemte sich das Innenministerium zu einer Antwort an den Vorstand[267], in der es zunächst klarstellte, daß die gewichtigen Gründe für eine enge Verbindung jedes einzelnen Lokalvereins mit dem Centralverein, für die Ein-

---

264 Ebd., fol. 229 (31. 12. 1845), fol. 232 (8. 1. 1846), fol. 255–257' (14. 1. 1846). Das zuletzt genannte Schreiben war übrigens von Adolf von Pommer-Esche entworfen worden, der – Geh. Oberfinanzrat im Finanzministerium – ebenfalls Mitglied des Centralvereins war (s. Anm. 162).

265 Ebd., fol. 259.

266 *Treitschke*, Bd. 5, S. 494f.

267 DZAM, Rep. 120, DXXII/1, vol. 1, fol. 260–264.

schränkung der Mitgliederbefugnisse in den Generalversammlungen, für den Ausschluß der Mitglieder von Vorstandssitzungen und für die behördliche Bestätigung der Vorstandswahlen keineswegs widerlegt seien. Dennoch erklärte sich von Bodelschwingh bereit, ein vom Centralverein in der Weise umgearbeitetes Statut, wie dieser selbst es am 10. Juni 1845 vorgeschlagen hatte, als Provisorium zu genehmigen und seine Monita unter der Bedingung »vorerst« fallenzulassen, daß je nach der Erfahrung der nächsten drei Jahre möglicherweise eine Umarbeitung erfolgen werde. Damit sei der klare Beweis erbracht, daß der derzeitige Vorstand das volle Vertrauen des Innenministers besitze[268]. Am selben Tage teilte von Bodelschwingh diese Antwort auch dem Nachfolger Flottwells, von Duesberg, mit und informierte kurze Zeit später auch den Brandenburger Oberpräsidenten von Meding über die Tatsache, daß von seiten des Innenministeriums dem Beginn der Wirksamkeit des Centralvereins nichts mehr im Wege stehe[269].

Über den Grund für dieses späte und nur halbherzige Nachgeben von Bodelschwinghs lassen sich nur Vermutungen anstellen. Rein äußerlich mag es damit zusammengehangen haben, daß er sich im Sommer 1846 zur endgültigen Übernahme des bisher von ihm nur mitverwalteten Innenministeriums entschlossen hatte und von nun an selbstsicherer auftrat und Entscheidungen fällte[270]. Ein wichtiger Grund dürfte aber auch in den sich allmählich zuspitzenden politischen wie sozialen Verhältnissen zu suchen sein. Sowohl die Nachrichten über den bedrohlicher werdenden Pauperismus als auch der immer offener zutage tretende Autoritätsverlust der bestehenden Ordnungsmächte ließen auch im Innenministerium die Sorge vor der möglichen Stärkung »fremde(r) Tendenzen« im Zusammenhang mit der Vereinsbewegung für das Wohl der arbeitenden Klassen hinter der Erwartung ihrer günstigenfalls vermittelnden und entschärfenden Funktion zurücktreten[271].

---

268 In der Öffentlichkeit wurde anders darüber gedacht: *Varnhagen* bezeichnete diese verspätete Zustimmung zu dem Statut, das zudem inzwischen noch »einige Verstümmelungen erlitten« habe, als »klägliche Geschichte«, bei der jetzt die Behörde die Mitglieder des Vorstandes bitten müsse, den Verein weiter zu führen (Tagebücher 3, S. 441f., Eintrag vom 16. 9. 1846).

269 DZAM, Rep. 120, DXXII/1, vol. 1, fol. 264 (an von Duesberg) und fol. 269 (an von Meding).

270 Vorher war von Bodelschwingh zudem stark in die Diskussionen um Verfassungspläne verwickelt (s. *Keinemann:* Preußen, S. 74). Insgesamt geriet von Bodelschwingh in diesen Monaten immer stärker in eine Zentralposition im Ministerkollegium (s. *Treitschke*, Bd. 5, S. 632), was besonders von den Mitgliedern der Kamerilla kritisch beurteilt wurde; s. etwa die Tagebucheintragung *Leopold von Gerlachs* vom 21. 5. 1846: »Es ist merkwürdig, wie die Macht Bodelschwingh's ohne alles Zuthun, und ohne, zum Theil wider den Willen der Menschen wächst« (*ders.:* Denkwürdigkeiten, 1. Bd., Berlin 1891, S. 111).

271 *Treitschke* (Bd. 5, S. 631f.) weist auf die »dumpfe Luft im Lande« und auf »viele Anzeichen, wie der inneren Unfrieden zunahm«, hin. Sehr klar drückte diese Stimmung Hansemann rückblickend in einem Brief an von Patow vom 3. 3. 1848 aus: »Das Schlimmste in

Dieser spürbare Wandel in der ministeriellen Einschätzung des Centralvereins förderte zunächst wohl auch die Beilegung eines sich trotz der inzwischen erreichten Einigung abzeichnenden neuen Konflikts zwischen dem Innenministerium und dem Vorstand. Um keine Zeit mehr zu verlieren, hatte dieser am 2. Oktober 1846 ohne vorherige Einberufung einer Mitgliederversammlung das im oben beschriebenen Sinn umgearbeitete Statut an von Bodelschwingh mit der Bitte um Nachricht geschickt, ob er mit der Genehmigung dieser revidierten Statuten rechnen könne[272]. Dabei erwähnte er, daß er diese Fassung auf einer dann fälligen Mitgliederversammlung zur Abstimmung vorlegen werde und dort gleichzeitig auch zur Neuwahl des Vorstands schreiten wolle. Als Grund für die Wahl zu diesem Zeitpunkt führte der Vorstand an, er habe nach dem zurückgezogenen Rücktrittsangebot vom 17. Dezember 1845 die Geschäfte nur noch mit dem Ziel weitergeführt, die Statutengenehmigung zu erreichen. Wenn diese erfolge, bliebe ihm für eine Wirksamkeit sowieso nur noch eine geringe Zeit, da ja am 12. November 1847 seine dreijährige Amtszeit ablaufe[273]. Diese wohl ganz arglos mitgeteilte, allenfalls von einer Amtsmüdigkeit zeugende Absicht verärgerte das Innenministerium, besonders Ma-

---

Deutschland und Preußen ist der Mangel an Vertrauen zu den Regierungen, an ihrer Fähigkeit und Aufrichtigkeit: Traurige Folge des von den Ereignissen gestraften Systems, und insbesondere der Pfiffigkeit« (DZAM, Rep. 92, Nachlaß Hansemann, Nr. 14, fol. 107). Während der König davon nur wenig merkte und Selbstsicherheit und Selbstherrlichkeit an den Tag legte, wurden die Minister mit der allgemeinen Mißstimmung stärker konfrontiert (zur Ahnungslosigkeit bei Hofe s. *Varnhagen:* Tagebücher 3, bes. S. 257, 387 und 446). Vor diesem Hintergrund sind einige Aktivitäten von Bodelschwinghs zu sehen, der gezielt Informationen über Möglichkeiten zur Bekämpfung des Pauperismus an sämtliche Regierungspräsidenten schickte und diese aufforderte, solche Möglichkeiten in ihren Bezirken publik zu machen. So informierte er schon im Oktober 1845 in einem Zirkular über die Arbeitsweise und Erfolge des Aachener und Düsseldorfer Vereins zur Beförderung der Arbeitsamkeit und empfahl sie zur Nachahmung (DZAM, Rep. 120, DXXII/1, vol. 1, fol. 197f., und ebd., DXXII/9, Nr. 2, fol. 84f.). Als Beispiel für die Behandlung dieser Anregung auf der Ebene der Regierungsbezirke s. StaatsA Münster, Reg. Arnsberg B 61, fol. 82f. mit dem Begleitschreiben an die Landräte. Am 8. 7. 1846 folgte ein weiteres Zirkular, in dem für die Einrichtung von Sparkassen für die Beschaffung von Wintervorräten, wie sie der Assessor Liedke in verschiedenen Stadtteilen Berlins gegründet hatte, geworben wurde (ebd., DXXII/1, vol. 1, fol. 252f.). Die Werbung wurde am 18. 3. 1847 (fol. 305f.) wiederholt, nachdem Liedke einen schriftlichen Bericht vorgelegt hatte, von dem das Ministerium dann insgesamt 100 Exemplare verschickte (*G. S. Liedke:* Zweiter Beitrag zur Hebung der Noth der arbeitenden Klassen durch Selbsthülfe. Eine neue Tatsache, Berlin 1847). Eine erste Schrift Liedkes war bereits 1845 erschienen. Zu *Liedke* s. DZAM, Rep. 120, DXXII/5, vol. 2, passim; vgl. auch *Stiebel*, S. 176f. Tatsächlich hatte der Aufruf von Bodelschwinghs hier und da Erfolg, s. die Gründung einer Kreissparkasse im Februar 1847 im Kreise Belgard durch Kleist-Retzow (nach *Herman von Petersdorff:* Kleist-Retzow. Ein Lebensbild, Stuttgart/Berlin 1907, S. 87). Insgesamt ist seit Sommer 1847 wieder eine verstärkte Aktivität im Vereinsleben zu beobachten; s. *Dora Meyer:* Das öffentliche Leben in Berlin, bes. S. 45f., und einen Bericht des Berliner Stadtrates an das Innenministerium vom 28. 10. 1847 (DZAM, Rep. 120, DXXII/5, vol. 2, fol. 271–275).

272 DZAM, Rep. 120, DXXII/1, vol. 1, fol. 279–282.

273 S. die Marginalie Mathis' an dieser Stelle: »Die Sache gerät m. E. in eine sehr bedenkliche Lage« (ebd.).

this, in hohem Maße. Hier war man der Meinung gewesen, daß die offizielle Amtszeit des bestehenden Vorstands erst mit dem Tage der Statutengenehmigung beginnen sollte. Aus dieser Verärgerung heraus entwarf Mathis, nachdem der Centralvereinsvorstand am 18. Dezember 1846 eine Antwort dringend angemahnt hatte[274], ein Schreiben, das in einem zum Teil recht scharfen Ton gehalten war. Ein »skrupulöses Festhalten« an der Absicht einer Neuwahl, so drohte Mathis, könne die Verwaltung in die Lage versetzen, »einer entschieden unersprießlichen Entwicklung der Sache durch direkte Verweigerung entgegenzutreten«[275]. Die Bereitschaft zur vorläufigen Genehmigung der Statuten sei einzig und allein im Vertrauen »in die Persönlichkeit der gegenwärtig erwählten Herren Mitglieder des Vorstands und Ausschusses« begründet gewesen; nur deshalb seien die noch bestehenden Einwände zurückgestellt worden. Obschon sogleich Abschriften dieser scharfen Stellungnahme angefertigt und an den Finanzminister sowie den Brandenburger Oberpräsidenten geschickt wurden, zögerte von Bodelschwingh mit ihrer Absendung auch an den Centralverein. Er strich schließlich die scharfen Passagen, so daß am 22. Januar 1847 eine erheblich gemilderte Antwort aus dem Hause ging[276]. Nach Erläuterung des offensichtlichen Mißverständnisses und der ministeriellen Erwartungen forderte er die Vorstandsmitglieder lediglich auf, wenigstens in der überwiegenden Mehrzahl auch über den 12. November 1847 hinaus im Vorstand weiter zu arbeiten und dabei einen solch regen und aufopfernden Eifer wie bisher zu zeigen. An dem Statutenentwurf habe er ansonsten nichts mehr auszusetzen.

Nach Erhalt dieser Auskunft lud der Vorstand die Mitglieder des Centralvereins zu einer Generalversammlung am 2. März 1847 ein, auf der der revidierte Statutenentwurf einstimmig akzeptiert wurde; eine Neuwahl fand nicht statt[277]. Als Vorsitzender des Centralvereins bat von Viebahn nun am

274 Ebd., fol. 295.

275 Ebd., fol. 283–288' (Schreiben vom 26. 12. 1846).

276 Ebd., fol. 297–300. Nach *Stiebel* (S. 185) erfolgte die Umstimmung von Bodelschwinghs durch die »geschickte Vermittlungstätigkeit« von Patows, jedoch war dafür in den Akten kein Beleg zu finden. Ein Engagement von Patows zu diesem Zeitpunkt ist auch unwahrscheinlich, da er in diesen Tagen nach *Delbrück* (Lebenserinnerungen, Bd. 1, S. 173f.) sehr stark im Außenministerium mit Zollfragen beschäftigt war und gerade an einem Vertragsentwurf über einen deutschen Schiffahrts- und Handelsverein aller deutschen Staaten arbeitete.

277 Ebd., fol. 355f. Trotz dieser scheinbar günstigen Konstellation herrschte bei Beobachtern Pessimismus: So schrieb *Otto Lüning* im Westphäl. Dampfboot (3. Jg. 1847, S. 178): Der Centralverein werde jetzt wohl kaum noch »neues Leben in die erstarrten Glieder hauchen« können, »das Feuer ist verraucht«. Auf der Generalversammlung des Centralvereins am 2. 3. 1847 legte von Reden übrigens die Ergebnisse seiner Recherchen über »Erwerbsmangel, Massenverarmung, Massenverderbnis – deren Ursachen und Heilmittel« vor; Wiederabdruck bei *Jantke/Hilger:* Die Eigentumslosen, S. 461–484. Vgl. dazu auch *Jürgen Reulecke:* Pauperismus, »social learning« und die Anfänge der Sozialstatistik in Deutschland, in: *Hans Mommsen/Winfried Schulze* (Hg.): Vom Elend der Handarbeit, Stuttgart 1981, S. 358–372.

21. März das Innenministerium um die offizielle »Allerhöchste Genehmigung« der Statuten, gleichzeitig auch um die Gewährung der Portofreiheit und der freien Disposition über die vom König gestifteten 15000 Taler. Damit schien der Zeitpunkt des Beginns der öffentlichen Wirksamkeit kurz bevorzustehen. Doch trat erneut eine erhebliche Verzögerung ein: Von Bodelschwingh hatte vermutlich wegen seines starken Engagements in den Verhandlungen des von Anfang April bis Ende Juni tagenden Vereinigten Landtags keine Zeit, die Centralvereinsangelegenheit von sich aus fortzuführen[278], und Mathis konnte jede Verzögerung nur recht sein. Erst am 20. Juli wurde die Immediat-Eingabe der betroffenen Minister des Innern und der Finanzen sowie des Generalpostmeisters an Friedrich Wilhelm IV. abgeschickt, in der von Bodelschwingh seine Befürwortung der Verleihung der Korporationsrechte – trotz der Bedenken seines Amtsvorgängers – u. a. mit der zu erwartenden einerseits mäßigenden, andererseits aber auch förderlichen Rolle des Centralvereins in »besonderen politischen Conjuncturen« begründete[279]. Zugleich erklärten der Finanzminister sein Einverständnis zur Auszahlung der 15000 Taler und der Generalpostmeister – auf Widerruf – zur Gewährung der Portofreiheit. Die Übernahme der Protektion über den Verein, um die der Centralverein den König in seiner Immediat-Vorstellung vom 24. Oktober 1844 gebeten hatte, wollte von Bodelschwingh allerdings Friedrich Wilhelm IV. nicht empfehlen, da die Richtung des Vereins zu sehr von den jeweils leitenden Persönlichkeiten abhängig sei.

Als der Vorstand des Centralvereins über ein halbes Jahr nach der letzten Eingabe seines Vorsitzenden immer noch keine offizielle Bestätigung der revidierten Statuten erhalten hatte, war seine Geduld endgültig erschöpft: In einer Vorstands- und Ausschußsitzung erklärten am 21. Oktober 1847 alle in die beiden Gremien gewählten Mitglieder, sie wollten in der nächsten Generalversammlung ihr Amt niederlegen, nachdem von Patow, Bornemann und der Fabrikant Dannenberger schon vorher zurückgetreten waren[280]. In einem bitteren Brief teilten die restlichen Vorstandsmitglieder von Bodelschwingh Ende Oktober diesen neuen Sachverhalt mit[281]. Die lange Verzögerung der Statutengenehmigung habe die Chance

278 Der nach einem überraschenden königlichen Patent vom 3. 2. 1847 einberufene Vereinigte Landtag tagte vom 11. 4. bis zum 26. 6. 1847 in Berlin. Zur dominierenden Rolle von Bodelschwinghs dort s. *Kaeber*, S. 163 (s. Anm. 253) und *Gerlach*, S. 116ff. (s. Anm. 270). Schon am 3. 11. 1846 hatte *Gerlach* festgestellt, von Bodelschwingh sei auf »geradem Wege zum Premierminister« (ebd., S. 113); vgl. auch *Hansen:* Mevissen, Bd. 1, S. 473, Anm. 2.

279 DZAM, Rep. 120, DXXII/1, vol. 1, fol. 372–376.

280 Anlaß dazu war nach *Stiebel* (S. 185) die kurz vorher in einem Artikel der Voss. Zeitung (8. 10. 1847), möglicherweise von Woeniger verfaßt, ironische Frage, ob der Verein überhaupt noch existiere, wobei der Verfasser auf die überall bestehende Not und die Notwendigkeit eines umfassenden Eingreifens hinwies.

281 DZAM, Rep. 120, DXXII/1, vol. 1, fol. 386–387'.

zu einer erfolgreichen Wirksamkeit schwinden lassen, deshalb sei der bisherige Vorstand zum Entschluß gekommen, auch an einer zukünftigen Geschäftsführung nicht mehr teilnehmen zu wollen. Der Brief schloß mit den Worten:

»Wie schwer nun auch den Mitgliedern des Vorstandes des Centralvereins die Trennung von einer mit so vieler Begeisterung und Liebe aufgefaßten Idee geworden ist, so geben sie sich doch der Hoffnung hin, daß das Begonnene nicht untergehen werde, sondern daß es Ew. Exzellenz erlauchter Einsicht vielmehr gelingen werde, die weitere Verfolgung und Förderung der gemeinnützigen Zwecke eines Unternehmens, über welches Hochdieselben sich so anerkennend ausgesprochen haben, zu erhalten und in die richtige Bahn zu lenken.«

Die Marginalien zu diesem Brief beweisen erneut, daß die Person Mathis' die eigentliche Hürde für den Centralverein darstellte. Mathis behauptete, der Vorstand habe die lange Verzögerung »zum allergrößten Teile selbst verschuldet« und die Vereinsziele mit »wenig practischem Sinn und Haltung verfolgt«. Ironisch fragte er bei der oben zitierten Passage, die von einer »weitere(n) Verfolgung und Förderung« des Vereins durch den Innenminister spricht, wie dieser das wohl bewerkstelligen solle, wenn schon der bisherige Vorstand »an seiner Fähigkeit, dies zu thun, verzweifelt«.

Die angekündigte Generalversammlung des Centralvereins fand am 16. November 1847 statt; wieder sprachen sich die meisten der anwesenden Mitglieder für ein Verbleiben der gewählten Vorstandsmitglieder aus – trotz ihrer bisherigen Erfolglosigkeit. Tatsächlich ließen sich auch von Viebahn, Nobiling, Goldschmidt, Benda und Carl dazu bewegen[282]; von Patow, Bornemann, Knoblauch und Dannenberger schieden jedoch endgültig aus. An ihre Stelle traten der Statistiker im Außenministerium Friedrich Wilhelm Freiher von Reden, der Präsident des Revisionskollegiums für Landeskultur-Sachen, Wilhelm Adolf Lette, der Bankier C. D. Oppenfeld und der Berliner Stadtrat Hermann Duncker. Nachdem von Bodelschwingh über diese neue Situation durch eine Mitteilung des Centralvereins vom 8. Dezember 1847 offiziell informiert worden war, forderte er wenige Tage später Mathis zur Stellungnahme auf, der seinerseits zunächst einmal den Brandenburgischen Oberpräsidenten von Meding »um gefälligen gutachtlichen Bericht« bat[283]. Eine neue Verzögerung war

282 Wie schon Woeniger auf der Versammlung diese Haltung angesichts des »kümmerlichen Vegetierens« für unbegreiflich gehalten hatte, fragte sich auch *Otto Lüning* im Westphäl. Dampfboot (3. Jg. 1847, S. 740) nach dem Sinn eines solchen Verhaltens: »Daß unter solchen Umständen ein vernünftiger Mensch sich noch irgend einen Erfolg versprechen kann, das gehört eben zu den unbegreiflichen deutschen Illusionen.«

283 DZAM, Rep. 120, DXXII/1, vol. 1, fol. 388, mit Marginalverfügung Mathis' an den Reg.Rat Sulzer, der am 21. 12. 1847 (fol. 390) das Schreiben an von Meding ausfertigte. Sulzer, als Staatsanwalt in einigen Zensursachen unrühmlich hervorgetreten, galt als treuer Helfershelfer Mathis'. In Hinblick auf Mathis und Sulzer schrieb *Varnhagen* am 25. 12.

damit unvermeidlich, auch wenn um »schleunige« Erledigung gebeten wurde. Am 14. Januar 1848 beklagte sich der Vorstand des Centralvereins über diesen völlig unnötigen Schritt, weil er wohl nicht ganz zu Unrecht befürchtete, das Innenministerium könne auf die Idee kommen, unter dem vorgeschobenen Hinweis auf eine angeblich veränderte Lage alle Oberpräsidenten um eine solche Stellungnahme zu bitten[284]. Allerdings kam es dazu nun doch nicht mehr; ein neuer Immediatbericht wurde vor dem Hintergrund der bedrohlichen Nachrichten über die französische Februar-Revolution bis zum 12. März im Innenministerium fertiggestellt und ging am 17. März, am Tage vor dem eigentlichen Revolutionsausbruch in Berlin, an den König ab. Unter dem Eindruck mehrerer großer Volksversammlungen seit dem 6. März in Berlin[285] hieß es darin bürokratisch unterkühlt:

»Es läßt sich zwar nicht verkennen, daß die neuesten Ereignisse in Frankreich sozialistischen Träumereien sehr förderlich und geeignet sein werden, Vereinen, welche ihres Zwecks halber dazu angetan sind, Elemente solcher Richtung zuzugesellen; es läßt sich auch nicht leugnen, daß die Erteilung der Genehmigung gerade in jetziger Zeit als eine Konzession an jene in Frankreich zur Herrschaft gelangten Theorien aufgefaßt werden kann; es fehlt aber auch nicht an vielfachen Seiten der Tagesgeschichte, welche zu einer anderen Auffassung hinleiten.«[286]

Die Konsequenz aus dieser »anderen Auffassung«, d. h. aus der Hoffnung auf eine vermittelnde und mäßigende Rolle des Centralvereins in den sich anbahnenden Konflikten, kam aber nun zu spät. Die schließlich vierzehn Tage nach Revolutionsausbruch hastig vollzogene königliche Bestätigung des Centralvereinsstatuts und die Gewährung der Korporationsrechte – von den neuen Ministern von Auerswald (Inneres) und Hansemann (Finanzen) gegengezeichnet – erfolgten unter auch für den Centralverein erheblich gewandelten Bedingungen und Umständen.

1847 in sein Tagebuch (Bd. 3, S. 487): »Die machen in Polizeisachen, was sie wollen, der Minister leiht ihnen sein Ansehn; wer an dieser Polizeistelle im Ministerium steht, ist ein Pascha, der so handeln darf, daß preußisch nicht viel besser ist als türkisch.«

284 Diese Information erfolgt nach *Stiebel*, S. 186, die den 2. Band der Akte DZAM, Rep. 120, DXXII/1 für ihre 'Arbeit noch benutzt hat. Dieser Band ist heute in Merseburg nicht mehr vorhanden und muß wohl als verloren gelten.

285 S. dazu vor allem *Adolf Wolff:* Berliner Revolutionschronik, Bd. 1, Berlin 1851, passim, sowie *Veit Valentin:* Geschichte der deutschen Revolution 1848–1849, 1. Bd., Reprint Köln 1970, bes. S. 420f., *Kaeber:* Bodelschwingh, S. 168f., *Kochhann:* Mitteilungen, S. 67ff. Zu den Unruhen in Köln Anfang März, die auf die Vorgänge in Berlin Einfluß hatten, s. *Dowe:* Aktion und Organisation, S. 133ff.; ehemalige Lokalvereinsmitglieder wie d'Ester und Bürgers versuchten hier übrigens mäßigend einzuwirken.

286 Zit. wegen des in Anm. 284 angegebenen Grundes nach *Stiebel*, S. 186f.

»Praktischer Sozialismus« im Vormärz: der Centralverein zwischen Armenpflege und »radikaler Sozialreform«

Als Ergebnis der Entwicklung des Centralvereins im Vormärz kann man nur das völlige Scheitern seiner zunächst mit viel Begeisterung begonnenen und von breitem öffentlichen Wohlwollen getragenen sozialreformerischen Aktivität festhalten: Die Lokalvereine als die in Aussicht genommenen Ausgangspunkte praktischer Tätigkeit waren bald unterdrückt worden; die mehr auf eine Grundlegung und Bündelung der Sozialreform zielende und sozialreformerische Ideen verbreitende Arbeit des Centralvereins wurde durch den bürokratischen Argwohn gegen »alle privaten Mittel«[287] zur Behebung von gesellschaftlichen Mißständen und durch die gezielt dilatorische Behandlung der Statutengenehmigung im Innenministerium verhindert. Deshalb konnte der Verein die Wirksamkeit seiner Vorstellungen über die Lösung der sozialen Frage gar nicht erst unter Beweis stellen. Dennoch lassen sich bereits diese Vorstellungen als beachtenswerter erster Schritt charakterisieren, ein vermittelndes Glied zwischen der Regierung und den Regierten zu schaffen[288], um so den Pauperismus als das soziale Kernproblem des Vormärz auf breiter Front wirksamer bekämpfen zu können. Die Betrachtung seiner Bemühungen und seines Scheiterns im Vormärz ermöglicht demzufolge einen differenzierten Einblick in die Chancen, besonders aber in die Grenzen sozialreformerischen Handelns wie auch in die Ansatzpunkte der Sozialkritik dieser Epoche.

Noch konnte man von einem Durchbruch der Industrialisierung in Preußen/Deutschland nicht sprechen, doch hatte die Berliner Gewerbeausstellung des Jahres 1844 gezeigt, daß die Weichen in dieser Richtung bereits unwiderruflich gestellt waren. Bei aller Kritik im einzelnen – schon von Zeitgenossen wie aus der Rückschau – an Einstellungen und Verhaltensweisen einzelner Mitglieder des Centralvereins sowie an seiner für selbstverständlich erachteten Ausgangsüberzeugung, daß das freie Spiel der Kräfte auch die sozialen Probleme lösen würde[289], beweist seine Gründung, daß verschiedene weitsichtige Beamte und Unternehmer zusammen mit einigen bürgerlichen Intellektuellen mit der grundsätzlichen Förderung des industriellen Fortschritts auch schon Voraussetzungen zur Bewältigung der sozialen Folgen dieses Fortschritts schaffen wollten. Die negativen Beispiele der schon weiter entwickelten Staaten England und Frankreich und das schockierende Ereignis des Weberaufstandes im eigenen Land hatten vor Augen geführt, was ohne eine solche Weichenstel-

---

287 Zit. nach dem biographischen Artikel über Mathis in: Unsere Zeit (s. Anm. 164), S. 201.
288 Vgl. DtVjschr., Jg. 1845, Heft 2, S. 337f. (s. auch oben Anm. 169).
289 *Siegfried Schmidt / Eldrid Czichy:* Zentralverein, S. 872; ähnlich *Franz Mehring:* Geschichte der deutschen Sozialdemokratie, Bd. 1, S. 241f.

lung auf die bürgerliche Gesellschaft zuzukommen drohte[290]. Daß die preußische Regierung keinen wirklichen sozialen Gestaltungswillen besaß, also keine grundlegenden Eingriffe vorzunehmen gedachte, zeigten die Gesetze, die den sozialen Bereich berührten. Nur in allerersten Ansätzen ließ sich hier eine allmählich stärker werdende Betonung des Gemeinwohls gegenüber dem Einzelwohl beobachten[291]. Die bürgerlich-liberalen Zeitgenossen mit Blick für die sozialen Probleme erwarteten solche Eingriffe auch gar nicht[292]. Die Frage für sie war, wie weitgehend innerhalb des herrschenden Systems und mit Duldung oder gar partieller Unterstützung des bestehenden Staates gesellschaftliche Reformen, die aus dem Schoße der Gesellschaft selbst hervorgingen, möglich waren. Daß zwischen Staat und Gesellschaft eine Kluft bestand, wurde so lange nicht als problematisch angesehen, wie sich nur der eine Bereich des Eingriffs in den anderen enthielt. Die Trennlinie zwischen beiden war sowieso mehr oder weniger abstrakt und bezog sich vorwiegend auf den politischen Raum, in dem die staatliche Bürokratie das Prinzip der Vormundschaft zäh verteidigte[293]. Die den Staat repräsentierende Bürokratie bestand aber – das ist eine Trivialität – gleichzeitig auch aus einzelnen Beamten, und diese waren wiederum als Bürger in die vormärzliche Gesellschaft eingebunden. Die konkreten Trennlinien verliefen hier anders; sie begannen sich z. B. im sozialen Bereich zwischen »oben« und »unten«, d. h. zwischen Besitzenden und Nichtbesitzenden, zu verfestigen, worauf die sozialkritischen Schriften der Zeit immer nachdrücklicher hinwiesen. Gegen diese Entwicklung sollte, wie vor allem in verschiedenen Lokalvereinen diskutiert wurde, eine umfassende »Organisation der Arbeit« – was auch immer im einzelnen darunter verstanden wurde – helfen[294]. Im politisch-

---

290 S. die Kritik Marx' an einem Artikel Ruges: Es sei unwahr, »daß die deutsche Bourgeoisie die allgemeine Bedeutung des schlesischen Aufstandes gänzlich verkennt . . . Alle liberalen Zeitungen, die Organe der liberalen Bourgeoisie strömen über von Organisation der Arbeit, Reform der Gesellschaft, Kritik der Monopole und der Konkurrenz etc. Alles infolge der Arbeiterbewegungen« (Marx am 7. 8. 1844, in: MEW, Bd. 1, S. 403). Noch wurde angenommen, daß das negative englische Beispiel kein »prognostisches Orientierungsmodell« sein müsse, sondern ein »Sonderfall« sei (*Lothar Gall:* Liberalismus und »bürgerliche Gesellschaft«, in: *ders.* (Hg.): Liberalismus, NWB, Bd. 85, Köln 1976, S. 173).

291 S. oben im Einleitungskapitel zur vorliegenden Arbeit, S. 37.

292 Vgl. dazu *Gall* (s. Anm. 290), S. 164.

293 *Koselleck:* Preußen zwischen Reform und Revolution, S. 380, der Eduard Gans (1832) zitiert.

294 In den Argumentationen des Centralvereins taucht der Begriff »Organisation der Arbeit« im Vormärz allerdings nicht auf, wenngleich er in der unpräzisen Form, wie er bei *Harkort* (Vereine, S. 17) verwandt wird (»richtige Vertheilung der Arbeitskräfte im ganzen Lande, woraus folgerecht ein angemessener Lohn hervorgeht«), sicher geteilt worden wäre. Insgesamt war der Begriff jedoch »das sozialistische X, die unbekannte Größe, welche der Sozialismus sucht« und mit der er eine gerechtere Form der »Arbeits- und Verkehrsverhältnisse« bezeichnen wolle (*Biedermann:* Sozialistische Bestrebungen in Deutschland, 2. Art., S. 265). Erst 1848 setzte sich der Centralverein deutlicher von dem Begriff ab (s. unten S. 148).

administrativen Bereich verlief die für das Schicksal des Centralvereins entscheidende Trennlinie zwischen »Reaktion« und »Fortschritt«, genauer: zwischen konservativ-autoritär und sozial-liberal eingestellten Vertretern der Bürokratie[295]. Wenngleich es die Centralvereinsspitze sehr bewußt unterlassen hatte, auch nur andeutungsweise politische Forderungen zu artikulieren, so befürchtete das Innenministerium, sicherlich mit Recht, daß sich soziale Reformaktivitäten und politische Forderungen auf Dauer nicht trennen lassen würden[296]. Die insgesamt zwar noch recht diffusen, aber doch in diese Richtung zielenden Äußerungen mancher Redner in den Versammlungen der Lokalvereine schienen ihm der Beweis dafür. Wenn man, wie von Arnim und Mathis, erst einmal zu dieser Sicht gelangt war, dann gab es zwischen beiden Lagern keine Vermittlungsmöglichkeit mehr[297].

Es ist versucht worden, die seit 1840 zunehmende Heterogenität in der preußischen Beamtenschaft auch auf das Spannungsverhältnis zwischen zwei Generationen zurückzuführen[298]. Auf den vorliegenden Fall läßt sich dies Erklärungsmodell jedoch nur in Teilbereichen anwenden. Bornemann und Mathis waren gleichaltrig, von Arnim und von Patow ebenfalls; alle führend Beteiligten in beiden Lagern waren 1844 bereits über 40 Jahre alt. Vielmehr lag bei der Einstellung zum Centralverein ein wichtiger Grund für die konträre Erwartungshaltung und Einschätzung – abgesehen von unterschiedlichen Jugenderfahrungen und individuellen Vorprägungen z. B. durch das Studium und in einigen Fällen durch die Burschenschaft – in dem anders gearteten Kontakt mit den sozialen und wirtschaftlichen Realitäten im preußischen Staat. Obwohl auch einzelne Maßnahmen des Finanzministeriums von bürokratischer Selbstüberschätzung und Anmaßung geprägt waren und dadurch zeigten, daß »die Lehre vom ›beschränkten Untertanenverstande‹ . . . nicht bloß im Ministerium des Innern heimisch« war[299], hatten die meisten Beamten dieses Ressorts doch einen ganz anderen Einblick in die Zusammenhänge von liberaler Wirtschaftsordnung und sozialer Lage. Ihnen war durch viele Kontakte mit Unternehmern, durch Reisen in die jungen Fabrikgegenden und durch die

---

295 Während sich die Verwaltung zunächst als Vermittlerin zwischen diesen Extremen verstanden hatte (*Koselleck:* Staat und Gesellschaft, S. 81), begann der Riß im Vormärz immer stärker quer durch die Beamtenschaft zu verlaufen, wenngleich nach außen verstärkt der machtvolle Sonderstatus betont wurde (s. dazu oben S. 109f.). Engels sprach 1846 von »einer besonderen Klasse von administrativen Regierungsbeamten, in deren Händen die Hauptmacht konzentriert ist und die gegen alle anderen Klassen in Opposition steht« (MEW, Bd. 2, S. 581).

296 S. z. B. das Votum Camphausens bei den Gründungsverhandlungen des Kölner Lokalvereins, abgedruckt in: Rhein. Jahrbücher, 1. Bd., S. 230ff. (s. Anm. 192).

297 Zu den beiden Alternativen s. *Koselleck:* Staat und Gesellschaft, S. 82.

298 *John R. Gillis:* The Prussian Bureaucracy in Crisis 1840–1860, Stanford/California 1971, bes. S. 49ff.

299 *Delbrück:* Lebenserinnerungen, Bd. 1, S. 183.

Inhalte zahlreicher Petitionen klar geworden, daß man eine im Bereich der Wirtschaft freigesetzte Gesellschaft nicht völlig auch in allen übrigen Bereichen sich selbst überlassen durfte, daß die zweifellos vorhandenen, auf Konflikte hinauslaufenden Ungleichgewichte ausbalanciert werden mußten, wenn man einen gleichmäßigen »Fortschritt« erreichen wollte. Behördliches Eingreifen verbot sich jedoch angesichts des festen Glaubens an die gesellschaftlichen Selbstheilungskräfte, die – wenn sie nicht gehemmt, sondern stimuliert wurden – zu einem »harmonischen Ineinandergreifen« und zu einer »Verbrüderung der materiellen und geistigen Güter« führen würden[300]. Für die Beamten, die sich in dieser Richtung verantwortlich fühlten, bot sich als Instrument zur Lösung des liberalen Dilemmas, das in der Ablehnung jeder auf Separation vom Ganzen ausgerichteten Parteiung und der gleichzeitigen Einsicht in die Notwendigkeit einer Organisierung bestand[301], die freie Assoziation mit öffentlicher Qualität an, d. h. die auf die Förderung des Gemeinwohls gerichtete Vereinigung. Mit Blick auf die sozialen Verhältnisse in den schon fortgeschritteneren westlichen Nachbarländern begannen zudem in feierlichen Reden wie z. B. anläßlich der Gewerbeausstellung für typisch deutsch gehaltene Tugenden wie Treue, Beharrlichkeit, Einigkeit und Fleiß zu Formeln zu werden, mit denen man eine glücklichere und spannungsfreiere Zukunft beschwören wollte[302]. Mit der – freilich nicht mehr unbestrittenen – Betonung des freien internationalen Austausches der gewerblichen Erzeugnisse verband sich im politisch-sozialen Bereich also zunehmend eine beginnende nationale Abgrenzung[303]. Die Industrialisierung, an deren Schwelle man stand, werde, so war die optimistische Auffassung, »den Millionen Händen der arbeitenden Classe« lohnende Beschäftigung und damit Anteil am Fortschritt geben. Es kam nur noch »auf eine gute Darlegung dessen an, was da geleistet werden kann in der Wechselwirkung zwischen Consumenten und Producenten«[304]. Diese Worte Georg von Viebahns am Ende der Gewerbeausstellung wurden gerade auch von sonst höchst kritischen Zeitgenossen wie dem »wahren Sozialisten« Otto Lüning begeistert gelobt, der darin »eines der Stichworte des Sozialismus: die Nothwendigkeit der Organisation der Arbeit« wiederzuerkennen glaubte[305]. Hier werden Chancen und Illusio-

300 Zit. nach einem Toast von Viebahns am 10. 10. 1844, Köln. Zeitung vom 15. 10. 1844.

301 *Hartwig Brandt:* Ansätze einer Selbstorganisation der Gesellschaft in Deutschland im 19. Jahrhundert, in: Beiheft 2 zu »Der Staat«, Berlin 1978, S. 66.

302 Vgl. neben dem erwähnten Toast von Viebahns (s. Anm. 300) auch die Reden von Bodelschwinghs und Flottwells, abgedruckt in der Köln. Zeitung vom 13. 10. 1844.

303 *Conze:* Sozialgeschichte 1800–1850, S. 428; daneben wurde aber auch die Forderung erhoben, vom freien internationalen Warenaustausch abzugehen und Schutzzölle zu erheben, s. den Toast des Eilenburger Unternehmers Degenkolb, zit. in der Köln. Zeitung vom 16. 10. 1844 (vgl. oben Anm. 18).

304 Von Viebahn am 10. 10. 1844 (s. Anm. 300).

305 Weser-Dampfboot, Jg. 1844, S. 343.

nen gleichermaßen deutlich: Mit der breiten Bereitschaft zum Zusammenwirken über bestehende Schranken, die vom gemeinsamen Ziel einer sozialen Reform getragen war, hinweg korrespondierte kurzfristig die Illusion über die Konsensfähigkeit solch vager Begriffe wie »Organisation der Arbeit«, eine Illusion, die als solche erst offenkundig wurde, als man in den Lokalvereinen über Details zu sprechen begann.
Dennoch: Zu jener »gute(n) Darlegung«, von der von Viebahn gesprochen hatte, wollte der Centralverein seinen Beitrag leisten, mehr noch, wollte er zentrale Denkanstöße und Organisationsvorgaben liefern. Damit war mehr gemeint als nur eine bürgerliche Strategie zur Betreuung und Befriedung der unruhiger werdenden unteren Bevölkerungsschichten[306]. Es war auch mehr gemeint als ein nur besser und umfassender organisiertes Wohltätigkeitskonzept, wie es einige Humanisten, Philanthropen und »Winkelreformer der buntscheckigsten Art« bereits vorgeschlagen hatten, auch wenn es zutraf, daß diese Spielform des »Bourgeoissozialismus« sich die bürgerliche Welt als die beste Welt vorstellte[307], in die es auch die unteren Klassen zu heben galt. Doch wenn es im Kommunistischen Manifest gleichzeitig heißt, diese Bourgeoissozialisten hätten nur »die bestehende Gesellschaft mit Abzug der sie revolutionierenden und sie auflösenden Elemente« gewollt[308], so läßt sich das in dieser Form nicht halten. Vor allem die liberalen Beamten im Centralverein wollten gerade nicht den gesellschaftlichen Status quo befestigen, sondern ihn partiell verändern, um den »auflösenden Elemente(n)« den Boden zu entziehen. Zunächst sollten noch ohne Änderung der politischen Verfassung die sozioökonomischen Verhältnisse so reformiert werden, daß der Arbeiter nicht nur ein gesichertes Auskommen, sondern einerseits auch in gewissem Umfang Mitsprachemöglichkeiten z. B. in Gewerbegerichten, Selbsthilfeinstitutionen und in den Lokalvereinen wie im Centralverein erhalten konnte. Andererseits sollte der Arbeiter durch eine Verbesserung seiner Bildung und Ausbildung die Chance zum Aufstieg und gleichzeitig die Möglichkeit zur Befriedigung geistiger Bedürfnisse erhalten. Die arbeitenden Klassen in eine noch zu schaffende berufsständisch organisierte »klassenlose Bürgergesellschaft mittlerer Existenzen« (Gall) zu integrieren, war das – zunächst noch nicht ideologisch verfestigte – Ziel all dieser Bestrebungen[309]. Zur Behebung der dennoch auftretenden Spannungen zwischen einzelnen Vertretern der gesellschaftlichen Gruppen sollten Konfliktregelungsinstitutionen geschaffen werden.

---

306 *Veit Valentin:* Geschichte der deutschen Revolution 1848–1849, Bd. 1, S. 288.
307 Kommunistisches Manifest, zit. nach MEW, Bd. 4, S. 488.
308 Ebd.
309 *Gall* (s. Anm. 290), S. 174; s. auch *Helmut Sedatis:* Liberalismus und Handwerk in Südwestdeutschland, Stuttgart 1979, der diese gesellschaftspolitische Zielsetzung der vormärzlichen Liberalen ebenfalls nachdrücklich betont, s. bes. S. 77.

Gegen einen sich allenfalls als extreme Möglichkeit abzeichenden Auseinanderfall der Gesellschaft in zwei scharf voneinander getrennte Klassen schien es jedenfalls noch eine solche Fülle an Gegenstrategien und Heilmitteln zu geben, daß in diesem Punkt trotz aller anerkannten Gefährdungen der Gesellschaft insgesamt Optimismus vorherrschte, zumal sich wegen des Überlappens älterer, noch ständisch geprägter Gruppen mit neu entstandenen Schichten mit je anderen Forderungen noch keine Massensolidarität abzeichnete. Dagegen wurde es den liberalen Sozialreformern bald klar, daß Pessimismus angesichts der verkrusteten Strukturen und autoritären Ansichten in den entscheidenden Regierungskreisen angebracht war. Vereinfacht ausgedrückt war dies die Einsicht, daß die politischen Autoritäten die notwendigen sozialen Reformen zur Heilung des labiler werdenden Gesamtsystems offenbar nicht zuließen und damit einer Eskalation der sozialen Spannung Tür und Tor öffneten. Die schließliche Bereitschaft vieler zunächst nur auf eine Sozialreform drängenden liberalen Bürger und Beamten, auch einen politischen Umsturz mit dem Ziel einer konstitutionellen Monarchie mitzutragen, hatte hierin ihre Wurzeln, zumal die »Beamtenherrschaft« sowieso nur als Übergangsform angesehen wurde und bis 1847 die letzten Reste ihres Kredits verspielt hatte[310]. Die Auffassung von Karl Marx aus dem Jahre 1844, daß es eine bloße politische Revolution nicht geben könne – »Jede Revolution löst die *alte Gesellschaft* auf; insofern ist sie *sozial.* Jede Revolution stürzt die *alte Gewalt;* insofern ist sie *politisch*«[311] –, wurde jedenfalls von den sozialreformerischen Kräften des Bürgertums so nicht geteilt. Eine Reihe seiner Vertreter begünstigte schließlich gerade den politischen Umsturz in der erwähnten Richtung, um auf einer neuen politischen Grundlage die drohende soziale Revolution besser verhindern zu können. Deshalb war die Haltung des liberalen Bürgertums allgemein und der bürgerlichen Radikalen des Vormärz im besonderen in der 1848er Revolution kein nachtäglicher »Verrat« an einer von zwei Partnern gemeinsam begonnenen Sache oder an einer »historischen Mission«[312], sondern allenfalls Ausdruck von Illu-

---

310 *Koselleck:* Zwischen Reform und Revolution, S. 381. Die weitgehende Aushöhlung des Status' der Beamtenschaft zeigte sich dann besonders auf dem Vereinigten Landtag 1847 (ebd., S. 387).

311 *Karl Marx:* Kritische Randglossen, in: MEW, Bd. 1, S. 409.

312 Das Thema wird in der DDR-Literatur im wesentlichen mit diesen Schlagworten abgehandelt; s. neben vielen anderen bes. *Helmut Bleiber:* Zur Darstellung des Vormärz und der bürgerlich-demokratischen Revolution von 1848/49 in Deutschland in der bürgerlichen Geschichtsschreibung der BRD, in: 125 Jahre Kommunistisches Manifest . . ., Berlin-Ost/1975, S. 91–101. Zur Auseinandersetzung mit dieser Interpretation s. *Andreas Dorpalen:* Das Bild der Revolution von 1848 in der Geschichtsschreibung der DDR, in: HZ, Bd. 210 (1970), S. 324–368; und *Jürgen Kocka:* Preußischer Staat und Modernisierung im Vormärz: Marxistisch-leninistische Interpretationen und ihre Probleme, in: *H. U. Wehler* (Hg.): Sozialgeschichte Heute, Festschrift für Hans Rosenberg zum 70. Geburtstag (= Kritische Studien zur Geschichtswissenschaft, Band 11), Göttingen 1974, S. 211–227.

sionen, z. B. über die Lebenskraft des ständisch-absolutistischen Systems. Einen anderen Partner gab es für die sozial-liberalen Bürger und Beamten zu dieser Zeit auch gar nicht, da von einer klaren Trennung der Gesellschaft in selbständig agierende Klassen im modernen Sinn im vormärzlichen Preußen noch nicht die Rede sein konnte[313]. Doch selbst wenn man schon von einer »Bewegung« der arbeitenden Klassen ausgeht, so waren diese – nach Friedrich Engels – in einer Phase, in der das Bürgertum selbst progressiv war, noch »notwendigerweise ein Instrument in der Hand des Bürgertums«[314]. Die auch von von Viebahn aufgegriffene Gegenüberstellung von »Consumenten und Producenten« wie die sozialkritische Feststellung eines immer stärkeren Auseinanderklaffens zwischen Reichtum und Armut entbehrten noch weitgehend der Füllung mit Inhalten des späteren Klassenbegriffs[315].

Trotz des Scheiterns der Pläne des Centralvereins war jedoch mit dem plötzlichen erstaunlichen Aufschwung sozialreformerischer Aktivitäten Ende 1844/Anfang 1845 ein qualitativer Sprung verbunden, den auch die Reaktion der folgenden Jahre nicht mehr rückgängig machen konnte: Erstmalig waren die wichtigsten sozio-ökonomischen Probleme und mögliche Lösungsversuche dieser Probleme im Centralverein wie vor allem anläßlich der vielen Lokalvereinsgründungen in aller Öffentlichkeit beim Namen genannt worden. Hierdurch wurden kurzfristig Schleusen geöffnet, die das Innenministerium nur sehr notdürftig und unter erheblichem zusätzlichen Verlust seines Ansehens wieder schließen konnte, während der Vorstand des Centralvereins, selbst von den Folgen und der offensichtlichen Brisanz seines Aufrufs zunächst überrascht, die Ströme kanalisieren und seinen Zielen nutzbar machen wollte. Wenn er auch als Gremium von »gestandenen Männern« erheblich stärker überkommenen Autoritätsstrukturen verhaftet war als die durchweg zehn bis zwanzig Jahre

313 Zum Klassenbegriff allgemein s. die Einleitung zur vorliegenden Arbeit. Friedrich Engels nennt als Grund dafür, daß es den »besitzlosen, vulgo arbeitenden Klassen« in dieser Zeit unmöglich gewesen sei, »sich zu einer Klasse zu konstituieren«, ihre Zersplitterung: »Diese Zersplitterung in Ackerknechte, Tagelöhner, Handwerksgesellen, Fabrikarbeiter und Lumpenproletariat, verbunden mit ihrer Zerstreuung über eine große, dünnbevölkerte Landfläche mit wenigen und schwachen Zentralpunkten, macht es ihnen schon unmöglich, sich gegenseitig über die Gemeinschaftlichkeit ihrer Interesssen klarzuwerden«. Wenige Sätze weiter spricht Engels dann übrigens auch von »Klassen von Arbeitgebern« (*Friedrich Engels:* Der Status quo in Deutschland, in: MEW, Bd. 4, S. 49). Zum Klassenbegriff von Marx und Engels s. *Horst Stuke:* Bedeutung und Problematik des Klassenbegriffs, S. 63ff., bes. S. 71; außerdem *Jürgen Kocka:* Stand – Klasse – Organisation, in: *Hans-Ulrich Wehler* (Hg.): Klassen in der europäischen Sozialgeschichte, Göttingen 1979, S. 137–165.

314 *Friedrich Engels:* Deutsche Zustände III, in MEW, Bd. 2, S. 580.

315 Vgl. dagegen *Frederick D. Marquardt:* A Working Class in the 1840's? in: Rosenberg-Festschrift (s. Anm. 312), S. 191–210, der von dem Vorhandensein einer, wenn auch in fünf große Gruppen differenzierten Arbeiterklasse ausgeht, in der »a strong sense of identity as an outcast class« zu finden gewesen sei (S. 203). Diese Auffassung wird hier nicht geteilt.

jüngeren Lokalvereinsinitiatoren wie etwa in Köln oder Bielefeld, so waren zu diesem Zeitpunkt mindestens die engagierten höheren Beamten bei all ihren Fehleinschätzungen insgesamt doch weitsichtiger und realistischer und gleichzeitig deutlich bemüht, das unter den gegebenen Umständen günstigenfalls Machbare zu erreichen. Hier trat zunächst besonders Bornemann hervor, der zwischen dem Innenministerium und der Lokalvereinsbewegung zu vermitteln versuchte, freilich ohne zu ahnen, daß selbst der Vorstand des Centralvereins von den maßgeblichen Beamten im Innenministerium mit Mißtrauen beurteilt wurde. Bornemanns Bereitschaft zum Eingehen auf Forderungen des Innenministeriums ging allerdings so weit, daß nahezu der gesamte innovatorische Ansatz des Centralvereins aufgegeben worden wäre, wenn man das Statut tatsächlich vollständig in dieser Richtung verändert hätte. Durch die Zähigkeit von Viebahns, des Nachfolgers von Bornemann, gelang es, das Statut von allzu engen inhaltlichen Einschränkungen der Vereinstätigkeit freizuhalten. Auf der mit dem revidierten Statut vom 2. März 1847 gelegten, später nur noch geringfügig veränderten Basis stand der Centralverein bis zum Ersten Weltkrieg, also fast siebzig Jahre lang!

Mit dem bisher unternommenen Versuch, die Stellung und Rolle des Centralvereins im preußischen Vormärz zu charakterisieren, sind auch schon Argumente geliefert, wie er im Spektrum der zeitgenössischen sozialpolitischen Bestrebungen und sozialkritischen Stellungnahmen einerseits und zwischen sozialer Bewegung und herkömmlicher Armenpflege andererseits einzuordnen ist. Ausgangspunkt der verschiedenartigen Reformvorschläge und kritischen Behandlungen der Ursachen der sogenannten sozialen Frage waren der Pauperismus[316] und – in zunehmendem Maße – auch das »Gespenst des Kommunismus«[317]. Während der Begriff »Kommunismus«, so wenig auch Klarheit über seinen Inhalt herrschte, bei den meisten Zeitgenossen extrem negativ besetzt war und mit einer drohenden sozialen Revolution in Verbindung gebracht wurde, liefen in der Ausfüllung des ebenfalls noch unpräzisen Begriffs »Sozialismus« bzw. »sozialistische Bestrebungen« die unterschiedlichsten Vorstellungen von Sozialkritikern und Sozialreformern zusammen. Zwar hatte bereits im Jahre

316 S. dazu immer noch *Werner Conze:* Vom »Pöbel« zum »Proletariat«, Wiederabdruck in: H. U. Wehler (Hg.): Moderne deutsche Sozialgeschichte (= NWB, Bd. 10), S. 111–136. S. dort auch *Rudolf Stadelmann:* Soziale Ursachen der Revolution von 1848 (ebd., S. 137 bis 155); außerdem *Hans Stein:* Pauperismus und Assoziation, Leiden 1936, sowie *Carl Jantke:* Der vierte Stand, Freiburg 1955, und *ders. / Dietrich Hilger* (Hg.): Die Eigentumslosen, Freiburg/München 1965, darin vor allem die Einleitung von *Carl Jantke:* Zur Deutung des Pauperismus. Die bevölkerungsgeschichtlichen Zusammenhänge des Pauperismus erläutert *Wolfgang Köllmann:* Bevölkerung und Arbeitskräftepotential, in: *ders.* Bevölkerung in der industriellen Revolution, Göttingen 1974, S. 61–98.

317 »Ein Gespenst geht um in Europa – das Gespenst des Kommunismus«: Einleitungssatz des Kommunistischen Manifests, s. MEW, Bd. 4, S. 461.

1844 Lorenz von Stein nachzuweisen versucht, daß beide Begriffe nicht zu trennen seien und »in demselben Verhältniß zueinander (ständen), wie System und Prinzip«; es sei deshalb eine »Verwirrung der Begriffe von sozialistischen Unternehmungen zu reden, wo es sich blos um eine *Verbesserung* und *Veredlung* der Lage der niederen Classe« handele[318]. In der zeitgenössischen Publizistik wurde diese Differenzierung jedoch fast gar nicht nachvollzogen. »Sozialismus« war im Vormärz ein Sammelbegriff nicht nur für die theoretischen Überlegungen, sondern auch für die »praktischen Versuche zur Verbesserung der gesellschaftlichen Zustände«[319] – Otto Lüning bezeichnete ihn deshalb ironisch als den »Knecht Ruprecht der neuen Zeit«[320].

Es gibt viele Belege dafür, daß selbst sozialkonservative Kreise einzelne »sozialistische« Ideen nach dem Motto aufgriffen: »Der Socialismus gehört allen Zeiten an, den zerrüttetsten am meisten. Wo er *gemäßigt* und *vernünftig* aufgetreten ist, hat er sich stets wohlthuend erwiesen.«[321] Der Kommunismus als »Philosophie der Proletariats« sei dagegen ein ebensolches Extrem wie die totale Gewerbefreiheit als »Philosophie der Geldaristokratie«[322]; zwischen beiden gelte es einen Mittelweg zu finden. Angesichts dieser Weite des Begriffs verwundert es nicht, daß Karl Biedermann auch die Vereinsbewegung für das Wohl der arbeitenden Klassen zu den »sozialen oder sozialistischen Bestrebungen« zählt. In seiner Artikelserie »Sozialistische Bestrebungen in Deutschland«, einem der ersten Versuche, Anfänge und Erscheinungsformen des »Sozialismus« auf deutschem Boden umfassend darzustellen[323], unterscheidet Biedermann 1846 zwischen einem systematischen bzw. »filosofischen Sozialismus« (unter Hinweis vor allem auf Gedanken von Moses Heß, Arnold Ruge, Karl Marx, Friedrich Engels und Karl Grün), dem die aktuelle gesellschaftliche Not und ih-

---

318 *Lorenz von Stein:* Blicke auf den Socialismus und Communismus in Deutschland, und ihre Zukunft, in: DtVjschr. Jg. 1844, Heft 2, S. 15. Dagegen *Ferdinand Fischer:* Republik und Socialismus oder Blick auf Preußens Zustände, Hamburg 1848, S. 184: »Von unserm Communismus ist übrigens der Socialismus streng zu unterscheiden.«

319 *Karl Biedermann:* Sozialistische Bestrebungen in Deutschland, in: *ders.* (Hg.): Unsere Gegenwart und Zukunft, 1. Bd., S. 194–264; 2. Bd., S. 206–267; 3. Bd. S. 268–332; alle Bände Leipzig 1846, Zitat: 1. Bd., S. 195.

320 *Otto Lüning:* Ein Wort über den Sozialismus, in: *ders.* (Hg.): Dieß Buch gehört dem Volke, 1. Jg. (Bielefeld 1845), S. 116.

321 *H. E.:* Bruder- und Schwesterhäuser, in: DtVjschr., Jg. 1844, Heft 1, S. 160; vgl. auch das auf S. 65 angeführte Zitat von *Victor Aimé Huber.*

322 *W. M.:* Aus Anlaß der Fabrikemeuten, in: DtVjschr., Jg. 1844, Heft 4, S. 404. S. auch *Teuteberg:* Mitbestimmung, S. 43, der darauf hinweist, daß im Vormärz viele liberale Bildungsbürger Ideen der Frühsozialisten »wohlwollend auf die Möglichkeit ihrer Verwendung hin überprüft« haben.

323 Neben dem in Anm. 318 zitierten Aufsatz von *Lorenz von Stein!* Zu der Artikelserie von *Biedermann* (s. Anm. 319) s. den Beitrag von *Winfried Schulze:* »Sozialistische Bestrebungen in Deutschland«. Bemerkungen zu einer Aufsatzfolge Karl Biedermanns (1846), in: VSWG, 57. Bd. (1970), S. 93–104.

re Bekämpfung »nur eine Nebensache«[324] angesichts seiner spekulativen Grundfrage nach der Verwirklichung der menschlichen Freiheit sei, und einem »praktischen Sozialismus«, der von dem Bemühen um die »wirkliche Abhülfe gesellschaftlicher Mißverhältnisse« ausgehe[325]. Die verschiedenen Reformversuche dieses »praktischen Sozialismus« zielten z. T. auf »eine gewisse Vollständigkeit und Konsequenz«, z. T. aber auch nur auf die »Befriedigung der nächsten, fühlbarsten Bedürfnisse«[326]. Von den »Sozialisten«, die nach Biedermann eine »vernünftigere Regelung des Verhältnisses von Arbeit und Genuß (oder Lohn)« durch eine bessere Organisation der Gesellschaft anstreben[327], grenzt er einerseits die in erster Linie auf christliche Motive zurückgehende Armenpflege sowie die konservativen Wohltätigkeitsbestrebungen ab, die nur die »äußerlichsten Wirkungen und Sympthome« der Not lindern wollten, ohne auch die Ursachen gesellschaftlicher Mißstände zu bekämpfen[328]. Andererseits zieht er eine Trennungslinie zu den Kommunisten, jener extremen Gruppe des systematischen Sozialismus, die »*jede* Beziehung zwischen Arbeit und Genuß, jede Idee eines *Erwerbes*« ablehne und eine Gesellschaft anstrebe, in der »der Einzelne von der Gesamtheit Alles erhalte, was er brauche, ohne daß man erst frage, ob er es auch durch seine Arbeit verdient habe, und wo umgekehrt der Einzelne für das Ganze arbeite, ohne dafür einen Anspruch auf Belohnung zu machen«[329].
Innerhalb des »praktischen Sozialismus« differenziert Biedermann die vielfältigen »sozialistischen« Einrichtungen nach den Ursachen des jeweiligen Notstandes, den sie zu bekämpfen strebten, und hebt davon die »radikale Sozialreform« als Ziel des »eigentliche(n) Sozialismus« noch einmal ab[330]. Hier gehe es nicht mehr nur um Hilfskassen, Versorgungsanstalten, Arbeitsnachweisbörsen, Kreditinstitute, Fortbildungsschulen und ähnliche soziale Vereinsaktivitäten, sondern um die »Frage der Regelung des Lohnes oder des Verhältnisses zwischen Arbeitern und Arbeitgebern«[331]. Als Ansätze in dieser Richtung wertet er erstens Überlegungen wie z. B.

---

324 *Biedermann:* Sozialistische Bestrebungen, 1. Artikel, S. 245; vgl. aber auch im 2. Artikel die Feststellung, praktische Fragen seien für den philosophischen Sozialismus wenn auch nicht gerade eine Nebensache, so doch lediglich Folgerungen aus den spekulativen Prämissen und würden deshalb nicht selbständig für sich behandelt (S. 206).

325 Ebd., S. 207; »praktischer Sozialismus« bezeichnet also die Art sozialen Handelns im Vormärz, die das Kommunistische Manifest polemisch mit dem Begriff »Bourgeoissozialismus« gekennzeichnet hat (s. MEW, Bd. 4, S. 488f.).

326 *Biedermann,* 2. Artikel, S. 206.

327 Ebd., 3. Artikel, S. 308.

328 Ebd., 2. Artikel, S. 208.

329 Ebd., 3. Artikel, S. 307; Biedermann betont, daß es für den systematischen Sozialismus = Kommunismus überhaupt keine »vermittelnde Maßregel« gebe wie z. B. die Regelung der Lohnverhältnisse, sondern daß er »eine völlige Aufhebung der Konkurrenz anstrebt« (2. Artikel, S. 250).

330 Ebd., 2. Artikel, S. 250.

331 Ebd.

von Johannes Alois Perthaler zur Festlegung eines Lohnminimums – meist gekoppelt mit einer täglichen Maximalarbeitszeit –, vor allem aber die Idee eines Tarifvertrags zwischen dem Arbeitgeber und dem einzelnen Arbeiter. Da ihm aber der Gedanke des kollektiven Vertrags noch fremd war, lehnt er diese Lösung wegen der Gefahr der Ausnutzung individueller Notlagen durch den Unternehmer ab[332]. Als zweiten, noch weitergehenden Vorschlag nennt er die Beteiligung der Arbeiter am Gewinn und bezieht sich dabei vor allem auf Friedrich Harkort[333] sowie auf Robert von Mohl, Louis Piette und Alexander Schneer. Hier fragt Biedermann kritisch nach den Maßstäben zur Bemessung des jeweiligen Gewinnanteils aller Beteiligten, d. h. der Unternehmer, ihrer Geldgeber, der Fachkräfte (gemeint sind Maschinisten, Musterzeichner, Chemiker usw.) und Handarbeiter. Grundsätzlich bezweifelt er, ob es eine »feste, vernünftige und billige Norm« der Gewinnverteilung geben könne, solange das Grundverhältnis einer einerseits von Intelligenz, andererseits von Körperkraft bestimmten Arbeitsteilung zwischen der Unternehmensführung und der Arbeiterschaft bestehe[334]. Als drittes Konzept einer »radikalen Sozialreform«, das den Anspruch erhebe, gerade diesen letztgenannten Zustand abzuschaffen, nennt er schließlich die »Organisation der Arbeit«, die aber für ihn ein allzu verschwommenes, z. T. höchst utopisches Denkgebäude ist[335], zumal ihre Tendenz letztlich auf eine Aufhebung jeder Konkurrenz und jedes Sondereigentums hinauslaufe. Biedermann lehnt die verschiedenartigen Überlegungen zu einer solchen Organisation zwar nicht rundweg ab, wirft aber ihren Verfechtern vor, daß sie bei allgemeinen Phrasen und bei Phantastereien stehenblieben und viel zu wenig die Möglichkeiten einer Realisierung analysierten[336].

Wenn Biedermann den Centralverein und die Lokalvereinsbewegung für das Wohl der arbeitenden Klassen auch nur sehr knapp und zudem verkürzt als Beispiele für Bestrebungen zur Schaffung eines »dauerndere(n) und umfassendere(n) Verhältnis(ses)« zwischen den oberen und unteren Klassen erwähnt, so liefert seine Systematik dennoch genug Argumente, diese Vereinsbewegung genauer in das von ihm beschriebene Spektrum

---

332 Ebd., S. 254.

333 Zu dem umfangreichen Katalog sozialreformerischer Ideen Harkorts, von denen vor allem seine Bildungsforderungen, seine Gedanken einer Arbeitergewinnbeteiligung und seine Vorschläge zur Umgestaltung der Betriebsverfassung über die gleichzeitigen Gedanken und Empfehlungen anderer bürgerlicher Sozialreformer einschließlich des Centralvereins bemerkenswert hinausgingen, s. vor allem *Wolfgang Köllmann:* Gesellschaftsanschauungen und sozialpolitisches Wollen Friedrich Harkorts (s. Anm. 133); außerdem *Hans Stein:* Pauperismus und Assoziation, S. 55ff., und *Teuteberg:* Mitbestimmung, S. 181–185; kritisch dagegen – neben *Uhlig* (s. Anm. 191) – *Hans-Wolf Butterhof:* Wissen und Macht, München 1978, zu Harkort Kap. I.

334 *Biedermann*, 2. Artikel, S. 264.

335 Ebd., S. 265, vgl. auch das in Anm. 294 angeführte Zitat Biedermanns.

336 Ebd., 3. Artikel S. 281 und S. 330f.

»sozialistischer«, d. h. sozialreformerischer und sozialkritischer Bestrebungen einzuordnen[337]: Danach bezog der Centralverein nahezu alle von Biedermann erwähnten Hilfs-, Selbsthilfe- und Fürsorgeinstitutionen des »praktischen Sozialismus« in seine Programmatik mit ein – bis zu jener Grenzlinie, an der die »radikale Sozialreform« begann. Der Centralverein erweist sich so als der umfassendste Versuch im preußischen Vormärz, die Vielzahl sozialer Reformvorschläge zwischen der herkömmlichen und deshalb den aktuellen Problemen nicht mehr gerecht werdenden Armenpflege auf der einen Seite und der entweder ihrer Zeit vorauseilenden (z. B. Perthaler und Harkort) oder sich bloß in utopischen Träumereien erschöpfenden (z. B. Weitling) »radikalen Sozialreform« auf der anderen Seite systematisch zu ordnen, zu durchdenken und auf eine solide, d. h. erfolgversprechende Basis zu stellen. Überlegungen, die Biedermann unter dem Begriff der »radikalen Sozialreform« subsumiert, spielten zwar in den Diskussionen der Lokalvereine durchaus auch eine Rolle, nicht aber im Centralverein, weil er sie unter den gegebenen Umständen nicht für realisierbar und gesetzliche Eingriffe – z. B. in den innerbetrieblichen Bereich – zu dieser Zeit noch für ungerechtfertigt hielt. Vorschläge zur Lohnfrage und zur Gestaltung des Verhältnisses zwischen Arbeitgebern und Arbeitern sind mit Ausnahme jener mehr beiläufigen Erwähnung der Arbeitergewinnbeteiligung[338] im Centralverein deshalb noch nicht erörtert worden. Sein Charakter als »sozialer Innovator«[339] begründet sich auch nicht so sehr auf den von ihm propagierten Einzelinstitutionen und -maßnahmen – diese waren schon in der breiten sozialreformerischen Literatur vor 1844 nahezu vollständig von Baader, Diesterweg, Gall, Fallati, Harkort, Mohl, Perthaler, Quentin und vielen anderen in die Diskussion eingebracht worden –, sondern in der Zentralisation und Bündelung der Reformbestrebungen, d. h. in der Absicht ihrer umgreifenden, fast einem modernen Parteiaufbau vergleichbaren Organisierung auf verschiedenen Ebenen, außerdem in seinem Kommunikationsgebot an die bürgerliche

337 Es würde zu weit führen, den Centralverein im folgenden darauf zu untersuchen, wieweit seine Vorstellungen einer Sozialreform bei diesem oder jenem Sozialkritiker des Vormärz schon vorgedacht waren bzw. wie weit er sich von ihnen im einzelnen unterschied. Zur Ideengeschichte der deutschen Sozialkritik gibt es inzwischen eine Reihe von Darstellungen (z. B. von *Hans Stein, Werner Conze, Carl Jantke, Wolfgang Köllmann, Hans Jürgen Teuteberg* u. a.). Was nahezu noch völlig fehlt, sind dagegen Untersuchungen der Reichweite, der praktischen Umsetzung dieser Ideen, der tatsächlichen Funktion und Wirkung der vorgeschlagenen und z. T. ja auch in die Tat umgesetzten sozialen Einrichtungen. Die Einordnung in das Schema Biedermanns bot sich dagegen deshalb an, weil es nicht an Einzelpersonen festgemacht ist, sondern von zeitgenössischen Kriterien ausgehend systematisch vorgeht.

338 S. oben Anm. 133.

339 Zu dem Begriff »soziale Innovation« s. *Otto Neuloh:* Zum Bezugsrahmen von sozialer Innovation und sozialem Konflikt, in: *ders.* (Hg.): Soziale Innovation und sozialer Konflikt, Göttingen 1977, S. 9–30.

Öffentlichkeit. Die Zielsetzung des Centralvereins läßt sich somit als ein erster Schritt zu einer »sozialstaatliche(n) Transformation des liberalen Rechtsstaats« interpretieren[340].
In dieser Feststellung liegt eine scheinbare Paradoxie, da es in Preußen im Gegensatz z. B. zu England gerade nicht die Regierung war, die in diesem Bereich der »Modernisierung« Initiativen aufgriff[341]. Die staatliche Sozialpolitik blieb ja in Preußen im Vormärz letztlich auf »die mehr repressiven Kontrollinstrumentarien einer bürokratisierten Armenpolizei« beschränkt[342], während sie sich in der gleichen Zeit in England zur gesetzlichen Rahmensetzung und zur wohlwollenden Oberaufsicht über eine ansonsten von Detaileingriffen weitgehend verschonte gesellschaftliche Selbstorganisation entwickelte. Das zeigt sich z. B. im Verhältnis der Friendly und der Cooperative Societies zur englischen Regierung[343]. Von den vielen Gründen für diesen Unterschied zwischen England und Preußen ist hier nur einer herauszuheben, der gleichzeitig auch erläutern soll, weshalb oben die Bestrebungen der »radikalen Sozialreformer« als z. T. ihrer Zeit vorauseilend charakterisiert worden sind. Die insgesamt fünf wichtigeren Gesetze zu den Friendly Societies in England im Zeitraum von 1793 bis 1846 wurden gerade auch mit Blick auf eine ständig stärker werdende selbständige Arbeiterbewegung erlassen[344], die es in Preußen/Deutschland aus den schon erwähnten Gründen nicht gab. Lohnfragen und Fragen des Verhältnisses zwischen Arbeitgebern und Arbeitern – von Biedermann als die Ansatzpunkte des »eigentlichen Sozialismus« bezeichnet und bis heute zentrale Probleme in der kapitalistischen Industriegesellschaft – kamen erst nachhaltig in den Blick, als die Klassenstruktur und die damit gegebenen Konfliktverhältnisse sich schärfer herausgebildet hatten, d. h. als eine eigenständige, auf Emanzipation drängende Arbeiterbe-

---

340 *Jürgen Habermas:* Strukturwandel der Öffentlichkeit, Neuwied/Berlin 1971[5], S. 263ff. Weniger präzise findet sich der Gedanke auch bei *Carl Jantke:* Der vierte Stand, S. 49: In der Sozialkritik der 1840er Jahre habe sich »in unserem industriell noch so sehr schwach entwickelten Lande ein für unsere gesamte spätere Auseinandersetzung mit der ›sozialen Frage‹ entscheidender geistiger Vorgriff« vollzogen.

341 Zur Rolle des preußischen Staates bei der Modernisierung des ökonomischen Bereichs s. *Jürgen Kocka:* Preußischer Staat und Modernisierung im Vormärz (s. Anm. 312). Den Hinweis darauf, daß sich in England nach der Einsicht in das Scheitern der Poor-Laws der Gedanke des »Welfare States« durchzusetzen begann und von der Regierung bewußt aufgegriffen wurde, verdanke ich dem Aufsatz von *Derek Fraser:* Das Armengesetz und die Ursprünge des britischen Wohlfahrtsstaates, in: *Wolfgang J. Mommsen* (Hg.): Die Entstehung des Wohlfahrtsstaates in Großbritannien und Deutschland 1850–1950, Stuttgart 1982, S. 17–39.

342 *Eckart Pankoke:* Sozialpolitik zwischen staatlicher Systematisierung und situativer Operationalisierung, in: *Chr. v. Ferber / F. X. Kaufmann* (Hg.): Soziologie und Sozialpolitik, Opladen 1977, S. 78; s. ansonsten die Einleitung zur vorliegenden Arbeit, bes. S. 32.

343 *Adolf M. Birke:* Voluntary Associations – Aspekte gesellschaftlicher Selbstorganisation im frühindustriellen England, in: Beiheft 2 zu »Der Staat«, Berlin 1978, S. 86f.

344 Vgl. *J. M. Baernreither:* Die Englischen Arbeiterverbände und ihr Recht, Tübingen 1886, S. 302ff.

wegung in dieser Richtung Forderungen zu artikulieren begann und eigene Kampfformen entwickelte. Gerade auch »wahre Sozialisten« wie Ludwig Buhl meinten noch im Vormärz, man könne der Lohnfrage, der Frage der Beziehungen zwischen Arbeitgebern und Arbeitern und den Möglichkeiten einer willkürlichen Behandlung der Arbeiter durch ihre Vorgesetzten noch »keine allgemeine Bedeutung zugestehen und sie nicht als eine wesentliche Ursache der Noth betrachten«[345]. Der Unternehmer als Ausbeuter war noch kein durchgängig akzeptiertes Feindbild aus Arbeitersicht: Er stehe – so Buhl –, wie der Arbeiter auch, unter demselben Gesetz, nämlich dem der Konkurrenz: dieses bestimme für beide den Preis.

Von hierher bekommt die vor allem in verschiedenen Lokalvereinen lebhaft geführte Diskussion um den Namen der Vereine ihren Sinn, denn die Bezeichnung »für das Wohl der arbeitenden Klassen« schien zu sehr ein Patronatsverhältnis, eine Arroganz der oberen Klassen gegenüber den unteren Klassen auszudrücken. Der Kölner Lokalverein z. B. hatte sich gerade aus diesem Grunde nach hitzigen Debatten zunächst »Gegenseitiger«, dann »Allgemeiner Hülfs- und Bildungs-Verein« genannt[346]. Tatsächlich war im Programm des Centralvereins von einer »Emancipation der untern Klassen«, wie Friedrich Harkort sie gefordert hatte[347], nicht die Rede, auch wenn Karl Quentin, der ja in die Harkortsche Familie eingeheiratet hatte und Harkorts Gedanken sicherlich kannte[348], in diese Richtung gehende Überlegungen vertreten und einzubringen versucht haben mag. Emanzipation der arbeitenden Klassen war kein erklärtes Nahziel der meisten Centralvereinsinitiatoren, allenfalls ein Fernziel, zu dem man jene behutsam hinführen mußte. Harkort sah in seiner Kritik des Centralvereinsprogramms deshalb auch die Notwendigkeit der Volksbildung als Ausgangspunkt einer Emanzipation zu wenig berücksichtigt und forderte als weitergreifende Zielsetzung, »das Volk zu befähigen und zu nöthigen, für sich selbst zu sorgen«[349]; nur das sei die Basis einer »allgemeine(n),

---

345 *Ludwig Buhl:* Andeutungen über die Noth der arbeitenden Klassen und über die Aufgabe der Vereine zum Wohl derselben, Berlin 1845, S. 30.

346 Siehe die Berichte im Gesellschaftsspiegel, 1. Bd. (Elberfeld 1845), bes. S. 25f., und in den Rheinischen Jahrbüchern zur gesellschaftlichen Reform, 1. Bd. (Darmstadt 1845), S. 226ff. Als Ziel der Kölner Initiatoren wird angegeben, sie wollten die »große Kluft zwischen Besitzern und Nichtbesitzern« ausfüllen und dadurch beide Teile befähigen, »vollkommen vereint ein wahrhaft menschliches Leben zu führen« (ebd., S. 224).

347 *Friedrich Harkort:* Bemerkungen über die Hindernisse der Civilisation und Emancipation der untern Klassen, Elberfeld 1844; s. zum Inhalt des Emanzipationsbegriffs vor allem *Köllmannn:* Gesellschaftsanschauungen (s. Anm. 133). Existenzsicherung, Förderung des Erwerbs von Eigentum, Erziehung und Ausbildung waren für Harkort die Grundlagen der Emanzipation der unteren Klassen.

348 Zur Person Quentins s. Anm. 37. *Hans Stein* hat die Verbindung von Quentin zu Harkort ausdrücklich betont (Pauperismus und Assoziation, S. 60).

349 *Harkort:* Vereine (s. Anm. 187), S. 10.

praktische(n), lebenskräftige(n) Organisation«. An eine selbstbewußt agierende Arbeiterschaft als Ergebnis der Emanzipation dachte allerdings auch er dabei nicht.

Von den weiteren Kritikern der Vereinsbewegung, die ausführlicher auf Details eingingen, war es als einziger der damals erst 20jährige Stephan Born, der den eigentlichen Kernpunkt – wenn auch noch unpräzise – beim Namen nannte. Während Buhl und Berends den erwähnten Patronatscharakter und die allzu hierarchische Organisationsstruktur kritisierten[350], pochte Born nachdrücklich auf das Selbstbewußsein der Arbeiter: »Wir redlichen Arbeiter wollen keine Almosen, wir wollen Gerechtigkeit!« Born lehnte jedoch Umsturz und Revolution ab, er wollte »nicht durch die Anwendung roher Gewalt . . . Gerechtigkeit erkämpfen«[351], sondern die Arbeiterschaft dazu gewinnen, auf friedlichem Wege ihr Recht einzufordern, das darin bestehe, »im Verhältnis zu (ihrer) Arbeit auch belohnt (zu) werden«[352]. Noch bleibt sein folgender Aufruf vage: »Vereinigt ihr euch zu einem hehren Bunde, um die Roheit und Unkultur eines großen Theils unseres Standes zu bezwingen, Alle von uns zur Menschenwürde heranzubilden«, doch kündigt sich in solchen und ähnlichen Worten[353] bereits der Gründer der »Arbeiterverbrüderung« des Jahres 1848 an, d. h. der ersten selbständigen Arbeiterorganisation in Deutschland, die mit dem Anspruch auf die Vereinigung aller Arbeiter auftrat. Trotz Borns Pathos wird hier angesichts so mancher »gutmütigen Illusion«[354] im Zusammenhang mit der Vereinsbewegung für das Wohl der arbeitenden Klassen der eigentlich zukunftsweisende Aspekt sichtbar, die Einsicht nämlich, daß in der entscheidenden Frage nach dem gerechten Lohn gerungen werden mußte, dieses Ringen aber nur erfolgreich sein konnte, wenn die Arbeiter sich solidarisch und planvoll verbanden und so eine Gegenmacht darstellten.

Eine solche erste Andeutung eines Verständnisses von grundsätzlichen Konfliktanlagen der heraufziehenden Inustriegesellschaft blieb jedoch in den Diskussionen um die Ziele der Vereinsbewegung für das Wohl der arbeitenden Klassen singulär. Weder die sozial-liberalen Bürger und Beamten, noch die sozialkritischen Literaten, noch die »wahren Sozialisten« dachten an einen solchen Weg zur langfristigen Lösung der zeitgenössi-

350 *Buhl:* Andeutungen (s. Anm. 345); *Julius Berends:* Hebung der Noth der arbeitenden Klassen. Ein Wort betreffend den Localverein zur Beförderung des Wohls der arbeitenden Klassen, Leipzig 1845.

351 (*Stephan Born*): Der Verein zur Hebung der arbeitenden Klassen und die Volksstimme über ihn. Von einem Handwerker, Leipzig 1845, S. 22. Die Schrift ist zwar anonym erschienen, aber nach Borns eigenen Aussagen von ihm verfaßt (*Born:* Erinnerungen, S. 15).

352 Ebd., S. 20.

353 Ebd., S. 21. So ist z. B. von der »Idee der unvergänglichen Bruderliebe« (S. 21) die Rede, und die Broschüre endet mit dem Aufruf: »Wir wollen einen Verein bilden, Menschen zu werden!« (S. 23).

354 *Buhl:* Andeutungen (s. Anm. 345), S. 28.

schen sozialen Probleme. Er hätte dort beginnen müssen, wogegen seit der Aufklärung eine tiefsitzende Skepsis bestand, bei der Fraktionierung, d. h. bei der Höhergewichtung trennender Elemente gegenüber den verbindenen[355].

Mit der Beschwörung einer die sozialen Gegensätze überspannenden Harmonie aller »Gutgesinnten« (Quentin), mit dem Appell an Einsicht und Menschenliebe und mit dem optimistischen Glauben daran, daß sich durch den industriellen Fortschritt in Verbindung mit der Freisetzung von noch herrschenden legitimistischen Beschränkungen die sozialen Probleme von selbst lösen würden, korrespondierten die Begrenztheiten und Fehleinschätzungen, die Überbewertung und letztlich Oberflächlichkeit der vorgeschlagenen Heilungsmittel für die Gebrechen einer sich in einem tiefgreifenden Wandlungsprozeß befindlichen Gesellschaft. Doch machte man es sich zu leicht, wollte man ex post von Versagen und illusionärer Kurzsichtigkeit sprechen. Zu bedenken sind nicht nur die unbemerkten Strukturwandlungen, sondern auch die zeitgenössischen sozioökonomischen Deutungsmuster, die überkommenen Einordnungskategorien und Werthierarchien sowie die mangelnde Begrifflichkeit für das Neue (die wiederum mit dem Grade des »Begreifens« zusammenhing) und die durch all dies vorgegebenen Handlungs- und Verhaltensdispositionen. Angesichts der Dimensionen dieser Umbruchphase wird verständlich, daß die bürgerlichen Sozialreformer des Vormärz, wie sie im Centralverein zu finden waren, nicht zuletzt auch wegen ihrer Einbindung in das bestehende System und der durch ihre Klassenlage bedingten Begrenztheiten überfordert waren und zu Fehleinschätzungen kommen mußten[356]. Dasselbe läßt sich auch von den radikalen Sozialkritikern bis hin zu Marx und Engels sagen. Karl Rodbertus hatte schon 1839 angesichts der völligen Unzulänglichkeit der vorhandenen Deutungsangebote für die neuen sozioökonomischen Phänomene nachdrücklich dazu aufgerufen, ein neues, ein »staatswirtschaftliches System« zu erdenken, um die »Lebensfrage der modernen Zivilisation«, die Teilnahme der arbeitenden Klassen »an der Bildungsstufe der Zeit . . . (und) an den Wohltaten der heutigen Kultur«, gründlich zu lösen[357]. Er hatte als einer der wenigen erkannt, daß eine dauerhafte Lösung der sozialen Probleme, wie auch immer sie im einzelnen aussehen

---

355 S. dazu *Brandt:* Ansätze einer Selbstorganisation (s. Anm. 301), S. 66.

356 Diese Überforderung ist auch der Hintergrund für die kritische Beobachtung *Eduard Meyens* anläßlich der Berliner Lokalvereinssitzungen, daß das Komitee – eigentlich »der Volkspartei im Herzen zugeneigt« – sich doch »fortwährend in die Nothwendigkeit versetzt (sah), dieselbe fortwährend zu bekämpfen«. Es sei dabei immer mehr in eine »Halbheit« und in ein »Schwanken zwischen Freiheit und Unfreiheit« hineingeraten (*Meyen* in den Rheinischen Jahrbüchern zur gesellschaftlichen Reform, 1. Bd., Darmstadt 1845, S. 202f.).

357 *Karl Rodbertus:* Die Forderungen der arbeitenden Klassen, hier zit. nach der von *A. Skalweit* hg. Ausgabe, Frankfurt/M. 1946, S. 10 und S. 25.

würde, nicht ohne oder gar gegen den Staat erreicht werden konnte. So stellte sich bei allen sozialreformerischen Initiativen des Vormärz immer wieder heraus, daß jeder umfassendere Ansatz, der vom aktuellen Erfahrungs- und Kenntnisstand ausging[358], bald wieder von der Geschwindigkeit der Entwicklung überholt wurde und auf Dauer mit dem staatlichen Machtanspruch kollidieren mußte. Diesem Schicksal ist auch der Centralverein im Vormärz, bei allem guten Willen seiner Mitglieder, nicht entgangen.

---

358 Zu der hier angesprochenen wichtigen Kategorie der Erfahrung und der gerade in jener Umbruch- und Schwellenphase nach der Jahrhundertwende offen zutage tretenden Sprengung herkömmlicher Erfahrungsräume sowie der damit verbundenen Verunsicherung s. den Aufsatz von *Reinhart Koselleck:* ›Erfahrungsraum‹ und ›Erwartungshorizont‹ – zwei historische Kategorien, in: *U. Engelhardt* u. a. (Hg.): Soziale Bewegung und politische Verfassung, Stuttgart 1976, S. 13–33.

II. Der Centralverein in den Revolutionsjahren 1848/49

Kontinuität und Neubeginn: Der Centralverein im Frühjahr 1848

Nach nahezu dreieinhalb Jahren des Wartens war mit der königlichen Verleihung der Korporationsrechte am 31. März 1848 und mit der Statutenbestätigung durch das Innenministerium zwölf Tage später dem Centralverein endlich die Voraussetzung zur öffentlichen und ungehinderten Verfolgung seiner Ziele gegeben[1]. Außerdem wurde ihm am 26. April 1848 die erste Hälfte der 1844 von Friedrich Wilhelm IV. gestifteten Summe von 15000 Talern ausgezahlt[2]; die Bewilligung der beantragten Portofreiheit erfolgte am 3. Mai 1848[3]. Dies alles ereignete sich vor dem Hintergrund und in engem Zusammenhang mit den »Märzereignissen« und ihren unmittelbaren Folgen. Auf das am 29. März 1848 schon wieder entlassene »bürokratische Übergangsministerium« von Arnims war das »liberale Märzministerium« Camphausen/Hansemann gefolgt[4], in dem auch zwei ehemals führende Centralvereinsmitglieder Ministerposten bekleideten: Bornemann leitete das Justizministerium, von Patow vom 17. April an das neu gegründete Handelsministerium. Mit der Einrichtung des letztgenannten Ministeriums wurde eine schon seit langem, vor allem von den rheinischen, schlesischen und Königsberger Großkaufleuten und Unternehmern erhobene Forderung erfüllt[5]. Nach der Absicht des Königs sollte es besonders »den arbeitenden und gewerbetreibenden Klassen der städtischen wie der ländlichen Bevölkerung seine Fürsorge« widmen[6]. Hierin lag auch eine gewisse antibürgerliche Spitze, die auf Vorschläge von Rado-

---

1 Der Text der königlichen Verleihungsurkunde ist in den Mittheilungen des Centralvereins abgedruckt: Bd. 1 (1848/49), S. (22); die Gegenzeichnung erfolgte durch Innenminister von Auerswald und Finanzminister Hansemann. Das Statut wurde in der revidierten Fassung vom 2. 3. 1847 am 12. 4. 1848 vom Innenministerium – »im Auftrage: Manteuffel« – bestätigt; Abdruck ebd., S. (13) bis (19).

2 Da die entsprechende Akte wohl verloren ist (s. Anm. 284 zu Kap. I), kann der Grund für die Aufteilung der Gesamtsumme in zwei Raten nicht angegeben werden; vermutlich hing er lediglich mit der angespannten Finanzlage zusammen. Zur Auszahlung der zweiten Rate s. unten S. 243ff.

3 Text des Bewilligungsdokuments, unterzeichnet durch den General-Postmeister von Schaper, den ehemaligen Oberpräsidenten der Rheinprovinz, abgedruckt in den Mittheilungen, Bd. 1, S. (26)f.

4 S. *Huber:* Verfassungsgeschichte, Bd. 2, S. 579.

5 *Delbrück:* Lebenserinnerungen, Bd. 1, S. 142 und S. 214. Hinter dieser Forderung standen sowohl Kreise mit schutzzöllnerischen als auch mit Freihandelsinteressen.

6 Gesetz-Sammlung für die Königlichen Preußischen Staaten, Jg. 1848, S. 109f.

witz' zurückging. Dieser hatte dem König kurz vorher in einem Promemoria als Heilmittel gegen die Revolution empfohlen, er möge sich in ganz besonderer Weise »der Arbeiterklasse, der sogenannten Proletarier, gegen die Bourgeoisie annehmen«, was Friedrich Wilhelm IV. für »vortrefflich« hielt[7]. Daß sich der Liberale von Patow, der sowohl als hervorragender Finanzfachmann und Kenner der politischen Verhältnisse galt, als auch als Mitbegründer und ehemaliges Vorstandsmitglied des Centralvereins hervorgetreten war, zur Leitung dieses neugeschaffenen und als Befriedungsinstrument gedachten Ministeriums in besonderer Weise anbot, wird in diesem Zusammenhang verständlich.

Damit änderte sich auch die ministerielle Zuständigkeit für den Centralverein: Obwohl das neue Handelsministerium nur aus dem 1844 gegründeten, bis jetzt von Friedrich von Rönne geleiteten Handelsamt, dem bisher unter der Leitung von Schapers stehenden Postdepartement sowie den Handels- und Gewerbedepartements des Finanzministeriums (d. h. der dortigen Abteilung IV und V) und des Innenministeriums (d. h. der dortigen Abteilung I) bestand, ging von nun an auch die bisher in der Mathis unterstehenden Abteilung II des Innenministeriums behandelte Centralvereinsangelegenheit in die Hände dieses Ministeriums über. Offenbar hat von Patow selbst nach seinem Amtsantritt und dem Wegfall der »polizeilichen Bedenken« gegen den Centralverein sowie dem Ausscheiden Mathis' und Sulzers aus ihren Ämtern dafür gesorgt[8]. Auch mit diesem Schritt betonte er demonstrativ die zukünftige Zuständigkeit seines Ministeriums für Arbeiterfragen und die Bereitschaft zur Behandlung von Problemfeldern, die nach Meinung verschiedener Redner auf den Volksversammlungen einem vor allem von der Arbeiterschaft geforderten Arbeiterministerium zugewiesen werden sollten[9].

7 *Gerlach:* Denkwürdigkeiten, Bd. 1, S. 153. Zum Einfluß von Radowitz' auf den König zu dieser Zeit s. auch *Teuteberg:* Mitbestimmung, S. 46f.; außerdem *Margret Tilmann:* Der Einfluß des Revolutionsjahres 1848 auf die preußische Gewerbe- und Sozialgesetzgebung, Diss. phil. Berlin 1935, S. 21f. und S. 63, sowie *Heinrich Volkmann:* Die Arbeiterfrage im preußischen Abgeordnetenhaus 1848–1869, Berlin 1968, S. 24f.

8 Zur Konstituierung dieses Ministeriums s. *Delbrück:* Lebenserinnerungen, Bd. 1, S. 214; sowie *Wolff:* Revolutionschronik, Bd. 1, S. 476, und Bd. 2, S. 170; allgemein auch *Friedrich Facius:* Wirtschaft und Staat, Boppard 1959, bes. S. 46. Lt. *Varnhagen* (Tagebücher 4, S. 352f. und 380) erhielten die »Eiferdiener der Polizeiwillkür, des Beamtenübermuths« Mathis und Sulzer Ende März bzw. Anfang April ihren Abschied. Die älteren den Centralverein betreffenden Akten wurden nun im Handelsministerium weitergeführt, während das Innenministerium seit Mitte Mai 1848 mit der Anlage neuer Akten über den Centralverein und das sonstige Vereinswesen für das Wohl der arbeitenden Klassen begann (DZAM, Rep. 77, tit. 1104, Nr. 1, Bd. 3 und Nr. 8, Bd. 1 mit dem Vermerk »anteriora in actis des Min. für Handel pp.«).

9 S. zu dieser Forderung vor allem *Wolff:* Revolutionschronik, Bd. 1, S. 436ff. und passim, außerdem *Varnhagen:* Tagebücher 4, S. 220 und 225; weiterhin *Bernstein:* Berliner Arbeiterbewegung, 1. Teil, S. 9f.

Hatte der Centralverein sich bei seiner Gründung im Herbst 1844 noch mit Recht als sozialpolitische Vorhut betrachten können, als Spitze einer – wie er hoffte – breiten sozialen und zugleich liberalen Bewegung in einer von der politischen Mitsprache weitgehend ausgeschlossenen Gesellschaft, so hatten sich die Voraussetzungen zu dieser Einschätzung im Frühjahr 1848 – wie es schien – grundlegend geändert. Das autoritäre Auftreten des Staates, der durch illiberale Engstirnigkeit, tiefsitzende Vorurteile und Befürchtungen sowie durch die besonders im Innenministerium ausgeprägte unnachgiebige und starre Betonung seiner Herrschaftsansprüche – gleichzeitig in seinem Vorgehen inkonsequent und widersprüchlich – auch das Entstehen einer breiten, durchaus als systemstabilisierende Kraft geplanten, sozialen Vereinsbewegung unterdrückt hatte, war der Grund für jene schon erwähnte Erwartung vieler zunächst loyaler Bildungs- und Besitzbürger gewesen, daß erst die politische Reform, ja sogar ein politischer Umsturz die Basis zum erfolgversprechenden sozialpolitischen Handeln schaffen werde. Eine solche politische Reform war nun – so glaubten diese Kreise – durch den Übergang zum Konstitutionalismus in Preußen, durch die liberalen Gesetze des Ministeriums Camphausen/Hansemann[10] und durch die Aussicht auf eine vereinigte deutsche Nation erfolgt. Wenn auch der radikale Literat Adolf Rutenberg in der ersten Mitgliederversammlung des Centralvereins nach der offiziellen Genehmigung diesem nur rückblickend eine Berechtigung zuerkennen wollte und feststellte: »Hätte derselbe vor einigen Jahren ins Leben treten können, würde er vielleicht großen Übelständen abgeholfen, großes Unglück haben verhindern können«[11], so herrschte insgesamt doch mehrheitlich die Meinung vor, daß der Centralverein die wirkliche »Kraft zum Leben (erst) jetzt, wo Deutschland seine *ganze* nationale, aus der *Freiheit wiedergeborene Stärke* erlangt«[12], erhalten habe. Die ersten Stellungnahmen des Vorstands zeigen deshalb auch einen wiedererwachten starken Enthusiasmus für die Ideen des Centralvereins.

Bereits zwei Tage nach der Statutengenehmigung – am 14. April 1848 – veröffentlichte der Vorstand eine »Einladung zur örtlichen Wirksamkeit und zum Beitritt«[13] und hielt am 2. und 26. Mai zwei Vorstands- und Ausschußsitzungen ab, um die offizielle Generalversammlung vom 2. Ju-

10 Z. B. Einführung der Vereins- und Versammlungsfreiheit, Unabhängigkeit der staatsbürgerlichen Rechte von der Konfession, Erteilung des Steuerbewilligungs- und Budgetrechts an die künftige Volksvertretung, Regelung der Aufgaben der Bürgerwehr, Abschaffung der körperlichen Züchtigung usw.; vgl. *Huber:* Verfassungsgeschichte, Bd. 2, S. 580.

11 Mitteilungen, Bd. 1, S. (30).

12 Ebd., S. (22) (= Zitat aus der im folgenden erwähnten »Einladung« vom 14. 4. 1848).

13 Zu den Entstehungszusammenhängen dieses Dokuments, das als neues Grundsatzprogramm des Centralvereins zu verstehen ist, s. unten; es wird im folgenden als »Einladung« zitiert. Abdruck in den Mittheilungen, Bd. 1, S. (22) bis (26), und Bd. 3 (1852), S. (1737) bis (1741); Teilabdruck auch bei *Wolff:* Revolutionschronik, Bd. 2, S. 345.

ni 1848 vorzubereiten. Die zunächst überraschend erscheinende, aber durchaus berechtigte Kernfrage bei diesen Versammlungen lautete, ob der Verein sich angesichts seiner hindernisreichen Vorgeschichte und der neuen politischen Verhältnisse nicht besser auflösen solle, um möglicherweise dann »den Bau von unten herauf neu zu beginnen«[14]. In dieser Frage traf sich der eher sozialkonservative Fabrikant Eduard Goldschmidt, von dem der Auflösungsantrag stammte, mit dem oben zitierten radikalen Demokraten Rutenberg, wenngleich jeder eine andere Begründung im Auge hatte. Während Goldschmidt daran dachte, durch eine Neuorganisation des Vereins diesen stärker zu einem Hilfsmittel zur »Aufrechterhaltung von Ruhe und Ordnung« zu machen[15], hielt Rutenberg ihn – wie erwähnt – für überflüssig: Die arbeitenden Klassen hätten die Lösung der Aufgaben, die sich vor Jahren der Centralverein gestellt habe, inzwischen selbst in die Hand genommen[16]. Zwar hatte der Goldschmidtsche Antrag keine Aussicht auf Annahme – die optimistischen Zukunftserwartungen und eine eher unkritische Hochstimmung überwogen in der Versammlung bei weitem –, doch war die Frage nach der weiteren Selbsteinschätzung des Centralvereins angesichts des vermeintlich dauerhaften neuen Verhältnisses von Staat und Gesellschaft zueinander und auch angesichts der politisch argumentierenden, selbständigen Handwerker- bzw. »Arbeiter«bewegung damit nicht vom Tisch, wenn es auch zunächst so aussah, als könne und wolle er an seine inzwischen fast vier Jahre alte Programmatik anknüpfen[17]. Daß er in Zukunft zudem sehr viel stärker als bisher nur *ein* Element im Spektrum einer Vielzahl von Parteiungen sein würde, deutete sich zu diesem Zeitpunkt erst in Ansätzen an.

Die erwähnte »Einladung« vom 14. April 1848 war auf den ersten Blick noch ganz von jenem »Versöhnungseifer« und Harmoniestreben getragen, die nach den Begräbnisfeierlichkeiten zu Ehren der »Märzgefallenen« Arbeiter und Gesellen, Fabrikanten und Meister sowie viele liberale Bürger in Berlin beherrschten[18]. Als zukünftige Arbeitsbereiche des Centralvereins, die er mit den »in innigem Zusammenhange mit uns, in möglichst geringer Abhängigkeit von uns« stehenden, bereits existierenden oder noch zu gründenden Lokalvereinen anzugehen plante, nennt die »Einladung« fünf Bereiche:[19]

---

14 Zit. aus dem Protokoll der Generalversammlung vom 2. 6. 1848; Mittheilungen, Bd. 1, S. (27) bis (36), Zitat S. (29).

15 Zu den diesbezüglichen Bestrebungen der Berliner Unternehmerschaft allgemein in diesen Monaten s. *Hans-Peter Helbach:* Berliner Unternehmer in Vormärz und Revolution 1847 bis 1848 (s. Anm. 93 zu Kap. I), S. 451ff.

16 Mittheilungen, Bd. 1, S. (30).

17 So wurde z. B. kommentarlos der Gründungsaufruf des Centralvereins vom 7. 10. 1844 im 1. Band der Mittheilungen, S. (19) bis (21), wieder abgedruckt.

18 S. dazu *Bernstein:* Berliner Arbeiterbewegung, 1. Teil, S. 14ff.

19 S. hierzu und zum folgenden den Text der »Einladung«, zit. nach dem Abdruck im 1. Band der Mittheilungen, S. (22) bis (26).

Erstens sollte die geistige und sittliche Hebung, d. h. die Volksbildung der arbeitenden Klassen durch Fabrikschulen und Kinderbewahranstalten sowie durch die Verbreitung nützlicher Schriften und durch allgemeinbildende Vorträge gefördert werden. Als Vorbild wird der Berliner Handwerkerverein angesehen, dessen erfolgreiche Aktivitäten nun auch in gesonderten Veranstaltungen für die »in ihren Erwerbs-Verhältnissen weniger selbständigen Hand- und Fabrikarbeiter« nachgeahmt werden sollten.
Zweitens wird die korporative Organisation der Gewerbetreibenden und der Arbeiter als das »dringendste Bedürfnis« bezeichnet, weil nur auf diesem Wege gerade auch für die Arbeiter eine »befriedigende *bürgerliche Stellung«* erreicht werden könne. Der Centralverein verstand unter solchen Korporationen zwar auch ständische Organisationen wie z. B. Innungen, meinte damit vor allem aber sogannte »Gewerbs-Genossenschaften«, die alle Angehörigen eines Gewerbezweiges oder einer Fabrik in sich vereinten und durch gewählte Vorstände und Abgeordnete der Gewerbsgenossen geleitet wurden. Sie sollten einerseits gewerbefördernde Funktionen besitzen, andererseits auch über die sozialen Verhältnisse der Arbeiter beraten und die Lehrlingsausbildung überwachen. Gleichzeitig wird zur Regelung von Konflikten die Idee der Gewerbegerichte unter Beteiligung von Arbeitervertretern propagiert.
Als *drittes* Ziel wird die Verbesserung der wirtschaftlichen Lage der Arbeiter genannt. Als Mittel dazu erwähnt die »Einladung« in erster Linie die vom Centralverein schon früher gelobten Spar- und Prämienkassen sowie die verschiedenen Arten von Vorsorgekassen; hinzu trat jetzt aber ein weiteres, bisher noch nicht genanntes Mittel: die Einrichtung von Kreditinstituten: Durch den Ausbau von Pfandleih- und Vorschußkassen sollte u. a. erreicht werden, daß Handwerkerrechnungen schneller bezahlt wurden und sich dadurch das Bedürfnis der kleinen Handwerker nach Krediten verringerte.
Viertens werden gesundheitspolizeiliche Maßnahmen aufgezählt. Sie reichen von besserem und hygienischerem Wohnungsbau über die Einrichtung öffentlicher Waschhäuser, eine bessere Versorgung der Arbeiter mit ärztlicher Hilfe und Medikamenten bis hin zur Belehrung über die richtige Gesundheitspflege.
Fünftens wird den verschiedenen Lokalvereinen die enge Zusammenarbeit mit den Gemeinde- und Staatsbehörden, besonders auch mit den Armen-Verwaltungen, nahegelegt, die ihrerseits von sich aus – wie der Centralverein meinte – ein großes Interesse am Zusammenwirken haben könnten. Schließlich sei es ja die wichtigste Aufgabe der Lokalvereine, einer künftigen Verarmung und somit einer Belastung der öffentlichen Haushalte vorzubeugen. Von jener schon 1844/45 in den Lokalvereinen viel diskutierten und jetzt erneut wieder aufgegriffenen Idee zur Gestaltung der gewerblichen Verhältnisse, der Idee einer »allgemeinen Organisation der Arbeit«,

worunter der Centralverein hier die »Handhabung des Gewerbebetriebs von Behörden oder Vereinen« verstand[20], glaubten die Verfasser der »Einladung« aber abraten zu sollen. Eine genauere Begründung für ihre Ablehnung geben sie jedoch an dieser Stelle nicht an.

Eingebettet ist die Vorstellung und Erläuterung dieser fünf in Aussicht genommenen Hauptarbeitsbereiche in zwei Appelle: Der eine ist naheliegend; er zielt auf die Gewinnung neuer Mitglieder, auf die finanzielle Unterstützung des Centralvereins und die Bereitschaft zur Gründung von Lokalvereinen. Im zweiten Appell spiegelt sich dagegen die nachhaltige Erschütterung wider, die vor allem die Berliner Beamten, in anderer Weise auch die Berliner Unternehmer in den Märztagen erfahren hatten. Der wortreiche Aufruf der »Einladung« an die »Männer des Arbeiterstandes«, besonnen vorzugehen, nur auf friedlichem Wege eine Verbesserung ihrer Lage anzustreben, nicht gewaltsame Lösungen zu versuchen und auch bereit zu sein, »unvermeidliche Verluste zu tragen«, um so die errungene Freiheit sicherzustellen, gerät schon fast zur Beschwörung. Ja, es klingt wie eine Anbiederung, wenn schließlich nachdrücklich um das Vertrauen der Arbeiter geworben wird und als Beweis für die eigene Glaubwürdigkeit die Bereitschaft zu Vorkehrungen angeführt wird, »daß bei unserer Thätigkeit der Rath und die Stimme von Männern aus Eurer Mitte vernommen werden«. Der neue Geist der Revolution schöpfe seine Macht aus der Wahrheit und aus dem Guten; seine Kraft habe sowohl zur Bereitschaft der Behörden geführt, Anträge und Wünsche der Arbeiter zu hören und zu berücksichtigen, als auch bereits »die Herzen der Besitzenden mehr und mehr Eurem Loose« zugewendet[21].

In diesen eindringlichen Worten spiegeln sich die Hoffnungen, aber auch die Befürchtungen der liberalen Sozialreformer angesichts der Situation im Frühjahr 1848. Bedrohliche Szenen bei manchen Volksversammlungen, das entschlossene Vorgehen aufgeregter Massen beim Barrikadenbau, Streiks, einzelne gezielte Zerstörungen und häufige Demonstrationen in den Straßen unter der Führung von Demagogen wie Held und Schlöffel[22] ließen die Besitzenden ahnen, womit sie bei einer Verschärfung der Arbeitslosigkeit zu rechnen hatten.

---

20 Zur Problematik des Begriffs »Organisation der Arbeit« s. oben Anm. 294 zu Kap. I.

21 Zit. nach den Mittheilungen, Bd. 1, S. (23); lt. *Dieter Bergmann:* Die Berliner Arbeiterschaft in Vormärz und Revolution 1830–1850 (s. Anm. 93 zu Kap. I), S. 484, wurde den Forderungen der Arbeiter in den ersten Wochen nach der Märzrevolution »erstaunlich weitreichend und schnell entsprochen«. Vgl. auch einen Brief Eduard Waldecks an Johann Jacoby vom 11. 4. 1848 (Abdruck bei *Silberner:* Johann Jacoby – Briefwechsel – s. Anm. 100 zu Kap. I), in dem es heißt (S. 415): »Alles, selbst das Unsinnigste wird gefordert und bewilligt, man fürchtet den Skandal und denkt: ›Na kommt man tu Hus‹. Der Sturm wird sich schon legen und die Pöbelherrschaft ein Ende nehmen.«

22 S. dazu neben *Wolff:* Revolutionschronik, passim, vor allem *Friedensburg:* Stephan Born, S. 52f., sowie *Karl Obermann:* Gustav Adolf Schlöffel, in: Männer der Revolution 1848, Berlin-Ost 1970, S. 191–215, bes. 203ff.

Was Elberfelder Arbeiter bei Auseinandersetzungen mit liberalen Bürgern auf den Nenner gebracht hatten: »Nicht Preßfreiheit . . ., Freßfreiheit ist es, was wir verlangen«[23], zeichnete sich auch in Berlin ab: die völlig unterschiedliche Erwartung, die liberale Bürger auf der einen und die städtischen Unterschichten auf der anderen Seite an die Revolution knüpften. Waren für jene ihre politischen Forderungen im großen und ganzen im April 1848 erfüllt, begannen diese unter dem Eindruck der Arbeitslosigkeit ihre im wesentlichen materiellen Forderungen durch eine immer bedrohlichere Haltung zu unterstreichen. Es blieb nicht aus, daß auch Mitglieder des Centralvereins in Einzelfällen sehr deutlich mit dieser Diskrepanz konfrontiert wurden. So brannte Anfang April die Goldschmidtsche Fabrik im Zusammenhang mit Arbeiterunruhen nieder[24]. Einige Wochen später drangen Arbeiter mit Gewalt bis ins Zimmer des Handelsministers von Patow vor und bedrohten ihn. Als er ihnen »leichenblaß« Geld anbot, riefen sie unwillig, daß sie nicht Almosen, sondern Arbeit forderten[25]. Während jedoch viele Unternehmer, die zunächst die politische Liberalisierung durch die Revolution begrüßt hatten, unter dem Eindruck der ständigen Bedrohungen und Unruhen umschwenkten und zur Abwehr einer befürchteten allgemeinen Anarchie wie auch zum Schutze ihres Eigentums ein kraftvolles staatliches Eingreifen zur Wiederherstellung von Ruhe und Ordnung verlangten[26], lagen die Gründe für die erwähnte Erschütterung vieler Beamten und ihre Reaktionen darauf tiefer. Selbst die sozialreformerisch eingestellten unter ihnen mußten sich nun eingestehen, daß sie die tatsächlichen Verhältnisse und Bedürfnisse der arbeitenden Klassen nicht kannten und die tiefe Kluft zwischen dem Volk und der den Staat repräsentierenden Bürokratie unterschätzt hatten[27]. Als sich die herkömmlichen Autoritäten schwach zeigten, erwies sich plötzlich der scheinbar so geduldige, autoritätsgläubige und bescheidene Untertan als

---

23 Zit. nach *Hermann Joseph Aloys Körner:* Lebenskämpfe in der Alten und Neuen Welt, 1. Bd., New York 1865, S. 417. Bei der Volksversammlung, auf der diese Forderung erhoben wurde, war übrigens auch der spätere Handelsminister August von der Heydt anwesend. Siehe zur Polarität der jeweiligen Erwartungen auch *Rolf Taubert:* Autonomie und Integration. Das Arbeiter-Blatt Lennep, München 1977, S. 46ff., sowie *Dieter Bergmann* (s. Anm. 21), S. 484. Zum Problem der »Begriffsverwirrung« im Gefolge der Revolution s. *Rainer Wirtz:* Zur Logik plebejischer und bürgerlicher Aufstandsbewegungen – Die gescheiterte Revolution von 1848, in: SOWI, 8. Jg., Heft 2 (1979), S. 83–88, und die dort angegebene Literatur.

24 *Varnhagen:* Tagebücher 4, S. 369 (Eintrag vom 5. 4. 1848).

25 *Varnhagen:* Tagebücher 5, S. 47 (Eintrag vom 30. 5. 1848); s. auch die ausführliche Darstellung bei *Wolff:* Revolutionschronik, Bd. 3, S. 89ff.

26 Vgl. *Helbach:* Berliner Unternehmer (s. Anm. 15), S. 451ff.

27 Typisch dafür ist folgende Bemerkung, die *Varnhagen* am 15. 3. 1847 in sein Tagebuch schrieb (Tagebücher 4, S. 43): »Ich sehe mit Schrecken auf die Entwicklung. *Alles* ist möglich bei solchen Dummheiten, solcher Blindheit und Unfähigkeit unsrer Staatsbeamten, die gar nichts mehr können, als sich im Salon brüsten. *Alles* ist möglich bei solcher Reife, bei solchem Muthe, die sich auf der Volksseite zeigen. Lenkt man oben nicht bei Zeiten ein, werden die Kämpfe ernstlich, dann gnad' uns Gott! *Alles* ist möglich! . . .«

»ungestüm, petulant, grob und boshaft«, wie Rudolf Gneist feststellte[28]. Der Berliner Jurist und Universitätsprofessor Gneist, damals – 32jährig – bereits Stadtverordneter, der kurz darauf in den Centralverein eintrat und vom Jahre 1868 an fast dreißig Jahre sein Vorsitzender sein sollte, beklagte vor allem den offensichtlichen Werteverfall, »diese Impietät gegen Alles, was einem Volke teuer sein sollte, diese Anmaßung, diese absurde Überschätzung der eigenen Fähigkeiten, diese Lieblosigkeit des Urteils über alles Bestehende, diese Roheit der Form in allen öffentlichen Verhandlungen«[29]. Hier war kaum eine Spur mehr von jenen Tugenden, die eine »bürgerliche Stellung« ausmachten[30], wie sie den liberalen Sozialreformern als Aufstiegsziel für die arbeitenden Klassen vorschwebte. Eine nur materielle Besserstellung würde im Hinblick auf dieses umfassende Ziel ohne eine »geistige und sittliche Hebung« erfolglos bleiben. Von hierher wird verständlich, weshalb der Centralverein dieses Arbeitsgebiet an die erste Stelle seiner »Einladung« vom 14. April 1848 gestellt hatte, was zwar keine völlige Neuorientierung, aber doch eine Schwerpunktverlagerung gegenüber seinem vormärzlichen Programm bedeutete.

Insgesamt wurde die Programmatik des Centralvereins zu Beginn seiner öffentlichen Wirksamkeit im Frühjahr 1848 also sowohl von Zielsetzungen geprägt, die er – wenn auch jetzt mit z. T. anderer Gewichtung – schon Ende 1844 artikuliert hatte, als auch von neuen Ansätzen, unter denen die Gedanken einer Neuorganisation der gewerblichen Verhältnisse die weitestreichenden waren. Hiermit übrschritt er eindeutig eine Grenze, über die er im Vormärz nicht hinausgegangen war, und bezog die Gewerbe- und Betriebsverfassung, zu der zwangsläufig auch Lohn- und Mitsprachefragen gehören würden, in seine sozialreformerischen Überlegungen mit ein. Nachdrücklich erklärte sein Vorsitzender von Viebahn die Bereitschaft des Centralvereins, an der Vorbereitung einer neuen gesetzlichen Ordnung mit dem Ziel einer »gerechte(n) Leitung der Industrie im weitesten Sinne des Worts« mitzuarbeiten und dabei die »Einsicht der gesammten Betheiligten« wie auch die »gerechten Forderungen vieler Tausende unserer arbeitenden Brüder« zu berücksichtigen[31].

Grundsätzlich befand sich der Centralverein jedoch in einer im Vergleich zum Vormärz anderen Konstellation im Spektrum der Parteiungen. Die von ihm begrüßten liberalen politischen Errungenschaften der Revolution konnten nur gesichert und ausgebaut werden, wenn die Arbeiter im Sinne seines Appells gemäßigt und kooperativ mit den zu sozialen Reformen be-

28 *Rudolf Gneist:* Politische Skizzen aus den Revolutionstagen 1848 (1849); Wiederabdruck bei *Eugen Schiffer:* Rudolf von Gneist, Berlin 1929, S. 109–123, Zitat S. 116.

29 Ebd., S. 116f.

30 S. das Vorwort von Viebahns zum 1. Band der Mittheilungen (1848/49), bes. S. (8), wo er als solche Tugenden u. a. Fleiß, Geschicklichkeit und Sparsamkeit nennt.

31 Zit. nach den Mittheilungen, Bd. 1, S. (171).

reiten liberalen Bürgern gemeinsame Sache machten. Nur so konnte einer drohenden zweiten, einer sozialen Revolution der Wind aus den Segeln genommen werden. Daß die Führung der Sozialreform in den Händen der Bürger liegen müsse, wurde als selbstverständlich vorausgesetzt und nicht in Frage gestellt. Zwar schien das Nebeneinander von Staat und Gesellschaft nun einem Füreinander gewichen zu sein – der Centralverein brauchte sein Programm nicht mehr als Strukturierungsversuch des vom Staat sich selbst überlassenen sozialen Bereiches zu verstehen –, doch unterschied er weiterhin deutlich zwischen einem politischen und einem mehr oder weniger davon abgehobenen sozio-ökonomischen Schauplatz des Handelns. Daß sich wirtschaftliche Interessen auch politisch artikulierten und daß es Inhalt einer interessenbezogenen Politik sein konnte, die sozialen und ökonomischen Verhältnisse entweder in ihrem Status quo zu zementieren oder sie in einer bestimmten Weise umzustrukturieren, blieb offenbar außerhalb der Denkmöglichkeiten des Centralvereinsvorstands und war deshalb kein Gegenstand tiefergehender Reflexion. Ihm ging es um die Befriedung der sozialen Beziehungen, um die Vermittlung zwischen Arbeitern und Arbeitgebern bzw. zwischen den »Geringen und weniger Glücklichen« und den »Großen und Gebildeten«, wie es von Viebahn im Vorwort zu den am 25. August 1848 erstmals erschienenen »Mittheilungen des Centralvereins« ausdrückte[32]. Daß dazu soziale Reformen nötig waren, hatte der Centralverein immer schon betont. Nur so schien die Stabilität auch der neuen politischen Ordnung gewährleistet zu sein.

Es kam 1848 nur einmal wegen dieser erklärten Beschränkung auf soziale Fragen und der Ausklammerung politischer Stellungnahmen zu einer Kontroverse: Auf einer Vorstandssitzung am 23. August 1848 wurde der Antrag des rheinischen Ausschußmitglieds Quirin Croon aus Gladbach beraten, der Centralverein möge die preußische Nationalversammlung zu bewegen versuchen, die Regierung Auerswald/Hansemann »in Herstellung und Aufrechterhaltung der Ordnung des Gesetzes und zur Unterdrückung anarchischer Bestrebungen energisch zu unterstützen«[33]. Die meisten der zum Vorstand und Ausschuß gehörenden Unternehmer begrüßten sofort »mit Wärme« den Antrag und glaubten, daß der Centralverein in dieser Richtung »eine bedeutend wohlthätige Wirkung« ausüben könne: Die »vorherrschenden anarchischen Zustände« bedrückten vor-

32 Ebd., S. (9). Mit der Veröffentlichung dieser Schriften begann der Centralvereinsvorstand seiner in den Statuten (§ 31) festgelegten Pflicht nachzukommen, »über seine Wirksamkeit von Zeit zu Zeit öffentliche Mittheilungen zu machen«, die jedes Mitglied kostenlos erhielt. 1848/49 erschienen insgesamt fünf Lieferungen (am 25. 8. 48, 1. 2. 49, 15. 8. 49, 18. 8. 49 und 5. 12. 49).

33 Ebd., S. (270) (= Protokoll der Vorstandssitzung vom 23. 8. 1848); hierher stammen auch die folgenden Zitate.

wiegend die arbeitenden Klassen und vereitelten die Bemühungen des Centralvereins. Dagegen argumentierten vor allem die engagierten Liberalen, der Stadtrat Heinrich Runge und der Professor Ernst Wilhelm Kalisch sowie einer der anwesenden Arbeitervertreter (s. u.), der Weber Rouvel, wenn sich der Verein erst einmal auf eine solche politische Stellungnahme einlasse, sei der Weg zu »Zerwürfnissen und leicht zu völliger Auflösung des Vereins« nicht mehr weit. Da schließlich auch der Vorsitzende von Viebahn Bedenken äußerte, wurde der Antrag Croons mehrheitlich abgelehnt. Eine politische Stellungnahme und Betätigung des Centralvereins blieben also weiterhin ausgeklammert. Daß er mit dieser dezidierten Enthaltsamkeit sein Überleben in der Reaktionszeit vorprogrammierte, konnte noch niemand ahnen. Er ermöglichte es aber mit dieser Grundsatzentscheidung gleichzeitig, daß sich Personen mit politisch recht unterschiedlichen Einstellungen nicht nur 1848/49, sondern auch noch in den 1850er Jahren als Mitglieder im Centralverein engagieren konnten.

Einzelne Mitglieder des Centralvereins waren dagegen schon in den Märztagen politisch hervorgetreten, als Anführer von Deputationen und Überbringer von Forderungen aus der Bürgerschaft an den König (Hermann Duncker, Nobiling, Rellstab, Woeniger), als Organisatoren der Bürgerwehr (Nobiling und Woeniger), als Mitbegründer des konstitutionellen Clubs (Lette) und anderer politscher Vereine, die in diesen Tagen in großer Zahl gegründet wurden[34], als Redner bei Volksversammlungen usw. Rutenberg[35] und Woeniger[36] galten überhaupt mit als die wichtigsten »Führer des Volkes« in den ersten Revolutionstagen. Der Hedemannsche Handwerkerverein, in dem verschiedene Centralvereinsmitglieder seit Jahren als ehrenamtliche Lehrer wirkten und zu dem der Centralverein auch weiterhin eine enge Beziehung unterhielt, stellte ein eigenes Bataillon der mit großer Eile am 18. März 1848 unter Nobiling ins Leben gerufenen Bürgerwehr[37].

34 Für die vielfältige politische Aktivität einzelner Mitglieder des Centralvereins ließen sich viele Belege bringen; bes. ist auf die drei Bände der *Wolff*schen Revolutionschronik zu verweisen (z. B. Bd. 2, S. 364ff.). Von einer bestimmten politischen Richtung, in die man alle hervortretenden Centralvereinsmitglieder mehr oder weniger deutlich einordnen könnte, kann jedoch keine Rede sein.

35 Zur Einschätzung Rutenbergs als des eigentlichen Anstifters der Revolution, wie sie z. B. Friedrich Wilhelm IV. vertrat, s. *Felix Rachfahl:* König Friedrich Wilhelm IV. und die Berliner Märzrevolution im Lichte neuer Quellen, in: Preußische Jahrbücher, Bd. 110 (Heft 4, 1902), S. 264–309 und S. 413–462, bes. S. 282, S. 299 und S. 461.

36 Zu Woenigers Haltung in den ersten Revolutionstagen s. *Kochhann:* Mitteilungen aus den Jahren 1839–1848, S. 73 und S. 75; *Wolff:* Revolutionschronik, Bd. 1, S. 440f. und passim; *Valentin:* Geschichte der deutschen Revolution 1848–1849, Bd. 1, S. 434.

37 *Stephan Born:* Erinnerungen, S. 63; *Wolff:* Revolutionschronik, Bd. 1, S. 334f. Der Handwerkerverein wollte dadurch seinen Willen bekunden, »in thunlichster Weise die öffentliche Sicherheit und Ordnung zu erhalten« (ebd., S. 335). Neben Nobiling war auch das Centralvereinsvorstandsmitglied von Reden einer der Zugführer der Bürgerwehr (ebd., S. 432). Zur Gründung der Bürgerwehr s. die Darstellung *Karl Philipp Nobilings:* Die Berliner Bürgerwehr in den Tagen vom 19. März bis 7. April 1848, Berlin 1852.

Bezeichnend sowohl für die verschiedenen politischen Standorte seiner Mitglieder als auch für das öffentliche Ansehen einzelner Persönlichkeiten des Centralvereins ist die Tatsache, daß in den verschiedenen Fraktionen der Frankfurter Nationalversammlung insgesamt elf seiner Mitglieder zu finden waren, darunter allein drei Mitglieder seines neunköpfigen Vorstands[38] (Carl, Lette, von Reden), zwei seiner Ausschußmitglieder (Veit, Degenkolb) und sechs weitere Mitglieder (Nauwerck, von Rönne und Schmidt aus Berlin, Flottwell aus Münster, Schneer und Oelsner aus Schlesien). Wenn man die Paulskirchenabgeordneten, die sich 1844/45 um die Gründung von Lokalvereinen bemüht hatten (z. B. Bürgers, Compes, Mevissen und Raveaux aus Köln sowie Wesendonck aus Düsseldorf), und die aus den Reihen des Centralvereins stammenden oder bei Lokalvereinsgründungen hervorgetretenen Abgeordneten in der preußischen Nationalversammlung (z. B. Vorstandsmitglied Hermann Duncker, die Ausschußmitglieder Harkort und Rodbertus, die Centralvereinsmitglieder Jonas und Knoblauch sowie d'Ester aus Köln und Jacoby aus Königsberg) hinzuzählt, so ergibt sich, daß die Vereinsbewegung für das Wohl der arbeitenden Klassen in einer noch parteienlosen und politisch restriktiven Zeit für alle diese Männer Profilierungsmöglichkeiten geboten hatte und Übungsfeld für parlamentarisches Verhalten und politisches Argumentieren gewesen war[39].

Was das politische Spektrum dieser Männer angeht, so zeigt sich am Beispiel der elf Paulskirchenabgeordneten aus den Reihen des Centralvereins – wenn auch mit einem Schwerpunkt im rechten Zentrum – insgesamt eine beachtliche Breite[40]. Zwei gehörten der »Partei Milani«, d. h. der äußersten Rechten, an: der Vorsteher der Berliner Kaufmannschaft und Fabrikant Heinrich Conrad Carl sowie der inzwischen zum westfälischen Oberpräsidenten ernannte ehemalige Finanzminister Eduard Heinrich Flottwell[41]. Zu den liberalen Fraktionen des Zentrums sind neben Wil-

38 Der Centralvereinsvorstand wählte daraufhin in seiner Sitzung vom 4. 10. 1848 für die Zeit der Abwesenheit dieser drei Mitglieder sowie des in die Preußische Nationalversammlung gewählten Hermann Duncker Ersatzmänner, s. Mittheilungen, Bd. 1, S. (274). Die folgenden Angaben über Paulskirchenabgeordnete erfolgen nach *Eisenmann:* Die Partheyen der teutschen Reichsversammlung, ihre Programme, Statuten und Mitglieder-Verzeichnisse, Erlangen 1848, sowie der Zusammenstellung von *Max Schwarz:* MdR. Biographisches Handbuch der Reichstage, Hannover 1965, S. 27ff.

39 Auf diesen Aspekt des vormärzlichen Vereinswesens macht vor allem *Gerhard Wurzbacher* aufmerksam: Die öffentliche freie Vereinigung als Faktor soziokulturellen, insbesondere emanzipatorischen Wandels im 19. Jahrhundert, in: *W. Rüegg / O. Neuloh* (Hg.): Zur soziologischen Theorie und Analyse des 19. Jahrhunderts, Göttingen 1971, S. 103 bis 122.

40 Zum folgenden s. neben *Eisenmann* und *Schwarz* (s. Anm. 38) auch *Helmut Kramer:* Fraktionsbindungen in den deutschen Volksvertretungen 1819–1849, Berlin 1968.

41 Flottwell, der vermutlich erst kurz vorher Mitglied des Centralvereins geworden war, war einer der Beamten aus den höchsten Rängen in Preußen, die sich schnell auf die neue Situation einstellten und das konstitutionelle System bejahten. Einen ähnlichen Gesinnungs-

helm Adolf Lette der Berliner Buchhändler Moritz Veit, der Fabrikant Karl Degenkolb aus Eilenburg sowie zwei schlesische Abgeordnete, Regierungsassessor Alexander Schneer aus Breslau und der Fabrikant Johann Wilhelm Oelsner aus Trebnitz, zu zählen. Zur demokratischen Linken, wenn auch nicht zur äußersten Linken, gehörten der sich als »Privatgelehrter« bezeichnende Karl Nauwerck, der Geschichtsprofessor Adolph Wilhelm Schmidt und der Statistiker Friedrich Wilhelm von Reden. Friedrich von Rönne, der ehemalige Leiter des preußischen Handelsamtes, war fraktionslos, tendierte aber zum linken Zentrum. Bemerkenswert ist in diesem Zusammenhang weiter, daß immerhin sechs der elf Centralvereinsmitglieder zum Volkswirtschaftlichen Ausschuß der Paulskirchenversammlung gehörten (Carl, Degenkolb, Lette, von Reden, von Rönne und Veit); sie stellten damit ein Fünftel des dreißigköpfigen Ausschusses, der zudem unter von Rönnes Vorsitz tagte[42].

Die Ausklammerung der politischen Diskussion bei durchaus starkem politischen Engagement einzelner Mitglieder, eine gewisse Schwerpunktverlagerung im Programm und vor allem einige neue Akzente, in denen sich die Wende von einer Strategie der Vorbeugung zu einer Strategie der Vermittlung und Befriedung ausdrückte, sowie die erklärte Bereitschaft, in Einzelfragen mit höchsten staatlichen Stellen zusammenzuarbeiten, was bei der Besetzung des sozialpolitisch wichtigsten Ministeriums durch sein Gründungsmitglied von Patow nahelag[43] – dies alles gab Basis und Rahmen für die im Frühsommer 1848 beginnende Wirksamkeit des Centralvereins ab. Sein Ziel, bei gleichzeitiger Abstinenz in politischen Angelegenheiten die sozialreformerische Führungsrolle »im Felde der Volksbildung, der gesellschaftlichen und gewerblichen Zustände« zu übernehmen[44], verfolgte er in den folgenden Monaten im wesentlichen auf drei Ebenen: Zum einen versuchte er, mit den Arbeitervereinen Verbindung aufzunehmen und Einfluß auf ihre Führer zu gewinnen. Gleichzeitig förderte er bestehende Lokalvereine durch Ratschläge und z. T. auch Geld und ermutigte seine Mitglieder wie die Lokalvereine zur Unterstützung

---

wandel zeigte auch der Brandenburger Oberpräsident von Meding, der ihm allerdings wegen der Art, wie er diesen Wandel begründete, von Woeniger den Vorwurf des Opportunismus eintrug (in der Voss. Ztg. vom 4. 4. 1848, zit. nach *Wolff:* Revolutionschronik, Bd. 1, S. 60f.).

42 Von Rönne schied jedoch schon nach einigen Monaten wieder aus, da er Ende des Jahres 1848 als deutscher Reichsgesandter nach Washington ging; s. *Teuteberg:* Mitbestimmung, S. 95.

43 Durch den Rücktritt des Ministeriums Camphausen/Hansemann am 20. 6. 1848 endete die Amtszeit von Patows – wie auch Bornemanns als Justizministers – schon bald wieder, da es von Patow ablehnte, in das folgende Ministerium Auerswald/Hansemann einzutreten (s. dazu das Lebensbild von Patows in »Unsere Zeit«, 2. Bd., 1858, S. 189). Sein Nachfolger wurde der Breslauer Baumwollspinnereibesitzer Karl August Milde (bis zum 20. 9. 1848). In diesem Ministerium bekleidete Karl Rodbertus, Ausschußmitglied des Centralvereins, für 14 Tage das Amt des Kultusministers; s. *Huber:* Verfassungsgeschichte, Bd. 2, S. 728.

44 Mittheilungen, Bd. 1, S. (7).

»berechtigter« Forderungen der Arbeiterschaft. Schließlich begann er mit der Ausarbeitung von Vorschlägen zu jener umfassenden, auf korporativer Grundlage beruhenden Neuordnung der gewerblichen Verhältnisse, die er im 2. Punkt seiner »Einladung« als das »dringendste Bedürfniß« bezeichnet hatte[45]. Neben diesen konkreten Aktivitäten nahm er die Sammlung und Sichtung sowie die Publikation von Berichten über Erfahrungen mit schon bestehenden Einrichtungen zum Wohle der arbeitenden Klassen in den in unregelmäßigen Abständen erscheinenden Heften seiner »Mittheilungen« auf. Daß es in der Frage der »Hebung der unteren Klassen« keine nationalen Grenzen des gegenseitigen Austausches geben durfte, betonte von Viebahn gleich im Vorwort zum ersten Heft dieser »Mittheilungen des Centralvereins«: Die »große soziale Aufgabe« der Zeit sei keine rein preußische und auch keine der deutschen Nation allein; sie betreffe die ganze »europäische Menschheit«[46].

Der Centralverein und die Anfänge einer selbständigen Arbeiterbewegung

Als sich nach dem von Illusionen und Wunschdenken geprägten »Versöhnungseifer« der ersten zwei Wochen, die auf die Märzereignisse folgten, die politischen Fronten zu konturieren begannen, mußte der Vorstand des Centralvereins feststellen, daß von dem angestrebten gemeinsamen Vorgehen von sozialreformerisch eingestellten, liberalen Bürgern und der Arbeiterschaft wohl nicht die Rede sein würde. Schon Ende März 1848 begann sich – neben verschiedenen berufsständischen Arbeitervereinen mit Gewerkschaftscharakter[47] – die Entstehung einer umfassenderen Arbeiterorganisation abzuzeichnen. Ein »Provisorischer Zentral-Arbeiter-Club« entstand[48] und lud zum 11. April zu einer Versammlung ein, auf der über die Konstituierung einer ständigen Zentralorganisation zur Vertretung der Arbeiterinteressen beraten und beschlossen werden sollte. Sogleich versuchte der Vorstand des Centralvereins – zunächst in einem Flugblatt, dann aber auch durch persönliches Auftreten seines Vorstandsmitglieds Lette – für sein Konzept zu werben und die Arbeiter von einem Alleingang abzubringen[49]. In der Versammlung vom 11. April stellte sich jedoch

---

45 Ebd., S. (24); s. ansonsten hierzu unten S. 192f. der vorliegenden Arbeit.

46 Ebd., S. (12).

47 Vgl. z. B. *Friedensburg:* Born, S. 59, sowie *Wolff:* Revolutionschronik, Bd. 1, S. 413f.

48 Die Entstehung dieses Arbeiter-Klubs ist in einer großen Zahl von Untersuchungen dargestellt worden (z. B. bei *Mehring, Bernstein, Friedensburg, Valentin, Obermann, Wernicke, Noyes, D. Bergmann* u. a.; s. Literaturverzeichnis), deshalb braucht hier seine Entwicklung nur insoweit behandelt zu werden, als sie die Centralvereinsgeschichte berührt.

49 *Wolff:* Revolutionschronik, Bd. 2, S. 145f.; *Stephan Born:* Erinnerungen, S. 85f., *Friedensburg:* Born, S. 65f., *Noyes:* Organization and Revolution, S. 140; vgl. weiterhin *Georg Adler:* Die Geschichte der ersten Sozialpolitischen Arbeiterbewegung in Deutschland,

heraus, daß die Argumente Lettes für den Zusammenschluß von Arbeitgebern und Arbeitnehmern in »Gewerksinnungen« bei aller Hochachtung vor seiner Person[50] nicht zu überzeugen vermochten. Lette hatte als Gesamtperspektive für die Zukunft zu erläutern versucht, wie diese Gewerksinnungen bzw. Arbeitskammern mit einem noch zu schaffenden Arbeitsministerium zusammenwirken sollten, welches wiederum »von der Höhe eines umfassenden Wissens und unparteiischen Standpunkts, in Wahrung des Gesamtwohls und zur Blüte deutscher Volkswirtschaft die Interessen der Arbeitgeber, der Arbeitnehmer und der Verbraucher miteinander in Einklang zu bringen« haben würde[51]. Diese Vorstellung entsprach jener vor allem bei liberalen Beamten verbreiteten Ansicht, daß die Kluft zwischen Staat und Gesellschaft nun aufgehoben sei und gesellschaftliche Organisationen mit staatlichen Institutionen in Verbindung treten müßten.

Möglicherweise hätte dieser Vorstoß des Centralvereins auch Erfolg gehabt, denn Lette als Förderer des Hedemannschen Handwerkervereins konnte sich auf einen breiten Anhang unter den Arbeitern stützen, wenn ihm nicht in Stephan Born ein Redner entgegengetreten wäre, der mit schlagkräftigeren Argumenten und vor allem mit dem Appell an das in der Revolution gewonnene Selbstbewußtsein der Arbeiter die Mehrheit der versammelten Arbeiterdelegierten auf seine Seite zu ziehen verstand[52]. Wenn Born, der Schüler von Marx und Engels in Paris und Kenner des Kommunistischen Manifests, rückblickend auch feststellte, »alle (seine) kommunistischen Gedanken« seien angesichts der realen Verhältnisse in Berlin »weggewischt« gewesen und er wäre ausgelacht oder bemitleidet worden, wenn er sich in den Versammlungen Anfang April als Kommunist zu erkennen gegeben hätte[53], so hielt er es dennoch für eine Selbstverständlichkeit, daß nur eine selbstbewußte, eigenständige Organisation der Arbeiter eine nachhaltige Verbesserung der sozialen Lage erreichen wür-

Breslau 1885, S. 160. Lette hatte auch bei der sog. »Urban-Eckert'schen Volksversammlung« am 9. 4. in einer Rede diese Gedanken vertreten (*Wolff:* Revolutionschronik, Bd. 2, S. 141). Die gleichen Vorstellungen finden sich bereits in einem mit »L.« (Lette?) unterzeichneten Artikel der Voss. Ztg. vom 31. 3. (*Wolff:* ebd., S. 15).

50 *Stephan Born* bezeichnete Lette als »wohlmeinenden Geheimrat«, der in »humanitären Unternehmungen manches Gute geleistet« habe (Erinnerungen, S. 85); in der Volksversammlung vom 9. 4. wurde er als ein »Befähigter« bezeichnet, der »die Arbeiterfrage zu entwirren und die Lösung herbeizuführen« vermöge (zit. nach *Wolff:* Revolutionschronik, Bd. 2, S. 140). Lette hatte u. a. als ehrenamtlicher Lehrer Vorträge im Hedemannschen Handwerkerverein gehalten (s. Arbeiterfreund, 7. Jg., 1869, S. 124, Nachruf auf Lette von *Rudolf Gneist*).

51 Zit. nach *Friedensburg:* Born, S. 65; ähnlich *Wolff:* Revolutionschronik, Bd. 2, S. 145.

52 *Wolff*, ebd., S. 145f. Zu den rhetorischen Fähigkeiten Borns s. *Varnhagen* (Tagebücher 4, S. 224f.): Born habe »eine merkwürdige Fähigkeit, auf das Volk zu wirken«, besessen.

53 *Stephan Born:* Erinnerungen, S. 65. Diese Aussage aus der Rückschau stimmt nur bedingt. In den folgenden Wochen zeigte sich – vor allem in dem von Born verfaßten Programm für den Arbeiter-Klub sowie in der von ihm seit Ende Mai herausgegebenen Zeitschrift »Das

de[54]. Wichtig war aber dabei, daß Born die Klärung der Position gegenüber Lette nicht mit einer scharfen, auf einen grundsätzlichen Klassenkonflikt zielenden Abgrenzung von den liberalen Bürgern allgemein und den Arbeitgebern speziell verband. Die Grundlage für einen solchen Klassenkonflikt schien ihm in Preußen/Deutschland noch nicht vorhanden zu sein; weder gab es hier bereits Massen von durch die Industrie geschaffenen Proletariern[55] noch eine eindeutig formierte industrielle Unternehmerschaft wie in England und Frankreich – trotz der auf der Gewerbeausstellung von 1844 sichtbar gewordenen Ansätze dazu. Die Grenzen zum traditionellen Handwerk waren zudem noch fließend. Weil Born in dieser Konstellation der ökonomischen und sozialen Verhältnisse durchaus Chancen für eine friedliche Umformung des Bestehenden sah, mußte er sich in mehrfacher Weise abgrenzen, keineswegs nur gegen Lette und dessen Gesinnungsgenossen. In Reden, Zeitungsartikeln und sonstigen programmatischen Äußerungen wandte er sich auch gegen maschinenstürmerische und industriefeindliche Forderungen aus radikalen Handwerkerkreisen, gleichzeitig gegen die perspektivelose Aufreizung des Proletariats zu spontanen Aktionen, die der Student Schlöffel betrieb und mit der dieser auch kurzfristig, vor allem auf die aufsässigen »Rehberger«, Einfluß gewann[56]. Eine weitere Abgrenzung war zudem gegenüber jenen schon in den Lokalvereinen für das Wohl der arbeitenden Klassen 1844/45 diskutierten sozialutopischen Plänen einer »Organisation der Arbeit« nötig, die der einflußreiche Schneider Lüchow zu verbreiten suchte[57]. Nicht »Orga-

---

Volk« – trotz verschiedener Aufrufe zur Mäßigung der Kenner des Kommunistischen Manifests, der am 11. Mai 1848 an Karl Marx schrieb, er halte sich nur aus taktischen Gründen zurück, verhindere unnütze Krawalle und »organisire aber überall die zerstreuten Kräfte zu einer starken Macht«; zit. nach dem Abdruck des Briefes in: Die Neue Zeit, XX. Jg. (1901/02), 1. Bd., S. 740. Zum Verhältnis Borns zu Marx in dieser Zeit s. auch *Hermann Meyer:* Karl Marx und die deutsche Revolution von 1848, in: HZ 172 (1951), bes. S. 521 und 531.

54 Vgl. dazu schon die im 1. Kapitel der vorliegenden Arbeit (S. 140) zitierten Äußerungen Borns aus dem Jahre 1845. Im Programm für den Arbeiter-Klub schrieb er am 23. 4. 1848: »Wir nehmen unsere Angelegenheit selbst in unsere Hände, und Niemand soll sie uns wieder entreißen«; zit. nach *Wolff:* Revolutionschronik, Bd. 2, S. 147.

55 Born stellte in dem Programm vom 23. 4. 1848 fest, neben einer »unbewußten Capitalistenmacht« beginne sich erst allmählich eine bewußte Arbeiterklasse zu entwickeln. Es gebe daher »in unserem Vaterlande noch keineswegs zwei scharf getrennte Volksklassen: Kapitalisten und Arbeiter« (zit. ebd., S. 147).

56 *Obermann* spricht in seinem biographischen Artikel über Schlöffel (s. Anm. 22) von dessen »Draufgängertum« und dessen Neigung zum »Putschismus« (S. 201); *Bernstein* nennt ihn einen »ebenso begabten wie ungestüm vorwärts drängenden Wortführer« (Berliner Arbeiterbewegung, 1. Teil, S. 26). »Rehberger« wurden die Arbeitslosen Berlins genannt, die im Zuge des Arbeitsbeschaffungsprogramms des Berliner Magistrats Rodungsarbeiten in den sog. Rehbergen vor dem Oranienburger Tor durchführten (*Bernstein*, ebd., S. 38).

57 Lüchow hatte kurze Zeit vorher ein Flugblatt mit dem Titel »Die Organisation der Arbeit und ihre Ausführbarkeit« verbreitet; s. dazu *Friedensburg:* Born, S. 60.

nisation der Arbeit«, sondern die »Organisation der Arbeiter« war Borns Devise, mit der er die Mehrheit der Arbeiter auf seine Seite brachte[58]. Die Abgrenzung der Mehrheit der Delegierten gegenüber den Vorschlägen Lettes, so enttäuschend sie für den Centralverein sein mochte, war dennoch – trotz der darin liegenden Grundsatzentscheidung – keine totale Absage an jede Art von Zusammenarbeit. Zwar erwartete Born von der Hilfe einzelner »Menschenfreunde« auf Dauer keine Verbesserung der Lage der Arbeiter[59] und befürchtete in gemeinsamen Ausschüssen von Arbeitgebern und Arbeitern die erdrückende Dominanz der Unternehmer, dennoch gab es Möglichkeiten der Kooperation, da Born gleichzeitig auch verschiedene gemeinsame Interessen betonte: Beide wollten den sozialen Frieden, denn auch die Arbeiterschaft sei an einer Hebung des Gewerbes interessiert, sofern sie nur ihren Anteil an den Erfolgen erhalte[60]. Dazu könne aber nur eine selbständige Arbeiterorganisation die Unternehmer bewegen und notfalls zwingen. Ziel des sich unter dem Einfluß Borns konstituierenden »Zentralkomitees für Arbeiter« war also – und dies ließ das Komitee dem Vorstand des Centralvereins trotz diverser abweichender Vorstellungen im einzelnen dennoch als Verhandlungspartner geeignet erscheinen – nicht die revolutionäre Umgestaltung, sondern eine soziale Reform, die die organisierte Arbeiterschaft als gleichberechtigte Kraft anerkannte. Als Rekrutierungsbasis dieser Arbeiterbewegung sah Born nicht allein die an Zahl noch geringen Industriearbeiter, sondern daneben die Gesellen, das Landarbeiterproletariat, das untere Bedienungspersonal, die Handlungsangestellten und auch die proletaroiden Kleinmeister sowie die Volksschullehrer an[61]. Ein solches undifferenziertes Nebeneinander ohne Betonung der angeblich historisch-gesetzlichen Sonderrolle einer einzelnen Klasse kam der Vorstellung der Centralvereins von den »arbeitenden Klassen«, die es zu heben galt, ebenfalls entgegen. Vor dem Hintergrund dieser Zusammenhänge werden einige Passagen der nur drei Tage nach der entscheidenden Deputiertenversammlung des Arbeiterklubs vom 11. April abgefaßten oben zitierten »Einladung« des Centralvereins erst voll verständlich.

Das Bedauern, von seinem harmonistischen Ziel des Zusammengehens und einer direkten Einflußnahme auf die organisierte Arbeiterschaft Abschied nehmen zu müssen – ein Antrag Lettes, in das Zentralkomitee auch

58 *Bernstein:* Berliner Arbeiterbewegung, 1. Teil, S. 56; ähnlich auch *Friedensburg:* Born, S. 67, und *Frolinde Balser:* Sozial-Demokratie 1848/49–1863, Stuttgart 1962, S. 61.

59 Vgl. Zitate bei *Wolff:* Revolutionschronik, Bd. 2, S. 146, und bei *Friedensburg:* Born, S. 68.

60 S. den Satz aus dem Bornschen Programm vom 23. 4. 1848: »Hier begegnen sich unsere Interessen mit den Interessen der Capitalisten, wir wollen beide den Frieden, wir müssen ihn wollen . . .«, zit. bei *Wolff*, ebd., S. 148, und bei *Friedensburg*, ebd., S. 67f.

61 *Friedensburg*, ebd., S. 68.

Unternehmer zu wählen, war ebenfalls abgelehnt worden[62] –, klingt noch durch, wenn der Vorstand in jener »Einladung« vom 14. April an die Arbeiterführer appelliert: »Bedenket auch, wenn Ihr die neue Freiheit benutzet und zusammentretet, um Euch über Eure Wünsche und Beschwerden zu besprechen, die gegenwärtige Lage derer, von denen Ihr Abhülfe erwartet!«[63] In dieses Bedauern mischte sich gleichzeitig aber auch die Befürchtung, in Zukunft mit zu massiven und überzogenen Forderungen der Arbeiter konfrontiert zu werden.

Trotz der eindeutigen Festlegung und Grenzziehung vom 11. April 1848 riß in der Folgezeit der Kontakt zwischen dem Centralverein und dem Zentralkomitee für Arbeiter nicht völlig ab, sondern bestand indirekt auf verschiedene Weise weiter. Als eine Woche nach dieser Versammlung sich das Komitee formell konstituierte und das inzwischen ausgearbeitete Statut annahm, wurden in den siebenköpfigen geschäftsführenden Ausschuß neben Stephan Born als Vorsitzendem und dem Goldschmiedearbeiter Ludwig Bisky als seinem Stellvertreter auch zwei Mitglieder des Centralvereins gewählt: Dr. Woeniger, hier als Delegierter der Büroschreiber auftretend, und Dr. Rieß, der als Delegierter der Prägereiarbeiter fungierte und wenig später Hedemanns Nachfolger als Leiter des Handwerkervereins wurde. Auch der spätere Vorsitzende des 1848 zunächst unter der Führung Adolf Diesterwegs wieder gegründeten Berliner Lokalvereins für das Wohl der arbeitenden Klassen, Dr. med. Julius Waldeck, ein Vetter Johann Jacobys, war einer der sieben Gewählten, zu denen weiterhin die beiden Schneider Lüchow und Michaelis gehörten[64].

Drei Akademiker standen also vier Arbeitern gegenüber, was in der Öffentlichkeit zu dem Vorwurf führte, die ersteren benutzen die letzteren nur als »Hilfsarbeiter«[65], doch konnte davon angesichts der dominierenden Rolle Borns keine Rede sein. Neben diesen Kontakten verlief eine zweite Verbindung zwischen der sich organisierenden Arbeiterschaft und dem Centralverein in umgekehrter Richtung. In der Mitgliedervollversammlung vom 2. Juni 1848 setzte der Vorstand das in seiner »Einladung« vom 14. April gegebene Versprechen, in Zukunft Arbeitervertreter zu den Beratungen des Centralvereins hinzuziehen zu wollen, in die Tat um. Die Mitgliederversammlung nahm, um keine genehmigungspflichtige Satzungsänderung formulieren zu müssen, folgenden erläuternden Zusatz zu den §§ 11 und 12, die die Aufgaben des Vorstands bezeichneten, in das am

62 Ebd., S. 65; vgl. auch *Dieter Bergmann:* Die Berliner Arbeiterschaft (s. Anm. 21), S. 488.

63 Mittheilungen, Bd. 1, S. (23).

64 Revolutionschronik, Bd. 2, S. 146; zu Julius Waldeck und zur Wiederbegründung des Berliner Lokalvereins s. unten S. 185ff.

65 *Friedensburg:* Born, S. 68. Zur Behauptung in der DDR-Literatur, Born, Bisky, Michaelis und Lüchow hätten dem Bunde der Kommunisten nahegestanden, s. *D. Bergmann* (s. Anm. 21), S. 489, Anm. 123.

12. April 1848 genehmigte Statut auf: »Dem Vorstande und Ausschusse ist überlassen, in geeigneten Fällen zu seinen Berathungen Männer aus dem Arbeiterstande hinzuziehen, welche nicht zahlende Mitglieder des Vereins zu sein brauchen«[66]. Diese Formulierung war – wohl nicht allein wegen der Genehmigungsproblematik – vage und unverbindlich gehalten, doch hat der Vorstand tatsächlich zu allen noch folgenden Vorstands- und Ausschußsitzungen des Jahres 1848 und den weiteren des Jahres 1849 Arbeitervertreter eingeladen[67]. Zunächst delegierte das Komitee für Arbeiter folgende drei Vertreter zu diesen Vorstandssitzungen: den Gärtner Pathe, den Weber Rouvel und den Stuhlarbeiter Schwartz. Später trat Ludwig Bisky hinzu, der nach dem Weggang Borns nach Leipzig im September 1848 Leiter des Berliner Bezirkskomitees der neugegründeten Arbeiterverbrüderung geworden war[68].

Die vier genannten Arbeitervertreter waren im Sommer 1848 übrigens alle Mitglieder des Redaktionskomitees der zunächst im Umkreis des Hedemannschen Handwerkervereins, dann vom 19. April an nach dem Hinzutritt Borns als Sprachrohr des Komitees für Arbeiter erscheinenden Deutschen Arbeiter-Zeitung, die den bezeichnenden Untertitel »Organ für Arbeiter und Arbeitgeber« trug und von den inzwischen wieder als Lehrer des Handwerkervereins tätigen radikalen Demokraten Julius Berends und Eduard Schmidt herausgegeben wurde[69]. Born trennte sich allerdings einen guten Monat später von dem Redaktionsteam und gründete als eigenes Blatt die »sozial-politische« Zeitschrift »Das Volk. Organ des Central-Komitees für Arbeiter«[70], die bis Ende August 1848 erschien. Neben

66 Lt. Protokoll der Versammlung vom 2. 6. 1848, abgedruckt in den Mittheilungen, Bd. 1, S. (36). In der ersten Vorstandssitzung, in der Arbeitervertreter anwesend waren (am 23. 8. 1848), wurde die Frage gestellt, ob diese auch volles Stimmrecht haben sollten. Da selbst der Arbeitervertreter Rouvel »entschieden dagegen« argumentierte, erhielten die Arbeiter in den Vorstandssitzungen in Zukunft den Status beratender Beisitzer; s. Mittheilungen, Bd. 1, S. (269). Später haben die Arbeitervertreter ein einziges Mal bei einem Sondervotum Wert auf eine Stimmabgabe gelegt (s. unten S. 204).

67 Erst im Jahresbericht vom 12. 10. 1850 wurde mitgeteilt, daß die bisher »zugezogenen Deputierten der Handwerkervereine . . . mit der Auflösung dieser letzteren ausgeschieden« seien; Mittheilungen, Bd. 2 (1850/51), S. (926).

68 Zu Ludwig Bisky s. ausführlich *Balser:* Sozial-Demokratie (s. Anm. 58), S. 174ff. *Varnhagen* hatte mehrfach Kontakt mit Bisky, den er für einen »trefflichen und sehr begabten Menschen« hielt, und erörterte mit ihm und dem Major von Weiher, einem Ausschußmitglied des Berliner Lokalvereins, die »neuen Einrichtungen für die Arbeiter und Gewerbsgenossen«, die der Lokalverein und die Arbeiterverbrüderung in Berlin gegründet hatten (Tagebücher 6, S. 208, Eintrag vom 7. 6. 1849).

69 S. z. B. das Faksimile der Nr. 1 vom 8. 4. 1848 bei *Bernstein:* Berliner Arbeiterbewegung, S. 41; vgl. auch *Friedensburg:* Born, S. 69. Berends spielte übrigens als Abgeordneter der Preußischen Nationalversammlung und in der 2. Kammer 1848/49 eine wichtige Rolle; s. sein »politisches Glaubensbekenntnis«, das auszugsweise bei *Wolff:* Revolutionschronik, Bd. 2, S. 261f., abgedruckt ist.

70 Die Gründung kündigte Born Marx in seinem Brief vom 11. 5. 1848 schon an (s. den Abdruck in: Die Neue Zeit, s. Anm. 53). Er kritisierte darin die Deutsche Arbeiter-Zeitung als »eine Trompete, in die Jeder hineinblasen kann« (ebd., S. 739); Born wollte sich statt

diesen beiden Verbindungslinien bestand weiterhin eine größere Anzahl persönlicher Beziehungen und Bekanntschaften zwischen Born und Bisky einerseits und Mitgliedern des Centralvereins und des Lokalvereins andererseits. Stephan Borns Bruder David, bei dem Born bis zum September 1848 in Berlin wohnte, arbeitete z. B. im Lokalverein mit[71]. Bisky und Born waren wie die Centralvereinsmitglieder Benary und Nauwerck Mitbegründer des Ende April 1848 gegründeten Volksklubs, und Born war sogar vom Konstitutionellen Klub, der ihn zu seinen Sitzungen eingeladen hatte, ein Mandat für die Frankfurter Nationalversammlung angeboten worden, das Born jedoch ablehnen mußte, da er das für die Kandidatur vorgeschriebene Mindestalter noch nicht erreicht hatte[72].

Daß die in Kontakt mit dem Handwerkerverein stehenden sowie die im Zentralkomitee für Arbeiter vertretenen Arbeiter nur eine – wenn auch nicht zu unterschätzende – Minderheit innerhalb der gesamten Arbeiterschaft Berlins darstellten[73], wußte auch der Centralverein. Zudem war es bei all seiner Hochachtung vor den wichtigsten Arbeiterführern wie Born, Bisky, Brill, Krause, Sigrist u. a., vor ihrer – wie es Varnhagen ausdrückte – »sittliche(n) Bildung, . . . ihr(em) Rechtssinn, ihre(r) Billigkeit, ihr(em) Anstand«[74], doch recht unsicher, ob diese Vertreter einer Arbeiterelite sich auf Dauer, besonders bei einer Lageverschärfung, mit ihrem mäßigenden Einfluß durchsetzen konnten. Es war weiterhin nicht unbekannt, daß schon im Zentralkomitee für Arbeiter erhebliche Gegensätze zwi-

---

dessen mit seinem Blatt »fernhalten von der hohlen Deklamation wutschnaubender Schwärmer, die ewig nach dem Strang der Guillotine fassen, weil sie selber keinen Kopf zu verlieren haben, sowie von allem tränenfeuchten und liebesschmachtenden Sozialismus«. (zit. aus dem Bornschen Eröffnungsbeitrag der Zeitschrift »Das Volk« vom 25. 5. 1848 nach *Friedensburg:* Born S. 70). Das Blatt löste sofort nach seinem Erscheinen die Deutsche Arbeiter-Zeitung als Organ des Arbeiterzentralkomitees ab, nachdem auch Julius Berends aus ihrer Redaktion ausgeschieden war. Ein Faksimile der ersten Seite der ersten Nummer vom 25. 5. 1848 befindet sich bei *Bernstein:* Berliner Arbeiterbewegung, 1 Teil, S. 57.

71 *Friedensburg:* Born, S. 56 und 87. *David Born* beteiligte sich später auch an der Arbeit des Centralvereins und hielt in dessen Auftrag 1851 einen öffentlichen Vortrag mit dem Titel »Über die Freiheit des Gewerbes und der Wirksamkeit des Kapitals auf die Lage der arbeitenden Klassen« (gedruckt Berlin 1851).

72 *Stephan Born:* Erinnerungen, S. 70; *Friedensburg:* Born, S. 87; zum Konstitutionellen Klub s. *Wolff:* Revolutionschronik, Bd. 1, S. 447ff., und Bd. 2, S. 364f., sowie *Karl Griewank:* Vulgärer Radikalismus und demokratische Bewegung in Berlin 1842–1848, in: Forschungen zur Brandenburgischen und Preußischen Geschichte, Bd. 36 (1924), S. 24f. Born urteilte über diesen Klub in seinem Brief an Marx (s. den Abdruck in: Die Neue Zeit, S. 739, s. Anm. 53): »Der Konstitutionelle Klub (Bankiers, Geheimräthe, Professoren, Juden, Kurszettel, Gesetzlichkeit, Skandale, Klatsch, Berliner Geistreichthum, das ist sein Inhalt) wird immer lederner . . .«

73 Vgl. dazu *Dieter Bergmann* (s. Anm. 21), S. 492, der sich auf Schätzungen *Max Quarcks* bezieht.

74 Dies Urteil stammt von *Varnhagen:* Tagebücher 4, S. 225; zu lobenden Pressestimmen über Born und andere Arbeiterführer s. *Friedensburg:* Born, S. 63f. Born selbst schrieb an Marx: »Die Bourgeois haben Vertrauen zu meinem Verwaltungstalent, sie sehen nicht, daß ich die Arbeiter verbinde und nur dahin wirke, daß kein blinder Lärm geschlagen werde« (zit. nach dem Abdruck in: Die Neue Zeit, S. 740, s. Anm. 53).

schen Born und Schlöffel einerseits und Born und Lüchow andererseits bestanden[75]. Wenn schon der Centralverein eine selbständige Arbeiterorganisation, die er zu diesem Zeitpunkt zumindest für erheblich verfrüht hielt, nicht verhindern konnte, so mußte es ihm trotz diverser abweichender Einschätzungen und der klaren Zurückweisung seiner Annäherungsversuche darum gehen, die Linie Borns und seiner Freunde zu stärken. Bereits die zitierte »Einladung« vom 14. April ist ein Beleg für diese Strategie, da der Vorstand des Centralvereins mit seinen Argumenten gegen jede gewaltsame und radikale Veränderung Borns Abgrenzung von Schlöffel und mit der Ablehnung von Plänen einer »Organisation der Arbeit« Borns Position gegen Lüchow unterstützte.

Ob diese Haltung nur eine kurzfristige Taktik war oder ob der Centralverein die sozialen und wirtschaftlichen Forderungen der Arbeiter tatsächlich langfristig mit zu vertreten bereit war, mußte die Folgezeit ergeben, denn das Komitee für Arbeiter begann sich erst im Mai und Juni 1848 mit der Formulierung seiner sozialen Forderungen zu beschäftigen, und die Diskussion im Centralverein über Arbeiterfragen erfolgte erst seit Mitte September. Am 10. Juni 1848 veröffentlichte die Zeitschrift »Das Volk« die im Komitee für Arbeiter auf der Grundlage von Bornschen Vorschlägen erarbeiteten Forderungen[76]. Adressaten waren die Frankfurter und die Berliner Nationalversammlung. Am 19. Juni erhielt von Reden, einer der elf Nationalversammlungsabgeordneten aus den Reihen des Centralvereins, als Verbindungsmann nach Frankfurt den Forderungenkatalog, der von insgesamt 30 Delegierten der Berliner Arbeitervereine einschließlich der Mitglieder des geschäftsführenden Komiteeausschusses unterzeichnet war, und reichte ihn dann offiziell an das Büro der Nationalversammlung weiter[77]. Ausgehend von der Feststellung, daß die revolutionäre Bewegung im Grunde eine soziale gewesen sei und in erster Linie eine Neugestaltung der gesellschaftlichen Verhältnisse angestrebt habe, forderten die Unterzeichner die Nationalversammlungen auf, »die Grundbedingungen allen sozialen Lebens an die Spitze ihrer Beratungen (zu) stellen und zum Mittelpunkt des deutschen Verfassungswerkes (zu) machen«[78]. Sie fühlten

---

75 S. z. B. *Friedensburg:* Born, S. 63 und S. 88.

76 Vollständiger Abdruck des Forderungenkatalogs bei *Hans Fenske* (Hg.): Vormärz und Revolution 1840–1849, Darmstadt 1976, S. 312f.; Teilabdruck z. B. bei *Huber:* Dokumente, Bd. 1, S. 369f. Vgl. zu dem Katalog auch *Bernstein:* Berliner Arbeiterbewegung, 1. Teil, S. 56 und S. 58; *Friedensburg:* Born, S. 73f., sowie *Teuteberg:* Mitbestimmung, S. 87f.

77 S. *Rüdiger Moldenhauer:* Die Petitionen aus der Stadt Berlin an die Deutsche Nationalversammlung 1848/49, in: Archiv für Frankfurts Geschichte und Kunst, Heft 54 (1974), S. 209–235, bes. S. 212.

78 Zit. ebd.; zur Frage der Grundrechte in der Frankfurter Nationalversammlung s. *Gerd Kleinheyer:* Art. »Grundrechte, Menschen- und Bürgerrechte, Volksrechte«, in: *O. Brunner* u. a. (Hg.): Geschichtliche Grundbegriffe, Bd. 2, Stuttgart 1975, S. 1047–1082, bes. S. 1075ff.; s. auch *Valentin:* Geschichte der deutschen Revolution 1848–1849, Bd. 2, S. 314ff.

sich zu einer solch grundsätzlichen Forderung legitimiert, weil sie sich als Vertreter »des Kernes der Nation, des Arbeiter- und Handwerkerstandes« betrachteten. Aus diesem Selbstbewußtsein heraus beschränkten sie sich bei der Auflistung ihrer Einzelforderungen auch nicht allein auf Forderungen ihres »Standes«, sondern formulierten darüber hinaus sowohl Forderungen für die Fabrikanten als auch für die kleinen Handwerksmeister[79].

Schon in den Forderungen für die Fabrikanten zeigt sich, daß im Komitee für Arbeiter entgegen den erwähnten Befürchtungen des Centralvereinsvorstands durchaus fundierter Sachverstand vorhanden war: Freie Rohstoffeinfuhr und Ausfuhrprämien, Neuordnung des Kreditwesens, Maßnahmen gegen unlauteren Wettbewerb und eine Industrieansiedlungspolitik, die an den Bedürfnissen des Landes orientiert sein sollte, waren Erwartungen, die zum Teil auch in Fabrikantenkreisen diskutiert wurden, zum Teil allerdings dem Staat eine Rolle zuwiesen, die weit über das hinausging, was die Liberalen ihm an Kompetenz bisher hatten zubilligen wollen. Ähnlich war es bei den Forderungen für die kleinen Handwerksmeister; auch hier sollte im wesentlichen der Staat helfen: bei der Anschaffung von Maschinen ebenso wie durch die Vergabe von Aufträgen, die Gewährung zinsloser Darlehen und die Einrichtung unentgeltlicher Gewerksgerichte. Gleichzeitig wurde die Förderung der Handwerkerkorporationen verlangt. Insgesamt 13 Forderungen betrafen die Arbeiterschaft; allein neun davon richteten sich ebenfalls direkt oder indirekt an den Staat und bezogen sich auf seine Steuerpolitik (Abschaffung der indirekten Steuern, Einführung der progressiven Einkommensteuer), die staatliche Sozialfürsorge (Invalidenversorgung, Arbeitslosenunterstützung) und die Bildungspolitik (kostenloser Schulunterricht, Volksbibliotheken, staatliche Musterwerkstätten). In drei Zusammenhängen sollten auch gemeinsame Kommissionen von Arbeitgebern und Arbeitern eine Rolle spielen: bei der Festlegung des Lohnminimums und der Arbeitszeit, bei der Regelung der Lehrlingsverhältnisse und bei Entlassungen von Arbeitern. Von besonderer Bedeutung waren darüber hinaus die Forderungen nach Koalitionsfreiheit und nach Freizügigkeit. Ein »Recht auf Arbeit«, wie Born es verlangt hatte[80], taucht nur in der sehr gemilderten Forderung nach staatlicher Garantie einer den »menschlichen Bedürfnissen angemessenen Existenz« der Arbeitslosen auf (Punkt 9).

Wenn auch der Forderungenkatalog insgesamt nicht besonders originell war – alle Forderungen waren schon seit den Märztagen in irgendeiner

---

79 Zit. nach *Moldenhauer,* S. 212 (s. Anm. 77); vgl. auch *Friedensburg:* Born, S. 73f. Die folgende Zusammenfassung der Forderungen beruht auf dem Abdruck bei *Fenske* (s. Anm. 76).

80 *Friedensburg:* Born, S. 74, Anm. 1.

Form immer wieder erhoben worden –, so lag die Leistung des Komitees für Arbeiter dennoch darin, die vielfältigen Ideen zur Regelung der sozioökonomischen Verhältnisse aus Arbeitersicht systematisch geordnet und gleichzeitig auf diskutierbare Formeln gebracht zu haben. Argumente der zeitgenössischen Extrempositionen hatte das Komitee nur sehr zurückhaltend aufgenommen: Weder die Forderung aus Handwerkerkreisen nach Wiedereinführung festgefügter ständischer Korporationen noch die Position wirtschaftsliberaler Kreise, die die Heilung der sozialen Schäden von einer völligen Freisetzung der Wirtschaftsgesellschaft erwarteten, wurden eindeutig vertreten. Statt dessen setzten die Kreise um Born auf die sozialpolitische Gestaltungsbereitschaft eines Staates, der das soziale Leben in den Mittelpunkt seines Handelns stellen sollte.

Es würde hier zu weit führen, detailliert untersuchen zu wollen, ob und wie weit diese und ähnliche Forderungen in den beiden Nationalversammlungen diskutiert und berücksichtigt worden sind[81]. Besonders reizvoll wären dabei interne Verhandlungen im Volkswirtschaftlichen Ausschuß der Paulskirchenversammlung, da hier ja immerhin sechs Mitglieder des Centralvereins die Möglichkeit hatten, die Petition des Berliner Komitees für Arbeiter in besonderer Weise zu vertreten[82]. Leider liegen darüber bisher keine Untersuchungen vor, doch gibt es dennoch einige wichtige Anhaltspunkte zur Beantwortung der Frage nach dem Verhalten der erwähnten Centralvereinsmitglieder. So ist z. B. auf eine Rede Lettes hinzuweisen, die dieser am 6. Juni 1848 vor dem Plenum zur Verteidigung von Vorschlägen des Volkswirtschaftlichen Ausschusses hielt, der zur Aufnahme in den Katalog der Grundrechte u. a. eine für ganz Deutschland geltende Freizügigkeit und die durch eine einheitliche Gewerbeordnung zu definierende Gewerbefreiheit gefordert hatte[83]. Lette führte aus, daß diese beiden Rechte zur Hebung der Lage der unteren Klassen wirkungsvoller seien als das von den linken Fraktionen geforderte Recht auf Arbeit. In Deutschland gebe es genug Gelegenheit zu lohnender Arbeit, wenn nur die vielen Schranken fielen, die es dem Arbeiter noch unmöglich machten, »von seinem Talente und seinen Arbeitskräften überall . . . Gebrauch zu

---

81 S. dazu ausführlich *Teuteberg:* Mitbestimmung, S. 94ff., und *Volkmann:* Arbeiterfrage, S. 23ff.; außerdem *Hans Krause:* Die Demokratische Partei von 1848 und die soziale Frage, Frankfurt/Main 1923.

82 Zum damaligen hohen Ansehen und zur Beurteilung des Volkswirtschaftlichen Ausschusses s. *Frank Eyck:* Deutschlands große Hoffnung. Die Frankfurter Nationalversammlung 1848/49, München 1973, S. 259ff. und S. 459. Die im Bundesarchiv, Abteilung Frankfurt/Main, liegenden 55 Bände mit Material zur Arbeit des Ausschusses konnten für die vorliegende Untersuchung nicht mehr ausgewertet werden.

83 Stenographischer Bericht über die Verhandlungen der deutschen constituirenden National-Versammlung zu Frankfurt a. M., hg. von *Franz Wigard,* Bd. 1, S. 689f.; die Rede Lettes befindet sich ebd., S. 777f.; vgl. auch *Eyck:* Deutschlands große Hoffnung (s. Anm. 82), S. 260f. Von Adolf Lette sind auch einige Briefe aus Frankfurt an Ignaz von Olfers, den langjährigen Generaldirektor der preußischen Museen, gleichzeitig auch Centralver-

machen«[84]. Nur so könne die Zahl selbständiger, patriotischer Männer mit eigenem Herd und gutem Auskommen vergrößert werden. »Geben Sie nicht blos den reichen Deutschen«, so appellierte er an die Abgeordneten, »sondern auch den armen Deutschen ein Vaterland, ein großes einiges Vaterland!«[85] Den 12. Punkt der zitierten Berliner Arbeiterforderungen – »allgemeine Heimatsberechtigung und Freizügigkeit« – hat also Lette ebenfalls mit Nachdruck vertreten.

Vor allem bei der Ausarbeitung eines Gewerbeordnungsentwurfs, zu der der Volkswirtschaftliche Ausschuß von der Nationalversammlung mit knapper Mehrheit auf Antrag Veits am 21. Juli 1848 aufgefordert worden war[86], konnten die Mitglieder des Centralvereins Einfluß zu nehmen versuchen. Daß sie diese Chance weitgehend genutzt haben, zeigt das Beratungsergebnis. Als der Ausschuß dieses Ergebnis wegen diverser Schwierigkeiten, die u. a. mit der Fülle der Petitionen zusammenhingen, schließlich erst am 26. Februar 1849 vorlegte, mußte sein Sprecher, der Braunschweiger Abgeordnete Hollandt, zugeben, daß es nicht gelungen war, zu einem Entwurf zu kommen, dem die überwiegende Mehrheit des Ausschusses hätte zustimmen können[87]. Statt dessen legte er zwei Entwürfe vor, einen »Hauptentwurf« und einen »Minoritäts-Gegenentwurf«. Während der erstere zu dem Problembereich, auf den es den Arbeitern besonders ankam, der Frage nach der Arbeitervertretung in den Gewerbebetrieben und -bezirken, völlig unbefriedigende und vage Bestimmungen enthielt, erweist sich der zweite Entwurf als in höchstem Maße zukunftsweisend. Nach Teuteberg war er »eines der bedeutendsten Dokumente in der Geschichte der deutschen Mitbestimmung«[88]. Tatsächlich hätte seine Durchführung die Begründung »einer echten, von Arbeitern paritätisch mitbesetzten Betriebsvertretung« bedeutet. Zwar war die Mitsprache noch eng begrenzt, doch wäre der Durchbruch in dieser Richtung erreicht gewesen. Dieser zweite Entwurf stammte im wesentlichen von drei Centralvereinsmitgliedern – Degenkolb, Lette und Veit – sowie dem Abgeordneten Becker aus Gotha[89]. In jeder Fabrik waren lt. Artikel III (»Fabrikordnung«) sogenannte Fabrikausschüsse vorgesehen, die drittelparitä-

---

einsmitglied, erhalten, die aber zu den im Volkswirtschaftlichen Ausschuß behandelten Fragen keine Angaben enthalten: *Ludwig Bergsträßer:* Briefe des Präsidenten Lette aus dem Frankfurter Parlament, in: Deutsche Rundschau, Bd. CLXXVIII (1919), S. 169–184.

84 Stenographischer Bericht, Bd. 1, S. 777f.

85 Ebd., S. 778.

86 Ebd., Bd. 2, S. 1076f. Der Entwurf der Ordnung sollte zur 2. Lesung der Grundrechte vorgelegt werden. Die Abstimmung verlief recht turbulent; erst nach dem Antrag Degenkolbs auf namentliche Abstimmung stellte sich heraus, daß 244 Abgeordnete für und 242 gegen den Antrag Veits gestimmt hatten.

87 Ebd., Bd. 7, S. 5422f.

88 *Teuteberg:* Mitbestimmung, S. 111; vgl. zum folgenden die detaillierte Darstellung *Teutebergs,* ebd., S. 94–114.

89 Ebd., S. 102.

tisch aus Vertretern der Arbeiter, der Werkmeister und aus dem Inhaber bzw. seinen Stellvertretern bestehen sollten. Als ihre Aufgabenbereiche wurden die Vermittlung in Streitsachen, die Formulierung und Überwachung der Fabrikordnung, die Verwaltung der zu gründenden Betriebskrankenkasse, die Sorge für die »Fabrikkinder« sowie die Vertretung des Betriebs im Fabrikrat des jeweiligen Gewerbebezirks angegeben. Dem Fabrikrat wurde die Oberaufsicht über die Fabrikordnungen und Kassen und »die Festsetzung oder Vermittlung der Arbeitszeit und der Kündigungsfristen« zugewiesen[90]. Er sollte weiterhin über die Anzahl und Ausbildung der Lehrlinge wachen und die Fabrikinteressen bei der Kreisgewerbekammer vertreten, in der neben den Delegierten der Fabrikräte auch die der Handwerksräte saßen. Über den Kreisgewerbekammern war lt. Artikel IV als Dachorganisation in jedem Staat eine Zentralgewerbekammer vorgesehen und schließlich eine Allgemeine deutsche Gewerbekammer, die auf die Gesetzgebung, soweit die Gewerbe davon betroffen wurden, in den Staaten und im Reich Einfluß nehmen konnten. Als Voraussetzung zum Funktionieren der Ordnung wurde die Bereitschaft aller Beteiligten zu einem auf gegenseitigem Vertrauen basierenden Zusammenwirken angesehen. Partielle Konflikte waren dabei nicht ausgeschlossen; zu ihrer Schlichtung war in jedem Gewerbebezirk die Einrichtung von Fabrikschiedsgerichten geplant.

Eine Reihe von Forderungen des Berliner Komitees für Arbeiter ist also in dem im wesentlichen von Centralvereinsmitgliedern formulierten und getragenen Minoritätsentwurf, wenn auch mit Modifizierungen, deutlich vertreten worden, und auch hinter den oben zitierten Worten Lettes scheint eine ähnliche Gesamteinschätzung zukünftiger Entwicklungschancen wie bei Stephan Born vorgelegen zu haben, der schon Mitte April 1848 festgestellt hatte: »Deutschland ist noch nicht so arm, daß ein Teil seiner Kinder notwendig darben muß«[91]. Hier wie dort wurde der freie »Umlauf der Kräfte und Kapitale«[92] als eine Voraussetzung zu einem wirtschaftlichen Gedeihen des mit dem Staat versöhnten Staatsvolks verstanden, wenn dieser freie Umlauf auch nicht so umgreifend interpretiert wurde, daß er – wie die extrem-liberale Gegengruppe im Volkswirtschaftlichen Ausschuß bei der Begründung des »Hauptentwurfs« argumentiert hatte – einzig in der »Beachtung des Gemeininteresses« seine Grenzen finden sollte[93].

90 Zit. nach § 45 des Minoritätsentwurfs, s. *Teuteberg*, ebd., S. 110.

91 Zit. nach *Bernstein:* Berliner Arbeiterbewegung, 1. Teil, S. 37.

92 Zit. nach *Harald Schinkel:* Armenpflege und Freizügigkeit in der preußischen Gesetzgebung vom Jahre 1842, in: VSWG, 50. Bd. (1963), S. 476.

93 *Teuteberg:* Mitbestimmung, S. 102. Hauptgegenspieler der Gruppe um Lette war der Hamburger »Freihandelskönig« Ernst Merck; er habe versucht, schreibt *Percy Ernst Schramm* (Hamburg, Deutschland und die Welt, München 1943, S. 311), »den Schutzzöllnern, die mit der Not der Arbeiter operierten, den Wind aus den Segeln zu nehmen«.

Innerhalb eines vom Staat zu setzenden, alle Interessen berücksichtigenden Rahmens würden dann, so war die optimistische Meinung, die in freien Vereinigungen zusammengeschlossenen Gruppen im Zusammenwirken mit staatlichen Institutionen zum sozialen Frieden finden. Von einem klaren Bekenntnis zu einer bestimmten Staatsform war dabei keine Rede, wenn auch als selbstverständliche Voraussetzung die Mitsprachemöglichkeiten aller Staatsbürger in frei gewählten Organen angesehen wurde. Es verwundert daher auch nicht, daß die von Marx und Engels seit dem 1. Juni 1848 in Köln herausgegebene »Neue Rheinische Zeitung« diese »reformistische« Arbeiterbewegung bewußt unterschlug[94]. Die starke Betonung der sozialen Verpflichtung des Staates im Forderungenkatalog des Berliner Komitees zeigt darüber hinaus, daß seine Verfasser sowohl den liberalen »Nachtwächterstaat« als auch den absolutistischen Polizeistaat entschieden ablehnten; ihnen schwebte offenbar das Bild eines Staatstyps vor, der heute mit den Begriffen Wohlfahrts- bzw. Sozialstaat bezeichnet wird[95]. Zu der Annahme der damaligen Vertreter dieser Idee, daß ein solches Bild nicht auf Illusionen beruhte, sondern durchaus realistisch war und im Zusammenwirken mit bürgerlichen Sozialreformern, städtischen Behörden und sozialreformerisch eingestellten hohen Beamten deutlichere Konturen bekommen würde, boten erste Maßnahmen des Handelsministers von Patow sowie des Berliner Magistrats im Frühjahr 1848 Anlaß.

Von Patow hatte nicht nur in der Generalversammlung des Centralvereins vom 2. Juni 1848 erklärt, sein Ministerium wolle sich in Zukunft »bestimmt und gern in Verbindung mit dem Central-Verein setzen«[96] und sich von ihm beraten lassen, er hatte auch schon vorher bewiesen, daß er in gleicher Weise Kontakt mit Vertretern der Arbeiterschaft wünschte. So hatte er Anfang Mai Vertreter eines Magistratsausschusses, der – möglicherweise vom konstitutionellen Klub, ganz sicher aber von Mitgliedern des Lokalvereins beeinflußt[97] – Maßnahmen zum Wohl der arbeiten-

---

Wenn auch Degenkolb ein engagierter Schutzzöllner war (s. Anm. 18 zu Kap. I), so ist dieses Urteil doch eine erhebliche Verkürzung der tatsächlichen Zielsetzung von Degenkolb, Lette, Veit und Becker.

94 Born schreibt in seinen Erinnerungen (S. 77), Engels, der »päpstliche Staatssekretär in Köln« habe es ihm nicht verziehen, daß er – Born – nicht vor jeder seiner Aktionen bei ihm »Verhaltungsbefehle« eingeholt habe. *Friedensburg* (Born, S. 71) weist darauf hin, daß Marx und Engels von einer selbständigen Arbeiterbewegung zu dieser Zeit »wenig oder nichts erwarteten«, weil sie in der Unterstützung des radikalen Bürgerflügels die eigentliche Aufgabe sahen; s. zu einer solchen Einschätzung auch *Taubert:* Autonomie und Integration (s. Anm. 23), bes. S. 123–128. Born wird in den Ausgaben der Neuen Rheinischen Zeitung des Jahres 1848 nur an fünf Stellen in nebensächlichem Zusammenhang erwähnt; s. den Registerband zur Neuen Rheinischen Zeitung, Berlin/Bonn-Bad Godesberg 1977, S. 23, außerdem auch *Balser*, Sozial-Demokratie, S. 203ff.

95 *Huber:* Verfassungsgeschichte, Bd. 2, S. 692.

96 Mittheilungen, Bd. 1, S. (30).

97 Auf Antrag Veits war am 25. 3. 1848 eine »gemischte Deputation« aus Vertretern der Stadtverordnetenversammlung und des Magistrats zur Zentralisierung aller Maßnahmen

den Klassen wie z. B. die Einrichtung von Arbeitsnachweisen und die Durchführung von Notstandsarbeiten ergriffen hatte[98], und Arbeiterdeputierte zu einer Besprechung eingeladen, an der auch Born und Bisky teilnahmen[99]. Die als zwiespältig, aber dennoch letztlich positiv eingeschätzte Rolle der Arbeitervertreter brachte Bisky realistisch auf den Nenner, »daß mit dieser Versammlung der Anfang gemacht werde, die Arbeiterdeputationen und das Zentralkomitee in den Staatsorganismus hineinzuziehen«[100]. Das sei einerseits eine Notwendigkeit, andererseits aber auch eine Gefahr. Deshalb müßten gleichzeitig Vorkehrungen getroffen werden, um sich »gegen eine etwa beabsichtigte Bevormundung der Behörden zu sichern«[101].

Wenn auch nicht sicher festzustellen ist, welche Themen bei der Zusammenkunft im einzelnen behandelt worden sind, so liegt doch die Vermutung nahe, daß es hier – abgesehen von der Erörterung der Arbeitslosensituation in Berlin, wie Born in seinen Erinnerungen schreibt[102] – im wesentlichen um eine »Bekanntmachung« des Handelsministeriums vom 8. Mai 1848 ging: Von Patow hatte darin zur »Bildung von Ausschüssen und Kommissionen für die Erörterung der Verhältnisse zwischen den Gewerbetreibenden und den von ihnen beschäftigten Arbeitern« aufgerufen und die Regierungspräsidenten aufgefordert, über Erfahrungen mit solchen Ausschüssen zu berichten, denn es könne »sich das Bedürfniß allgemeiner gesetzlicher Anordnungen zur zeitgemäßen Umgestaltung gewerblicher Zustände herausstellen«[103]. Ziel der gemeinsamen Beratungen von Arbeitgebern (Fabrikanten oder Meistern) und Arbeitnehmern (Fabrikarbeitern, Gesellen und sonstigem Hilfspersonal) sollte es nach Meinung von Patows sein, bestehende Übelstände festzustellen, Mittel zu deren Behebung je nach den örtlichen Verhältnissen zu erörtern und die ei-

---

für das Wohl der arbeitenden Klassen gebildet worden, in der u. a. die Centralvereinsmitglieder Duncker, Goldschmidt, Heymann, Nauwerck, Sehlmacher und Veit mitwirkten (s. *Wolff:* Revolutionschronik, Bd. 1, S. 408).

98 *Friedensburg:* Born, S. 54f.; *Bernstein:* Berliner Arbeiterbewegung, 1. Teil, S. 12 und S. 38.

99 *Stephan Born:* Erinnerungen, S. 71; *Friedensburg:* Born, S. 86.

100 Zit nach *Wolff:* Revolutionschronik, Bd. 2, S. 461. Bisky machte diese Äußerung auf einer Sitzung des Zentralkomitees für Arbeiter am 10. 5. 1848.

101 Ebd.; Born interpretierte die Einladung von Patows in seinem Brief an Marx vom 11. 5. als Schwäche: »Der Handelsminister hat sich jetzt mit uns in Verbindung gesetzt. Der Mann weiß gar nicht, was er thun soll. Er tappt umher wie ein Blinder« (zit. nach dem Abdruck in: Die Neue Zeit, S. 740; s. Anm. 53).

102 *Stephan Born:* Erinnerungen, S. 71.

103 Die Veröffentlichung der Bekanntmachung erfolgte in den preußischen Amtsblättern, hier zit. nach dem Amts-Blatt der Königlichen Regierung zu Arnsberg, Jg. 1848, Stück 22 vom 27. 5. 1848, S. 222–226, Zitat S. 224. Die eingegangenen Stellungnahmen und Berichte dazu aus der Provinz befinden sich im DZAM, Rep. 120, B I 1, Nr. 59, Bde. 1 und 2. S. dazu auch *Tilmann:* Einfluß des Revolutionsjahres (s. Anm. 7), S. 26ff., sowie *Teuteberg:* Mitbestimmung, S. 320ff.

gentlichen »Streitsachen« und »Mißhelligkeiten« zwischen Kapital und Arbeit herauszufinden. Unter der Leitung von Vertretern der Kommunalbehörden sollte dabei die Einsicht erweckt werden, daß nicht »jede Klasse der Gewerbetreibenden« ihre Verhältnisse auf Kosten der anderen verbessern könne, sondern daß das »Gemeinwohl« höchstes Prinzip sein müsse. Nach Anhörung aller Beteiligten, wie auch mit Zustimmung der Volksvertretung würden dann gegebenenfalls entsprechende Gesetze erlassen. Der Einfluß von Gedankengut des Centralvereins aus der Vormärzzeit liegt auf der Hand[104]: Hier mündeten sozialreformerische Vorstellungen aus seinen Reihen also geradewegs in staatliche Maßnahmen – ein Beleg für die von Patow und anderen angestrebte Neugestaltung des Verhältnisses von Staat und Gesellschaft! Auch die äußere Struktur des geplanten Ausschußwesens schloß sich eng an das Vorbild des Centralvereins an: Es sollten Lokalausschüsse gegründet werden, die ihrerseits ihre Erfahrungen Bezirkskommissionen mitzuteilen hatten. Die hier gesammelten und gesichteten, eventuell ergänzten Berichte waren dann als Grundlage für die Beratungen einer Zentralkommission unter Vorsitz des Handelsministers gedacht. Hier würden dann »allgemeine legislative Anordnungen zur Beförderung der Gewerbsamkeit und zur Verbesserung der Lage der arbeitenden Klassen« vorbereitet werden[105]. Auf allen drei Ebenen sollten sachkundige Vertreter sowohl der verschiedenen Industriezweige als auch der betroffenen »Klassen« Sitz und Stimme haben.

Fast sieht es so aus, als habe von Patow ganz einfach wesentliche Ideen und Organisationsprinzipien des Centralvereins für das staatliche Handeln reklamiert und in seinem Ministerium okkupiert[106]. Dafür spricht, daß er als ehemaliges Vorstandsmitglied in der Vollversammlung des Centralvereins vom 2. Juni 1848 die Meinung vertrat, er sehe »für den Augenblick eine bestimmte Thätigkeit (für den Centralverein, d. V.) nicht voraus« außer, daß der Verein sich durch die Verbreitung nützlicher Erfahrungen und Vorschläge verdient machen könne[107]. Offenbar hielt er den Centralverein jetzt unter den neuen politischen Bedingungen aus der Sicht des Handelsministeriums weitgehend für überflüssig. Auch andere Mitglieder votierten in ähnlichem Sinne, als sie die belehrende und konsultative Funktion des Vereins in Zukunft stärker betont sehen wollten[108]. Der

104 Vgl. *Georg von Viebahn:* Die gegenwärtige Bewegung unter den Gewerbetreibenden und gewerblichen Arbeitern und die zur Hebung ihrer Lage gemachten Vorschläge und Veranstaltungen, in: Mittheilungen, Bd. 1, S. (164)–(177), bes. S. (173)f.; von Viebahn wies gleichzeitig auch auf ähnliche Bestrebungen im Königreich Sachsen hin; S. (170)f.

105 Amts-Blatt Arnsberg (s. Anm. 103), S. 225.

106 Dieses Urteil liegt bei genauerem Hinsehen näher als das von *Margret Tilmann* (Einfluß des Revolutionsjahres, S. 26; s. Anm. 7), die als Vorbild für das Vorgehen von Patows nur auf Sachsen hinweist, wo die Organisationsstruktur jedoch eine andere war.

107 Mittheilungen, Bd. 1, S. (30).

108 Die Beschränkung des Centralvereins auf die Belehrung und die Verbreitung »richtige(r) Ansichten« wurde sowohl von den Beamten Knoblauch, von Olfers und von Scheele (Re-

Herausgabe eines eigenen »Central-Blattes« als Organ des Vereins wurde in diesem Zusammenhang eine große Bedeutung zugewiesen. Trotzdem und sicherlich mit Absicht druckte der Centralverein im ersten Heft seiner »Mittheilungen« vom 25. August 1848 noch einmal die schon zitierte Broschüre Karl Quentins aus dem Jahre 1840 »Ein Wort zur Zeit der Arbeiter-Koalitionen« vollständig ab[109], in der dieser in erster Linie »Vereinen aller Gutgesinnten« und »Fabrikengerichten« ähnliche Aufgaben zugewiesen hatte wie von Patow den von ihm geplanten Ausschüssen und Kommissionen. In einem kurzen Zusatz mit Datum vom 8. Juni 1848 fügte Quentin lediglich hinzu, daß jetzt nach einer Zeit von acht Jahren die Übel »intensiver« geworden seien, die »Heilmittel« gegen sie entsprechend umfassender sein müßten. Vor allem müsse jetzt der Wahlspruch viel klarer als zu jener Zeit lauten: »Was wir für die Arbeiter unternehmen, muß aus ihnen selbst hervorgehen, mit ihnen berathen und ins Leben geführt werden.«[110]

Die erste Phase der öffentlichen Wirksamkeit des Centralvereins vom Sommer 1848 bis zum Herbst 1849

1. Ausgangssituation und äußerer Rahmen

Überblickt man insgesamt die Situation, die sich für den Centralverein Anfang Juni 1848, als er seine erste Generalversammlung nach der Statutengenehmigung abhielt, ergab, so konnte er tatsächlich trotz diverser Befürchtungen und einzelner skeptischer Beurteilungen im ganzen optimistisch sein: Eine beachtliche Zahl seiner Mitglieder hatte in der Regierung und in den beiden Nationalversammlungen, in städtischen Gremien und in Arbeiter- bzw. Handwerkerkreisen einflußreiche Stellungen inne; die politischen Verhältnisse boten ihm den Spielraum, den er für den Ausbau der von ihm angestrebten Führungsrolle auf dem Gebiete sozialer Reformtätigkeit benötigte, und auch die Resonanz auf seine »Einladung zur örtlichen Wirksamkeit und zum Beitritt« vom 14. April 1848 war befrie-

gierungsrat in Münster) als auch von den Unternehmern Baudouin, Lehmann und Nobiling befürwortet; s. Mittheilungen, Bd. 1, S. (30)f.

109 Abdruck ebd., S. (84) bis (93); s. auch oben S. 55 der vorliegenden Arbeit. Quentin hat lediglich eine kleine, aber bezeichnende Textänderung eingefügt: In der Broschüre von 1840 hieß es auf S. 22, in England und Frankreich, nicht aber in Preußen, hätten sich schon die »zerstörenden Folgen von der einfachen Koalition der Handwerker und Fabrikarbeiter Behufs Erhöhung ihrer Löhne« gezeigt; jetzt lautete der Passus: »Wir haben Beispiele (der) zerstörenden Folgen von der einfachen Koalition . . .«, s. S. (92)f.

110 Ebd., S. (93). Von Viebahn, der – wie aus seinem Vorwort zu erschließen ist – die Herausgabe der 1. Lieferung der Mittheilungen weitgehend allein besorgt hat, wollte möglicherweise mit dem Abdruck der Quentinschen Schrift dem geforderten Rückzug des Centralvereins auf die reine Belehrungsfunktion Gegenargumente entgegensetzen.

digend gewesen: Aus vielen Gegenden Preußens waren Erklärungen eingegangen, die Einverständnis bekundeten und Mitwirkung ankündigten[111]. Die Mitgliederzahl, die Ende 1844 bei knapp 300 gelegen hatte, dann aber in der »Periode politischer Verdächtigung« und »ängstliche(r) Bedenken«[112] erheblich zurückgegangen war, stieg bis zum Sommer 1848 auf 284 Berliner und 60 auswärtige, also auf insgesamt 344 Mitglieder an[113].

Da sich mit Ausnahme von 17 Mitgliedern (= 4,9 %), darunter den sechs weiblichen Mitgliedern, die Berufe feststellen ließen, kann ein, wenn auch nur grobes Bild der Mitgliederstruktur gegeben werden: Danach waren ein gutes Viertel der Centralvereinsmitglieder Beamte einschließlich einiger höherer Militärpersonen (94 = 27,3 %); 46 (= 13,4 %) waren Lehrer, Professoren und Geistliche oder gehörten zu den freien Berufen; weitere 8 (= 2,3 %) Mitglieder hatten lediglich »Stadtrat« als Berufsbezeichnung angegeben und können deshalb nicht eindeutig zugeordnet werden. 179, also etwas mehr als die Hälfte der Mitglieder (= 52,0 %) lassen sich als Besitzbürger im engeren Sinn bezeichnen (Fabrikanten, Bankiers, Kaufleute, einige Handwerksmeister – meist Hoflieferanten – sowie sieben Rittergutsbesitzer). Bildungs- und Besitzbürger hielten sich demnach, bezogen auf die gesamte Mitgliederschaft, annähernd – bei leichtem Übergewicht der letzteren – die Waage. Das trifft allerdings nicht auf die insgesamt 60 auswärtigen Mitglieder zu; hier dominierten mit 43 die Besitzbürger (darunter vier Gutsbesitzer), von denen allein 17 aus der Rheinprovinz und 7 aus Schlesien stammten. Bemerkenswert, aber dem Entwicklungsstand der Industrialisierung in Preußen entsprechend, ist weiterhin, daß von den Besitzbürgern, die im modernen Wortsinn als Industrielle zu bezeichnen sind, der weitaus überwiegende Teil aus dem Textilgewerbe stammte.

In der Führungsspitze des Centralvereins, d. h. im neunköpfigen Vorstand und in den beiden je 18 Vertreter starken Ausschüssen für Berlin und für die Provinzen, überwogen deutlich die Fabrikbesitzer und Kaufleute[114]. Dieses Verhältnis verschob sich noch weiter zugunsten dieser

---

111 Ebd., S. (28).

112 Zitate aus dem »Rechenschaftsbericht über seine Entstehung, Entwicklung und Thätigkeit in den Jahren 1844–1876«, den der Centralverein 1876 dem Brüsseler Kongreß für Gesundheitspflege und Rettungswesen vorlegte, S. 7.

113 S. das Mitgliederverzeichnis im 1. Band der Mittheilungen, S. (37) bis (46).

114 Zum Vorstand gehörten die Beamten von Viebahn, von Reden und Lette, die Fabrikanten Nobiling und Goldschmidt, der Geh. Kommerzienrat und Vorsteher der Berliner Korporation der Kaufmannschaft Carl, der Bankier Oppenfeld sowie die beiden Stadträte Benda und Duncker. Der Berliner Ausschuß bestand aus den Unternehmern Baudouin, Weigert, Kunheim, Kampfmeyer, Stephan, Sehlmacher, Pruckner, Veit, Jungnick und Sußmann, den Stadträten Lütcke und Runge, dem Prediger Jonas, dem Professor Kalisch, den Beamten Brix, Klipfel und von Herfordt sowie dem Literaten Woeniger. Auswärtige Mitglieder des Ausschusses waren aus der Rheinprovinz die Fabrikanten Croon, Diergardt, Böddinghaus und der Regierungsrat Quentin, aus der Provinz Westfalen der Fabrikant Ebbinghaus und der Regierungsrat von Scheele – Friedrich Harkort wurde ebenfalls um Übernahme

Gruppe, als für die Zeit der Abwesenheit der in den beiden Nationalversammlungen tätigen Vereinsmitglieder Ersatzleute bestellt wurden[115]. Dennoch zeigen die Protokolle der jeweiligen Sitzungen, daß die fundierten Sachkenntnisse der höheren Beamten und das Engagement der übrigen Vorstandsmitglieder die quantitative Überlegenheit der Unternehmer meist wieder wettmachten.

Da der Centralverein bis zum Jahre 1848 – außer Kosten für Kanzleiarbeiten, für einige Drucksachen und für die Besoldung eines Vereinsboten – kaum Ausgaben zu verzeichnen gehabt hatte, belief sich der Kassenstand auf rd. 10120 Taler[116]. Die Gesamteinnahmen von 10474 Talern verteilten sich auf die erste Hälfte der königlichen Stiftung (7500 Taler), auf sonstige Geschenke und einmalige Beiträge (625 Taler), auf die bisher eingegangenen Mitgliedsbeiträge (2124 Taler) sowie auf Zinsen (226 Taler), da der überwiegende Teil des Geldes bei der Preußischen Seehandlung festgelegt war[117].

Die äußeren Daten der Centralvereinsgeschichte[118], in denen sich auch sein Arbeitsstil ausdrückte, in der ersten Phase seiner satzungsmäßigen Wirksamkeit, d. h. zwischen der ersten ordentlichen Generalversammlung nach der Statutengenehmigung am 2. Juni 1848 und der zweiten am 6. Oktober 1849, waren folgende: Im Jahre 1848 trafen sich – beginnend am 23. August – Vorstand und Ausschuß noch zu insgesamt elf Sitzungen, also etwa alle drei Wochen, im Jahre 1849 dagegen nur noch zweimal, am 27. Juni und am 8. August; statt dessen fanden am 4. April und 16. Mai 1849 außerordentliche Generalversammlungen statt, auf denen Ergebnisse der Ausschußberatungen vorgelegt wurden.

In diesen ersten sechzehn Monaten öffentlicher Wirksamkeit bestimmten im wesentlichen drei Punkte die Diskussion und Aktivitäten des Centralvereins: die Kommunikation mit den Lokalvereinen, die Sammlung und

---

eines Ausschußpostens gebeten; er erklärte sich auch kurze Zeit später dazu bereit: s. Mittheilungen, Bd. 1, S. (31) und S. (268). Weiterhin gehörten dazu in der Provinz Sachsen die Fabrikanten Coqui und Degenkolb, in Brandenburg der Fabrikant Epner und der Oberlandesgerichtsrat von Reiche, in Schlesien die Fabrikanten Alberti und Neuberger, in der Provinz Preußen die Kommerzienräte Witt und Lutterkorth, in Posen der Unternehmer Wulff und der Oberregierungsrat L'Estocq sowie in Pommern der Gutsbesitzer Rodbertus und der Bankier Wiesenthal; Angaben nach den Aufstellungen und Veränderungsangaben in den Mittheilungen, Bd. 1, S. (31), S. (38) und S. (268)f.

115 Ebd., S. (272) und S. (274). Gewählt wurden Klipfel, Sußmann, Baudouin und Hoffmann. Für den ausgeschiedenen Witt trat in der Provinz Preußen der Landrat von Lavergne-Peguilhen in den auswärtigen Ausschuß (S. 260), der 1849/50 Mitglied der 2. Kammer und dort einer der »interessantesten konservativen Sozialpolitiker« war (*Volkmann:* Arbeiterfrage, S. 46, Anm. 25); s. auch *C. Meitzel:* Art. Lavergne-Peguilhen, in: HdSt, Bd. 6, 4. Aufl., Jena 1925, S. 259.

116 Mittheilungen, Bd. 1, S. (47): Stand der Kasse am 2. 6. 1848.

117 Insgesamt 9900 Taler, ebd.

118 Die folgende Darstellung geht von den Angaben in den ersten fünf Lieferungen der Mittheilungen aus (= Bd. 1, 1848/49).

Verbreitung von Informationen und Stellungnahmen zu sozialpolitischen Problemen sowie die Erörterung zweier übergreifender sozialreformerischer Konzepte, der Neuordnung der gewerblichen Verhältnisse und der Einführung einer Altersversorgung für Arbeiter. Die politischen Ereignisse dieser Monate, so sehr sie auch einzelne Mitglieder des Centralvereins und die politischen Rahmenbedingungen seiner Arbeit tangierten, spielten dagegen in den Diskussionen, soweit die Protokolle darüber Auskunft geben, keine Rolle – ein Beleg für die erwähnte Abstinenz in politischen Fragen, um die sich der Centralverein bemühte. Selbst der Staatsstreich in Preußen und die Verhängung des Kriegsrechtes über Berlin am 14. November 1848 schlugen sich im Protokoll der Verstandssitzung des Centralvereins zwei Tage später nur in der folgenden, recht bezeichnenden Weise nieder: Von Viebahn als Vorsitzender eröffnete die Sitzung zwar mit Hinweis auf die »Aufregung, welche der Tages-Ereignisse wegen sich aller Gemüther bemächtigt habe«, nahm dies aber zum Anlaß, um die Notwendigkeit zu betonen, sich jetzt um so mehr den langfristigen Zielen des Centralvereins, den Maßnahmen zur Förderung des »Wohl(s) unserer ärmeren Mitmenschen«, zu widmen[119].

2. Der Centralverein und die Lokalvereine für das Wohl der arbeitenden Klassen 1848/49

In seiner Eröffnungsansprache bei der ersten ordentlichen Mitgliederversammlung des Centralvereins nach der Statutengenehmigung – am 2. Juni 1848 im Berliner Börsensaal – legte Georg von Viebahn vor allem Wert darauf, die seit der »Einladung« vom 14. April wieder verstärkt in Gang gekommene Kommunikation mit lokalen Vereinen für das Wohl der arbeitenden Klassen hervorzuheben[120]. Dies entsprach den ursprünglichen Vorstellungen des Centralvereins, der nicht selbst praktisch wirken, sondern die Durchführung konkreter Maßnahmen zur Hebung der unteren Klassen ganz den Lokalvereinen überlassen wollte – eine Aufgabenteilung, die gelegentlich mit der Metapher vom Haupt und den Gliedern umschrieben worden war. Bei aller Befriedigung, daß nach der Phase des Stillstands eine Reihe von Kontakten wieder hatte geknüpft werden können und weitere Kontakte zu erwarten waren, mußte sich der Centralvereinsvorstand darüber klar sein, daß der Charakter dieser Vereine in mehrfacher Hinsicht ein anderer war als 1844/45. Verglichen mit den weitgespannten Plänen mancher der Lokalvereine vor dreieinhalb Jahren, waren die Aktivitäten der Vereine 1848 mit Ausnahme des Berliner Lokalvereins,

119 Ebd., S. (290): Protokoll der Sitzung vom 16. 11. 1848.
120 Ebd., S. (28).

auf den noch näher eingegangen werden soll, recht reduziert und bezogen sich im wesentlichen auf Vorsorgekassen und neuerdings auch auf die Organisation von Kreditinstituten[121].

Auch die Motivation zur Kontaktaufnahme mit dem Centralverein war in den meisten Fällen nicht mehr von der Selbsteinschätzung getragen, Teil eines ganz Preußen überspannenden Netzes sozialreformerischer Bestrebungen zu sein, sondern hatte näherliegende Gründe. Wie die Verhandlungen der ersten Generalversammlung und der folgenden Vorstandssitzungen belegen, verbanden die meisten Lokalvereine, von denen fast alle unter den restriktiven Bedingungen des späten Vormärz ohne direkten Anstoß durch den Centralverein entstanden waren[122], ihren Wunsch zum Zusammenwirken mit einem Antrag auf finanzielle Hilfe. Die Existenz des königlichen Gnadengeschenks war noch in guter Erinnerung; z. T. hatten die Behörden auch bei Bitten um staatliche Unterstützung von lokalen Selbsthilfeinitiativen die Antragsteller in den beiden zurückliegenden Jahren an den Centralverein verwiesen[123]. Abgesehen von dem wiedergegründeten Berliner Lokalverein, dem schon seit 1841 in Düsseldorf bestehenden Quentinschen Verein zur Beförderung der Arbeitsamkeit und den Vereinen in Marklissa/Schlesien und Burg bei Magdeburg handelte es sich zudem bei den jetzt in Erscheinung tretenden Lokalvereinen nicht um Initiativen in Orten, die auch 1844/45 schon eine starke Bewegung zu verzeichnen gehabt hatten, sondern um Orte ohne eine solche Tradition. Statt Bielefeld und Köln, Elberfeld, Kleve und Königsberg waren es jetzt vorwiegend Gemeinden im östlichen Teil Preußens wie Grüneberg und Schmiedeberg in Schlesien, Frankfurt/Oder, Stettin und Elbing, aus den Westprovinzen lediglich Koblenz, wo sich neue Lokalvereine gebildet hatten. Das besagt nicht, daß in den rheinischen und westfälischen Fabrikgegenden keine bürgerlichen Initiativen zum Wohl der arbeitenden Klassen mehr vorhanden gewesen wären – der Aachener wie der erwähnte Düsseldorfer Verein zur Beförderung der Arbeitsamkeit bestanden ebenso weiter wie z. B. ein schon im März 1844 von Lenneper Fa-

121 Ebd., S. (28)f. Von Viebahn machte dabei die Bemerkung, daß eine eigentlich recht zweckmäßige Verbindung von Sparkassen mit Vorschußinstituten »noch nicht erfunden zu sein« scheine; hier gebe es noch eine wichtige Aufgabe zu lösen.

122 Vgl. etwa einen Bericht des Berliner Oberbürgermeisters Krausnick an den Innenminister vom 28. 10. 1847, in dem dieser auf in der letzten Zeit gestiegene Bemühungen von Vereinen zur Hebung der Privatmildtätigkeit und zur Hebung der unteren Klassen hinwies und dabei besonders auch kirchliche Aktivitäten erwähnte (DZAM, Rep. 120, DXXII/5, vol. 2, fol. 271–275).

123 Beispiele dafür sind der Mindener Lokalverein (s. StaatsA Detmold, Rep. Minden I, S. 491; Mathis an Oberpräs. Flottwell, Münster, vom 18. 4. 1847 und Reg. Minden an den Lokalverein vom 30. 4. 1847) und der Düsseldorfer Verein zur Beförderung der Arbeitsamkeit (s. StaatA Koblenz, Abt. 403/7385, fol. 105ff., Mathis an Oberpräs. Eichmann, Koblenz vom 6. 7. 1847 und Eichmann an den Vereinsvorstand vom 21. 7. 1847). Mathis wies beide Vereine unter Hinweis auf die 15000-Taler-Stiftung an den Centralverein, obwohl er genau wußte, daß dieser z. Z. gar nicht über das Geld verfügen konnte.

brikanten gegründeter, in erster Linie gegen das Truck-System gerichteter Verein[124] –, sie alle wurden hier aber durch die politischen Bestrebungen überlagert.

Die politisch aktiven Kräfte gerade dieser Region, die in der Lokalvereinsbewegung des Winters 1844/45 eine erste Chance zur Breitenwirksamkeit und zur öffentlichen Diskussion ihrer Ideen erblickt hatten, brauchten im Sommer 1848 nicht mehr diesen »Umweg« über sozialreformerische Vereine zu beschreiten; sie engagierten sich nun in einer Vielzahl konstitutioneller und demokratischer Clubs und sonstiger Vereinigungen mit politischer Zielrichtung. Was der Centralverein dadurch, daß aus diesem Grunde viele einflußreiche und profilierte Persönlichkeiten für den Aufbau und die Leitung von Lokalvereinen ausfielen, an Anregung und Unterstützung verlor, hoffte er gleichzeitig an innerer Festigkeit in dieser für ihn wichtigen Konsolidierungsphase zu gewinnen, da auch die unruhigen und kritischen Elemente in den Lokalvereinen nun keine Rolle mehr spielten. Ähnliche Auseinandersetzungen wie z. B. über die Ausweitung der sozialreformerischen Ziele bis hin zur Forderung einer umfassenden »Organisation der Arbeit« oder über eine »demokratischere« Vereinsstruktur brauchte er jetzt nicht mehr in demselben Maße wie 1844/45 zu befürchten.

Bis zum 1. April 1849 war es bereits eine Summe von 3675 Talern, also rund ein Drittel seiner Finanzmittel, die der Centralverein zur Unterstützung von Lokalvereinen für das Wohl der arbeitenden Klassen und zur Förderung sonstiger sozialer Einrichtungen, die seinen Zielen entsprachen, ausgegeben hatte[125]. Der überwiegende Teil davon – 2500 Taler – war jedoch kein verlorenes Kapital, sondern bestand aus zinslosen Darlehen vor allem zur Unterstützung von Vorschußvereinen. Solche Vereine hatten sich – abgesehen von einem Verein der jüdischen Gemeinde Berlins, der bereits im Mai 1846 gegründet worden war – erst seit dem Sommer 1847 gebildet[126]. In der starken finanziellen und ideellen Förderung, die ihnen der Centralverein 1848/49 zuteil werden ließ, zeigt sich, daß er unter dem Begriff »arbeitende Klassen« nun auch die selbständigen Kleinmeister und kleinen Fabrikanten verstand, denn ihnen nützten die Einrichtungen der Vorschußvereine in erster Linie, wenn auch die Gesel-

---

124 S. zu diesem Verein GehStA Berlin, Rep. 84a, Nr. 5410, fol. 195–198, und HStAD Reg. Düsseldorf 1587, fol. 107ff., vgl. außerdem *Dowe:* Aktion und Organisation, S. 32, Anm. 79, und *Taubert:* Autonomie und Integration, S. 34f. und passim.

125 S. die Bilanz des Centralvereins vom 1. 6. 1848 bis 1. 4. 1849 in: Mittheilungen, Bd. 1, S. (415)ff.

126 Ebd., Bd. 2, S. (725) bis (732). Diese Vereine waren wohl u. a. in dem in Anm. 122 erwähnten Bericht gemeint. Zum Vorschußkassenwesen insgesamt s. *Johann Carl Glaser:* Über Credit-Einrichtungen mit besonderer Rücksicht auf die Förderung des Credits der Handwerker, Berlin 1851, der auch für eine Verbindung mit Sparkassen eintrat (vgl. oben Anm. 121); außerdem Mittheilungen, Bd. 4 (1853/54), S. (2167) bis (2182).

len und Arbeiter ebenfalls davon profitierten: »Zum Theil mit nicht unbeträchtlichen Vorräthen versehen, welche sie (die kleinen Handwerker, d. V.) nicht abzusetzen vermögen, außerstande, die ausstehenden Forderungen einzuziehen, müssen sie, wenn ihnen eine Hülfe nicht gewährt wird, ihre Arbeiten einstellen, die Gehülfen entlassen, ihren Gewerbebetrieb verfallen sehen und mit ihrer Familie in Noth und Elend versinken.«[127] Durch zinslose Vorschüsse von 5 bis 50 Talern sollte im Falle eines bevorstehenden Bankrotts die Möglichkeit eines »Rettungsankers« geschaffen werden, der die Handwerker wieder in den Stand versetzen sollte, »sich darbietende Bestellungen auszuführen, selbst auf Vorrath zu arbeiten, und ihre Arbeiter fortwährend zu beschäftigen«[128].

Die Fonds der Vorschußvereine wurden durch Spenden und meist zinslose Leihgaben wohlhabender Bürger aufgebracht und ehrenamtlich verwaltet. Der Vorschußempfänger konnte die bewilligte Summe in der Folgezeit in kleinen wöchentlichen Raten wieder zurückzahlen. Dieses Hilfsangebot für das gefährdete Kleinbürgertum erwies sich als überaus wichtig und notwendig: Die Anträge bei den beiden im Somme 1847 gegründeten Berliner Vorschußvereinen, dem Allgemeinen Vorschußverein für ganz Berlin und dem der Marien- und Nikolai-Gemeinde in der Berliner Innenstadt[129], waren vor allem in den Wochen nach der Märzrevolution so zahlreich, daß ihre Mittel bald erschöpft waren, ohne daß die Wünsche auch nur annähernd hätten befriedigt werden können. Beide Vereine wandten sich daraufhin an den wiederauflebenden Berliner Lokalverein für das Wohl der arbeitenden Klassen, der seinerseits den Centralverein um Hilfe bat. Bereits in seiner Mitgliederversammlung vom 2. Juni 1848 wurde der Bitte entsprochen: Die versammelten Mitglieder bewilligten dem Allgemeinen Vorschußverein 750 und dem der Marien- und Nikolai-Gemeinden 250 Taler zur Aufstockung ihrer Fonds oder auch zur Zahlung von Zinsen an Privatleute, die Kapitalien nur gegen Zinsversprechen geben wollten[130].

Doch der Central- wie der Lokalverein wurden auch auf einem anderen, ungewöhnlichen Weg in dieser Richtung aktiv. Lebhaft von dem Wunsche beseelt, »nicht mehr im stillen Kreise des Hauses, sondern auch außerhalb desselben helfend und fördernd eintreten zu können«[131], gründeten am 22. April 1848 21 Frauen, vorwiegend Ehefrauen und Verwandte von im Central- oder Lokalverein engagierten Berliner Bürgern, aber z. B. auch die Gattin des Fabrikbesitzers August Borsig, einen »Frauen-Verein zur

---

127 Ebd., Bd. 1, S. (32).
128 Ebd., S. (419).
129 Ebd., S. (32) und S. (63).
130 Ebd., S. (33)f.
131 Ebd., S. (431).

Abhülfe der Noth unter den kleinen Fabrikanten und Handwerkern«[132]. Er sammelte Gold- und Silbergeräte sowie Schmuck – »todtes Capital . . ., was sich durch den Luxus früherer Jahre aufgehäuft (hatte)«[133] – und verkaufte oder verloste die auf diese Weise zusammengekommenen Gegenstände. Der Erlös diente zusammen mit Bargeldspenden wie z. B. 500 Talern von der Königin als Grundlage eines Vorschußfonds[134]. Darüber hinaus bildeten sich in der zweiten Hälfte des Jahres 1848 verschiedene selbständige Bezirks-Vorschußvereine, die zu einem großen Teil in eine lockere Verbindung zum Berliner Lokalverein traten. Das Ziel des Lokalvereins bei der von ihm ausgehenden Kontaktaufnahme mit diesen und den schon erwähnten Vorschußkassen war nicht nur die Angleichung der jeweiligen Statuten und Geschäftsbedingungen, sondern auch eine Zentralisation der Geldmittel, um als dauerhafte und solide Einrichtung auf dieser Basis eine Berliner Vorschuß-Bank für Handwerker und kleine Gewerbetreibende gründen zu können. Hier hatte er jedoch keinen Erfolg, weil die meisten Vereine ihre Selbständigkeit behalten wollten oder überhaupt »aus politischen Parteirücksichten abgesondert« blieben[135].

Über die Tätigkeit der Berliner Vorschußvereine in den Jahren 1848/49 liegen verschiedene Detailangaben vor, die eine Einschätzung des Umfangs der Vorschußleistungen zulassen. Danach wurden bis Ende 1849 rd. 90 000 Taler als Kleinkredite ausgeben[136]. Der Frauenverein unterstützte z. B. vom 1. Juni 1848 bis zum 6. Mai 1850 796 »unbescholtene Familien« mit insgesamt 20 425 Talern[137]; die Zahlen erhöhten sich bis zum 15. Mai 1851 auf 1 198 Kreditnehmer und 32 179 Taler[138]. Der Allgemeine Berliner Vorschußverein brachte es im Zeitraum von Oktober 1848 bis November 1849 auf 285 unterstützte Personen mit 9 815 Talern, der Verein der Marien- und Nikolai-Gemeinden von der Gründung am 15. Juli 1847 bis zum Ende des Jahres 1849 auf 287 Personen mit 7 656 Talern Kreditsumme[139].

---

132 Der Gründungsaufruf ist abgedruckt bei *Wolff:* Revolutionschronik, Bd. 2, S. 351; das Statut in den Mittheilungen, Bd. 1, S. (63) bis (67), das Protokoll der ersten Jahreshauptversammlung vom 3. 5. 1849 ebd., S. (431) bis (435).

133 Ebd., S. (432).

134 Ebd. Dem Frauenverein wurden am 28. 7. 1849 vom König beschränkte Korporationsrechte verliehen (s. DZAM, Rep. 120, DXXII/5, vol. 3).

135 S. dazu: Mittheilungen, Bd. 1, S. (425), und Bd. 2, S. (726). Zu den Gründen für diese »Absonderung« s. unten S. 240.

136 Bei einem Gesamtkapitalbestand von rund 34 400 Talern (ohne die abständig gebliebenen Bezirksvereine); s. Mittheilungen, Bd. 2, S. (727).

137 Ebd., S. (784).

138 DZAM, Rep. 120, DXXII/5, Nr. 4, fol. 114f. In den Mittheilungen, Bd. 3, S. (1767) bis (1770), ist der 4. Jahresbericht des Vereins vom 13. 6. 1852 abgedruckt, aus dem hervorgeht, daß auch 1851/1852 wieder 439 Personen Kredite in einer Gesamthöhe von 11 439 Talern erhalten hatten.

139 Mittheilungen, Bd. 2, S. (726) und S. (732).

Das Engagement des Centralvereins im Bereich des Vorschußwesens war ein dreifaches: Zunächst überließ er, wie schon erwähnt, einzelnen Vorschußvereinen zinsfreie Darlehen zur Aufstockung ihrer Fonds; neben den erwähnten Berliner Vereinen erhielten ähnliche Vereine in Frankfurt/Oder und Grüneberg/Schlesien je 100 Taler, ein Verein in Schmiedeberg/Riesengebirge 300 Taler[140]. Zweitens übergab der Centralverein dem Berliner Lokalverein 1000, später noch einmal 300 Taler zur Verfolgung seiner oben genannten Ziele im Hinblick auf die Zentralisierung der Bezirksvorschußvereine. Der Lokalverein wurde mit diesem Geld in die Lage versetzt, sowohl die Fonds einzelner Kassen, die seinen Bestrebungen beitraten, aufzustocken als auch von sich aus in besonderen Fällen Darlehen, vor allem aber Sachbeihilfen, zu geben. So unterstützte er bedürftige Familien durch die Weitergabe preisgünstig aufgekaufter Lebensmittel zum Vorzugspreis, vor allem aber durch die Beschaffung gußeiserner Koksöfen, nach denen offenbar eine große Nachfrage bestand, da diese Öfen kostengünstiger zu beheizen, sauberer und vor allem ungefährlicher als herkömmliche Öfen waren. Bis Anfang April 1849 hat der Lokalverein 208 solcher Öfen im Werte von über 660 Talern als Sachdarlehen verteilt[141]. Auch in der Folgezeit erhielt der Lokalverein speziell für diesen Zweck vom Centralverein zinslose Darlehen[142]. Drittens engagierten sich führende Mitglieder des Centralvereins persönlich im Vorschußkassenwesen, indem sie selbst Geld zur Verfügung stellten und in einzelnen Vereinen mitwirkten, vor allem aber den erwähnten Frauenverein durch Rat und Tat unterstützten. Da Frauen in der reinen Männergesellschaft jener Zeit nicht voll geschäftsfähig waren, mußten Männer z. B. als Vertrauenspersonen, Schatzmeister und Rendanten Posten übernehmen. Lette, von Viebahn, Hermann Duncker, Klipfel und verschiedene andere Mitglieder des Centralvereinsausschusses und -vorstands traten neben dem Fabrikbesitzer Borsig hierbei hervor[143].

Fragt man nach den Hintergründen und Zusammenhängen, aus denen heraus das plötzliche starke Engagement des Centralvereins für Vorschußvereine zu verstehen ist, so bieten sich zwei Erklärungen an. Die erste ist schon angedeutet und auch bei der Frage des Verhältnisses des Centralvereins zur beginnenden Arbeiterbewegung bereits erörtert worden: Die

140 Die folgenden Angaben beruhen auf den in den Mittheilungen abgedruckten Sitzungsprotokollen, passim, sowie auf dem »Summarischen Bericht über die Wirksamkeit des Centralvereins«, den dieser zur Begründung seiner ersten Jahresabrechnung vorlegte; Mittheilungen, Bd. 1, S. (419) bis (423).

141 Ebd., S. (423)ff.: »Bericht des Berliner Lokalvereins . . . über seine bisherige Thätigkeit« vom 3. 4. 1849.

142 So etwa weitere 300 Taler, die in der Vorstandssitzung vom 12. 12. 1849 bewilligt wurden; Mittheilungen, Bd. 2, S. (714).

143 DZAM, Rep. 120, DXXII/5, Nr. 4, fol. 114f.; s. außerdem Mittheilungen, Bd. 1, S. (432).

Vorschüsse schienen ihm ein Mittel zu sein, Teile des Kleinbürgertums vor dem Absinken in das Proletariat zu bewahren und gleichzeitig der Ausbreitung der Arbeitslosigkeit entgegenzutreten. Diese wurde in der Zeit nach der Märzrevolution immer stärker als potentieller Boden einer drohenden sozialen Revolution angesehen, die es unbedingt zu verhindern galt. Insofern wollte der Centralverein einen Beitrag zur Aufrechterhaltung von Ruhe und Ordnung und zur Konsolidierung der ökonomischen Verhältnisse leisten.

Der zweite Grund offenbart sich erst nach genauerem Hinsehen. Es stellt sich nämlich heraus, daß der persönliche Einsatz gerade einiger großer Fabrikanten und Kaufleute unter den Centralvereinsmitgliedern für eine Kreditvermittlung an kleine Fabrikanten durch Vorschußvereine auch eine geschickte Strategie war, um von Kritik an Aktivitäten der »Korporation der Kaufmannschaft zu Berlin« abzulenken. In dieser seit 1820 bestehenden Korporation[144] hatten sich über 1100 der führenden Berliner Unternehmer, Kaufleute, Bankiers und Fabrikbesitzer zusammengeschlossen[145]. Vorsteher war ein Vorstandsmitglied des Centralvereins, der Geheime Kommerzienrat Carl; der Seidenfabrikant Baudouin, Ausschußmitglied des Centralvereins, war einer seiner Stellvertreter. Bereits Ende März 1848 hatte diese Korporation ein vierköpfiges Komitee, zu dem mit Carl, Beer und Sußmann allein drei Centralvereinsmitglieder gehörten, gebildet, das sich um die Bewilligung eines staatlichen Kapitals in Höhe von einer Million Taler zur Gründung einer Kreditbank für die Berliner Fabrikanten und Kaufleute bemühen sollte. Der Präsident der Preußischen Seehandlung, Rother, unterstützte den Antrag an die Minister Camphausen und Hansemann nachdrücklich und wies dabei auf die Notwendigkeit hin, den Mittelstand »in der jetzigen bedrängten Zeit« zu unterstützen, »wenn nicht höchst nachtheilige und gefährliche Rückwirkungen auf den von demselben abhängigen Arbeiterstand eintreten sollen«[146]. Auch bei weiteren Verhandlungen mit der Regierung in dieser Frage traten wieder Mitglieder des Centralvereins hervor, so die Bankiers und Fabrikanten Baudouin, Brüstlein, Magnus, Mendelsohn, Sehlmacher und Sußmann. Tatsächlich bewilligte die Regierung einen solchen Fond am 15. April 1848[147]. Wenn dieser auch »hauptsächlich zur Unterstützung kleiner Fabrikanten Berlins verwandt werden« sollte, wie Rother vorgeschlagen hatte, so zeigen doch die Einzelbestimmungen des Gesetzes und

---

144 S. dazu *Helbach:* Berliner Unternehmer in Vormärz und Revolution (s. Anm. 93 zu Kap. I), S. 420ff.

145 Ebd., S. 424; zum folgenden s. ebd., S. 446ff., sowie *Wolff:* Revolutionschronik, Bd. 1, S. 477.

146 Zit. nach *Helbach*, ebd., S. 450.

147 Ebd.; außerdem *Wolff:* Revolutionschronik, Bd. 1, S. 478; Abdruck des Gesetzes vom 15. 4. 1848 in der Gesetz-Sammlung für die Königlichen Preußischen Staaten, Jg. 1848, S. 105–108; das folgende Zitat nach *Helbach*, S. 450.

die Beschwerden in den folgenden Monaten, daß sich offenbar nur die größeren Fabrikanten bedienen konnten und bedienten – neben Borsig u. a. vor allem auch die Centralvereinsmitglieder Dannenberger und Goldschmidt – und daß die kleinen, nicht korporierten Fabrikanten leer ausgingen[148]. Es war also kein Zufall, daß alle die oben erwähnten Namen entweder in Zusammenhang mit dem Frauenverein, mit dem Centralverein oder gar mit beiden Vereinen auftauchten[149]. Im ersten Jahresbericht des Frauenvereins vom 3. Mai 1849 findet sich der bezeichnende Vermerk, daß seine Gründung »in gemeinsamer Beratung mit den vorerwähnten Männern« (gemeint sind u. a. Behr, Borsig, Duncker, Lette, Mendelsohn und von Viebahn) erfolgt und speziell »für *kleine* Fabrikanten und Handwerker« gedacht gewesen sei, »da den größeren Fabrikanten und Handwerkern diese Hülfe nach dem Gesetz vom 15. 4. v. J. (gemeint ist 1848, d. V.) gewährt war«[150]. Diese recht einseitige Interpretation der erwähnten Staatsbeihilfe zeigt die zweite entscheidende Begründung für die besondere Aktivität der Centralvereinsspitze in der Vorschußvereinsbewegung. Es ging ihr dabei gerade auch um eine Spannungsmilderung zwischen den großen und den kleinen Berliner Fabrikanten[151], wobei auf dem Wege der Wohltätigkeit an die kleinen Fabrikanten und Handwerker einiges von dem weitergegeben wurde, was die großen schon ganz selbstverständlich unter sich verteilt hatten. Daß die Beamten in der Centralvereinsführung dabei die Vermittlungsrolle übernommen haben, ist zwar nicht zu beweisen, liegt aber nahe.

Neben den zinslosen Darlehen zahlte der Centralverein aber auch verlorene Zuschüsse zu weiteren Tätigkeiten von Lokalvereinen. So waren u. a. in Frankfurt/Oder, in Stettin und Koblenz Arbeitsnachweisstellen für beschäftigungslose Arbeiter gegründet worden, die aber nahezu erfolglos blieben, da Aufrufe an die Gewerbetreibenden, offene Stellen zu melden, kaum Resonanz hatten[152]. Die Vereine gingen, wie z. B. in Koblenz, nun dazu über, selbst Arbeit durch Ankauf von Flachs zum Verspinnen und

---

148 *Helbach*, S. 451. Das Gesetz bestimmte in § 2, daß Darlehen auf drei, höchstens sechs Monate nur gegen entsprechende Sicherheiten und von einem Mindestbetrag von 100 Talern an ausgegeben werden sollten (Gesetz-Sammlung, Jg. 1848, S. 105).

149 Aufrufunterzeichnerinnen am 22. 4. 1848 waren u. a. die Frauen Behr, Beer, Borsig, Brüstlein, Duncker, Klipfel, Mendelssohn, Jüngken; als männliche »Mitverwalter« werden genannt: Behr, Borsig, Duncker, Lette, Mendelssohn, Schomburgk, von Viebahn u. a. (s. *Wolff:* Revolutionschronik, Bd. 2, S. 351). Zur Rolle Borsigs, der kein Mitglied des Centralvereins war, in der Anfangsphase der Revolution s. vor allem *Helbach*, passim.

150 Mittheilungen, Bd. 1, S. (432).

151 Nach *Helbach*, S. 451, war aufgrund der Spannungen sogar von mittleren Fabrikanten die Gründung einer eigenen Fabrikantenorganisation gegen die Korporation geplant. Einer dieser Fabrikanten, die »unmittelbaren Druck von unten« auf die Korporationsführung ausübten, war der Tabakwarenhersteller Ermeler, der dann zum Schatzmeister des Frauenvereins gewählt wurde; s. Mittheilungen, Bd. 1, S. (432).

152 Ebd., S. (420).

von Wolle zum Strümpfestricken zu beschaffen, um der schlimmsten Not und der Gefahr einer »Störung der öffentlichen Sicherheit« auch weiterhin entgegenzuarbeiten[153]. Dem Koblenzer Verein überwies der Centralverein für diesen Zweck 100 Taler als Zuschuß. Weiterhin erhielt der »Düsseldorfer Verein zur Beförderung von Arbeitsamkeit, Sparsamkeit, Wohlstand und Sittlichkeit« zum Ausbau seiner Spar- und Krankenkassen 200 Taler und Ende Oktober 1848 weitere 100 Taler als Beitrag zur Gründung einer Handwerker-Fortbildungsschule[154]. Dem Berliner Bauarbeiterverein ließ der Centralverein ebenfalls 100 Taler als Unterstützung einer neu gegründeten Sterbe-, Kranken- und Invalidenkasse zukommen[155] und stiftete dem Handwerkerverein in Halle/Salle 50 Taler zur Anschaffung von Zeichenmaterial und von Büchern[156]. Außerdem beteiligte er sich mit 500 Talern an der 1847 gegründeten, am 28. Oktober 1848 genehmigten Berliner gemeinnützigen Baugesellschaft und beschloß, dieser auch weiterhin jährlich einen Mitgliedsbeitrag von 25 Talern zu zahlen[157].

Die längste Diskussion mit besonders bemerkenswerten Argumenten entzündete sich im Vorstand und Ausschuß an einem Antrag eines Spinner- und Webervereins im Kreise Waldenburg, der um finanzielle Hilfe beim Aufbau einer Erwerbsgenossenschaft gebeten hatte. Erstmalig nahm der Centralverein hierbei, zu dieser Zeit weitgehend unvorbereitet, Stellung zu einer Idee, die in den folgenden Jahren Victor Aimé Huber und Hermann Schulze-Delitzsch noch ausführlich erläutern und progapieren sollten. Aus den Bemerkungen des Berichterstatters Nobiling in der Vorstandssitzung vom 27. Oktober 1848[158] geht hervor, daß die Spinner und Weber auf gemeinsame Rechnung Flachs, Leinen und Baumwollgarn kaufen, die daraus angefertigten Waren in einem Lager sammeln und diese dann durch ihren Vereinsvorstand in den Handel bringen lassen wollten. Daneben planten sie eine Unterstützungs- und Vorschußkasse. Nobiling lobte die Bereitschaft zu genossenschaftlichem Handeln und die auf diesem Wege angestrebte Möglichkeit einer Produktionsverbesserung, hielt es aber von vornherein für eine »irrige Ansicht . . ., daß der Verein die

153 Ebd., S. (55)ff.: Bericht des Koblenzer Vereins über seine Wirksamkeit; zur Diskussion im Vorstand s. ebd., S. (297).

154 Ebd., S. (36) und S. (47) bis (52) (= Selbstdarstellung des Düsseldorfer Vereins); zur Diskussion im Vorstand s. S. (286); s. auch oben Anm. 123 dieses Kapitels.

155 Diskussion im Vorstand darüber s. Mittheilungen, S. (291) und S. (305); die Kasse zählte bald rd. 3000 Mitglieder; ebd., S. (420).

156 Ebd., S. (311) und S. (418).

157 Ebd., S. (306) und S. (310)f. In den Folgejahren bestand mit dem Centralverein eine enge Verbindung; s. dazu diverse Berichte in den Mittheilungen, bes. im 2. Band (1850/51), S. (945) bis (1005), sowie in der Akte DZAM, Rep. 120, DXXII/1, Nr. 1, vol. 3. Zur Geschichte der Baugesellschaft und zu ihrer Unterstützung durch Victor Aimé Huber, der zeitweise ihr Schriftführer war, s. *Paulsen:* Victor Aimé Huber als Sozialpolitiker (s. Anm. 79 zu Kap. I), S. 88–107.

158 Mittheilungen, Bd. 1, S. (287) und S. (420).

Konkurrenz der Kaufleute beim Leinenhandel ganz entbehren und verdrängen« könne[159]. Daraufhin vertagte der Centralvereinsvorstand die Behandlung des Antrags, um noch weitere Informationen einzuholen. In der Diskussion am 16. November 1848 standen sich die Ansichten dann schroff gegenüber[160]. Der Wollwarenfabrikant Sußmann betonte spezielle Übelstände im Leinwandhandel, die es verständlich und richtig erscheinen ließen, daß die »unglücklichen Weber« in diesem Bereich zur Selbsthilfe griffen. Während er aber das Problem lediglich als ein branchenspezifisches ansah, hielt es der in der Sitzung anwesende Arbeitervertreter Schwartz grundsätzlich für positiv und gerechtfertigt, »wenn der Arbeiter selbst auch den Absatz der Waaren in die Hand zu nehmen suche, weil ihm dann der Vortheil des Kaufmanns mehr oder weniger zufließe«[161]. Gegen diese Meinung opponierten mit aller Deutlichkeit die Kaufleute und Fabrikanten. Sie hoben hervor, wie »viel zweckmäßiger . . . es für diese Leute (sei), im Lohne des Fabrikanten (d. h. der Verleger, d. V.) zu stehen«. Durch die Einrichtung eines spekulierenden Vereinsvorstandes gehe gerade das verloren, was die Leistung des Einzelfabrikanten auszeichne: seine »große Kenntnis verschiedenartiger Verhältnisse«, »deren Kombination in dem Sinn eines einzelnen« und die daraus folgende Möglichkeit des schnellen Entschlusses[162]. Gerade die in Deutschland häufig anzutreffende Vermischung von Handel und Fabrikation sei ein »Unglück«; England und Frankreich besäßen auf dem internationalen Markt gerade durch die klare Trennung von beiden Ebenen des Wirtschaftens erhebliche Vorteile. Mehrheitlich faßte der Centralvereinsvorstand schließlich den Beschluß, den Waldenburger Spinnern und Webern 100 Taler als Zuschuß zu zahlen, eine weitere Unterstützung ihres Experiments aber davon abhängig zu machen, ob sie die Ratschläge des Centralvereins, vor allem die Empfehlung, »sich nicht selbst in Handelsgeschäfte einzulassen«, befolgten. Ein Ratschlag an den Weberverein lautete übrigens, die Mitglieder sollten zunächst Kapitalien sammeln, dann – evtl. mit Staatshilfe – Maschinen kaufen und schließlich von der Handspinnerei zur Maschinenspinnerei übergehen – nur so könne die ausländische Konkurrenz überflügelt werden.

Die Position des Vorsitzenden von Viebahn in der Diskussion lag zwischen den Extremen. Er mußte zwar die Argumente anerkennen, die sich gegen eine selbständige Handelsspekulation des »unmittelbaren Producenten« wandten, betonte aber doch gleichzeitig die herausragende Leistung dieser »arme(n) elende(n) Leute«, die »den Muth und die Fähigkeit

159 Ebd., S. (287).
160 Ebd., S. (292).
161 Ebd.
162 Ebd., S. (293).

entwickelt (hätten), sich zur Selbsthülfe zu associiren«[163]. Da der Centralverein in dem Geschäftsbericht des Waldenburger Vereins vom 9. Mai 1849[164] offenbar Anlaß zu dem Zweifel sah, daß dieser »bei aller Anerkennung seiner gemeinnützigen Bestrebungen . . . ohne fortwährenden Zufluß milder Gaben von außen« werde bestehen können[165], blieb es dann bei jener einmaligen Zuwendung von 100 Talern, obwohl die Waldenburger den Vertrieb der fertigen Waren Kaufleuten überlassen wollten und damit auf die wichtigste Forderung des Centralvereins einzugehen bereit waren. Das im nachhinein als bemerkenswertes Experiment zu bezeichnende Bemühen der Waldenburger Spinner und Weber, sich aus der Rolle des vom Verleger abhängigen Lohnarbeiters zu befreien, sich »den Bedrückungen des Wucherers zu entreißen«[166], war für die Mehrheit der Vorstandsmitglieder des Centralvereins zu dieser Zeit lediglich eine »schwierige und gefährliche Unternehmung«[167].

Die Bestrebungen aller übrigen mit dem Centralverein in Verbindung stehenden Vereine bewegten sich dagegen auf einem vergleichweise sicheren Boden. Als der Vorstand am 1. Februar 1849 eine erste Übersicht über seine Außenkontakte veröffentlichte[168], zählte er insgesamt 32 lokale oder regionale Vereine auf: acht in der Provinz Brandenburg (davon allein sechs in Berlin einschließlich der Vorschußvereine), sieben in der Provinz Schlesien, ebenfalls sieben in den beiden preußischen Westprovinzen Rheinland und Westfalen, drei in der Provinz Sachsen und sechs in den Ostprovinzen Preußen, Posen und Pommern. Als 32. Verein wurde ein außerpreußischer, der Gewerbeverein zu Speyer[169], genannt.

Allein elf der aufgeführten Vereine bezeichneten sich als Handwerkervereine und vertraten in erster Linie Standesinteressen, denn acht von ihnen waren handwerkliche Dachorganisationen in den Provinzen oder Regierungsbezirken. Lediglich der Hedemannsche Verein in Berlin, der oben erwähnte Verein in Halle/Saale und ein Verein in Perleberg waren lokale Einrichtungen. Weitere fünf bezeichneten sich als Gewerbevereine; ihre Aktivitäten dienten mindestens in demselben Maße der örtlichen oder regionalen Gewerbeförderung wie der Unterhaltung von Instituten für das Wohl der arbeitenden Klassen. Zieht man von der Gesamtsumme auch noch die insgesamt fünf aufgeführten Vorschußvereine und die drei branchenbezogenen Vereine für Bauarbeiter, Weber und Spinner ab, so bleiben nur noch acht Vereine, die im ursprünglichen Sinn als Lokalvereine

163 Ebd., S. (291).
164 Abgedruckt ebd., S. (374)f.
165 Ebd., S. (375).
166 Ebd.
167 Ebd., S. (420).
168 Ebd., S. (317)f.
169 Statuten und Jahresbericht vom 2. 9. 1847 (mit einem Nachtrag vom 4. 6. 1848) abgedruckt in den Mittheilungen, S. (70) bis (78).

für das Wohl der arbeitenden Klassen zu bezeichnen sind: die drei Vereine zur Beförderung der Arbeitsamkeit in Aachen, Düsseldorf und Koblenz, die Lokalvereine für das Wohl der arbeitenden Klassen in Berlin, Frankfurt/Oder und Marklissa/Schlesien sowie zwei Hilfskassenvereine in Elbing und Stettin.

Die nächste vergleichbare Übersicht legte der Centralvereinsvorstand eineinhalb Jahre später vor[170]. Die Gesamtzahl der jetzt mit ihm in Verbindung stehenden Vereine hatte sich zwar in der Zwischenzeit mehr als verdoppelt (73 Vereine), der Eindruck eines bunten Gemisches der verschiedenartigsten Wohltätigkeits-, Hilfs- und Selbsthilfeorganisationen ohne Betonung einer klarer sichtbaren sozialreformerischen Linie verstärkt sich jedoch: Zu den schon erwähnten Vereinstypen traten jetzt vor allem die aufgrund der Gewerbeordnungsnovelle von 1849 gebildeten Gewerberäte hinzu (insgesamt 15)[171]. Weiterhin findet sich ein Verein junger Kaufleute (Berlin) neben einem Verein zur Förderung der Seidenraupenzucht in der Mark Brandenburg; die Remscheider Feilenhauer-Innung steht neben der Rheinisch-Westphälischen Gefängnis-Gesellschaft, ein Bromberger Armenpflegeverein neben einem Frauenverein zur Besserung weiblicher Strafgefangener (Potsdam) und dem Berliner Verein zur Centralisation deutscher Auswanderung und Colonisation[172].

Wie eng der Kontakt des Centralvereins mit den einzelnen Vereinen war, ob er in dieser Zeit über den Austausch gelegentlicher Informationen überhaupt hinausging, läßt sich nur in wenigen Fällen feststellen. Insgesamt drängt sich der Eindruck auf, als ob der Centralvereinsvorstand jeden noch so beiläufigen Kontakt zu einem der vielen bestehenden Hilfs- und Wohltätigkeitsvereine mit dem Anschein einer dauerhaften Verbindung versehen hätte, um nach außen seine Bedeutung und Wirksamkeit zu unterstreichen. Daß zu einer solchen sich bereits 1849 andeutenden Taktik durchaus Grund bestand, wird in einem anderen Zusammenhang erörtert werden[173].

---

170 Ebd., Bd. 2, S. (767) bis (771).

171 Ebd., s. zur Entwicklung der Gewerberäte nach 1849 *Tilmann:* Einfluß des Revolutionsjahres, S. 46f., und *Teuteberg:* Mitbestimmung, S. 332ff.; vgl. auch unten S. 207 der vorliegenden Arbeit.

172 In einem Nachtrag Ende 1850 wurden weitere 15 Vereine aufgezählt, s. Mittheilungen, Bd. 2, S. (1057).

173 Zu den Kontakten des Centralvereins mit Lokalvereinen in der Reaktionszeit s. unten S. 250 der vorliegenden Arbeit.

3. Der Berliner Lokalverein für das Wohl der arbeitenden Klassen im Revolutionsjahr

Sieht man sich die Tätigkeit der verschiedenen Vereine an, so stellt sich heraus, daß von all den erwähnten Lokalvereinen 1848/49 eigentlich nur ein einziger annähernd den optimistischen Vorstellungen und weitgespannten Erwartungen entsprach[174], die in der Phase der ersten Begeisterung nach der Gründung des Centralvereins 1844/45 entwickelt worden waren: der Berliner Lokalverein für das Wohl der arbeitenden Klassen. Nachdem dieser nach den in Kapitel I erwähnten turbulenten Mitgliederversammlungen am 22. Januar 1845 seine Beratungen abgeschlossen und der Regierung sein Statut zur Genehmigung vorgelegt hatte[175], dessen Besonderheit vor allem in der starken Betonung der Untergliederung des Vereins in Stadtbezirksabteilungen mit einer Reihe eigener Befugnisse bestand, und nachdem ihm nach einem längerem Hin und Her zwischen seinem provisorischen Komitee, dem Brandenburger Oberpräsidenten von Meding und dem Innenministerium am 6. März 1846 die definitive Ablehnung des Statuts, die mit dem Verbot aller weiteren Aktivitäten einherging, mitgeteilt worden war[176], löste sich der Kontakt zwischen den Hauptinitiatoren nicht völlig auf, sondern bestand in lockerer Form weiter, »damit nicht die hohe Idee, welche den Verein ins Leben gerufen, verlorengehen möge«[177].

Sammelpunkt war die Mitte 1845 gegründete Berliner Bürger-Gesellschaft, in der »freidenkende Männer« zusammenkommen und »ihre Ansichten über städtische und staatliche Angelegenheiten« austauschen wollten[178]. Da die vielfältigen Projekte, die im Lokalverein bereits andiskutiert worden waren, durch das Verbot nun nicht in Angriff genommen werden konnten, förderte die Bürger-Gesellschaft wenigstens einige wenige, die nicht den polizeilichen Argwohn erregten[179]. Wichtigstes Projekt aus »den Trümmern des Lokalvereins« war die Gründung der Pestalozzistiftung durch Diesterweg, Kalisch und Lette, die sich in erster Linie der Waisen-

174 *Wolff* (Revolutionschronik, Bd. 1, S. 410) spricht von »großsprecherischem Eifer«, mit dem die Vereine ihre Tätigkeit begonnen hätten. Im Herbst 1849 stellte Lette rückblickend fest, daß eigentlich nur der Berliner Lokalverein »eine den ursprünglichen Absichten entsprechende *umfassendere* Thätigkeit entwickelt« habe; Mittheilungen, Bd. 1, S. (476).

175 S. oben S. 100.

176 Dazu DZAM, Rep. 120, DXXII/5, vol. 1, passim, sowie *Stiebel,* S. 174f.

177 Zitiert nach dem Tätigkeitsbericht des Lokalvereins vom 3. 4. 1849, abgedruckt in den Mittheilungen, Bd. 1, S. (424).

178 *Kochhann:* Mitteilungen aus den Jahren 1839–1848, S. 55. *Bernstein* (Berliner Arbeiter-Bewegung, 1. Teil, S. 22) bezeichnet diese Gesellschaft als einen »aus der vormärzlichen Zeit fortvegetierenden Verein von liberalen Bourgeois«; ähnlich *Wolff:* Revolutionschronik, Bd. 2, S. 347.

179 (*Ernst Wilhelm*) *Kalisch:* Zur Geschichte des Berliner Lokalvereins für das Wohl der arbeitenden Klassen, in: Mittheilungen, Bd. 1, S. (104) Anm.

erziehung annehmen, darüber hinaus aber auch Mittelpunkt eines ganz Deutschland umfassenden Strebens nach einem reformierten Schul- und Erziehungswesen im Sinne Pestalozzis sein wollte[180].

Sofort nach den revolutionären Märzereignissen lud Adolf Diesterweg am 27. März 1848 die ehemaligen Komiteemitglieder zur Neukonstituierung des Vereins ein, da nun »der Augenblick der Wirksamkeit des Berliner Lokalvereins erschienen (sei)«[181]. Eine Woche nach der zitierten »Einladung zur örtlichen Wirksamkeit« des Centralvereins veröffentlichte das provisorische Lokalvereinskomitee ebenfalls einen »Aufruf an die Bürger und Bewohner Berlins«[182]. Die Legitimation dazu bezog es aus der Begründung, daß es »sich durch das engherzige Mißtrauen der damaligen Behörden nur für gewaltsam unterdrückt, nicht aber für aufgehoben und seines Auftrags entledigt« erachte[183]. Neben Diesterweg unterzeichneten als Komiteemitglieder die Gründer der erwähnten Bürgergesellschaft, Stadtrat Runge, Kaufmann Zacharias und Bäckermeister Hamann, außerdem die Professoren Ernst Wilhelm Kalisch und Adolf Schmidt, der Privatgelehrte und Journalist Otto Schomburgk, die Fabrikanten und Kaufleute Behr, Hummel, Kalchbrenner, Kampfmeyer, Sehlmacher und Stephan sowie der Kammergerichtsassessor von Herford[184]. Gleichzeitig nahm das Komitee fünf Arbeitervertreter in seine Reihen auf, um damit den festen Willen zu dokumentieren, die »Verbesserung des sittlichen und wirtschaftlichen Zustandes der arbeitenden Klassen (nur) unter thätiger Mitwirkung derselben« angehen zu wollen[185].

Der Aufruf enthielt fünf Punkte. Zunächst stellte sich das Komitee auf den Boden des Statuts vom 22. Januar 1845. Zwar hätten sich die äußeren Umstände gewandelt, das Ziel des Vereins brauche jedoch angesichts der großen sozialen Probleme nicht geändert zu werden: »Es ist die höchste Zeit, damit nicht, während die Constitution noch berathen wird, die nothbedrängten Arbeiter, rathlos im Gefühl ihrer Verlassenheit, der besitzenden Bürgerschaft in Wehr und Waffen gegenüber, den zudringlichen Einflüssen eitler und unreifer Politiker preisgegeben, und zum Mißbrauch

---

180 *Ders.:* Ueber die öffentliche Waisenerziehung und die deutsche Pestalozzi-Stiftung, in: ebd., S. (383) bis (403), bes. S. (403), Anm. Zu Lettes Beteiligung s. *Marie Fischer-Lette:* Ein Lebensbild des verewigten Präsidenten Dr. Lette, Carlshorst-Berlin 1899², bes. S. 47–50. Zur Genehmigung der Stiftung, die am 28. 3. 1848 erfolgte, s. *Wolff:* Revolutionschronik, Bd. 2, S. 346.

181 *Wolff:* Revolutionschronik, Bd. 1, S. 409.

182 DZAM, Rep. 120, DXXII/5, vol. 2, fol. 317ff.: Aufruf vom 21. 4. 1848; s. auch *Wolff:* Revolutionschronik, Bd. 2, S. 345f.

183 Ebd., S. 345.

184 Das durch Desinteresse einiger früherer Mitglieder geschwächte Komitee hatte sich durch Aufnahme neuer Mitglieder selbst ergänzt; s. Mittheilungen, Bd. 1, S. (424).

185 Zit. nach *Wolff:* Revolutionschronik, Bd. 2, S. 346. Bei den hinzugezogenen Arbeitern handelte es sich um den Goldarbeiter Bisky, den Schneider Michaelis, den Weber Rouvel, den Zimmermann Schley und den Stuhlmacher Schwartz, die – bis auf Schley – später auch Deputierte bei den Vorstandssitzungen des Centralvereins waren.

der ungewohnten Freiheit verleitet werden«[186]. Bei seinem Bestreben, eine helfende wie vermittelnde und befriedende Rolle zu spielen, hoffte der Lokalverein auf die Zusammenarbeit mit »muthigen einsichtvollen Behörden«. Im zweiten Punkt begründete das Komitee sein bisheriges und in der nächsten Zukunft geplantes Vorgehen, bis eine Generalversammlung seine Handlungen sanktionieren würde, und wies im dritten Punkt auf die Wichtigkeit der Hinzuziehung von Deputierten aus Handwerker- und Arbeiterkreisen hin. Als besonders optimistisch zeigte es sich im vierten Punkt seines Aufrufs, indem es die für die Wahlen zu den beiden Nationalversammlungen gebildeten Wahlkreise mit den Bezirken gleichsetzte, in denen sich die örtlichen Zweigvereine des Lokalvereins konstituieren sollten, und kurzerhand die Urwähler – »somit die ganze Einwohnerschaft Berlins« – als Mitglieder des Lokalvereins bezeichnete[187]. Das Komitee rief die jeweiligen fünf Bezirkswahlmänner auf, die Gründung der Bezirkskomitees in ihre Hand zu nehmen. Abschließend erklärte es seine Absicht, in Zukunft »auch den Frauen einen angemessenen . . . Wirkungskreis . . . zu eröffnen«, und spielte damit auf die in diesen Tagen erfolgende Gründung des »Berliner Frauen-Vereins zur Abhülfe der Noth unter den kleinen Fabrikanten und Handwerkern« an[188].

Bis zum 1. Oktober 1848 leitete das provisorische Komitee den Lokalverein und traf sich fast jeden Sonntag zur Beratung[189]. Tatsächlich kam es in dieser Zeit, allerdings viel schleppender als erhofft, zur Bildung von Bezirksvereinen, mit deren Deputierten das Komitee in ständiger Verbindung stand[190]. Am 1. Oktober übernahmen ein gewählter Vorstand und Ausschuß, je neun Personen stark, die Vereinsgeschäfte. Vorsitzender wurde Dr. Julius Waldeck[191], der Vetter Johann Jacobys; Stadtrat Dr. Heinrich Runge übernahm die Schriftführung. Neben den meisten der bisherigen Komiteemitglieder wurden auch der Kaufmann David Born, ältester Bruder Stephan Borns, der Buchhändler Franz Duncker, Bruder des Stadtrats und Vorstandsmitglieds des Centralvereins Hermann Duncker, und Dr. Ries, der Nachfolger Hedemanns als Vorsitzender des Handwerkervereins, in die beiden Gremien gewählt[192].

---

186 Zit. nach *Wolff,* ebd. S. 346.

187 *Friedensburg:* Born, S. 55.

188 Zit. nach *Wolff:* Revolutionschronik, Bd. 2, S. 346.

189 Mittheilungen, Bd. 1, S. (424).

190 Ebd.; ein Exemplar des provisorischen Reglements für die Bezirksversammlungen befindet sich im DZAM, Rep. 120, DXXII/5, vol. 2, fol. 317f.; es war über die schon genannten Komiteemitglieder hinaus u. a. auch von Franz Duncker, Adolph Meyer, Ries und Julius Waldeck unterzeichnet.

191 *Julius Waldeck* (1811–1857) hatte in Königsberg Medizin studiert und sich dann als praktischer Arzt in Berlin niedergelassen; in späteren Polizeiakten wird er als »langjähriger Korrespondent und Agent« Johann Jacobys in Berlin bezeichnet; s. dazu *Silberner:* Johann Jacoby, bes. S. 53, Anm. 1.

192 S. DZAM, Rep. 120, DXXII/5, vol. 3; Bericht des Berliner Polizeipräsidenten an das Handelsministerium vom 3. 12. 1849. Falsch, zumindest höchst ungenau, ist die Feststel-

Wenn auch die Neuorganisation des Lokalvereins und der Beginn seiner Wirksamkeit nicht so reibungslos erfolgten, wie in der ersten Begeisterung angenommen[193], so konnte sein Vorstand doch am 3. April 1849 dem Centralverein einen Bericht über eine bemerkenswert umfangreiche und vielfältige Tätigkeit vorlegen[194], der gleichzeitig illustriert, an welchen Punkten und auf welche Weise die bürgerlichen Sozialreformer mit ihren Bemühungen für das Wohl der arbeitenden Klassen ansetzen zu können glaubten. Sechs permanente Kommissionen waren gebildet worden, die aus der Untersuchung der ihnen zugewiesenen Problembereiche Vorschläge für ein weiteres Engagement des Lokalvereins erarbeiten, diese dem Plenum vorlegen und dann gegebenenfalls die Ausführung der Beschlüsse in die Hand nehmen sollten[195]: eine Kommission für das gesamte Hilfskassenwesen, eine weitere für Fragen des Gesundheitswesens, je eine für die gewerblichen Verhältnisse in Berlin und die wirtschaftlichen Angelegenheiten des Vereins sowie eine Kommission für Rechtsfragen und für Fragen der Volksbildung.

Ein großer Teil der Bemühungen des Lokalvereins richtete sich auf die oben schon dargestellte Ausbreitung und Zentralisierung des Vorschußkassenwesens mit dem Fernziel einer besonderen Kreditbank für kleine Gewerbetreibende. Wenn er letztlich hier auch keinen durchgreifenden Erfolg erzielen konnte, so wirkte er doch, wie die Angaben über die Zahlen der Kreditempfänger belegen[196], in vielfältiger Weise anregend und unterstützend, vor allem in den ärmeren Stadtvierteln. Die Beschaffung von billigen Koksöfen und die Mitarbeit in verschiedenen Gremien, die Vorräte an Lebensmitteln und Brennmaterial für den Winterbedarf bereitstellten, waren ähnliche Aktivitäten, die zur Abhilfe direkter Not dienen sollten. Weiterhin bemühte sich der Lokalverein um eine Verbesserung der Leihämter, besonders ihrer Geschäftsbedingungen, und regte mit den Leihanstalten verbundene Sparkassen an. Während er hier erfolgreich war und das Finanzministerium seine Vorschläge weitgehend aufgriff, wurden seine Reformvorstellungen in einigen anderen Bereichen zurückgewiesen.

---

lung von *Noyes* (Organization and Revolution, S. 87): »But the Union (gemeint ist der Centralverein, d. V.) soon became involved with the wider move to organize the workers and was taken out of middle-class hands. The Berlin branch, for example, became an adjunct of the workers' clubs.«

193 *Friedensburg:* Born, S. 55f.; *Wolff:* Revolutionschronik, Bd. 1, S. 410.

194 Abgedruckt in den Mittheilungen, Bd. 1, S. (423) bis (431); außerdem gab der Lokalverein auch eigene gedruckte Mitteilungen heraus, in denen er über seine Tätigkeit berichtete. Einige Exemplare sind im DZAM, Rep. 120 (DXXII/5, vol. 3) erhalten.

195 Mit der Aufteilung der Arbeitsbereiche auf Kommissionen, die der Centralverein erst 1850 durchführte, hatte der Lokalverein schon 1845 begonnen; s. dazu den Bericht von Kalisch über die Arbeit der pädagogischen Kommission, die 1848 in drei Sektionen fortgeführt wurde: Mittheilungen, Bd. 1, S. (96) bis (110).

196 S. oben S. 177.

So hatte er – erfolglos – versucht, ein Verbot des zu frühzeitigen Beziehens von Neubauwohnungen, des berüchtigten »Trockenwohnens«, und des Vermietens ungesunder Kellerwohnungen mit der Begründung zu erreichen, daß der bisherige Zustand »das Hinopfern ganzer Familien gestatte«[197]. Ohne Ergebnis blieb auch sein Vorstoß zur Einrichtung öffentlicher Schlachthäuser, die von einer »Lebensmittel-Polizei« kontrolliert werden sollten, da die bisherige unbeaufsichtigte private Leitung zu einer Reihe von Mißständen geführt hatte.

Immerhin gelang es dem Lokalverein, erste Schritte zur Behebung eines anderen Übels in Gang zu setzen: In einem Berliner Bezirk schuf er zusammen mit einigen Bäckermeistern eine Einrichtung, wo entgegen der umstrittenen sonstigen Praxis Brot nur noch mit einem Einheitsgewicht und mit gleichbleibender Qualität verkauft wurde[198]. Sein Bestreben war es, dieses Vorbild in ganz Berlin durchzusetzen. Gleichzeitig trat er an die Berliner Polytechnische Gesellschaft[199] mit der Bitte heran, eine noch bessere Ofenkonstruktion zu erfinden, die vor allem für kleine Wohnungen geeignet war, und forderte den Magistrat auf, im Winter Koks auch in kleinen Mengen an Unvermögende abzugeben. Das Engagement des Lokalvereins zur Verbesserung der alltäglichen Lebensbedingungen der Unterschichten zeigte sich weiterhin in der nachdrücklichen Unterstützung der Berliner gemeinnützigen Baugesellschaft, deren Schriftführer übrigens Victor Aimé Huber war[200]. Sie war 1847 gegründet worden, konnte aber ihre Tätigkeit erst nach der Statutengenehmigung am 28. Oktober 1848 aufnehmen[201]. Unter dem Protektorat des Prinzen von Preußen wollte sie »dem Mangel an gesunden, geräumigen und bequemen Wohnungen für sogenannte ›kleine Leute‹ abhelfen«[202] und gleichzeitig den Mietern die Möglichkeit bieten, im Laufe der Zeit selbst Eigentümer zu werden, indem Teile der Miete als Kapitalanlage angerechnet wurden. Ähnlich wie der Centralverein entsandte auch der Lokalverein Deputierte in diese Genossenschaft.

Ein weiterer Bereich, in dem neue Ideen entwickelt wurden, war die Fürsorge für verwahrloste Kinder. Zwar gab es eine städtische Anstalt für diesen Zweck, doch genügte diese angesichts der wachsenden Zahl gefährdeter Kinder dem Bedürfnis nach Betreuung nicht mehr. Da im Lokalverein befürchtet wurde, daß »hunderte von Kindern hilflos dem Verderben und

---

197 Mittheilungen, Bd. 1, S. (429).

198 Der Lokalverein ahmte damit Vorbilder in Köln und Koblenz nach; ebd.

199 Abgesehen von der Verbreitung technischer Kenntnisse vertrat diese Gesellschaft nach *Wolff* (Revolutionschronik, Bd. 2, S. 347f.) auch die Interessen der Unternehmer der »technischen Gewerbe« Berlins. Sie gehörte zu denen, die gegen die oben erwähnte Art der Kreditvergabe aufgrund des Gesetzes vom 15. 4. 1848 protestierten (s. oben Anm. 147).

200 *Paulsen:* Huber (s. oben Anm. 157), S. 87f.; Mittheilungen, Bd. 2, S. (945)f.

201 Ebd., S. (773) und S. (848).

202 Ebd.

dem Verbrechen entgegeneilen«[203], machte er den Vorschlag, alle die Kinder, die schon auf dem Wege der Besserung waren, in geeigneten Familien auf dem Lande unterzubringen. Dieser Plan, den zwar die städtische Schulbehörde unterstützte, der aber wegen mangelnder Geldmittel nicht in die Tat umgesetzt werden konnte, führte schließlich zu der Überlegung, ob nicht überhaupt durch Übersiedlung armer Familien auf das Land der städtischen Armut ein Ventil geschaffen werden könnte. Für eine solche »innere Kolonisation«[204] erwartete der Lokalverein vom Centralverein allgemeine Vorschläge, an deren praktischer Umsetzung er sich dann beteiligen wollte.

Großen Erfolg hatte der Lokalverein mit der Unterstützung einer Fortbildungsschule für Erwachsene, die die städtische Schuldeputation nach einem von ihm entworfenen Organisationsplan einrichtete. Kurz nach der Gründung am 1. Januar 1849 waren es bereits rd. 400 Personen zwischen 16 und 40 Jahren, die diese Schule besuchten[205]. Vor allem der Fremdsprachenunterricht fand solch großen Anklang, daß zusätzliche Kurse eingerichtet werden mußten. Möglicherweise haben vor allem auswanderungswillige Personen das Angebot, eine Fremdsprache zu erlernen, genutzt.

Daneben förderte der Lokalverein schon bestehende Kranken- und Sterbekassen, die in einigen Berufszweigen auf Gegenseitigkeit gegründet worden waren oder alte zünftlerische Traditionen fortsetzten. In diesem Zusammenhang wurde auch die Idee einer allgemeinen Altersversorgungs- und Invalidenkasse erörtert, eine Idee, die schließlich, da sie über den Rahmen des Lokalvereins hinausging, vom Centralverein aufgegriffen und weitergeführt wurde, wie noch zu zeigen sein wird. Weiterhin stellte der Lokalverein bei den Behörden Anträge auf verschiedene Steuer- und Gebührenermäßigungen, berief eine Kommission, die Gutachten zur neuen Gewerbeordnung erarbeiten sollte, prüfte die Möglichkeit, in Berlin eine Gewerbehalle einzurichten, in der Handwerker ihre Erzeugnisse gemeinsam anbieten konnten[206], setzte sich mit Vereinen in Verbindung, die sich um die Besserung entlassener Strafgefangener bemühten, und machte

---

203 Ebd., Bd. 1, S. (428); s. auch das ebd., S. (98), Anm., abgedruckte Zitat: »Wir haben eine diebische Jugend, die so zahlreich ist, und aus dem Schmutze und der Verwahrlosung des Proletariats sich so stark rekrutirt, daß der Zuwachs immer stärken bleiben wird, als die richterlichen Verdammungsurtheile davon absorbiren.« Die Ursache liege in den gesellschaftlichen Zuständen, »in der Unsittlichkeit und Verfallenheit des Familienlebens«.

204 Dieses Problem beschäftigte den Centralverein in den 1850er Jahren noch häufiger, nachdem Lette das Thema in einer Denkschrift vom 8. 11. 1849 erstmals ausführlich behandelt hatte; Mittheilungen, Bd. 1, S. (588) bis (607). Auf die Frage, wie realistisch die Pläne einer »inneren Kolonisation« angesichts des ländlichen Pauperismus jener Zeit waren, kann hier nicht eingegangen werden.

205 Ebd., S. (428); ein ausführlicher Rückblick auf die Arbeit der Schule findet sich ebd., Bd. 4 (1853/54), S. (1955) bis (1959).

206 Pläne zu solchen Einrichtungen wurden in dieser Zeit in Handwerkerkreisen häufiger diskutiert; s. etwa den Bericht über die Gewerbehalle zu Speyer, ebd., Bd. 1, S. (70) bis (78).

schließlich Vorschläge zu einer erfolgreicheren Arbeit der beruflichen Weiterbildungsschulen.
Wenn es bei verschiedenen der aufgezählten Bestrebungen auch bei der Ausarbeitung von Vorschlägen blieb und andere sich zur Zeit der Abfassung des Tätigkeitsberichts Anfang April 1849 gerade erst im Stadium erster Konkretisierungsversuche befanden, so läßt die breite Palette dennoch erahnen, wie sich in wechselseitiger Beziehung zum Centralverein, in dem verschiedene Lokalvereinsinitiatoren gleichzeitig Mitglieder waren, im günstigsten Falle die Vereinsbewegung für das Wohl der arbeitenden Klassen in Preußen hätte entwickeln können. Eine dauerhafte erfolgreiche Tätigkeit des Berliner Lokalvereins wäre ganz sicher von großer Vorbild- und Anstoßwirkung in anderen Städten gewesen.
Anfang April 1849 herrschte jedenfalls trotz einiger Mißerfolge, die aber als Motivation zu noch intensiverem Einsatz verstanden wurden, eine optimistische Stimmung[207]. Sie wurde noch dadurch gesteigert, daß von den Behörden signalisiert wurde, einer Verleihung von Korporationsrechten stehe nichts im Wege. Dieses Angebot kam überraschend, denn der Vorstand des Lokalvereins behauptete, er habe von sich aus gar keinen Vorstoß in dieser Richtung unternommen[208]. Zwar hatte bereits am 2. Juli 1848 das provisorische Komitee die 1845 zurückgewiesenen Statuten erneut dem Innenministerium und dem Handelsministerium vorgelegt[209], aber nicht mit dem Antrag auf Erteilung von Korporationsrechten verbunden. Nachdem jedoch der Vorstand um Gewährung der Steuerfreiheit gebeten hatte, begannen im Januar 1849 – möglicherweise unter dem Einfluß von Viebahns, der weiterhin als Oberfinanzrat im Handelsministerium tätig war – erste Überlegungen zur Abfassung eines Immediatberichts an den König zur Befürwortung der Korporationsrechtsverleihung an den Lokalverein[210]. Von Patow, der nach dem Rücktritt des Ministeriums Camphausen/Hansemann am 20. Juni 1848 einen Eintritt in das Ministerium Auerswald abgelehnt hatte und am 24. Juli 1848 zum Oberpräsidenten der Provinz Brandenburg ernannt worden war[211], teilte auf jene Bitte um Steuerfreiheit dem Vorsitzenden des Lokalvereins, Julius Waldeck, am 9. März 1849 mit, die Bitte könne erfüllt werden, wenn der Verein die Korporationsrechte besäße. Die Verleihung dieser Rechte sei wohl zu erwarten, da gegen das eingereichte Statut keine Bedenken beständen[212]. Auf diese Antwort von Patows bezog sich offenbar die Bemerkung

207 Vgl. ebd., S. (431): Schlußwort zum Rechenschaftsbericht des Lokalvereins vom 3. 4. 1849.
208 Ebd.
209 Dafür bedankte sich das Handelsministerium in einem Schreiben vom 22. 7. 1848 (unterzeichnet: i. A. von Viebahn); DZAM, Rep. 120, DXXII/5, vol. 2, fol. 373.
210 Ebd., vol. 3, passim.
211 S. die Biographie von Patows in: Unsere Zeit, 2. Bd. (1858), S. 189.
212 DZAM, Rep. 120, DXXII/5, vol. 3; Abschrift des Briefes vom 9. 3. 1849 nach Aufforde-

im Tätigkeitsbericht des Lokalvereins vom 3. April 1849 für den Centralverein[213]. Daß der Brief von Patows mit seinen Zusicherungen im Innenministerium, das seit November 1848 durch von Manteuffel geleitet wurde[214], schon wenige Zeit später als Ärgernis empfunden werden und auch für den Centralverein eine Reihe von Konsequenzen nach sich ziehen würde, konnte im April 1849 noch keiner der Akteure ahnen. Zu dieser Zeit schien jedenfalls Grund zu der Annahme zu bestehen, daß der Berliner Lokalverein sich erst am Anfang einer vielseitigen Tätigkeit zum Wohle der arbeitenden Klassen, wie er es verstand, befand.

4. Der Beitrag des Centralvereins zur Diskussion um eine neue Gewerbeverfassung

Es ist schon darauf hingewiesen worden, daß eines der wichtigsten und dem Anspruch nach umfassendsten Ziele, das sich der Centralverein nach der Revolution gesetzt hatte, jenes war, sich an Überlegungen zur Neuordnung der gesamten Gewerbeverfassung einschließlich der innerbetrieblichen Verhältnisse intensiv zu beteiligen. Drückte sich im Ausbau und in der Art seiner Beziehung zu den Lokalvereinen seine Selbsteinschätzung als Dachorganisation bzw. als Zentrum eines vielfältig gegliederten Netzes von einzelnen selbständigen Hilfs- und Selbsthilfeinstitutionen aus, so sind sowohl die Art und Weise als auch die Ergebnisse seiner Beschäftigung mit den Fragen einer zukünftigen Gewerbeverfassung Beispiele dafür, wie er sich gleichzeitig bemühte, ein abgehobenes Diskussionsforum über den politischen Fronten zu sein und die Rolle eines Vermittlers zwischen den verschiedenen Interessen zu übernehmen.
Die Leitlinien einer neuen Gewerbeverfassung waren schon in jener »Einladung« vom 14. April 1848 ausgedrückt: Eine »bürgerliche Stellung der Gewerbetreibenden und Arbeiter« schien dem Centralverein nur durch eine »korporative Organisation« aller Gewerbsgenossen dauerhaft gewährleistet zu sein[215]. In »Gewerbs-Genossenschaften« sollten einerseits die Fabrikanten und Meister, andererseits die Gesellen und Arbeiter einen angemessenen Ausgleich ihrer Interessen dadurch finden, daß sich »organisch zu wählende Vorstände und Abgeordnete« in periodisch stattfinden-

---

rung des Handelsministeriums vom 16. 11. 1849 an den Oberpräsidenten von Patow. Von Patow hatte schon Ende 1844 noch während der Statutenberatungen betont, er sehe in dem Statut »über alle Erwartung gute Elemente«; DZAM, Rep. 77, tit. 1542, Nr. 2, fol. 3.

213 Mittheilungen, Bd. 1, S.(431).

214 *Otto Frh. von Manteuffel* (1805–1882) war seit 1845 nach dem Ausscheiden von Patows (s. Kap. I, S. 115) Ministerialdirektor im Innenministerium geworden. Er leitete vom 8. 11. 1848 bis zum 19. 12. 1850 das Innenministerium und bestimmte dann bis 1858 als Ministerpräsident die Politik der Reaktionsregierung (*Huber:* Verfassungsgeschichte, Bd. 2, S. 345).

215 Mittheilungen, Bd. 1, S. (24).

den Versammlungen um eine gemeinschaftliche Lösung der Probleme beider Gruppen bemühten. Diese Grundgedanken waren von Adolf Lette im Zentral-Arbeiter-Club bereits am 11. März 1848[216] vorgetragen worden und wurden von ihm später – zusammen mit Degenkolb und Veit – auch im Volkswirtschaftlichen Ausschuß der Frankfurter Nationalversammlung vertreten[217]; Handelsminister von Patow hatte mit seinem Aufruf vom 8. Mai 1848, lokale Kommissionen zur Erörterung der Verhältnisse zwischen den Gewerbetreibenden und den Arbeitern zu bilden, ja durchaus ähnliche Bestrebungen im Sinn. Zusätzlich bestätigt fühlte sich der Vorstand des Centralvereins durch Regierungsinitiativen im Königreich Sachsen[218], wo ebenfalls – hier bereits Anfang April – zum Zusammentritt gemeinsamer Lokalausschüsse von Arbeitgebern und Arbeitern aufgerufen worden war. Ihr Ziel sollte – wie der sächsische Innenminister Oberländer anläßlich der Gründung einer »vorbereitenden Kommission für Erörterung der Gewerbs- und Arbeitsverhältnisse« am 7. August 1848 in Dresden hervorhob – die Anbahnung einer »Verbrüderung« von Kapital und Arbeit sein, ausgedrückt durch »wechselseitige Unterstützung, gegenseitige Assekuranz«[219], die auf einer neuen gesetzlichen Ordnung beruhen sollte.

Der Centralvereinsvorsitzende von Viebahn glaubte, die eigenen Ziele nicht besser ausdrücken zu können als durch die Worte Oberländers[220]. Während aber in Sachsen die Regierung selbst stark am Zustandekommen einer entsprechenden Gesetzesvorlage interessiert war und die Arbeit der Kommission tatkräftig förderte[221] – ohne daß sie allerdings vor den Maiereignissen des Jahres 1849 hätte zu Ende geführt werden können[222] –, fand die erwähnte Verordnung von Patows auf Dauer wenig Resonanz. Carl August Milde, seit dem 25. Juni 1848 Nachfolger von Patows als Handelsminister, sah den Grund dafür vor allem im zu späten Anlaufen der von Patowschen Initiative: Die den Innungen angehörenden oder zu größeren Versammlungen und Vereinen zusammengetretenen Handwerker hätten teils schon aus eigenem Antrieb die an die Staatsregierung und an die Gesetzgebung zu stellenden Anforderungen beraten und deshalb keine Veranlassung gefunden, auf die Wahl neuer Ausschüsse und Kommissionen unter der Leitung der Behörden einzugehen, teils sei ein Bedürfnis zur Erledigung örtlicher Beschwerden und Streitigkeiten auch gar nicht hervorgetreten. Bei der fast überall erfolgten Abfassung von gemein-

---

216 S. oben S. 155f.

217 S. oben S. 165f.

218 *Tilmann:* Einfluß des Revolutionsjahres, S. 26; *Teuteberg:* Mitbestimmung, S. 338ff.; vgl. auch *von Viebahn* im 1. Band der Mittheilungen, S. (170)ff.

219 Zit. ebd., S. (171).

220 Ebd., S. (170).

221 *Teuteberg:* Mitbestimmung, S. 340.

222 Vgl. dazu ebd., S. 344.

samen Petitionen um Abänderungen der bestehenden Gesetze sei zudem die Bildung besonderer Ausschüsse häufig auch entbehrlich erschienen[223]. Milde war realistisch genug, die Angelegenheit nicht weiter zu verfolgen; er gab das gesamte inzwischen eingegangene Material an die preußische Nationalversammlung in der Erwartung weiter, daß sie die Auseinandersetzung mit den gewerblichen Problemen in die Hand nehmen werde. Tatsächlich bildete diese drei Fachkommissionen: für Handwerkerfragen (Leitung: Schulze-Delitzsch), für Fragen des Handels und der Gewerbe einschließlich der hier beschäftigten Arbeiter (Leitung: von Unruh) und für die Verbesserung der Lage der Spinner und Weber (Leitung: Elsner und Borries)[224], doch blieben alle drei Kommissionen im Vorfeld konkreter Empfehlungen stecken. Zum Teil kamen sie über die Sichtung der vielen Petitionen kaum hinaus. Da von diesen Petitionen neun Zehntel die Probleme der Handwerkerschaft behandelten, stand zudem die Handwerkerfrage im Mittelpunkt der Kommissionsberatungen[225].

Von der preußischen Nationalversammlung selbst war trotz einiger großer Worte ebenfalls kein nachdrückliches Eingehen auf die Arbeiterfrage zu erwarten, weil sie sich in erster Linie mit dem Problem der Konstitution auseinandersetzte und einer umfassenden Debatte über die sozialen Verhältnisse aus dem Wege ging. Die einzige nennenswerte Initiative in sozialpolitischer Richtung ging von dem Greifswalder Professor Eduard Baumstark aus[226]. Baumstark hatte schon 1845 zusammen mit Karl Rodbertus versucht, die Vereinsbewegung für das Wohl der arbeitenden Klassen auch auf das Land zu übertragen[227]. Am 3. Juni 1848 stellte er den An-

---

223 Brief Mildes an Schulze-Delitzsch vom 20. 8. 1848; DZAM, Rep. 120, B I, Nr. 59, Bd. 2, zit. auch bei *Tilmann:* Einfluß des Revolutionsjahres, S. 27. Daß die Angelegenheit dennoch, bes. in der Rheinprovinz, weiter verfolgt wurde, zeigt ein ausführlicher Bericht Quentins vom 4. 11. 1848 (DZAM, Rep. 120, ebd., fol. 487–514) über die Bildung solcher Ausschüsse. Quentin forderte eine gesetzlich bindende Form für alle zwischen Arbeitgebern und Arbeitern getroffenen Vereinbarungen über Lohn und Arbeitszeit, die in solchen Ausschüssen zustandekommen, eine Forderung, die auf nichts anderes hinausläuft als – mit modernen Begriffen – auf die gesetzliche Anerkennung von Tarifabschlüssen. Zur Arbeit solcher Ausschüsse s. auch Mittheilungen, Bd. 1, S. (146). ff. (betr. Krefeld) und S. (357)ff. (betr. Elberfeld).

224 Ebd., S. (174); *Teuteberg:* Mitbestimmung, S. 323.

225 *Tilmann:* Einfluß des Revolutionsjahres, S. 32f.; *Volkmann:* Arbeiterfrage, S. 33.

226 Zum folgenden s. *Volkmann:* Arbeiterfrage, S. 29–33. *Eduard Baumstark* (1807–1889) stammte aus Baden, studierte in Heidelberg Jura und wurde dort 1829 Privatdozent. Seit 1838 war er dann Prof. der Kameralwissenschaften in Greifswald und erhielt schließlich am 6. 12. 1841 seine Berufung als Leiter der Staats- und Landwirtschaftlichen Akademie Eldena bei Greifswald. Er war u. a. stark von David Ricardo beeinflußt und übersetzte dessen Werke ins Deutsche; s. die Personalakte Baumstarks: DZAM, Rep. 76-Vf., Lit. B Nr. 31; NDB, Bd. 1, S. 668f. (*Kurt Gassen*), sowie *Huber:* Verfassungsgeschichte, Bd. 2, S. 585. Baumstark war Mitglied der preußischen Nationalversammlung, wo er als Sprecher der Rechten galt, und gehörte später zu den Altliberalen. Seit 1851 war er aktives Ausschußmitglied des Centralvereins.

227 *Stiebel*, S. 149–152; *Volkmann:* Arbeiterfrage, S. 29, Anm. 19. Lt. *Mehring* (Geschichte der deutschen Sozialdemokratie, 1. Teil, S. 242) hatte Baumstark schon 1848 engen Kontakt mit dem Centralverein. Mehring gibt allerdings keine Quelle an.

trag, Kreiskommissionen zur »Untersuchung der Zustände der arbeitenden Klassen auf dem platten Lande« zu bilden[228]. Die dazu geführte Diskussion in der Nationalversammlung zeigt aber jene »Diskrepanz zwischen Wollen und Können«[229], die die gesamte Haltung der Nationalversammlung zur Sozialpolitik während der kurzen Zeit ihres Bestehens prägte: Es fehlte sowohl eine klare Einsicht in die Ursachen und Zusammenhänge der sozialen Probleme als auch die Kenntnis von Details der Lebens- und Arbeitsbedingungen der arbeitenden Klassen, besonders der Arbeiter in den Fabriken. Außerdem zeigte sich hier, daß auch ökonomische Interessen verstärkt eine Rolle zu spielen begannen. Entsprechend waren die Abgeordneten ratlos oder wichen einer Entscheidung aus, wenn es um konkrete Maßnahmen ging oder wenn nach den Prinzipien einer Neuordnung der gewerblichen Verhältnisse gefragt wurde.

An diesem Punkt setzte ein knappes halbes Jahr nach seiner ersten programmatischen Äußerung über eine zukünftige Gewerbeverfassung die Arbeit des Centralvereins ein. Von Viebahn, der den Stand der Überlegungen im Handelsministerium wie in der Nationalversammlung aus nächster Nähe kannte[230], lenkte den Centralverein nun zur Ausarbeitung eigener Vorschläge. Er wies in der Vorstands- und Ausschußsitzung vom 13. September 1848 darauf hin, daß in beiden Institutionen die Handwerkerfrage im Mittelpunkt der Erörterungen stehe und daß es daher nicht zweckmäßig sei, sich hier noch zu engagieren[231]. Dagegen klaffe »in bezug auf Fabrik-Besitzer und Fabrik-Arbeiter« in der gegenwärtigen Gesetzgebung eine »Lücke«, die daher rühre, daß sich die »Fabrik-Industrie« erst seit wenigen Jahrzehnten herausgebildet habe[232].

Die Bedeutung der gerade hieraus resultierenden sozialen Probleme ergab sich für ihn nicht nur aus der ständig wachsenden Zahl der Fabrikarbeiter, sondern vor allem daraus, daß diese in manchen Gewerbezweigen »in wirtschaftlicher und socialer Beziehung ungünstiger oder wenigstens unsicherer gestellt (seien), wie irgend eine andere Klasse des Volkes«[233]. Er sah

---

228 Als Beispiel für die durchgängig ablehnende Reaktion auf die Aufforderung, sich zur Zweckmäßigkeit solcher Kommissionen zu äußern, s. die Landratsberichte im StaatsA Münster, Reg. Arnsberg, Präs. I 1270, und im StaatsA Koblenz, Abt. 441/5484; charakteristisch ist die Stellungnahme des Landrats vom Kreise Cochem, Berichte über Mißstände auf dem Lande seien alle »nur Hetze und Propaganda« (ebd., Schreiben vom 2. 1. 1849).

229 Hierzu und zum folgenden s. *Volkmann:* Arbeiterfrage, S. 31f.

230 An den Verhandlungen der Kommission unter Schulze-Delitzsch nahm als Referent des Handelsministeriums der Kollege von Viebahns, von Aster, teil; s. *Tilmann:* Einfluß des Revolutionsjahres, S. 33.

231 Mittheilungen, Bd. 1, S. (273).

232 Ebd.; s. auch von Viebahns Zusammenstellungen über die Zahl der Fabrikarbeiter in Preußen 1846 – ebd., S. (167)ff. –; danach gab es 551244 Arbeiter in 78739 »Anstalten«. Die Zahlen dürften wegen der ungeklärten Zuordnung der Heimgewerbetreibenden erheblich zu hoch sein (vgl. *Volkmann:* Arbeiterfrage, S. 65, Anm. 21).

233 Mittheilungen, Bd. 1, S. (169). (Im Original heißt es statt »unsicherer« »unsrer«, was sicherlich ein Druckfehler ist.) Hierher stammen auch die folgenden Zitate.

als Hauptgrund für die »gewaltigen Erschütterungen« der Staaten Mitteleuropas im Jahre 1848 die Tatsache an, daß an die Stelle der aufgelösten und auch überholten Korporationen mit ihrem Netz sozialer Absicherungen sowie mit ihrer Ordnungsfunktion kein Ersatz getreten sei. Das treffe vor allem »für die neuerblühten, dem Wohlstande der Nationen unentbehrlichen Fabrikgewerbe« zu. Ihre Arbeiterschaft werde »hinsichtlich des Zusammenlebens in einem organischen Verbande und der Sicherung ihrer wirthschaftlichen Lage nur auf die dazu nicht ausreichende Gemeinde-Verfassung verwiesen«. Von Viebahn empfahl als zukunftsweisendes Heilmittel, den Gewerbetreibenden und Arbeitern »eine sociale Organisation für das vernünftige Zusammenwirken zu gemeinsamen Zwecken zu gestatten«[234]. Bei wohlwollender Förderung durch den Staat würden diese dann »durch eigne Kraft und Einsicht« ihre wirtschaftlichen und sozialen Probleme selbst lösen.

Nachdem von Viebahn seine Überlegungen dem Vorstand und Ausschuß des Centralvereins vorgetragen hatte, ergriffen sofort die anwesenden Fabrikanten das Wort[235]. Goldschmidt lehnte Fabrikarbeitervereine ohne Beteiligung der Fabrikbesitzer ab; Baudouin erklärte sich gegen Lohnminimumtabellen; Stephan hielt Sparkassen und Bildungsvereine für weit zweckmäßiger als Fabrikvereine. Die Diskussion drohte, sich in Einzelheiten zu verlieren, wenngleich eine Mehrheit der Anwesenden von Viebahn unterstützte. Um eine klare Linie in das weitere Vorgehen des Centralvereinsvorstands zu bekommen und der Gefahr einer Verzettelung zu begegnen, stellte der Vorsitzende schließlich die beiden Fragen zur Abstimmung, ob das Bedürfnis nach gemeinsamen Fabrikvereinen überhaupt bestehe und ob sich der Centralverein mit der Frage ihrer »zweckmäßigsten Einrichtung« beschäftigen solle. Da er einhellige Zustimmung fand, erbot er sich, für die nächste Sitzung einen Fragenkatalog auszuarbeiten, der dann Punkt für Punkt beraten werden sollte[236].

Die von Viebahn am 4. Oktober 1848 vorgelegten 26 Fragen, die Vorstand und Ausschuß als Grundlage der weiteren Beratungen akzeptierten, gingen – nach Feststellung der grundsätzlichen Zielsetzung – zunächst auf die Zwecke der Fabrikvereine ein (Fragen 3 bis 14), behandelten dann deren innere Ausgestaltung und Verfassung (Fragen 15 bis 23) und sprachen abschließend die Schritte zur Verwirklichung einer zu entwerfenden Ordnung an (Fragen 24 bis 26). Der allgemein empfundenen Dringlichkeit der Angelegenheit entsprechend wurde beschlossen, vom 18. Oktober an jede Woche zur Beratung zusammenzukommen, um möglichst bald einen aus-

---

234 Ebd., S. (170).
235 Ebd., S. (273).
236 Ebd., S. (274). Damit sich die Mitglieder vorbereiten konnten, erhielten sie den von Viebahnschen Katalog schon vor der Sitzung in Abschrift zugestellt.

gearbeiteten Gesetzentwurf vorlegen zu können[237]. Zwar ließ sich der Terminplan nicht einhalten, weil eine Sitzung wegen der politischen Ereignisse Anfang November ausfiel und die beiden Sitzungen am 16. und 29. November im wesentlichen durch die Beschäftigung mit dem oben erwähnten Antrag des Waldenburger Webervereins und mit der beginnenden Beratung über Probleme einer allgemeinen Alters- und Invalidenversicherung für Arbeiter ausgefüllt waren, doch gelang es dem Centralvereinsvorstand dennoch, dem Handelsminister – seit dem 4. Dezember 1848 bekleidete August von der Heydt diesen Posten (s. u.) – am 15. Dezember 1848 wenigstens ein Ergebnis der Beratungen der Fragen 1 bis 14 des von Viebahnschen Fragenkatalogs vorzulegen[238]. Der Vorstand bezeichnete in seinem Begleitschreiben diese Vorlage als »Präliminarien« zu einer »Verordnung über die Arbeiterverhältnisse und die korporativen Vereine derselben« und behielt sich vor, wenn – wie er hoffte – im Ministerium bald Beratungen eines Gesetzes in dieser Richtung in Angriff genommen würden, einen auf der Grundlage seiner »Präliminarien« ausgearbeiteten Gesetzentwurf vorzulegen[239].

Die Chance, schon durch seine Fragestellung eine bestimmte Breite und Niveauhöhe der Diskussion und schließlich auch der Ergebnisse zu präjudizieren, hat von Viebahn mit großem Geschick ausgenutzt. So war z. B. von vornherein die Frage, ob das angestrebte Gesetz über die Konstituierung der obligatorischen Fabrikvereine in den innerbetrieblichen Bereich eingreifen sollte, unstrittig; es ging nur noch um den Grad des Eingriffs. Deshalb bildeten die Befugnisse, die Arbeitsgebiete und zum Schluß der Diskussion auch die Zusammensetzung der Fabrikvereine die Kernpunkte der Auseinandersetzung, an der sich übrigens auch die Arbeitervertreter Bisky, Rouvel und Schwartz rege beteiligten.

Über die allgemeine Zielsetzung der Fabrikvereine war man sich schnell einig; sie sollten auf »die Verbesserung und Ordnung des ganzen Fabrikwesens und das Wohl der Arbeiter«, die in den Fabriken beschäftigt waren, ausgerichtet sein[240]. Daß dazu die Einrichtung und Leitung verschiedener Kassen mit Beiträgen sowohl der Arbeiter als auch der Arbeitgeber sowie die Sorge für die »gesunde und billige Wohnung und Kost«[241] der Arbeiter zum Tätigkeitsbereich der Fabrikvereine gehörten, wurde ebenfalls sofort akzeptiert. Diese Punkte gehörten schließlich seit der Grün-

237 Ebd., S. (279).
238 Vgl. DZAM, Rep. 120, B I 1, Nr. 59, Bd. 2, fol. 528 (Begleitschreiben des Centralvereins vom 15. 12. 1848) und fol. 529–532 (Ergebnisse der Beratungen).
239 Zit. nach dem Begleitschreiben, ebd., fol. 528. Der Katalog, der dem Ministerium vorgelegt wurde, enthält nur die Paragraphen 1 bis 12, dagegen der Abdruck in den Mittheilungen, Bd. 1, S. (313)ff., 14 Paragraphen, da hier noch die Ergebnisse der Vorstandssitzung vom 13. 12. 1848 eingegangen sind.
240 Ebd., S. (278).
241 Ebd., S. (279).

dung des Centralvereins zu seinem Programm. Schwieriger war die Einigung bei der Frage nach Regelungen zur Behebung von Streitigkeiten über die Arbeitszeit und über die Lohnsätze in den Fabriken. Immerhin war unstrittig, daß hier nicht der Arbeitgeber selbstherrlich entscheiden, sondern auch er sich einer möglichst neutralen Instanz zu unterwerfen haben sollte. Während eine Gruppe die Konfliktschlichtung ebenfalls den Vorständen der Fabrikvereine zuweisen wollte, betonte eine zweite Gruppe die Notwendigkeit unabhängiger Schiedsgerichte[242]. Das Ergebnis war ein Kompromiß: Die Fabrikvereine sollten, wo es notwendig war, von sich aus selbständige Schiedsgerichte gründen. Über deren Zusammensetzung traf jedoch der Centralvereinsvorstand noch keine Absprache, wenn auch – z. B. von Benda – die Meinung vertreten wurde, man müsse auf jeden Fall die »Wählbarkeit auf qualifizierte Sachverständige . . . beschränken, um dem Treiben politischer Parteiführer entgegenzutreten«[243], die sich in solchen Gremien nur in besonderer Weise profilieren wollten.
Fabrikinterne Regelungen, die mit der Lohnzahlung in Waren (Trucksystem), der Kinderarbeit, des Schulbesuchs der »Fabrikkinder«, der Einstellung und Ausbildung von Lehrlingen und der Beaufsichtigung jugendlicher Arbeiter zusammenhingen, wurden ebenfalls nach mehr oder weniger ausführlichen Debatten in den Kompetenzbereich der Fabrikvereine verwiesen. Außerdem plädierten die Vorstands- und Ausschußmitglieder für die Einführung von Arbeitsbüchern für jeden Arbeiter, da solche Bücher die Redlichkeit und Solidität förderten und die Möglichkeit böten, »gegenseitige Forderungen und Abrechnungen auf einfachere und glaubwürdigere Weise festzustellen«[244]. Im Hinblick auf all diese und ähnliche Punkte legten die Vorstandsmitglieder schließlich großen Wert auf die Feststellung, daß die individuellen Arbeitsverträge zwischen dem Arbeitgeber und dem einzelnen Arbeiter im Einklang mit der dem Vereinsvorstand der Fabrikvereine »zur Erklärung« vorzulegenden Fabrikordnung stehen müßten und letzterer auf Antrag die Übereinstimmung zu überprüfen habe[245]. Ziel dieser Regelung sollte es sein, »die Festsetzung von beunruhigenden Bedingungen unmöglich zu machen«[246]. Daß die Ausarbeitung der Fabrikordnung einschließlich der Vorschriften über die Arbeitszeit und der Festlegung der Lohntarife eine Sache des Fabrikbesitzers war, wurde zwar nirgendwo bezweifelt, doch sollte durch das Recht der Fabrikvereine zur »Feststellung« der Ordnung die Notwendigkeit des Konsenses betont werden, wobei im Streitfall die Schiedsgerichte angerufen werden konnten.

242 Ebd., S. (281).
243 Ebd., S. (288).
244 Ebd., S. (282).
245 Ebd., S. (289).
246 Ebd.

Längere Auseinandersetzungen gab es in der Frage, ob die Fabrikvereine auch in die arbeitsfreie Zeit durch Angebote zur Geselligkeit oder Bildung hineinwirken sollten[247]. Dies wurde zwar für »sehr wünschenswert« gehalten, doch plädierten die Unternehmer im Vorstand für eine scharfe Überwachung, weil »dergleichen Vereinigungen gar zu leicht in das gefährliche Gebiet der Politik übergreifen und dadurch nachtheilig auf die Gemüther der Arbeiter wirken« könnten – eine Beschränkung, die Kalisch wiederum für »unbillig« hielt[248]. Es wurde schließlich eine recht vage Formulierung angenommen, die den Fabrikvereinen die Aufgabe zuwies, »die Bildung der Arbeiter in ihren geselligen und häuslichen Lagen zu befördern«, wobei der Schwerpunkt auf der »Hebung des Familienlebens« liegen sollte[249].

Während bei den bisher erwähnten Punkten die Vorschläge von Viebahns – wenn auch mit einigen Modifikationen – dem Sinne nach angenommen wurden, mußte er bei drei Fragen erhebliche Abstriche seiner Vorstellungen hinnehmen. Mit Blick vor allem auf die Erfahrung, daß einzelne Fabrikanten die Qualität ihrer Produkte gesenkt hatten, um kurzfristig einen Wettbewerbsvorteil zu erzielen, daß aber der Ruf der ganzen Branche durch ein solches Verhalten Schaden erlitt, wollte von Viebahn den Fabrikvereinen auch das Recht zuweisen, »übereinstimmende Grundsätze der Fabrikanten den Bestellern gegenüber . . . anzubahnen«[250]. Dabei dachte er sowohl an interne Preisabsprachen und gleiche Kreditbedingungen als auch an Qualitätsnormen. Bei diesem Ziel einer Kartellbildung schwebte von Viebahn jener Aspekt der ehemaligen Zunftverfassung vor, durch den in Form bindender Absprachen der Zunftgenossen eine positive Wirkung auf die Solidität der Produktion eines ganzen Handwerkszweiges ausgeübt worden war. Diese Art der Kooperation hielt er, sofern sie von allen Gewerbsgenossen getragen wurde, im neuen Gewande für ein nützliches und zukunftsträchtiges Mittel zur »Verbesserung und Belebung der einzelnen Geschäftszweige«[251]. Demgegenüber wollte die Mehrheit

---

247 Ebd., S. (296).

248 Ebd.

249 Ebd., S. (296)f. Hier taucht erstmals im Centralverein die Argumentation auf, daß ein gesundes Familienleben die Basis für eine gefestigte Gesellschaft abgebe. Sie wurde in den 1850er Jahren dann besonders im Zusammenhang mit der Arbeiterwohnungsfrage wieder verstärkt aufgegriffen. Auch bei der Abwägung der Argumente für oder gegen die Altersrente bzw. das Altersheim spielte die Familie als Solidargemeinschaft eine wichtige Rolle (s. unten S. 225). S. zur sich wandelnden Anschauung von der Funktion der Familie *Michael Mitterauer / Reinhard Sieder:* Vom Patriarchat zur Partnerschaft. Zum Strukturwandel der Familie, München 1977; sowie *Edward Shorter:* Die Geburt der modernen Familie, Reinbek bei Hamburg 1977, und *Werner Conze* (Hg.): Sozialgeschichte der Familie der Neuzeit Europas (= Industrielle Welt, Bd. 21), Stuttgart 1976; neuerdings auch *Heidi Rosenbaum:* Formen der Familie, Frankfurt/Main 1982.

250 Mittheilungen, Bd. 1, S. (294).

251 Ebd., S. (295).

einen solchen Eingriff der Fabrikvereine in die freie Unternehmerentscheidung nun doch nicht zulassen. Man beschloß lediglich, die Vereine sollten dahin wirken, »daß durch strenge Rechtlichkeit der Ruf der Fabrikate erhöht und dadurch der Absatz befördert werde«[252]. Auf welchem Wege eine »unreelle Fabrikation« bekämpft werden könne, wurde allerdings nicht gesagt.

Ähnlich verlief die Debatte zum Vorschlag von Viebahns, die Fabrikvereine sollten auch »gemeinsame Fabrikations-Anstalten« einrichten und leiten. Er wies auf einige schon bestehende Versuche hin und führte vor allem die Initiative des Waldenburger Webervereins an: Assoziationen dieser Art seien »gerade recht eigentlich eine Forderung der Neuzeit«[253]. Doch auch diesmal setzten sich die Unternehmer durch. Mit zehn gegen neun Stimmen wurde schließlich nur die fakultative Einrichtung solcher Fabrikationsanstalten akzeptiert, aber keine klare Empfehlung zur Gründung ausgesprochen.

Völlig abgelehnt, in diesem Fall allerdings nicht in erster Linie von den Unternehmern, wurde von Viebahns Versuch, den Fabrikvereinen eine Rolle bei der politischen Gliederung der Gesellschaft, z. B. bei den Wahlen der Gemeindevertreter und der Aufstellung einer Bürgerwehr, zuzuweisen[254]. Er hielt die rein geographische Aufteilung der Bevölkerung in Wahlbezirken für bedenklich, weil dadurch wichtige lokale Gruppen durch die Zufälligkeit der Grenzziehung und Einteilung ohne Vertretung bleiben könnten[255]. Auch hier bezog sich von Viebahn auf die ehemalige Zunftverfassung, aber auch auf die Tatsache, daß der Hedemannsche Handwerkerverein ähnlich wie die Berliner Maschinenbauer ein eigenes bewaffnetes Corps bei der Bürgerwehr stellte. Vor allem Woeniger kritisierte die Idee von Viebahns mit der Begründung, solche Überlegungen ließen sich »nicht mit dem Geiste der freien Bestrebungen des Preußischen Staats in Einklang« bringen[256]. Zu sehr sah er die Fessel der alten Zunftverfassung und hatte wie die meisten übrigen Anwesenden, die von Viebahns Vorschlag schließlich mit großer Mehrheit verwarfen, noch keine Vorahnung davon, daß hier unter Umständen auch ein alternatives demokratisches Modell angesprochen sein könne.

Die bis zu diesem Punkte geschilderten Ergebnisse, die gleichzeitig die ersten 14 Fragen von Viebahns unter dem Obertitel »Zweck der Fabrik-Vereine« beantworteten, erreichte die Debatte im Centralvereinsvorstand am

---

252 Ebd., S. (296).

253 Ebd., S. (303). Zum Waldenburger Verein s. oben S. 181ff.

254 Ebd., S. (303).

255 Von Viebahn wies dabei auf Erfahrungen bei den Wahlen zu den Nationalversammlungen hin, bei denen der »Nachtheil der rein geographischen Wahl-Bezirks-Abtheilungen« schon zu beobachten gewesen sei; ebd. S. (304).

256 Ebd.

6. Dezember 1848. Am Tage vorher hatte Friedrich Wilhelm IV. mit der Auflösung der Preußischen Nationalversammlung den Staatsstreich vollzogen; fast gleichzeitig wurde der Elberfelder Bankier August von der Heydt auf den seit dem 20. September 1848 vakanten Posten des Handelsministers berufen[257]. Von der Heydt mußte sich sofort nach seinem Amtsantritt mit massiven Forderungen der Handwerkerschaft auseinandersetzen, denn diese befürchtete, daß durch die Auflösung der Nationalversammlung eine Regelung ihrer Verhältnisse auf die lange Bank geschoben sein könne[258]. Die verschiedenen Provinzialhandwerkervereine bedrängten deshalb das Ministerium und am 18. Dezember 1848 durch eine Deputation auch den König, »zur Beruhigung der in allen Provinzen aufs höchste gespannten Erwartungen . . . ungesäumt«[259] den schon in der für Handwerkerfragen zuständigen Kommission der Nationalversammlung unter der Leitung Schulze-Delitzschs diskutierten Maßregeln zur Hebung des Handwerkerstandes mindestens in Form eines »Interimisticums« Gesetzeskraft zu verleihen. Offenbar sahen von Viebahn und mit ihm der Centralvereinsvorstand in dieser veränderten Situation Chancen, den neuen Handelsminister und neuen Chef von Viebahns auch im Sinne der Centralvereinsbeschlüsse zu beeinflussen und parallel zur Regelung der Handwerkerfrage auch die Verhältnisse in den Fabriken neu zu ordnen. Von Viebahn hatte schon in den Wochen vorher begonnen, die Diskussionsergebnisse des Vorstands zusammenzufassen[260]. Da die Zeit nun sehr zu eilen schien, wenn der Centralverein Anschluß an die Entwicklung halten wollte, wartete von Viebahn nicht mehr den Verlauf der Beratungen über die weiteren Fragen seines Fragenkatalogs ab, sondern legte den Vorstands- und Ausschußmitgliedern am 13. September 1848 seine bisherigen Ausarbeitungen vor, die auch akzeptiert wurden, und reichte sie als »Präliminarien« zu einer angestrebten Verordnung über die Arbeiterverhältnisse mit dem oben schon zitierten Begleitschreiben an von der Heydt

257 *Huber:* Verfassungsgeschichte, Bd. 2, S. 762f.; von der Heydt wurde – nach der interimistischen Verwaltung des Handelsministeriums durch Adolf von Pommer-Esche – am 4. 12. 1848 in das »Kampfkabinett« (ebd., S. 748) berufen und blieb fast 14 Jahre auf dem Posten des Handelsministers. Der Elberfelder Bankier *August von der Heydt* (1801–1874) war schon Mitglied des Vereinigten Landtags 1847/48 und der Preußischen Nationalversammlung gewesen; er galt als »liberal-konservativ« (ebd., S. 749). *Delbrück* bescheinigt ihm in seinen Lebenserinnerungen (Bd. 1, S. 223f.) klaren Verstand, Fleiß und energischen Willen sowie rücksichtsvolle Schlauheit, zugleich aber auch nachtragende Feindschaft und eine gewisse Selbstgefälligkeit; er sei trotz »ausgeprägter bureaukratischer Tendenz . . . (aber doch) liberaler Bourgeois» geblieben. Zur Person s. die stark hagiographisch gefärbte Biographie von *Alexander Bergengrün:* Staatsminister August Freiherr von der Heydt, Leipzig 1908; außerdem NDB, Bd. 9, S. 74–76 (*Wolfgang Köllmann);* erheblich kritischer über von der Heydt äußert sich *Hermann Herberts:* Alles ist Kirche und Handel . . ., Neustadt/Aisch 1980, S. 210–217.

258 *Tilmann:* Einfluß des Revolutionsjahres, S. 35.

259 Zit. ebd.

260 Mittheilungen, Bd. 1, S. (300).

weiter[261]. Er hatte Grund, bei seinem Chef auf Verständnis für die im Centralverein behandelten Fragen zu hoffen. Ihm war ganz sicher ein ausführlicher Bericht Quentins über Ausschüsse zur Regelung der Arbeiterprobleme im Regierungsbezirk Düsseldorf bekannt, der seit einem knappen Monat im Handelsministerium vorlag[262]. Quentin schilderte darin u. a. die Arbeit einer »Commission zur Aufhebung der zwischen Arbeitgebern und Arbeitern bestehenden Uebelstände« in Elberfeld, die aus fünf Fabrikanten und Webern bestand und von August von der Heydts Vetter Hermann geleitet wurde; 39 Handwerkergruppen schickten Vertreter zu den Beratungen dieser Kommission[263]. Es war davon auszugehen, daß von der Heydt diese Aktivitäten in Elberfeld zumindest gut kannte, möglicherweise auch unterstützt hatte[264].

Das Vorgehen von der Heydts in den nächsten Wochen, vor allem nachdem der König ihm am 22. Dezember 1848 befohlen hatte, sich mit besonderem Nachdruck der Handwerkerfrage anzunehmen[265], schien die optimistischen Erwartungen des Centralvereins zu bestätigen, denn der Minister wollte keineswegs bloß die in den Kommissionen der Nationalversammlung verfolgte Linie fortsetzen, sondern sich zunächst einmal selbst einen Überblick über die verschiedenen Forderungen der Gewerbetreibenden verschaffen. Zu diesem Zweck lud er Deputierte der Provinzialhandwerkervereine zu Verhandlungen nach Berlin ein, die Mitte Januar begannen und an denen auch zwanzig Fabrikanten und Kaufleute teilnahmen[266].

Da sich seit Ende Dezember die Wahrscheinlichkeit einer gesetzgeberischen Initiative schon vor dem Zusammentritt der nach der am 5. Dezember oktroyierten Verfassung vorgesehenen beiden Kammern abzuzeichnen begann, entschloß sich von Viebahn, wie der Centralvereinsvorstand in seinem Schreiben vom 15. Dezember an von der Heydt schon angekündigt hatte, zur Ausarbeitung eines vollständigen Gesetzentwurfes »betreffend die Fabrikarbeiter und die korporativen Vereine derselben«. Am 7. Januar war der insgesamt 72 Paragraphen umfassende Entwurf fertiggestellt und lag laut Präsentationsvermerk bereits am nächsten Tag im Mini-

261 DZAM, Rep. 120, B I 1, Nr. 59, Bd. 2, fol. 528 (s. oben Anm. 238).
262 Ebd., fol. 487–514 (s. dazu auch oben Anm. 223).
263 Ebd.
264 Zur sozialpolitischen Einstellung von der Heydts s. *Bergengrün* (s. Anm. 257), S. 209ff. Von der Heydt habe im Bereich der Sozialpolitik – so *Bergengrün*, S. 209 – »an die besten Traditionen preußischen Königtums angeknüpft« und sich aus christlich-patriarchalischem Pflichtbewußtsein vor allem für Bestimmungen zum Schutze der Arbeiter »in physischer, geistiger und sittlicher Beziehung« eingesetzt. *Herberts* (s. Anm. 257, S. 216) stellt dagegen fest, von der Heydt sei gelegentlich mit Arbeitern »recht hart und erbarmungslos« umgegangen.
265 Ebd., S. 205; *Tilmann:* Einfluß des Revolutionsjahres, S. 35.
266 Ebd.

sterium vor[267]. Von Viebahn begründete in seinem Begleitschreiben diesen Vorstoß des Centralvereins mit der »hohe(n) Dringlichkeit kräftiger Maaßregeln zur Verbesserung der Lage der Fabrikarbeiter in manchen Fabrikprovinzen« und bat von der Heydt, vor allem die Einführung der Arbeitsbücher und Unterstützungskassen mit in den Kreis der Beratungsgegenstände einzubeziehen[268].

Gegenüber den erwähnten »Präliminarien« vom 15. Dezember berücksichtigte dieser Gesetzentwurf eine Reihe zusätzlicher Punkte, die in den Vorstandssitzungen nicht behandelt worden waren, so daß anzunehmen ist, daß von Viebahn ihn im wesentlichen selbständig, wenngleich sicherlich nach inoffiziellen Absprachen mit anderen Vorstandsmitgliedern, in den letzten Dezembertagen des Jahres 1848 entworfen hat. Zwar hatten nach dem 6. Dezember noch zwei weitere Vorstandssitzungen stattgefunden, von denen die am 13. Dezember auch der Beratung der 15. Frage aus dem von Viebahnschen Fragenkatalog diente, doch war weder auf dieser noch auf der Sitzung vom 20. Dezember von der Abfassung eines Gesetzentwurfes die Rede. Es ist also zu vermuten, daß erst die – von Viebahn bekannte – Aufforderung des Königs an von der Heydt vom 22. Dezember, eine Verordnung zur Handwerkerfrage auszuarbeiten, den eigentlichen Anstoß gab.

Während im Handelsministerium in den nächsten Wochen zwei verschiedene Gesetzentwürfe ausgearbeitet wurden[269], die den Handwerkerdeputierten vorgelegt werden sollten und im wesentlichen auch nur die Probleme des Handwerks betrafen, wollte von Viebahn durch seinen Entwurf der Vernachlässigung der Fabrikarbeiterfrage in der zu erwartenden Verordnung begegnen. Etwa die Hälfte seines Entwurfs enthielt die schon in den »Präliminarien« festgelegten Bestimmungen, die in der Sitzung vom 13. Dezember noch um zwei Paragraphen ergänzt worden waren. Diese beiden Paragraphen regelten die, wie sich bei der Diskussion herausgestellt hatte, am meisten umstrittene Frage des Fragenkatalogs: die Frage der Zusammensetzung der Fabrikvereine und ihrer Vorstände[270]. Der Streitpunkt mutet höchst modern an: Es ging darum, ob sich die Vereine ausnahmslos in zwei »Klassen« gliedern sollten – Fabrikbesitzer und Dirigenten, d. h. Geschäftsführer einerseits, Angestellte und Arbeiter andererseits – oder ob die Angestellten in den Betrieben, in denen sie in größerer Zahl vertreten waren, eine eigene dritte Klasse bilden sollten. Von Viebahn hatte die zweite Auffassung vertreten und dabei betont, daß ihm vor

267 DZAM, Rep. 120, B V 33, Nr. 4, vol. 2, fol. 153 (Anschreiben von Viebahns vom 7. 1. 1849) und fol. 154–180 (Text des Verordnungsentwurfs).

268 Ebd., fol. 153.

269 *Tilmann:* Einfluß des Revolutionsjahres, S. 35ff.

270 Die Frage lautete wörtlich: »Sollen die Vereine in die drei Haupt-Abtheilungen der *Fabrikbesitzer,* der *Angestellten* und der *Arbeiter* sich gliedern?« Mittheilungen, Bd. 1, S. (276) und S. (306).

allem in den Maschinenbaufabriken eine Trennung von Angestellten und Arbeitern nötig zu sein scheine[271]. Er rechnete zu den Angestellten neben den Werkmeistern und Konstrukteuren auch die Werkführer und Dirigenten; sie »besäßen in der Regel wohl mehr Bildung als die Arbeiter; es sei daher auch billig, ihnen durch Versetzung in eine besondere Abtheilung einen größeren Einfluß zuzuweisen, als sie vereinzelt in der zweiten Klasse ausüben könnten«[272].

Die recht kontrovers geführte Diskussion zeigt, daß die Rolle und Stellung der sich erst im Anfangsstadium ihrer Ausprägung befindlichen Angestelltenschaft in der Betriebshierarchie[273] auch von den Unternehmern im Centralvereinsvorstand noch unterschiedlich beurteilt wurden. Während die eine Gruppe die eventuelle Vermittlerfunktion der Angestellten zwischen den Fabrikbesitzern und den Arbeitern hervorhob und – ähnlich wie von Viebahn – die Unzumutbarkeit ihrer Gleichsetzung mit den Arbeitern betonte, sah eine zweite Gruppe im wesentlichen die Gefahr einer zusätzlichen Spaltung durch die Ermutigung zur Artikulation von Sonderinteressen gegeben. Zudem versprach sie sich von der Verbindung von Angestellten und Arbeitern in einer Klasse einen positiven Einfluß auf das gegenseitige Verständnis[274]. Bei der Abstimmung konnte sich schließlich die erste Gruppe, die von Viebahns Linie unterstützte, mit neun gegen sechs Stimmen durchsetzen[275]. Dieses Ergebnis hielt der Fabrikant Adolph Meyer für so bedenklich und unüberlegt, daß er in der folgenden Sitzung am 20. Dezember ein Sondervotum vorlegte, in dem er noch einmal alle Gründe für eine ausnahmslose Zweiteilung ausführlich erläuterte[276]. Sein wichtigstes Argument lautete, daß jede Stärkung von Sonderinteressen die Chance, »die einander bisher so schroff gegenüberstehenden Klassen der *Fabrikbesitzer* und der *Arbeiter* miteinander auszusöhnen und zu verschmelzen«, vernichte. Diesem Votum schlossen sich auch die drei Fabrikanten Sußmann, Stephan und Weigert sowie der Stadtrat Benda an. Unter dem Hinweis, daß auch sie grundsätzlich jede Trennung von Angestellten und Arbeitern für »gefährlich« hielten, baten die drei anwesenden Arbeitervertreter Bisky, Pathe und Schwartz ebenfalls darum, dem Sondervotum beitreten zu dürfen[277]. Daraufhin modifizierte die Majorität auf Vorschlag Nobilings ihren Beschluß vom 13. Dezember und nahm folgende Fassung ins Protokoll auf:

---

271 Ebd., S. (307).

272 Ebd.

273 S. dazu bes. *Jürgen Kocka:* Industrielle Angestelltenschaft im zweiten Drittel des 19. Jahrhunderts: Status-Funktion-Begriff, in: *ders.:* Die Angestellten in der deutschen Geschichte 1850–1980, Göttingen 1981, S. 12–63, sowie *ders.:* Unternehmensverwaltung und Angestelltenschaft am Beispiel Siemens 1847–1914 (= Industrielle Welt, Bd. 11), Stuttgart 1969.

274 Mittheilungen, Bd. 1, S. (307)f.

275 Ebd., S. (308).

276 Abgedruckt ebd., S. (312)f.

277 Ebd., S. (309).

»Wenn in einzelnen Fällen eine *solche* Verschiedenheit der Arbeiter-Verhältnisse obwaltet, daß eine wesentliche Sonderung in Klassen nothwendig und wünschenwerth erscheint, so soll eine Gliederung der Vereine in drei Klassen Statt finden.«[278]

Nach diesem Beschluß unterbrach der Centralvereinsvorstand zunächst einmal für einige Zeit seine Erörterung der Gewerbeverfassungsprobleme, da er in den nächsten Wochen hoffte, daß der von Viebahnsche Gesetzentwurf mit seinen zusätzlichen Detailausführungen zur Einführung von Arbeitsbüchern, zum Hilfskassenwesen und über inhaltliche Leitlinien von Arbeitsverträgen wie von Fabrikordnungen in der Gesetzgebung Berücksichtigung finden würde.
Bei genauerem Zusehen hinterläßt der von Viebahnsche Entwurf[279] einen zwiespältigen Eindruck: Zum einen enthielt er – gemessen an den damals vorherrschenden Arbeitsbedingungen – eine Fülle von weitreichenden Arbeiterschutzbestimmungen, wie z. B. ein strenges Verbot des Trucksystems und die Verpflichtung des Fabrikbesitzers zur Behebung von Gefahren am Arbeitsplatz, die Einführung des zwölfstündigen Maximalarbeitstages und das Recht auf arbeitsfreie Zeit zur Fortbildung und Erholung sowie zum Gottesdienst. Weiterhin legte er bestimmte Modalitäten für die Lohnzahlung fest und enthielt klare Bestimmungen für den Fall der Kündigung von Arbeitsverträgen. Außerdem wurde die Parität zwischen der Betriebsführung auf der einen und den Arbeitern und Angestellten – hier ohne Ausnahmeregelung – auf der anderen Seite bei der Leitung der Fabrikvereine festgesetzt, eine Parität, die auch bei der Verwaltung der Hilfskassen wie bei der Heranziehung zur Finanzierung der Kassen gelten sollte.
Zum anderen war jedoch vor allem durch die bürokratische Organisation des Arbeitsbuchwesens, der in dem Gesetzentwurf allein siebzehn Paragraphen gewidmet waren[280], die Gefahr sowohl der behördlichen als auch der betrieblichen Disziplinierung der Arbeiter gegeben, da das Arbeitsbuch als von den Gemeindeverwaltungen auszustellendes Dokument laut § 21 Paßqualität erhalten sollte. Auf diese Weise wäre die ökonomische mit der staatsbürgerlichen Stellung des Arbeiters gekoppelt worden; d. h., Unternehmerinteresse und staatlich-polizeiliches Interesse an der Erziehung der Arbeiter zu »Redlichkeit und Solidität«[281] flossen hier zusammen bzw. konnten sich wechselweise zur Erreichung ihrer sonstigen Ziele benutzen, auch wenn von Viebahn glaubte – und hierin erwies er sich nun doch als realitätsfremder hoher Verwaltungsbeamter –, daß die Arbeitsbü-

278 Ebd.; Nobiling formulierte seinen Vorschlag bewußt so offen, damit u. U. nicht nur die Angestelltenschaft, sondern auch eine in manchen Fabriken vorhandene »Mittelklasse von Arbeitern« als 3. Klasse in Erscheinung treten könne.
279 DZAM, Rep. 120, B V 33, Nr. 4, vol. 2, fol. 154–180.
280 Ebd., §§ 15–32.
281 Mittheilungen, Bd. 1, S. (282).

cher dem Arbeiter »die freiere Bewegung und unabhängige Verfolgung seines Nahrungszweckes« ermöglichen würden[282].

Als am 9. Februar 1849 die »Verordnung, betreffend die Errichtung von Gewerberäthen und verschiedene Abänderungen der allgemeinen Gewerbeordnung« erlassen wurde[283], mußte der Centralverein feststellen, daß die meisten seiner Vorschläge nicht berücksichtigt und die Probleme der Fabrikarbeiter nur am Rande berührt worden waren[284]. Zwar gab es einige Parallelen und Ähnlichkeiten – z. B. wurde das Verbot des Trucksystems ausgesprochen[285] und festgelegt, daß niemand an Sonn- und Festtagen zur Arbeit, abgesehen von Ausnahmefällen, verpflichtet werden durfte –, doch kann von einem Einfluß des Centralvereins allenfalls bei den Bestimmungen über die Hilfskassen gesprochen werden[286]. Wie im von Viebahnschen Entwurf schon gefordert, konnten nun durch Ortsstatut Kranken- und Unterstützungskassen eingerichtet werden, zu denen auch die Arbeitgeber Beiträge zu leisten hatten und die von den Arbeitern und Arbeitgebern gemeinsam verwaltet werden sollten[287]. Insgesamt war jedoch die Verordnung von dem nahezu ausschließlichen Bestreben von der Heydts geprägt, die Handwerkerschaft durch verschiedene öffentlichkeitswirksame Konzessionen zu beruhigen, ohne allzu tief in die freie Gewerbeentwicklung einzugreifen. Wie schon der staatlichen Sozialpolitik im Vormärz scheint auch dieser Maßnahme ein umfassenderes sozialpolitisches Wollen gefehlt zu haben: Nicht eine auf lange Sicht geplante Neugestaltung der gesamten Gewerbeverfassung, sondern bloß eine kurzfristige Taktik stand hinter dieser mit Eile und unter dem Eindruck der Wahlen zu den nach der oktroyierten Verfassung vorgesehenen Kammern zustandegekommenen Verordnung[288].

---

282 Ebd.

283 Gesetz-Sammlung für die Königlichen Preußischen Staaten, Jg. 1849, S. 93–110.

284 So Lette in den Mittheilungen, Bd. 1, S. (548).

285 Die Forderung nach Verbot des Trucksystems, die auch der Centralverein erhoben hatte – s. Mittheilungen, Bd. 1, S. (282) – beschäftigte die preußische Regierung schon seit 1831. Einen ersten Gesetzentwurf unterzeichnete von Patow am 25. 6. 1848, doch konnte dieser nicht mehr der Nationalversammlung vorgelegt werden. *Tilmann* (Einfluß des Revolutionsjahres, S. 31) kommt zu dem Schluß, daß das Truckverbot keine Konzession der Regierung an die Revolution gewesen sei, da sämtliche Vorarbeiten schon vor dieser geleistet gewesen seien. Erst recht war die Maßnahme keine Leistung von der Heydts, der die vorliegenden Vorschläge unverändert in die Verordnung vom 9. 2. 1849 übernommen hat (*Bergengrün:* von der Heydt, S. 209f.); s. auch *Anton,* Fabrikgesetzgebung, 2. Teil, S. 155ff.

286 §§ 56–59 der Verordnung.

287 Während der Centralverein die paritätische Beteiligung von Arbeitgebern und Arbeitern nicht nur an der Verwaltung der Kassen, sondern auch an der Aufbringung der Fonds gefordert hatte, setzte die Verordnung fest, daß der Arbeitgeberanteil nur die Hälfte des Arbeiteranteils betragen sollte (§ 57).

288 *Tilmann:* Einfluß des Revolutionsjahres, S. 65; *Volkmann:* Arbeiterfrage, S. 40f.; *Teuteberg:* Mitbestimmung, S. 326ff. Alle drei Autoren kommen im großen und ganzen zur gleichen Beurteilung, die Volkmann am deutlichsten folgendermaßen ausgedrückt hat: Die Verordnung sei ein »Musterbeispiel jener Art politischer Gesetzgebung im Sinne der ›Pla-

Das traf vor allem auf die in der Öffentlichkeit mit vielen positiven Erwartungen versehenen Institutionen der Gewerberäte und Gewerbegerichte zu, weil mit ihrer Schaffung der Eindruck erweckt wurde, es sei nun der erste Schritt zu einer umfassenden korporativen Organisation des Gewerbewesens getan. Die Gewerberäte sollten dort, »wo wegen eines erheblichen gewerblichen Verkehrs ein Bedürfniß . . . obwaltet«[289], aus gewählten Vertretern der ortsansässigen Handwerksmeister, des Handels und der Fabrikantenschaft sowie der – allerdings in der Minderheit bleibenden – Gesellen und Arbeiter gebildet werden und Maßnahmen zur Förderung der Gewerbe einleiten wie auch verschiedene Kontrollfunktionen im Bereich des Arbeiterschutzes, der Lehrlingsausbildung usw. übernehmen. Bezeichnend für die tatsächlichen Wirkungsmöglichkeiten der Gewerberäte ist jedoch, daß von den 93 in schneller Folge in Preußen gegründeten Räten nur 17 mehr schlecht als recht das Jahr 1854 überlebten. 26 von diesen 93 nahmen trotz behördlicher Genehmigung ihre Tätigkeit gar nicht erst auf[290]. Der Grund für die Erfolglosigkeit dieser scheinbar zukunftsweisenden Institutionen lag darin, daß von der Heydt ihnen lediglich eine kurzfristige Ventilfunktion zugedacht hatte[291] und die Behörden sie kaum förderten, wie bereits in der Vorstandssitzung des Centralvereins vom 8. August 1849 beklagt wurde[292]. Die organisatorische Konstruktion der Gewerberäte war von vornherein darauf angelegt, den gegensätzlichen Gruppeninteressen eine Artikulationsmöglichkeit zu verschaffen, sie aber gleichzeitig auch zu neutralisieren[293]. Die »Kräfte der Bewegung« wurden somit auf »gesetzliche Bahnen« geleitet und gleichzeitig paralysiert. Von der Heydt hielt es deshalb auch für kein Unglück, daß die Gewerberäte nach und nach wieder eingingen. Wie er Friedrich Wilhelm IV. gegenüber 1854 feststellte, war ihre Einrichtung eben nur »eine sozialpolitische Maßregel in erregter Zeit gewesen, die ihre damalige Bestimmung erfüllt habe«[294].

Bei aller Enttäuschung darüber, daß die Verordnung vom 9. Februar 1849 nun doch bloß eine »Concession gegen die zahlreichen Petenten«[295] aus der Handwerkerschaft war, glaubte der Centralverein dennoch, verschiedene Möglichkeiten zur Beeinflussung der weiteren Gewerbeverfassungsentwicklung zu besitzen und eigene Vorstellungen zur Geltung bringen zu

---

cebo-Therapie‹, die, vor allem auf psychologische Wirkung berechnet, weit mehr erwarten läßt und zu gewähren scheint, als ihr Inhalt rechtfertigt« (ebd., S. 40). Zu ihrem Charakter als »doppeltem Kompromiß« (*Köllmann*) s. unten Anm. 316.

289 Zit. nach § 1 der Verordnung; Gesetz-Sammlung, S. 93 (s. Anm. 282).

290 *Tilmann:* Einfluß des Revolutionsjahres, S. 46; *Teuteberg:* Mitbestimmung, S. 332f.

291 *Bergengrün:* von der Heydt, S. 207.

292 Mittheilungen, Bd. 1, S. (531).

293 *Tilmann:* Einfluß des Revolutionsjahres, S. 46f.

294 Zit. nach *Bergengrün:* von der Heydt, S. 208.

295 So *Lette* in den Mittheilungen, Bd. 1, S. (543).

können. Seine größte Chance sah er darin, daß die Verordnung von den beiden preußischen Kammern nachträglich noch genehmigt werden mußte und daß der Vereinsvorsitzende von Viebahn nicht nur – wie einige weitere Vereinsmitglieder ebenfalls – als Abgeordneter in die Zweite Kammer gewählt worden war[296], sondern vom 29. März 1849 an auch die Kommission für Handel und Gewerbe leitete[297]. Diese Kommission erhielt den Auftrag, jene Verordnung zu prüfen und den Prüfungsbericht dem Plenum vorzulegen. Da aber die Mehrheitsentscheidung der Kammer vom 21. April 1849 auf Antrag Rodbertus', die Reichsverfassung der Frankfurter Nationalversammlung anzuerkennen, am 27. April zum zweiten Staatsstreich, d. h. zu ihrer Auflösung, führte[298], mußte die Kommission ihre gerade begonnene Arbeit abbrechen. Die Entscheidung über die Gewerbeordnungsnovelle konnte also erst in der neuen, nun auf der Grundlage des Dreiklassenwahlrechts gewählten Zweiten Kammer fallen, die am 7. August 1849 erstmals zusammentrat. Auch in ihr übernahm der wieder zum Abgeordneten gewählte von Viebahn den Vorsitz der Kommission für Handel und Gewerbe.

Über diese mit der Person von Viebahns verknüpfte Erwartung auf eine Einflußnahme hinaus, hoffte der Centralverein, auch durch einen inzwischen fertiggestellten neuen Verordnungsentwurf »betreffend die Verhältnisse der Arbeiter und Arbeitgeber in den Fabriken«[299], auf die Entscheidung der beiden Kammern Einfluß nehmen zu können. Dieser aus 29 Paragraphen bestehende Entwurf war zusammen mit einem ausführlichen Begründungsschreiben den Centralvereinsmitgliedern vor der außerordentlichen Mitgliederversammlung vom 26. Mai 1849 zugestellt[300], in dieser Versammlung beraten und dann mit geringfügigen Modifikationen dem Handelsministerium übergeben worden – »unvorgreiflich der Einreichung bei den Kammern, sobald dieselben wieder zusammentreten«[301]. Gegenüber dem von Viebahnschen Gesetzentwurf vom Januar 1849 enthielt dieser Entwurf ein erheblich reduziertes Programm. Die Forderung nach gesetzlicher Einführung der Fabrikvereine war fallengelassen worden, statt dessen legte der Centralverein nun die Betonung auf die zwangsweise Einführung von Krankenkassen für Fabrikarbeiter im ganzen Staat. Sie sollten der »Befriedigung der nächsten und materiellsten Bedürfnisse«

296 Von Viebahn wurde im Wahlkreis Minden-Bielefeld-Halle zum Abgeordneten gewählt; als weitere Centralvereinsmitglieder, die in die 2. Kammer gewählt worden waren, sind Carl, Cieszkowski, Diesterweg, Harkort, von Patow und Rodbertus zu nennen (vgl. *Lauter:* Preußens Volksvertretung, passim).

297 *Tilmann:* Einfluß des Revolutionsjahres, S. 41.

298 *Huber:* Verfassungsgeschichte, Bd. 3, S. 47.

299 Abgedruckt mit einer zweiseitigen Präambel in den Mittheilungen, Bd. 1, S. (406) bis (411).

300 Ebd., S. (411)ff.

301 Ebd., S. (414).

dienen und gleichzeitig durch das vorgesehene Zusammenwirken von Arbeitgebern und Arbeitern in diesem zunächst relativ engen Bereich dennoch auf Dauer ein »innigeres Verhältnis« zwischen beiden begründen, das schließlich zum Wunsch nach einer weitergehenden freiwilligen Assoziation führen würde[302]. Außerdem legte der Entwurf fest, daß eine von den Gewerberäten zu bestätigende Fabrikordnung in allen Fabriken »durch Anschlag« zu veröffentlichen sein sollte. Neben einigen Bestimmungen über ein geordnetes Lehrlingswesen und der Festlegung eines elfstündigen Normalarbeitstages (§ 5) hielt der Centralverein weiterhin in den §§ 6 bis 11 an seinem Ziel einer allgemeinen Einführung von Arbeitsbüchern fest.

In der Mitgliederversammlung vom 16. Mai 1849 lehnte Victor Aimé Huber, der hier als Vereinsmitglied erstmalig in Erscheinung tritt, den Kassenzwang am schärfsten ab; er glaubte, darin eine »Anerkennung communistischer Grundsätze« zu finden[303]: Es sei nicht Aufgabe des Staates, die moralische Verpflichtung der Arbeitgeber zur Fürsorge für ihre Arbeiter in eine gesetzliche zu verwandeln. Auch die beiden Arbeitervertreter Bisky und Levy führten aus Arbeitersicht Bedenken wegen des mit dem Zwang verbundenen »Eingriff(s) ins Eigenthum« ins Feld[304]. Die Vorstandsmitglieder, allen voran Hermann Duncker und Sußmann, aber auch von Patow, erwiesen sich jedoch als gut vorbereitet und konnten alle Einwände gegen den gesetzlichen Zwang geschickt zurückweisen, so z. B. mit dem Hinweis, daß eine verbindliche Einführung von Krankenkassen schon deshalb nötig sei, um einem Arbeiter, der seinen Wohnort wechselte, auch in einer anderen Gemeinde die gleiche Unterstützung im Krankheitsfalle zu garantieren, die er sonst – wenn man die Gründung der Kassen den einzelnen Orten überlasse – unter Umständen nicht erwarten könne[305]. Auch sei das von den Kassen zu zahlende Krankengeld von großer Wichtigkeit, weil ein kranker Arbeiter, wenn er ohne eine solche Hilfe der Kasse an die öffentliche Armenunterstützung sich zu wenden gezwungen sei, das politische Wahlrecht verliere[306].

Zusätzliche Impulse erhielt in den folgenden Monaten die Diskussion im Centralverein über die Inhalte einer zukünftigen Gewerbeverfassung durch den Wiedereintritt Adolf Lettes in den Vorstand, nachdem dieser nach der Auflösung der Frankfurter Nationalversammlung bzw. nach dem Befehl Friedrich Wilhelms IV. an die preußischen Abgeordneten zur Nie-

---

302 Zit. nach der Präambel zu dem Verordnungsentwurf, ebd., S. (406).

303 Ebd., S. (411).

304 Ebd., S. (412). Der Berliner Kaufmann Salomon Levy war im Auftrage der Arbeiterverbrüderung Geschäftsführer des von dieser gegründeten Berliner Gesundheitspflegevereins (s. dazu unten S. 241). Zu Levy wie auch zu der oben zitierten Stellungnahme Biskys und Levys s. *Balser:* Sozial-Demokratie, S. 120, S. 174f. und S. 293.

305 Mittheilungen, Bd. 1, S. (412)f.

306 Ebd.

derlegung ihres Mandats wieder nach Berlin zurückgekehrt war[307]. Als von Viebahn wegen seiner Wiederwahl in die Zweite Kammer vom Vorsitz des Centralvereins zurücktrat, wählten Vorstand und Ausschuß Lette am 8. August 1849 zum neuen Vorsitzenden[308]. Dieses Amt bekleidete er bis zu seinem Tode im Jahre 1868.

Lette, durch seine Arbeit im Volkswirtschaftlichen Ausschuß der Paulskirchenversammlung bestens mit der gesamten Materie vertraut, nahm sich sofort mit großem Engagement der Gewerbeverfassungsfrage an. Noch in der Sitzung, in der er zum Vorsitzenden gewählt worden war, legte er dar, daß er in Zukunft – abgesehen von dem durch die Vorlage des am 16. Mai 1849 verabschiedeten Verordnungsentwurfs eingeschlagenen Weg – noch eine weitere Linie verfolgen wolle[309]. Er unterstellte dem Handelsministerium, daß es mit seiner Verordnung vom 9. Februar 1849 nur einen ersten und vorläufigen Schritt zu einer viel umfassenderen »Organisation der Gewerbe« habe tun wollen – gewissermaßen zunächst einmal als eine »Abschlagszahlung auf eine alte, vom Polizeistaate abzutragende Schuld«[310]. Unter ausdrücklichem Hinweis auf den von ihm, Degenkolb und Veit formulierten Minoritätsentwurf des Volkswirtschaftlichen Ausschusses für eine Reichsgewerbeordnung, den er jedem Mitglied des Vorstands und Ausschusses übergeben hatte[311], verstand er die Einrichtung der Gewerberäte als unterste, wenn auch noch in einigen wesentlichen Punkten zu ändernde Stufe eines hierarchischen Aufbaus von »begutachtende(n) und berathende(n) Organe(n)«[312] aller Gewerbetreibenden in den Gemeinden, Bezirken, Provinzen und im Staat. Offenbar wollten Lette und Veit, der sich ebenfalls nach seiner Rückkehr aus Frankfurt wieder aktiv an der Vorstandsarbeit zu beteiligen begann, die Grundprinzipien jenes Minoritätsentwurfes nun in Preußen in die Tat umzusetzen versuchen. Die Lettesche Interpretation der Perspektiven, die sich in Preußen zu bieten schienen, gab die Möglichkeit, dem Centralverein bei der Vorbereitung einer korporativen Gewerbeverfasssung eine wichtige Rolle als kritisches Diskussionsforum und überparteiliches Fachgremium zuzuweisen, von dem Anregungen, Entwürfe, Stellungnahmen und kritische Hinweise ausgehen konnten.

Seine Vorstellungen legte Lette in einer ausführlichen Denkschrift nieder, die er am 17. September 1849 fertigstellte und dem Vorstand und Aus-

---

307 Lette hatte wie Veit, Schneer und eine Reihe weiterer preußischer Paulskirchenabgeordneter zunächst gegen die Abberufung protestiert (*Varnhagen:* Tagebücher 6, S. 178, Eintrag vom 13. 5. 1849), schließlich aber dann doch sein Mandant niedergelegt (s. *Huber:* Verfassungsgeschichte, Bd. 2, S. 860).

308 Mittheilungen, Bd. 1, S. (529). Lette blieb Vorsitzender des Centralvereins bis zu seinem Tode am 3. 12. 1868.

309 Ebd., S. (531)f.

310 Ebd., S. (543).

311 Ebd., S. (531).

312 Ebd., S. (532).

schuß des Centralvereins überreichte[313]. Abgesehen davon, daß er die Vereinsmitglieder durch eine gründliche Analyse der Gewerbeordnungsnovelle und der durch sie gegebenen Chancen von seiner Blickweise überzeugen wollte, diente die Denkschrift auch der Auseinandersetzung mit der Antwort, die der Handelsminister am 9. September 1849 dem Centralverein auf die Vorlage des am 16. Mai verabschiedeten Verordnungsentwurfs erteilt hatte[314]. Von der Heydt lehnte darin eine Berücksichtigung der Vorstellungen des Vereins ab,

»weil es nicht für zeitgemäß gehalten werden könne, durch weitere, über die Verordnung vom 9. Februar hinausgehende gesetzliche Bestimmungen in die gewerblichen Verhältnisse und die freie Selbstbestimmung der Gewerbtreibenden einzugreifen, um nicht durch ein etwaiges Widerstreben der Betheiligten die Ausführung der angebahnten Maßregeln zu vereiteln, weil außerdem auch die große Mannigfaltigkeit der Fabrikverhältnisse nach den verschiedenen Oertlichkeiten und Fabrikzweigen dem Erlasse allgemeiner, überall passender Bestimmungen überwiegende Schwierigkeiten entgegenstellen.«[315]

Während viele Liberale an der Gewerbeordnungsnovelle vom 9. Februar 1849 kritisierten, sie sei den zünftlerischen Forderungen der Handwerker viel zu weit entgegengekommen und deshalb ein von antiliberalen Tendenzen geprägter Rückschritt[316], versuchte Lette, ihre positiven, zukunftsweisenden Ansätze herauszustellen und vor allem die Gewerberäte als Einrichtungen zu verstehen, die die »Vertretung, Wahrnehmung und Beförderung der allgemeinen Interessen der verschiedenen im Gewerbewesen beschäftigten und arbeitenden Volksklassen« anstrebten[317]. Wenn bisher die beiden Zwecke Förderung und Hebung der Industrie und Sorge für das materielle und sittliche Wohl der Arbeiter nur in auf Freiwilligkeit beruhenden Vereinen mit ihren vielfältigen, nicht zuletzt auch durch den Polizeistaat gesetzten Beschränkungen verfolgt worden sei, habe die Bewegung des Jahres 1848 die Notwendigkeit einer staatlichen Rahmensetzung gezeigt, um diese Zwecke »vermittelst einer vollkommeneren, auf eigene selbstthätige Mitwirkung und Autonomie gegründeten Organisation«[318] der gewerbetreibenden Volksklassen optimal zu erreichen. Mit der Aussicht auf eine »freie Entwicklung des constitutionellen Staatsle-

---

313 Abgedruckt ebd., S. (538)–(552).

314 Ebd., S. (549).

315 Zit. ebd.

316 Diese Beurteilung finden sich auch noch häufig in der Literatur, vgl. z. B. *Wilhelm Treue:* Wirtschafts- und Sozialgeschichte Deutschlands im 19. Jahrhundert, in: *B. Gebhardt* (Hg.): Handbuch der deutschen Geschichte, Bd. 3, Stuttgart 1960^{8}, S. 350. S. dagegen *Köllmann:* Die Anfänge der staatlichen Sozialpolitik, S. 420, der das Gesetz für einen »doppelten Kompromiß« – sowohl »zwischen liberaler Auffassung und sozialen Ansprüchen« als auch zwischen den Forderungen der Meister und Gesellen – hält; ähnlich auch *Gladen:* Sozialpolitik, S. 24f.

317 Mittheilungen, Bd. 1, S. (538).

318 Ebd., S. (542).

bens«[319] schien für Lette der ehemalige Gegensatz zwischen Staat und Gesellschaft aufgehoben zu sein; eine gesetzliche Rahmengebung für das gesamte Gewerbewesen nach den erwähnten Prinzipien war für ihn ein notwendiger Teil jener »neueren Gestalt der Staatsgesellschaft«[320].

In den Gewerberäten sah Lette im Idealfall Bestrebungen sowohl der älteren Gewerbeförderungsvereine als auch der Lokalvereine für das Wohl der arbeitenden Klassen zusammenfallen; auch für den Centralverein werde bei einem fortschreitenden Ausbau der Gewerbeverfassung der Zeitpunkt kommen, an dem er »in einer Organisation untergeht, welche dem ganzen Staatsorganismus als ein nothwendiges Glied eingeführt wird«[321].

Zwei Konsequenzen, für die er die Centralvereinsmitglieder zu gewinnen suchte, ergaben sich für Lette aus seiner Interpretation der Chancen, die die Verordnung vom 9. Februar seiner Meinung nach bot: Erstens mußte eine Reihe von Unzulänglichkeiten in den Vorschriften für die Gewerberäte behoben werden, um damit Fehlentwicklungen vorzubeugen; zweitens mußte alles unternommen werden, um die Vervollkommung der gesamten gewerblichen Organisation auf den unterschiedlichen Ebenen (Kreis, Bezirk, Provinz, Staat) und in den unterschiedlichen Bereichen (Handwerk, Fabrikindustrie, Handel, Landwirtschaft) durchzusetzen.

Als Grundprinzipien aller gesetzlichen Regelungen formulierte er vorweg zwei »Axiome«: Der Gesetzgeber sollte immer nur den allgemeinen Rahmen setzen; es sei »unzeitig und unangemessen«, durch zu weitgehende Detailvorschriften »der Autonomie und der weiteren Entwickelung aus dem Schooße und dem besonderen Bedürfniß der Betheiligten vorzugreifen«[322]. Als zweites »unantastbares Axiom« nannte er die Forderung, daß Arbeitgeber und Arbeitnehmer »gleichmäßig . . . ihre selbst gewählte Vertretung haben sollen«[323]; d. h., die Parität war eine Grundvoraussetzung des gesamten Systems.

Die Kritik Lettes an der Gewerbeordnungsnovelle vom 9. Februar 1849 setzte bei der Beschränkung ein, daß Gewerberäte nur dort, wo wegen »der Erheblichkeit des gewerblichen Verkehrs« ein besonderes Bedürfnis vorhanden sei[324], eingerichtet werden sollten. Diese Regelung begünstige Orte mit ausgeprägter Handwerksstruktur und benachteilige die entstehenden Fabrikgemeinden; erst eine allgemeine Einführung der Gewerberäte verleihe den Wert und die Bedeutung, die ihnen als erster Stufe einer anzubahnenden umfassenden Gewerbeorganisation zukämen. Als nächstes bedauerte Lette die gemeinsame Zusammensetzung der Räte aus Vertretern der drei »gewerblichen Stände« Handwerk, Handel und Fabrikin-

319 Ebd., S. (545).
320 Ebd.
321 Ebd., S. (539).
322 Ebd., S. (547).
323 Ebd.
324 Ebd.; zur exakten Formulierung dieser Bestimmung s. oben Anm. 289.

dustrie: Jeder Stand brauche seine eigene Institution[325]. Was von der Heydt bewußt zur gegenseitigen Neutralisierung der verschiedenen Interessengruppen gedacht hatte und aus seiner Sicht für den eigentlichen Zweck hielt, sah Lette – mit Recht, wie die weitere Entwicklung zeigen sollte – als Haupthindernis einer erfolgreichen Arbeit in den Gewerberäten an: Durch das »Zusammenwerfen« aller drei Stände in einem Gremium werde »die Wirksamkeit dieses letzteren öfter gelähmt und das Interesse an der Selbstverwaltung sehr geschwächt werden«[326]. In seinem dritten Kritikpunkt setzte sich Lette mit der oben zitierten Zurückweisung des Verordnungsentwurfs vom 16. Mai durch von der Heydt auseinander[327]. Lette wies darauf hin, daß die Gewerbeordnungsnovelle nur wenige Bestimmungen zur Regelung der Verhältnisse in den Fabriken enthalte, und betonte erstens die Notwendigkeit der Einführung von Fabrikordnungen, da erst sie den Rechten der Arbeiter Schutz gewährten und gleichzeitig deren Selbstgefühl und Rechtsbewußtsein stärkten, und zweitens den Nutzen einer allgemeinverbindlichen Anordnung paritätischer Fabrikausschüsse in jeder Fabrik zur Überwachung der Fabrikordnung, zur Verwaltung der betrieblichen Wohlfahrtseinrichtungen und zur Vertretung im lokalen Gewerberat bzw. Fabrikenrat. Lette griff damit die im Centralverein zeitweise fallengelassene Idee der Fabrikvereine wieder auf und stellte fest, erst durch die Einrichtung solcher Ausschüsse sei die Basis für eine umfassende »organische Gliederung« gewonnen, da die Fabrikausschüsse im Gegensatz zum Gewerberat eine bis »auf alle Klassen von Arbeitern hinuntergreifende Einwirkung« besäßen[328]. Abschließend vermißte Lette in der Novelle Schritte zu einem regionalen und überregionalen gewerblichen Organisationsrahmen. Er dachte dabei an Gewerbekammern, wie sie auch schon das Minoritätsvotum des Volkswirtschaftlichen Ausschusses vorgesehen hatte, und glaubte, es könne den jeweiligen Oberpräsidenten und den Ministern für Handel und Gewerbe sowie für die Landwirtschaft nur recht sein, wenn sie in diesen Kammern hochqualifizierte und »aus der Volkswahl« hervorgegangene Sachverständige hätten[329], auf die sie bei der Beratung gewerblicher Fragen wie bei der Behebung von Konflikten zurückgreifen könnten.

Im Grunde hat Lette in seiner Denkschrift seine schon im Volkswirtschaftlichen Ausschuß vertretene Meinung mit den Ergebnissen der in seiner Abwesenheit im Centralverein geführten Diskussion und Interpretation der preußischen Gewerbeordnungsnovelle verknüpft. Sicherlich steckte viel Wunschdenken hinter diesem Gedankengebäude, zudem eine

325 Ebd., S. (548).
326 Ebd., S. (549).
327 Ebd., S. (549)f.
328 Ebd., S. (550).
329 Ebd., S. (551).

eklatante Fehleinschätzung der Absichten von der Heydts. Dennoch stellt die Denkschrift, deren Empfehlungen die Generalversammlung des Centralvereins drei Wochen später einstimmig folgte[330], einen Höhepunkt der Centralvereinsgeschichte dar. Gemessen an allen sonstigen damaligen Entwürfen zur Lösung der sozialen Frage handelte es sich hier wohl um den weitestgehenden Versuch von bürgerlicher Seite, die ökonomischen wie sozialen Probleme umfassend zu lösen, die entstehende Fabrikarbeiterschaft nicht nur materiell zu sichern und in die Wirtschaftsgesellschaft zu integrieren, sondern ihnen auch beachtliche Mitspracherechte einzuräumen. Da der Centralverein von der Notwendigkeit durchgreifender Reformen in dieser Hinsicht überzeugt war, hielt er es auch trotz der abweisenden Haltung von der Heydts für seine »besondere Pflicht und den Beruf«[331], auf die durch die Novelle vom 9. Februar »angebahnte Organisation« einzuwirken und auf einigen seiner Vorschläge nachdrücklich zu bestehen.

In der ordentlichen Mitgliederversammlung des Centralvereins vom 6. Oktober 1849 bezeichnete Lette die gesetzliche Einführung von Fabrikordnungen, von Fabrikausschüssen und von Kranken- und Unterstützungskassen für Fabrikarbeiter als die dringendsten Notwendigkeiten[332]. Da von der Heydt sein Desinteresse bekundet hatte, richtete sich nun die Hoffnung auf die beiden Kammern, doch bremste von Viebahn in der Versammlung bereits zu optimistische Erwartungen, indem er darauf hinwies, daß in der Kommission für Handel und Gewerbe der Zweiten Kammer die Meinung überwiege, die Einführung der Kassen solle der Entscheidung der Lokalbehörden überlassen bleiben[333]. Um so ausführlicher begründete deshalb der Centralvereinsvorstand in einer aufgrund der Diskussionsergebnisse der Versammlung verfaßten Petition an beide Kammern die Notwendigkeit obligatorischer Kassen für ganz Preußen einschließlich ihrer Leitung durch paritätische Fabrikausschüsse[334]. Gleichzeitig mit dieser Petition legte er seinen Verordnungsentwurf vom 16. Mai 1849 »betreffend die Verhältnisse der Arbeiter und Arbeitgeber in den Fabriken« den Kammern vor. Zielte diese Petition mit ihrer Anlage auf ein eigenes Gesetz, so versuchte er durch eine zweite Petition[335], Abänderungen der Novelle vom 9. Februar 1849 zu erreichen, indem er um die allgemeine Einführung der Gewerberäte im ganzen Staat und um eine Abänderung des Wahlmodus zu ihrer Wahl bat. Dieser Petition fügte der Vorstand die Denkschrift Lettes bei.

---

330 Ebd., S. (571): Protokoll der zweiten ordentlichen Generalversammlung des Centralvereins vom 6. 10. 1849.
331 Ebd., S. (573).
332 Ebd.
333 Ebd., S. (570).
334 Abdruck der Petition ebd., S. (582)ff. (datiert: 18. 10. 1849).
335 Ebd., S. (585)ff.

Die Vorlagen erreichten die Zweite Kammer noch gerade zum richtigen Zeitpunkt, denn vom 17. bis 20. Oktober 1849 diskutierten die Abgeordneten den Bericht der Kommission für Handel und Gewerbe über die Verordnung vom 9. Februar, den von Viebahn im Plenum vortrug und erläuterte[336]. Er entwickelte zunächst das Programm einer zukünftigen Sozialpolitik und wies dabei besonders auf die durch die Verordnung vom 9. Februar noch weitgehend ungeregelten Verhältnisse der Fabrikarbeiter hin: »Je größer die Abhängigkeit der Arbeiter sei, um so mehr bedürften sie der schützenden Institutionen«[337]. Als solche zählte von Viebahn dann alle jene Ideen auf, die der Centralverein in den Monaten vorher ausführlich erörtert hatte. Die Tatsache, daß er als Ergebnis der Kommissionsberatungen dann doch nicht etwa eine Novellierung der Verordnung, sondern ihre Annahme ohne Abstriche oder Veränderungen vorschlug, zeigt aber, daß er sich schon in der Kommission nicht hatte durchsetzen können, sondern jetzt nur die Gelegenheit als Referent benutzte, um die Vorstellungen des Centralvereins publik zu machen und so dem Plenum noch Argumente zu liefern. Doch auch dieser Versuch einer Beeinflussung der Gesetzgebung ging in der auf den Bericht folgenden Debatte unter, die von der Konfrontation zwischen Konservativen und Liberalen, zwischen Befürwortern eines Innungszwanges und Vertretern der Gewerbefreiheit bestimmt war und schließlich in einem scharfen Schlagabtausch zwischen dem Großgrundbesitzer von Bismarck und dem rheinischen Liberalen Beckerath kulminierte[338]. Am 20. Oktober nahm die Zweite Kammer nach Ablehnung aller Abänderungsvorschläge die Verordnung an; die Erste Kammer folge am 19. Januar 1850[339].

Typisch für die bei den meisten liberalen Abgeordneten verbreitete unentschlossene, aber auch von Unzufriedenheit geprägte Haltung vor den Abstimmungen war die Stellungnahme David Hansemanns, die auch – mit umgekehrtem Vorzeichen – von den meisten konservativen Abgeordneten hätte abgegeben sein können: »Ich werde für das Gesetz stimmen, nicht weil ich es für gut halte, sondern weil in dem Augenblicke doch nichts anderes zu tun ist, als das Gesetz anzunehmen und zu erwarten, daß man durch Erfahrungen lerne . . .«[340]

Die Entscheidungen über die Gewerbeordnungsnovelle in den beiden preußischen Kammern zeigten dem Centralverein, daß er die bestehenden Chancen für die Einführung einer umfassenden, auf liberalen und zugleich sozialen Grundsätzen beruhenden korporativen Gewerbeverfassung weit

336 *Tilmann:* Einfluß des Revolutionsjahres, S. 42ff.; *Volkmann:* Arbeiterfrage, S. 43ff.

337 *Tilmann,* ebd., S. 42.

338 Ebd., S. 43ff.; *Volkmann:* Arbeiterfrage, S. 45.

339 *Tilmann,* ebd., S. 46.

340 Stenogr. Berichte der 1. Kammer IV, S. 2280, zit. nach *Tilmann,* S. 45; s. auch *Volkmann:* Arbeiterfrage, S. 46, Anm. 27.

überschätzt hatte. Er saß nun im Grunde zwischen allen Stühlen: Die Regierung, in erster Linie um die Ausschaltung aller Bewegungskräfte und die Durchsetzung und Absicherung ihrer Autorität bemüht[341] und schon seit Ende 1848 bestrebt, das wuchernde Vereinswesen einzudämmen[342], dachte gar nicht daran, Institutionen zu schaffen, in denen einzelne Gruppen der Gesellschaft relativ selbständig Interessen artikulieren konnten. Von den beiden Kammern konnte der Centralverein ebenfalls keine Unterstützung seiner Ideen erwarten: wegen der weitgehenden Ausschaltung der Opposition als Folge des Wahlrechts, wegen der bei nahezu allen Abgeordneten vorherrschenden Hilflosigkeit gegenüber den sozialen Problemen und der Unfähigkeit bzw. mangelnden Bereitschaft zur Bemühung um Lösungskonzepte[343] und wegen der Fixierung der Liberalen auf die Rolle des Staates als des Geranten des freien Spiels der Kräfte – einer Auffassung, die die Konservativen insofern unterstützten, als auch sie die »Gründe der Verarmung . . . außerhalb des Bereiches der Gesetzgebung« sahen[344], während sie ansonsten die patriarchalischen Verpflichtungen des Staates gegenüber seinen Untertanen betonten.
Als eine dritte Kraft, auf die sich der Centralverein möglicherweise hätte stützen können, bot sich zwar theoretisch auch die Arbeiterschaft an, doch war 1849 dieser Weg aus vielen Gründen nicht begehbar. Abgesehen davon, daß jede deutlichere Verbindung mit den bestehenden Arbeiterorganisationen, besonders der Arbeiterverbrüderung, sofort das massive Mißtrauen der Behörden provoziert hätte, konnte der Centralverein, selbst wenn er gewollt hätte, trotz Übereinstimmung in verschiedenen Einzelaspekten nicht mit einer Unterstützung der organisierten Arbeiterschaft rechnen. Hier stand der Aufbau einer selbständigen und selbstbewußten Organisation im Mittelpunkt der Bestrebungen. Selbst Ludwig Bisky, der an den meisten Sitzungen des Centralvereinsvorstandes teilgenommen hatte und die Ziele wie den Zielfindungsprozeß des Centralvereins genau kannte, verstand diesen nur als Gremium, »dessen Thätigkeit mehr im referiren und höchstens Gnadengeschenken besteht, mit dem wir also nur sehr weitläufig verwandt sind«[345].

---

341 Besonders typisch für diese Bestrebungen ist der Inhalt eines persönlichen Handschreibens Friedrich Wilhelms IV. an den Ministerpräsidenten von Manteuffel vom 13. 5. 1851, abgedruckt bei *H. v. Poschinger* (Hg.): Denkwürdigkeiten des Ministers Otto Frhrn. v. Manteuffel, Bd. 2, Berlin 1901, S. 22–25.

342 S. dazu die große Zahl von Hinweisen, die sich in den Tagebuchaufzeichnungen *Varnhagens* finden: Tagebücher 6 (1849), passim; vgl. zu diesem auch den Centralverein tangierenden Problem unten S. 239f.

343 *Volkmann:* Arbeiterfrage, bes. S. 45f. *Volkmann* zitiert Beckerath, der gemeint hatte, die Tätigkeit des Staates müsse auf »einzelne Nothfälle« beschränkt bleiben: Armut werde es immer geben; das könne die beste Staatsorganisation nicht ändern (ebd., S. 45).

344 *Tilmann:* Einfluß des Revolutionsjahres, S. 43; zit. aus der Bismarck-Rede.

345 Zit. nach *Balser:* Sozial-Demokratie, S. 235, Anm. 131 (aus einem Brief Biskys vom 11. 12. 1849).

Aus all diesen Erfahrungen zog der Centralverein am Ende des Jahres 1849 die Konsequenz, sich in Zukunft wieder stärker Einzelmaßnahmen zum Wohl der arbeitenden Klassen zu widmen[346], zumal dieses für ihn der einzige Weg war, angesichts der Anzeichen einer immer schärferen Reaktion den Behörden und vor allem von der Heydt gegenüber seine Existenzberechtigung zu begründen. Lediglich durch den Versuch, mit den ins Leben tretenden Gewerberäten Kontakt aufzunehmen und einen gegenseitigen Austausch von Erfahrungen und Anregungen in Gang zu setzen, verfolgte der Centralverein in der Folgezeit seine ursprünglichen Bemühungen um die Ausgestaltung der Gewerbeverfassung in höchst reduzierter Form weiter[347], bis sich auch die Gewerberäte nach und nach wieder auflösten.

5. Der Plan einer Allgemeinen Preußischen Altersversorgungsanstalt

Neben die auf eine weitgehende Umgestaltung der Gewerbeverfassung zielenden Bemühungen des Centralvereins trat seit Ende des Jahres 1848 als zweiter Gegenstand intensiver Diskussion der Plan einer allgemeinen Invaliden- und Altersversorgungsanstalt für Arbeiter. Im Gegensatz zum erstgenannten Komplex, der mehr oder weniger deutlich erst aus einer Umsetzung von Revolutionserfahrungen resultierte, gehörten die »Unterstützungs- und Pensionskassen« bereits zu den Einrichtungen, die der Centralverein in seinem Gründungsaufruf vom 7. Oktober 1844 als wichtige Mittel zur Hebung des sittlichen und wirtschaftlichen Zustandes der arbeitenden Klassen bezeichnet hatte. In seiner »Einladung« vom 14. April 1848 tauchte dieser Gedanke ebenso unverändert wie undifferenziert wieder auf. Klarere Vorstellungen über die Organisation, die Trägerschaft und die Finanzierung solcher Kassen wurden deshalb nicht entwickelt, weil der Centralvereinsvorstand alle weiteren Überlegungen in dieser Richtung zunächst den Lokalvereinen und dann – im Zusammenhang mit seinen Vorschlägen zur Ausgestaltung der Gewerbeverfassung – den Fabrikvereinen überlassen wollte.

346 Vgl. Mittheilungen, Bd. 2, S. (933): Die Petitionen hätten sich einer Berücksichtigung leider nicht erfreuen können. Diese Tatsache sei aber weniger wichtig als die Frage, wie der Centralverein jetzt mit dem Institut der Gewerberäte in der praktischen Verfolgung seiner Ziele werde zusammenwirken können.

347 Lt. Aufstellung im 2. Band der Mittheilungen hatte der Centralverein im September 1850 Kontakt zu 14 Gewerberäten, davon allein 9 in der Provinz Sachsen; vgl. S. (767) bis (771). Zu dieser Zeit bestanden nach *Tilmann* (Einfluß des Revolutionsjahres, S. 46) insgesamt 67 Gewerberäte. Nach einer weiteren Aufstellung in demselben Band, S. (1179), hatte sich die Zahl bis zum April 1851 auf 19 erhöht, doch blieb der Kontakt unbefriedigend, wie Lette in seinem Jahresbericht vom 24. 5. 1852 zugeben mußte; s. Bd. 3 der Mittheilungen (1852), S. (1700).

Insgesamt war die Idee von Pensionskassen, die immer im gleichen Atemzuge mit den Spar- und Prämienkassen, den Kranken- und Sterbeladen und sonstigen Hilfskassen genannt wurden, in dieser unpräzisen Form nicht originell. Vorformen, an die man sich anlehnen konnte, hatte es schon in den Zunftordnungen gegeben; sie spielten in der Handwerkerargumentation des Sommers 1848 als Teil der angestrebten Existenzabsicherungsmaßnahmen in einer neu befestigten korporativen Handwerksverfassung eine wichtige Rolle[348]. Auch die bergmännische Knappschaft sah für den Fall der Invalidität und altersbedingten Arbeitsunfähigkeit Unterstützung vor[349] und konnte nicht zuletzt aus diesem Grunde ebenfalls als Vorbild eines geschlossenen Systems sozialer Absicherung von Arbeitern dienen. Darauf hatte Friedrich Harkort den Centralverein bereits 1845 nachdrücklich aufmerksam gemacht[350]. Unter den Arbeiterforderungen und in den Petitionen des Jahres 1848 stellte die Versorgung invalider Arbeiter einen wenn auch nicht zentralen, so doch wichtigen Punkt dar, der im oben zitierten Katalog des Berliner Zentralkomitees für Arbeiter vom Juni 1848 auf die Formel gebracht worden war: »11. Der Staat versorgt alle Hilflosen und also auch alle Invaliden der Arbeit.«[351] Hier wie dann auch in der Argumentation des Centralvereins wurde das Alter insofern als ein die »arbeitenden Klassen« besonders bedrückendes Problem betrachtet, als es neben Unglücksfällen und Krankheiten der Grund war, der ihnen »die Arbeitskraft – ihr einziges Kapital –« raubte[352]. Die Forderung des Zentralkomitees ging jedoch schon über die bisherigen Organisationsvorstellungen hinaus, weil seiner Meinung nach die Alters- und Invalidenversorgung durch ein vom Staat geschaffenes allgemeines System erfolgen sollte und nicht durch ein Netz einzelner selbständiger – berufsständischer, lokaler, fabrikinterner oder wie auch immer abgegrenzter – freiwilliger Assoziationen.
Angesichts der Fülle von förderungswürdigen Ideen eventueller Hilfs- und Selbsthilfemaßnahmen und im Hinblick auf sein selbstgesetztes Ziel, möglichst bald durch die Vorlage eines Gesetzesentwurfs Einfluß auf die gesetzliche Regelung der Verhältnisse in den Fabriken zu nehmen, hatte der Centralverein im Sommer 1848 noch keinen Anlaß gesehen, die Frage der Alters- und Invalidenversorgung in den Kreis der vordringlichen Be-

348 Ebd., Bd. 1, S. (206) und S. (229), wo Stellungnahmen und Forderungen aus Handwerkerkreisen zitiert werden; vgl. auch *Balser:* Sozial-Demokratie, S. 89.

349 *Gladen:* Sozialpolitik, S. 28; *Klaus Tenfelde:* Sozialgeschichte der Bergarbeiterschaft an der Ruhr im 19. Jahrhundert, Bonn-Bad Godesberg 1977, S. 91 und S. 147f.

350 *Harkort:* Die Vereine zur Hebung der untern Klassen, S. 33: Die Knappschaft verdiene die »gründlichste Beachtung bei der Besprechung der großen Zeitfrage«.

351 Zit. nach *Fenske* (Hg.): Vormärz und Revolution (Quellen), S. 313. Die gleiche Forderung wurde auch auf dem Frankfurter Handwerker-Kongreß erhoben, s. Mittheilungen, Bd. 1, S. (206).

352 Ebd., S. (578).

ratungsgegenstände einzubeziehen. So kam der Anstoß dazu von außen: Am 25. Oktober 1848 bat der Direktor im Handelsministerium Adolf von Pommer-Esche, der in der Zeit der Vakanz des Ministerpostens das Ressort verwaltete[353], den Centralverein um ein Gutachten zu einem Plan des Berliner Waggonfabrikanten Adolph Pflug[354]. Dieser hatte kurz vorher dem Ministerium in einer Denkschrift erläutert, wie er sich eine Altersversorgungsanstalt für die Invaliden aller »mechanischen Gewerbe« Berlins, vor allem der Maschinenbauer, vorstellte. Von Pommer-Esche, der selbst Mitglied des Centralvereins war, wollte offenbar, möglicherweise durch von Viebahn beeinflußt, auf diese Weise das Versprechen von Patows einlösen, der während seiner Ministerzeit auf der Mitgliederversammlung vom 2. Juni 1848 erklärt hatte, das Handelsministerium werde sich »bestimmt und gern in Verbindung mit dem Central-Verein setzen«[355], wenn sich dazu eine Gelegenheit böte. Die Pflugsche Denkschrift war nun ein solcher Anlaß zu einer offiziellen Hinzuziehung des Centralvereins als gutachtenden Gremiums. Vermutlich spielte bei diesem Schritt des Ministeriums aber auch die Absicht eine Rolle, den – wie sich herausstellen sollte – eigenwilligen und keineswegs eindeutig arbeiterfreundlichen Plan Pflugs nicht durch eine klare Zurückweisung, sondern durch Hinweis auf im Centralverein bereits diskutierte Pläne gegenstandslos zu machen und zugleich den Centralverein zur Ausarbeitung einer umfassenden Vorlage anzuregen. Von Pommer-Esche wies in seinem Schreiben jedenfalls ausdrücklich auf die Bereitschaft des Ministeriums hin, an der Förderung von Altersversorgungsanstalten »auf jede zulässige Weise gern (mitzuwirken), soweit dies erforderlich sein mögte«[356].

Der Centralverein verstand diesen Wink und ergriff sofort die sich bietende Chance, die darin bestand, in enger Zusammenarbeit mit dem Handelsministerium eine wichtige Reformmaßnahme planen und günstigenfalls in die Tat umsetzen zu können. Zunächst berichtete das Ausschußmitglied Adolph Meyer in der Vorstandssitzung vom 16. November 1848 als Referent über den Inhalt der Pflugschen Denkschrift[357]. Pflug wollte durch vom Lohn einzubehaltende Beiträge einen gemeinschaftlichen Fonds der Arbeiter bilden, mit dem Land gekauft werden sollte, um den alten Arbeitern ein kleines Grundstück zur Urbarmachung und Nutzung zur Verfü-

353 *Delbrück:* Lebenserinnerungen, Bd. 1, S. 223.

354 Zu Pflug s. *Hugo Rachel / Paul Wallich:* Berliner Großkaufleute, Bd. 3, S. 185. Pflug wurde erst im Laufe der 1850er Jahre Mitglied des Centralvereins. Die Aufforderung zur Stellungnahme, die von Pommer-Esche am 25. 10. 1848 geschickt hatte, ist im 2. Band der Mittheilungen, S. (646), abgedruckt.

355 Ebd., S. (30).

356 Ebd.

357 Ebd., S. (290)f.; zum Inhalt des Pflugschen Planes s. ebd., S. (457). In diesem Plan war übrigens von einer Beteiligung der Arbeitgeber an der Aufbringung des Fonds keine Rede.

gung stellen zu können[358]. Damit der Beitrag nicht vom augenblicklichen Lohn abgezogen werden mußte, wollte Pflug die Wochenarbeitszeit um zwei Stunden verlängern und den Lohn für diese zusätzlichen Stunden in Höhe von 5 Silbergroschen pro Woche und Arbeiter in den Fonds fließen lassen. Der Referent Meyer, selbst Fabrikbesitzer und Bankier, betonte in seinem Bericht zwar die Notwendigkeit einer institutionalisierten Altersversorgung, lehnte aber die Pflugschen Ideen ab, da er sowohl die Möglichkeit »der dazu erforderlichen Ausdehnung des Geschäfts« bezweifelte als auch es für sehr unwahrscheinlich hielt, daß die Arbeiter sich mit den in Aussicht gestellten Regelungen einverstanden erklären würden[359].
Die Vorstands- und Ausschußmitglieder schlossen sich dieser Beurteilung einstimmig an, wollten es aber auf Empfehlung von Viebahns nicht bei der Kritik der Denkschrift Pflugs belassen, sondern dem Handelsministerium gleichzeitig unterbreiten, wie aus der Sicht des Centralvereins die Ausführung eines Planes zur Versorgung der Invaliden und alten Arbeiter zu gestalten sei[360]. Adolph Meyer übernahm es, dazu ein Gutachten zu erstellen. Vorher referierte er jedoch, um die Positionen im Vorstand und Ausschuß kennenzulernen, über ein dem Verein bekanntgewordenes weiteres einschlägiges Projekt, bei dem es um die Gründung eines Arbeiterinvalidenhauses ging[361]. Dieser Einstieg in die Diskussion erwies sich als gut gewählt, denn die Meinungsäußerungen in der Sitzung vom 29. November zeigten, daß sogleich eine größere Anzahl von unterschiedlichen Aspekten nebeneinandergestellt wurde. Allen Beteiligten war bald klar, daß sie erst nach einer sehr gründlichen Erörterung des ganzen Problembereichs ein fundiertes Votum würden abgeben können. Dabei standen die beiden grundsätzlichen Möglichkeiten zur Diskussion, entweder den Arbeitern im Alter und im Falle der Invalidität aus einem – wie auch immer zustandegekommenen – Fonds eine Rente auszubezahlen, wobei sie in ihrer Familie bleiben konnten, oder von dem angesammelten Geld Altersheime mit freier Kost und Unterkunft für die Arbeiter zu bauen. Während einige Sprecher in Altersheimen die Gefahr einer Kasernierung der Alten sahen, wiesen andere auf die positiven Seiten eines Zusammenwohnens hin. Die besondere Pflicht der Familien zur Unterstützung ihrer Alten betonte eine weitere Gruppe, doch wurde gleichzeitig hervorgehoben, daß gerade auch die Fabrikanten einer solchen Pflicht nachkommen müßten. Ein Redner wollte die Versorgung auf Dienstboten und Tagelöhner ausdehnen; und der Arbeitervertreter Schwartz forderte die staatliche Zwangsversiche-

358 Ähnliche Ideen hatte auch der Arbeiterdelegierte Schwartz in der Vorstandssitzung des Centralvereins vom 4. 10. 1848 geäußert, wobei er allerdings eine finanzielle Beteiligung der Arbeitgeber nachdrücklich forderte; ebd., Bd. 1, S. (278).
359 Ebd., S. (457)f.
360 Ebd., S. (291).
361 Ebd., S. (298)ff.

rung, da die Arbeiter aufgrund schlechter Erfahrungen von sich aus kaum bereit sein würden, freiwillig Beiträge zu leisten. Andere Vorstandsmitglieder wiesen statt dessen den Kommunen die entscheidende Initiative zu. Auch das Pensionsalter, d. h. der Beginn der Altersinvalidität, wurde bereits diskutiert, wobei Schwartz gegen eine Festsetzung auf 60 Jahre argumentierte: Das sei viel zu spät; »er wenigstens würde sich dann für eine Betheiligung Behufs so spät erreichbarer Unterstützung bedanken«[362].
Die Erfahrung dieser ersten ausführlichen Diskussion über das Thema einer Altersversorgung führte zu dem Entschluß, dem Handelsministerium zunächst einmal nur kurz zu antworten und dabei anzukündigen, daß der Centralverein sich wegen der Wichtigkeit des Gegenstandes gründlich damit beschäftigen und dann ausführlich Stellung nehmen wolle[363]. Dies sollte, wie von Viebahn anregte, das nächste Ziel des Vereins sein, sobald er seine Diskussion über eine neue Fabrikverfassung beendet habe. Der Referent Meyer wurde beauftragt, die zu beratenden Einzelpunkte zusammenzustellen und die nötigen Unterlagen über schon vorliegende Pläne zu beschaffen. Doch die schon geschilderten Umstände, die dazu führten, daß der Centralverein viel länger als geplant noch über Fragen der Gewerbeordnung beriet, verhinderten zunächst eine zügige Behandlung der Vorschläge von Maßnahmen zu einer Alters- und Invalidenversorgung für Arbeiter.
Weder in der Mitgliederversammlung vom 4. April 1849 noch in der vom 16. Mai 1849 kam dieser Punkt zur Aussprache, obwohl er angekündigt war[364]. Meyer entschloß sich daher, seine Kenntnisse über schon vorliegende Pläne in einem schriftlichen Bericht zusammenzufassen[365] und interessierte Vorstands- und Ausschußmitglieder um ebenfalls schriftliche Stellungnahmen dazu zu bitten. Fünf Antworten gingen daraufhin ein: von Goldschmidt, Nobiling, Stephan, Sußmann und Jungnick[366]. Davon ausgehend, konnten nun einige Kernfragen formuliert werden, die Meyer in der Vorstands- und Ausschußsitzung vom 27. Juni 1849 erläuterte[367]. Um den Meinungsbildungsprozeß nicht auf die Berliner Mitglieder zu beschränken, hatte von Viebahn diese Fragen übrigens auch an die auswärtigen Ausschußmitglieder gerichtet, von denen Rodbertus, Diergardt, Quentin und Degenkolb ebenfalls ein Votum abgaben[368].

362 Ebd., S. (299).

363 Lt. Angabe ebd., Bd. 2, S. (644), erfolgte die erste Antwort des Centralvereins an das Handelsministerium am 5. 12. 1848.

364 Ebd., Bd. 1, S. (404).

365 Ebd., S. (457) bis (462). Es handelt sich neben dem Pflugschen Projekt um drei weitere Pläne, von denen einer vom Berliner Lokalverein stammte. In diesem finden sich erste Versuche einer Beitrags- und Rentenberechnung unter Hinzuziehung bevölkerungsstatistischer Daten.

366 Ebd., S. (462) bis (468).

367 Es handelt sich um insgesamt neun Fragen, ebd., S. (468)f.

368 Diese erheblich substantielleren Voten als die oben erwähnten von Goldschmidt, Nobiling

Die Fragen zielten auf den Umfang des Bedürfnisses der Altersversorgung, auf ihre Abgrenzung von der Armenpflege, auf die Art der Durchführung – durch Zwang oder durch freiwilligen Beitritt – sowie auf die Trägerschaft und die äußere Form einer zu gründenden Altersversorgungsanstalt. Weiterhin wurde die Frage aufgegriffen, ob sich der Centralverein gegebenenfalls selbst direkt, etwa durch finanzielle Unterstützung, engagieren solle und ob er nicht in Zusammenarbeit mit dem Berliner Lokalverein[369] unter Umständen sogar ein erstes Experiment unternehmen könne.

Der Vorstand des Centralvereins erkannte das Bedürfnis besonderer Einrichtungen zur Altersversorgung der arbeitenden Klassen sofort uneingeschränkt an[370]. Zur Begründung wurden ganz unterschiedliche Argumente angeführt, so zunächst die materielle Lage der Arbeiter, die eine eigene Versorgung kaum möglich mache, und die Demütigung, die in der Inanspruchnahme der zudem mangelhaften Armenfürsorge liege. Bemerkenswerter sind jedoch zwei weitere Punkte: Erstmalig wurde ausdrücklich ein Anspruch konstatiert, den »fleißige und geschickte Arbeiter mit Recht auf eine erträgliche Lage im Alter machen« könnten[371] – ein deutliches Indiz für die erwachende Erkenntnis, daß der einzelne durch seine Arbeit auch eine Leistung für die Gesellschaft erbringt und damit soziale Rechte erwirbt, die einklagbar sind und weit über das traditionelle Recht, sich im Notfall an die Armenpflege wenden zu können, hinausgehen! Dieser Gedanke klingt auch in dem folgenden Argument an: Die Vorstandsmitglieder erkannten nämlich an, daß sich »gebildete städtische Arbeiter« im Laufe ihres Lebens an die Befriedigung bestimmter Bedürfnisse gewöhnt hätten; zurückgeworfen auf ein »ganz hülfloses Alter«, würden sie dann ihre Situation doppelt hart empfinden[372].

Die weitere Diskussion in der Sitzung vom 27. Juni kreiste vor allem um die Kernfrage: Staatshilfe oder Selbsthilfe, wobei die Befürworter einer ausschließlichen Staatshilfe in der Minderheit blieben. Das einstimmig akzeptierte Ergebnis lautete schließlich, daß der Staat, die Kommumen und/

---

usw. sind im 2. Band der Mittheilungen abgedruckt (s. unten Anm. 375) – abgesehen vom Votum Degenkolbs, das erst verspätet einging und in dem dieser im wesentlichen ein eigenes Projekt erläuterte, s. ebd., S. (722)ff. Zu Degenkolbs Projekt s. auch das Eilenburger Wochenblatt, Jg. 15, Nr. 7 vom 16. 2. 1850, in dem der Eilenburger Handwerkerverein das Projekt lobend kommentiert.

369 Die Kommission des Lokalvereins, die den erwähnten eigenen Plan einer Altersvorsorge ausgearbeitet hatte (s. Anm. 365), war von dem Major von Weiher-Nimptsch geleitet worden, einem guten Freund *Varnhagens,* in dessen Tagebuchaufzeichnungen (Tagebücher 6, passim) sich eine große Anzahl von Hinweisen auf Gespräche über Kassenprojekte findet. Von Weiher nahm auch an der Vorstandssitzung des Centralvereins vom 8. 12. 1849 teil, bei der die endgültige Beschlußfassung erfolgte; s. Mittheilungen, Bd. 2, S. (640).

370 Ebd., Bd. 1, S. (470).

371 Ebd.

372 Ebd.

oder die Arbeitgeber zwar durch unentgeltliche Verwaltung und Kassenführung und auch durch eigene Zuschüsse die Altersversorgungsanstalten sehr fördern könnten, daß der eigentliche Ausgangspunkt jedoch der freiwillige Beitritt und Beitrag der Arbeiter sein müsse[373]. Zur Ausgestaltung der Anstalten wurden als nachahmenswerte Einrichtungen die Knappschaftskassen genannt; eine weitere Präzisierung erfolgte in dieser Richtung jedoch noch nicht.

Der hiermit erreichte Diskussionsstand wurde in den nächsten Wochen dadurch erheblich erweitert, daß erstens Lette – vom Ergebnis dieser Sitzung ausgehend – eine ausführliche schriftliche Stellungnahme vorlegte[374], zweitens die erwähnten Gutachten Rodbertus', Diergardts und Quentins eingingen[375] und drittens Details einer staatlichen Alters- und Invalidenversorgung in Belgien bekannt wurden, wo das Innenministerium am 29. Juni 1849 der belgischen Kammer einen Gesetzentwurf über die Errichtung einer allgemeinen Lebensversicherungs-Anstalt vorgelegt hatte[376]. Die nun dem Centralverein vorliegenden, höchst unterschiedlichen Empfehlungen zur Beurteilung und Lösung des ganzen Fragenkomplexes verhinderten eine schnelle Ausarbeitung konkreter Maßnahmen, so daß Lette in der Generalversammlung vom 6. Oktober 1849 den Centralvereinsmitgliedern zu seinem Bedauern »noch kein reifes Project« zur Abstimmung vorlegen konnte[377]: Trotz intensiver Vorstands- und Ausschußberatungen in den vorherigen Monaten sei noch eine weitere »vielseitige Erwägung« nötig, da – abgesehen von den technischen Schwierigkeiten – die Altersversorgungsproblematik »tief in die socialen Zustände der Nation, wie in die inneren Gesetze des Volkslebens« eingreife. Diese Einschätzung war mit Blick auf die Inhalte der abgegebenen Voten keine Übertreibung, denn alle Gutachter hatten die Gelegenheit benutzt, ihre stark voneinander abweichenden Einschätzungen ausführlich zu begründen und in den Kontext ihrer gesamten sozialreformerischen Vorstellungen zu setzen.

Lette, dessen Votum am 3. Juli 1849 vorlag, stellte sich zunächst hinter den oben erwähnten Grundsatzbeschluß des Centralvereinsvorstands vom 27. Juni und setzte sich dann mit der für ihn entscheidendsten Alternative Staatshilfe oder Selbsthilfe auseinander. Dabei lehnte er die Forderung, die Altersversorgung solle ausschließlich vom Staat ausgehen oder doch wenigstens mit dessen Mitteln, die ja letztlich aus den Einkünften der gesamten bürgerlichen Gesellschaft stammten, durchgeführt werden, strikt

---

373 Ebd., S. (471).
374 Ebd., S. (472) bis (485).
375 Ebd., S. (485) bis (503); zur verspätet eingehenden Stellungnahme Degenkolbs s. oben Anm. 368.
376 Abgedruckt ebd., S. (504) bis (519).
377 Ebd., S. (574).

ab[378]. Er hielt eine solche Forderung für ein Ergebnis »moderner socialistischer Theorien«, nach denen der Staat für das sittliche und materielle Wohl nicht nur des Ganzen, sondern auch des Individuums verantwortlich sei. Wenn man das für richtig halte, dann müsse man dem Staat aber auch umfassende Rechte zum Eingriff in das gesellschaftliche Leben erlauben, was in letzter Konsequenz »zum unerträglichsten Polizeistaate zurückführen und die innerste Triebfeder einer gesunden Volksentwicklung lähmen, die individuelle Freiheit, nebst der vollen Ausbildung und Benutzung von Talent und eigener Kraft zerstören« würde[379].
Lette wandte sich damit gleichzeitig gegen eine Einrichtung, die allen Menschen gleichmäßig – ohne Berücksichtigung ihrer Vorleistung und eigener Mühe und Mitwirkung – Aussicht auf ein gesichertes Alter verschaffe: Das sei eine »Prämie auf die Sorglosigkeit und Faulheit, durch welche das Volk bald sittlich zu Grunde gerichtet« sein werde[380]. Eine Lösung der Probleme sah Lette nur in der staatlichen Bereitschaft zur Rahmensetzung für eine ansonsten frei auszugestaltende Korporationsverfassung, wobei er an die vom Centralverein in dieser Richtung entwickelten Vorschläge und die Prinzipien jenes Minderheitsvotums, das er zusammen mit Becker, Veit und Degenkolb in Frankfurt vertreten hatte, anknüpfte. Nur vom selbst organisierten gewerblichen Assoziationswesen könne erwartet werden, daß es auch die Altersversorgung in seinem Rahmen befriedigend regeln werde. Dabei komme zunächst noch den Lokalvereinen für das Wohl der arbeitenden Klassen eine große Bedeutung zu, da sie sich mit ihrem Engagement auf die Personenkreise konzentrieren könnten, bei denen ein besonderes Bedürfnis für die Organisation ihrer Altersversorgung bestehe: die »unbemittelte städtische Bevölkerung« und hier vor allem die Fabrikarbeiter[381]. Abschließend hielt Lette drei Formen von Altersversorgungsanstalten für sinnvoll: erstens die auf Freiwilligkeit und Gegenseitigkeit sowie auf eigener freier Mitwirkung begründeten allgemeinen, d. h. nicht auf einzelne Orte oder Berufszweige begrenzten Alterspensionskassen; zweitens besondere Invalidenhäuser für alle die Arbeiter, die nicht in ihren Familien Unterkommen finden können, wobei aber die Aufnahme in solchen Häusern von der »Rechenschaft und Sittlichkeit«, vor allem aber von der Gemeindezugehörigkeit abhängig sein sollte[382]; drittens spezielle Invalidenpensionskassen für Handwerksgehilfen und für Fabrikarbeiter, die in engem Zusammenhang mit den Gewerberäten und den geforderten Gewerbekammern errichtet werden sollten. In diesem Fall erklärte sich Lette mit dem Beitragszwang sowohl für Arbeiter als

378 Ebd., S. (473).
379 Ebd., S. (474).
380 Ebd., S. (475).
381 Ebd., S. (477).
382 Ebd., S. (481).

auch für Meister und Fabrikbesitzer einverstanden, »weil es sich hierbei um allgemeine Interessen und Angelegenheiten ganzer Volksklassen handelt«[383]. Daher sei hier auch eine möglichst umfassende Regelung ebenso angebracht wie die Beihilfe und Prämiierung dieser Kassen durch Gemeinden und Staat – »in ihrem wohlverstandenen eigenen Interesse«[384].

Die in den nächsten Tagen eingehenden weiteren Voten zeigten erheblich abweichende Einschätzungen. Als besonders konträr zu Lettes Ansichten erwies sich Karl Quentins Stellungnahme vom 10. Juli 1849. Ausgehend von der Überzeugung, die Lösung der Altersversorgungsfrage sei die Lösung der sozialen Frage überhaupt, glaubte er die einzige Garantie gegen ein »revolutionaires« und für ein »reformatorisches . . . Fortschreiten« erst in der »Gewährung gesicherter Ansprüche auf eine Staats-Pension im Alter« zu finden[385]. Die Arbeiterbevölkerung könne auf diese Weise »an der Erhaltung des bestehenden Staatsorganismus solidarisch« beteiligt werden; denn die Aussicht auf eine kleine Pension im Alter werde den Arbeitern schon »in jüngeren Jahren zum conservativen Bürger machen«[386]. Zwar wollte Quentin bei der Organisation der Altersversorgung im einzelnen durchaus die Gemeinden und gewerblichen Korporationen, besonders die Innungen, als »Zwischenglieder« anerkennen, doch war seiner Meinung nach die »Constituirung (der Kasse, d. V.) als Staats-Institut . . . das allein Richtige, weil allein Sichere und Erfolgreiche«[387] – vor allem in Verbindung mit Spar- und Prämienkassen. Arbeiterinvalidenhäuser lehnte Quentin dagegen ebenso nachdrücklich ab wie die Gründung von Armenkolonien. Der alte und invalide Arbeiter solle in der Familie bleiben, wo er billiger ernährt werden und »als Erzieher der neuen Geschlechter noch besser wirken (könne) als der Mönch in seinem Kloster«[388].

Quentins Vorstellungen recht nahe kam der belgische Gesetzentwurf einer Alters- und Invalidenversicherung vom 29. Juni 1849, dessen erster Paragraph lautete: »Unter Garantie des Staates und unter Leitung der Regierung wird eine allgemeine Lebensversicherungsanstalt errichtet.«[389] Das Grundmotiv dieser Initiative war es, »einen Keim zur Demoralisation aus(zu)rotten und der bürgerlichen Gesellschaft Halt (zu) gebieten auf

383 Ebd., S. (483).
384 Ebd., S. (484).
385 Ebd., S. (502).
386 Ebd., S. (503).
387 Ebd., S. (502)f.
388 Ebd., S. (503). Ähnlich wie von Lette wird auch von Quentin der Familie die Rolle einer zentralen Solidargemeinschaft zugewiesen, die gleichzeitig Schutz- wie Stabilisierungsfunktion besitzen sollte; s. zum Bedeutungswandel der Familie in der Frühindustrialisierung die in Anm. 249 angegebene Literatur.
389 Ebd., S. (504) (= Gesetzentwurf des belgischen Innenministeriums, vorgelegt am 29. 6. 1849). Der Centralverein hat die gesamte Debatte in Belgien in der Folgezeit sehr aufmerksam verfolgt, s. z. B. Bd. 2, S. (858) bis (862), und Bd. 3, S. (1293).

dem jähen Abhang, der durchs Elend zu den verderblichen Theorien einzelner Neuerer führt«[390]. Nach diesem Gesetzentwurf erwarb der Arbeiter sich den Anspruch auf eine Leibrente von einem vorher festzulegenden Alter an durch Einzahlung einer Mindestsumme, die entweder auf einmal aufgebracht oder aber angespart werden konnte. Im Falle vorzeitiger Invalidität sollte durch Beihilfe des Staates der Beginn der jeweiligen Rentenauszahlung früher als vorher vereinbart einsetzen können[391]. Bei den Überlegungen der zur Vorbereitung des Entwurfs eingesetzten Kommission hatte die Berücksichtigung französischer und vor allem englischer Erfahrungen eine wichtige Rolle gespielt[392]. Die Probleme der englischen friendly societies[393] schienen den belgischen Initiatoren den Beweis zu liefern, daß streng zwischen Hilfskassen und Pensionskassen getrennt werden müßte, damit die Gelder des einen Zwecks nicht mit denen des anderen vermischt würden[394]. Deshalb traten sie dafür ein, daß neben der staatlich garantierten und geleiteten Pensionskasse auch die Sparkassen und sonstigen Hilfsvereine auf Gegenseitigkeit weiter gefördert werden sollten.

In dem Votum Diergardts vom 11. Juli 1849, das er bei der Generalversammlung am 6. Oktober 1849 noch mündlich ergänzte[395], prägte sich im Vergleich zu den anderen Voten unübersehbar die Haltung des sozial und zugleich patriarchalisch denkenden Fabrikherren aus, der auf seine Erfahrungen mit dem »praktischen Leben« und auf eigene Experimente verweisen konnte. Seine kurze Beschreibung des Arbeiterlebens als eines Wechsels von »2 gute(n) und 2 schlimme(n) Perioden«[396] zeigt darüber hinaus, daß er sich auch mit den Gründen für die allgemein zu beobachtende Altersarmut der Arbeiter beschäftigt hatte. Um hier zur Abhilfe beizutragen, hatte Diergardt aus der Erkenntnis heraus, daß die deutschen Arbeiter im Gegensatz zu den englischen »noch nicht in demselben Maaße von der Nothwendigkeit einer freiwilligen Fürsorge für ihr Wohl durchdrun-

390 Ebd., Bd. 1, S. (508).

391 Ebd., S. (505), § 8.

392 Kommissionsbericht ebd., S. (507) bis (519). Einer der führenden Männer der Kommission, der später auch den Vorsitz übernahm, war L. A. J. Quetelet, der bekannte belgische Bevölkerungsstatistiker und Organisator der amtlichen Statistik.

393 Die vielen, größtenteils lokal organisierten friendly societies waren gleichzeitig oft Kranken-, Unfall-, Spar- und Pensionskassen, ebd., S. (510).

394 Dieses Prinzip, das in den 1850er Jahren auch gesetzlich in England durchgesetzt wurde, bestimmte alle weiteren Überlegungen des Centralvereins bis zum Anfang der 1860er Jahre; s. Lette in seinem Rückblick auf die Vereinsgeschichte vom Februar 1863, Arbeiterfreund, 1. Jg. (1863), S. 14.

395 Mittheilungen, Bd. 1, S. (496) bis (501), sowie ebd., S. (567).

396 Ebd., S. (496). Diergardt hat damit in Ansätzen eine sog. »Lebensverdienstkurve« entwikkelt, die durchaus Ähnlichkeit mit der besitzt, die kürzlich *Heilwig Schomerus* vorgestellt hat; s. *dies.:* Die Arbeiter der Maschinenfabrik Esslingen (= Industrielle Welt, Bd. 24), Stuttgart 1977, bes. S. 143ff.; s. auch *Hermann Schäfer:* Arbeitsverdienst im Lebenszyklus, in: AfS, XXI. Bd. (1981), S. 237–267.

gen wären«[397], den Weg der »zwangsweise(n) Nöthigung« eingeschlagen, d. h., er hatte jeden in seinen Betrieb neu eintretenden Arbeiter verpflichtet, der Altersversorgungsanstalt der Fabrik beizutreten. Ein Arbeiter, der mindestens zwanzig Jahre lang Mitglied dieser Lade gewesen war und das 60. Lebensjahr erreichte, erhielt dann einen wöchentlichen »Zuschuß« von 10 Silbergroschen[398]. Diergardt trat in seiner Antwort auf die Anfrage des Centralvereinsvorstands für Altersversorgungsanstalten mit Beitrittszwang auf Kreisebene ein, die – von den Innungen geleitet – entweder die wöchentliche Auszahlung der Alterspensionen oder die Unterbringung in mit staatlicher Hilfe zu errichtenden Invalidenhäusern garantieren sollten. Grundsätzlich sah er in der Förderung des »Assoziationsgeistes«, der gerade durch Innungen und durch die von ihnen getragenen Einrichtungen geweckt werden könne, den einzigen Weg, »dem zunehmenden Proletariat entgegenzuarbeiten«, gleichzeitig aber auch »Ruhe und Ordnung im Lande zu sichern«[399].

Völlig anders wiederum verlief die Argumentation in den »Bemerkungen«, die das Ausschußmitglied für Pommern, der Gutsbesitzer und Minister a. D. Karl Rodbertus, am 5. Juli 1849 dem Centralvereinsvorstand zum Plane einer Alters- und Invalidenversorgung für Arbeiter vorlegte[400]. Rodbertus war es, der in besonderer Weise die Gelegenheit nutzte, gleichzeitig auch den gesamten Zweck der Vereine für das Wohl der arbeitenden Klassen kritisch zu beleuchten. Abgesehen von seinem grundsätzlichen Einverständnis mit dem Ziel des Centralvereins, daß alles darangesetzt werden müsse, das materielle Wohl der Arbeiter so zu verbessern, daß sie sich aus eigener Kraft helfen konnten – von Rodbertus als Grundvoraussetzung zu ihrer intellektuellen und sittlichen Hebung verstanden –, hielt er den bisherigen Ansatz in Richtung auf eine Altersversorgung insgesamt für widersprüchlich und teilweise für »an sich verfehlt und unausführbar«[401]. Wie schon in seiner Schrift »Die Forderungen der arbeitenden Klassen« aus dem Jahre 1839[402] sah er auch jetzt noch den Grund für die Entstehung der sozialen Frage in den zu niedrigen Löhnen: Sie ließen gar keinen Spielraum für eine sinnvolle Altersvorsorge. Alle Institute, die auf eigenen Beiträgen der Arbeiter beruhten, seien deshalb von vornherein unzureichend, gleichgültig, ob die Beiträge freiwillig oder unter Zwang

---

397 Mittheilungen, Bd. 1, S. (567).

398 Auf ein Jahr umgerechnet, wären das 17 Taler 20 Sgr. gewesen. Zum Vergleich: Franz Duncker kritisierte in der Mitgliederversammlung vom 6. 10. 1849 den Vereinsvorstand, der 72 Taler als Maximum einer Jahresrente festsetzen wollte, da er diese Summe vor allem in Großstädten für nicht ausreichend hielt, um die Existenz zu sichern; ebd., S. (567).

399 Ebd., S. (498).

400 Ebd., S. (485) bis (496).

401 Ebd., S. (486).

402 Wiederabdruck, hg. von *A. Skalweit*, Frankfurt/M. 1946, dort bes. S. 17ff.; s. auch *Vogel:* Bismarcks Arbeiterversicherung, S. 91, sowie oben S. 141 der vorliegenden Arbeit.

gegeben würden. Statt solche Einrichtungen zu schaffen, die nach Rodbertus »nur sehr untergeordnet zur Lösung (der) großen Aufgabe« beitrügen[403], ja eventuell sogar von ihr ablenkten, empfahl er dem Centralverein, sich dafür einzusetzen, daß die Arbeiter erstens mehr Geld für ihre Arbeit erhielten, daß ihnen zweitens »das Sparen von ihrem Verdienst so bequem und einträglich wie möglich gemacht« werde und daß sie drittens sich im Falle der Invalidität oder im Alter selbst durch ihre Ersparnisse helfen könnten. Das zweite Ziel hielt er durch Prämienkassen, das dritte durch Anstalten, bei denen der Arbeiter »gegen Hingabe seines frei gesparten Kapitals eine vortheilhafte Leibrente« erhielt, für erreichbar, falls die erstgenannte Voraussetzung erfüllt sei. Deshalb würden die Vereine für Arbeiterwohl das grundsätzliche Ziel einer allgemeinen Hebung der arbeitenden Klassen letztlich verfehlen, wenn sie sich nicht darum bemühten, zuerst den Arbeitslohn »seinem realen Gehalt nach« zu verbessern[404]. Dessen »durchschnittliche Geringfügigkeit« hielt Rodbertus für den »einzige(n) Grund des Pauperismus«. Zur Zeit sei es so, daß trotz steigender Produktivität der Arbeitslohn »nur auf dem Betrage des nothwendigen Unterhalts des Arbeiters festgehalten« werde[405].

Der Erläuterung dieser These widmete Rodbertus den zweiten Teil seines Votums und kam nach einer Analyse der ökonomischen Zusammenhänge, die an Schärfe und Gehalt weit über das hinausging, was bisher im Centralverein zu diesem Thema gesagt worden war, zur Erkenntnis einer »tiefen Ungerechtigkeit«[406]. Sie bestehe darin, daß der Arbeitslohn als »Theil des Products« immer kleiner geworden sei, daß gleichzeitig der Reallohn, absolut gesehen, gleich geblieben sei, er sich aber, relativ, d. h. in bezug auf den gesamten Fortschritt der Produktivität gesehen, immer mehr verringert habe. Trotz der ihnen gewährten formalen Rechte und ihrer politisch-rechtlichen Gleichstellung mit den anderen Klassen könnten die Arbeiter aus diesem Grunde »weder an den Genüssen, noch an der Bildung, noch an der Sitte der Zeit Theil nehmen«[407]. Seine Forderung lautete deshalb, »ohne Eingriff in das Grund- und Kapital-Eigenthum und die Grundsätze der Verkehrsfreiheit«[408] dafür zu sorgen, daß der Wert der Arbeitslöhne mit dem wachsenden Wert der Grundrenten und Kapitalien Schritt hielt. Rodbertus gab zu, daß die Wissenschaft der Nationalökono-

403 Mittheilungen, Bd. 1, S. (489).

404 Ebd., S. (490).

405 Ebd., S. (491). Wenn auch relativierender, als später bei Lassalle ausgedrückt, klingt hier das »eherne Lohngesetz« an, das allerdings Rodbertus nie in der Form wie Lassalle vertreten hat; s. zum Verhältnis der beiden zueinander *Shlomo Na'aman:* Lassalle, Hannover 1971², bes. S. 370–376, S. 635–640 und passim.

406 Mittheilungen, Bd. 1, S. (489).

407 Ebd., S. (490).

408 Ebd., S. (491); Rodbertus verstand unter »Verkehrsfreiheit« die freie Gewerbeausübung und freie Anlage des Kapitals.

mie noch keine Rezepte zur Einlösung dieser Forderung besitze und die Gesetzgebung daher vorläufig noch ohnmächtig sei. Die so entstandene »einstweilige Lücke« zwischen der Notwendigkeit und der Möglichkeit staatlichen Eingreifens könne aber »provisorisch« dadurch verringert werden, daß sich Vereine für das Wohl der arbeitenden Klassen der zentralen Aufgabe annähmen, »für die Erhöhung des Einkommens der Arbeiter zu sorgen«[409]. Ohne Klarheit über diese Aufgabe seien die Vereine in der Gefahr, zu Armenpflegern oder Moralisten zu werden; und eben diese Tendenz sah Rodbertus bei einem zu unreflektierten Engagement für die Alters- und Invalidenversorgung gegeben. Wenn auch er abschließend – ähnlich wie die anderen Gutachter – von der Abwehr von Anfechtungen und Übeln spricht, die die Gesellschaft zu vernichten drohten, und in diesem Zusammenhang den Vereinen für Arbeiterwohl eine wichtige Rolle zuwies, so besaß seine Argumentation dennoch eine wesentlich politische Stoßrichtung, die letztlich auf den Austrag von Verteilungskonflikten zur Behebung des »schreiendsten Widerspruchs«[410] zwischen dem formalen Rechtszustand und der materiellen Lage der arbeitenden Klassen hinauslief.

Diese Nebeneinanderstellung der verschiedenen Positionen zeigt, wie sich in der Diskussion um die Altersversorgung wie in keiner anderen die Breite des im Centralverein vertretenen sozialreformerischen Spektrums widergespiegelt hat. Nicht nur weil dieser Themenkomplex den Verein am längsten beschäftigt hat, sondern gerade wegen der in seinem Zusammenhang zutage getretenen Argumentationsvielfalt, die wiederum mit der ihm zugewiesenen Bedeutung zusammenhängt, hielt Lette ihn rückblickend aus dem Jahre 1850 für den »überwiegend bedeutendsten Gegenstand unserer Arbeiten«[411]. Dieses Bewußtsein prägte bereits die Mitglieder, die zur Generalversammlung am 6. Oktober 1849 zusammenkamen. Ihnen war eine Zusammenstellung der wichtigsten Organisationsvorschläge zugestellt worden, die auf den erwähnten und noch weiteren Gutachten sowie auf der Kenntnis verschiedener bereits geplanter Projekte beruhte[412], so daß sie sich über alle Aspekte eine Meinung bilden konnten.

In der Versammlung referierte Stadtrat Hermann Duncker, der Adolph Meyer als Referent abgelöst hatte[413], zunächst die bisherigen Ergebnisse der Vorstandsberatungen, die zwar nicht zu einem fertigen Konzept, aber doch schon zu einigen Vorklärungen geführt hatten. Danach scheinen die Grundsätze des belgischen Gesetzentwurfs den meisten Eindruck ge-

---

409 Ebd.
410 Ebd., S. (493).
411 Ebd., Bd. 2, S. (937).
412 Ebd., Bd. 1, S. (533) bis (537).
413 Ebd., S. (577) bis (581). Meyer war »geschäftehalber« aus dem Vorstand ausgeschieden, s. Bd. 2, S. (712).

macht zu haben. »Aus sittlichen wie volkswirthschaftlichen Gründen« hatte der Vorstand an dem Grundgedanken festgehalten, daß die Altersvorsorge aus der eigenen Kraft der Betroffenen hervorgehen müsse. Allerdings war auf die regelmäßige Zahlung von Beiträgen, wie in dem belgischen Entwurf auch, verzichtet worden, da dazu die Arbeiter wegen ihrer wechselnden Einkommenssituation oft nicht in der Lage wären. Statt dessen sollte die Berechtigung auf eine Pension durch »beliebige successive Einzahlungen«[414] erworben werden, deren Gesamthöhe und deren zeitlicher Abstand vom gewünschten Beginn der Auszahlungen die Höhe der Pension bestimmten. Um das Vertrauen in die Anstalt zu stärken, war beabsichtigt, sie unter staatliche Garantie, Oberaufsicht und Verwaltung zu stellen, wobei Provinzial- oder Kreisanstalten als Unterverwaltungen nicht ausgeschlossen waren. Zur Mindesthöhe der Einlagekapitalien und zu den Pensionsbeträgen sowie zur Art und Weise, wie vorzeitig arbeitsunfähig gewordene Arbeiter in das System einbezogen werden sollten, konnte Duncker noch keine Angabe machen, darüber sei erst nach weiteren Beratungen und vor allem nach Vorlage genauer Berechnungen eine Entscheidung möglich. Um eine möglichst große Beteiligung der Arbeiter anzuregen, plädierte der Vorstand für besondere Anreize, z. B. Prämien aus Staatszuschüssen für die Einzahler. Auch hoffte man, die Arbeitgeber, die gewerblichen Korporationen und die Kommunen zu Beihilfen bewegen zu können. Von einem Beitrittszwang war allerdings abgesehen worden.

Trotz verschiedener Einzeleinwände und einer lebhaften Diskussion über einige abweichende Ansichten, an der sich vor allem Diergardt, Franz Duncker, Veit, von Viebahn, Huber und Lette beteiligten, wurde der Vorstand von der Mitgliederversammlung schließlich ermächtigt, »in der von ihm befolgten Richtung fort(zu)fahren«[415]. Ein zentrales Problem bildete, wie schon angedeutet, die mathematisch-statistische Grundlage des ganzen Unternehmens. Huber hatte deshalb in der Mitgliederversammlung vom Staat gefordert, er möge von sich aus vor allem »mit Rücksicht auf die Statistik und die Mortalitätsverhältnisse« Rahmenbedingungen setzen, an die sich genossenschaftliche Pensionskassengründungen halten müßten; doch dazu gehöre – so fügte er hinzu –, daß der Staat die Verhältnisse selbst kenne, und das bezweifelte Huber[416]. Zunächst versuchte der Vorstand, die belgischen Tabellen zu erhalten, was jedoch mißlang, so daß er gezwungen war, selbst Berechnungen anzustellen. Dazu und zur ge-

414 Ebd., Bd. 1, S. (579).

415 Ebd., S. (570).

416 Ebd., S. (569). Zum Problem der mangelnden statistischen Grundlagen in jener Zeit s. *Jürgen Reulecke:* Pauperismus, »social learning« und die Anfänge der Sozialstatistik in Deutschland, in: *Hans Mommsen / Winfried Schulze* (Hg.): Vom Elend der Handarbeit, Stuttgart 1981, S. 385–372.

naueren Ausarbeitung der Statuten der geplanten Anstalt beauftragte er eine dreiköpfige Kommission, bestehend aus Lette, dem Stadtrat Duncker und dem Uhrmacher Jungnick, die wiederum einen Beamten der 1775 von Friedrich dem Großen gegründeten Königlichen allgemeinen Witwenverpflegungsanstalt als Fachmann hinzuzogen[417]. Der Kommission gelang es, bis Ende November 1849 eigene Tariftabellen fertigzustellen[418]. Nach ihren Berechnungen hätte beispielsweise, unter der Voraussetzung einer vierprozentigen Kapitalverzinsung, ein 25jähriger Arbeiter, der vom 60. Lebensjahr an eine jährliche Rente von einem Taler beziehen wollte, eine einmalige Zahlung von einem Taler elf Silbergroschen leisten müssen[419]. Die Unsicherheit, welche die Kommission bei ihren Vorschlägen noch empfand und die typisch für das Gefühl war, mitten in einem langwierigen Lernprozeß zu stehen, drückte sich darin aus, daß Lette unter Hinweis auf die besondere Bedeutung des Unternehmens nachdrücklich alle Interessierten in und außerhalb des Centralvereins um Rat bat und zur kritischen Prüfung der Vorlagen aufforderte[420].

In der Vorstandssitzung vom 8. Dezember 1849, an der zum letzten Male auch Ludwig Bisky als Deputierter der Arbeiterverbrüderung teilnahm[421], wurden die gesamten, bis in alle Einzelheiten ausgearbeiteten Vorlagen einstimmig verabschiedet. Die erwähnte Dreierkommission hatte ein umfangreiches Arbeitspensum geleistet, denn sie legte nicht nur einen »Statuten-Entwurf zur Begründung einer allgemeinen preußischen Altersversorgungs-Anstalt« vor, sondern auch einen entsprechenden Gesetzentwurf, die Begleitschreiben an die beiden Kammern und das Handelsministerium, die gesamten Tariftabellen einschließlich einer Reihe von Beispielberechnungen, die Muster für die notwendigen Formulare und für ein sogenanntes Rentenbuch, eine 24seitige detaillierte Begründung der Motive und schließlich auch noch als Anlage einen ausgearbeiteten Plan einer besonderen »National-Invaliden-Kasse für den Preußischen Staat«[422]. Es dürfte sich hierbei um den differenziertesten und abgewogensten sozial-

---

417 S. zu dieser Anstalt einige Angaben im 1. Jg. (1863) des Arbeiterfreundes, S. 16, Anm. 2. Der hinzugezogene Beamte, Dr. Carl Raedell, wurde Mitglied des Centralvereins und war in den folgenden Jahren einer seiner wichtigsten Fachleute für Kassenfragen.

418 Mittheilungen, Bd. 1, S. (629) bis (632).

419 Ebd., Der Vorstand hielt Renten zwischen 24 und 72 Talern (Maximum) für ausreichend, ebd., S. (580); s. auch oben Anm. 398.

420 Ebd., S. (628). Zwar lagen schon seit einiger Zeit auch in Deutschland Erfahrungen mit ersten Lebensversicherungen vor (Lübeck 1828, Gotha 1827/29), die Berechnung der Absterbeordnung bereitete aber auch dort noch Schwierigkeiten; s. *E. Mittermüller:* Art. Lebensversicherung, in: HdSt, Bd. 6, 4. Aufl. Jena 1925, S. 273f.

421 Neben Bisky und Levy nahmen zwei weitere Arbeitervertreter teil: der Tischler Schneider und der Schriftsetzer Karger; ebd., Bd. 2, S. (639). Bisky entzog sich der zunehmenden behördlichen Verfolgung und Belästigung Anfang 1850 durch Auswanderung nach Amerika; *Varnhagen:* Tagebücher 6, S. 486 (Eintrag vom 20. 12. 1849); *Balser:* Sozial-Demokratie, S. 176f.

422 Das gesamte Material ist vollständig im 2. Band der Mittheilungen abgedruckt.

politischen Vorstoß handeln, der bis zu diesem Zeitpunkt überhaupt in Preußen erfolgt war. Da schon im Dezember 1849 klar war, daß die Vorschläge des Centralvereins zur Reform der Gewerbeverfassung, vor allem die Gründung von Fabrikvereinen und die Einführung von Pflichtkrankenkassen für Arbeiter, erfolglos bleiben würden, verbanden Vorstand und Ausschuß nun mit diesem Altersversorgungsprojekt alle ihre Hoffnungen auf ein erfolgreiches Zusammenspiel von Centralverein, Volksvertretung und Regierung, zumal auf das belgische Vorbild einer staatlich geführten Altersversorgung hingewiesen werden konnte.
Der vorgeschlagene Gesetzentwurf war kurz[423]: Er regelte die staatliche Oberaufsicht und bestätigte die Garantie des Staates für die von der Anstalt eingegangenen Verbindlichkeiten. Ein von der Regierung ernannter Kommissar, dem Innenministerium zugeordnet, sollte Präsident des Anstaltskuratoriums sein. Der Staat war Träger der Verwaltungskosten, und die Beamten der Anstalt sollten die Rechte von Staatsbeamten erhalten. Das eigentliche Statut basierte auf den von Hermann Duncker am 6. Oktober 1849 vorgetragenen Prinzipien, wobei nun in § 27 auch eine Aussage über das Problem vorzeitiger Invalidität gemacht wurde. In Anlehnung an den § 8 des belgischen Gesetzentwurfs war hier geregelt, daß in einem solchen Falle eine, wenn auch niedrigere Rente ausgezahlt werden sollte[424]. Es war einsichtig, daß diese Bestimmungen nur eine notdürftige Hilfe schafften, deshalb legte der Vorstand gleichzeitig – kommentarlos – den erwähnten Plan einer National-Invaliden-Kasse vor, zu der jeder über 16 Jahre alte Einwohner der preußischen Staates Beiträge, gestaffelt in sieben verschiedenen Beitragsklassen nach den jeweiligen Steuersätzen, zu zahlen haben sollte[425]. An der Altersversorgungsanstalt wollte sich der Centralverein auch selbst beteiligen, indem er aus seinen Mitteln 2000 Taler als erste Einlage eines zu gründenden Unterstützungsfonds zu zahlen bereit war, in den freiwillig vom Staat und von sonstigen Institutionen und Personen gegebene Zuwendungen fließen sollten (§ 28). Übrigens war auch vorgesehen, Auswanderern einen Teil der Rente, auf den sie schon Anrechte erworben hatten, auszuzahlen (§ 29).
Die ausführliche Begründung der Motive nahm, soweit sie nicht einzelne Paragraphen erläuterte, im wesentlichen die Formulierungen des Letteschen Gutachtens vom 3. Juli 1849 wieder auf. Als zentrales Leitmotiv für die gesamte Konstruktion der Anstalt wurde darin ausgeführt, daß »eine wahrhaft freie Nation . . . die Staatsgewalten, abgesehen vom politischen Gebiet, auf die allgemeine obere Leitung und Beaufsichtigung ihrer socia-

423 Ebd., S. (647)f.
424 Als Begründung – ebd., S. (696)f. – wird angegeben, die finanziellen Folgen der vollen Rentenzahlung im Invaliditätsfall, wie sie der belgische Entwurf versah, lägen »außer aller Berechnung«.
425 Ebd., S. (700).

len Lebens- und Berufskreise zurückweisen und von der unmittelbaren Einmischung in dieselben fern halten« müsse[426]. Eine »die Freiheit und Selbstbestimmung von Gemeinden und Genossenschaften verschlingende Zentralisation und Vielregiererei« wie etwa in Frankreich sei »dem deutschen Wesen fremd«.

Insgesamt läßt sich die Perspektive des Centralvereins – hier wie schon bei seinen Vorschlägen zur Reform der Gewerbeverfassung – als Versuch einer Gratwanderung zwischen obrigkeitlichem, polizeistaatlichem Eingreifen und staatlicher Laisser-faire-Haltung verstehen. Noch glaubten die führenden Männer des Centralvereins an die durch die Revolution angebahnte und vermeintliche, durch die Begründung der konstitutionellen Monarchie zu Ende geführte Aufhebung des Gegensatzes zwischen Staat und Gesellschaft. Ihre gesamten sozialreformerischen Bestrebungen in den Jahren 1848/1849 beruhten im wesentlichen auf dieser Auffassung, die sich mehr und mehr als Fehleinschätzung und Illusion herausstellen sollte. Auch das Projekt der Altersversorgungsanstalt baute deshalb im Grunde auf einer falschen Erwartung hinsichtlich der Bereitschaft der Regierung zu einem gemeinsamen Handeln zur Abwehr von Gesellschaft wie Staat bedrohenden Gefahren.

Die im Schreiben von Pommer-Esches vom 25. Oktober 1848, dem Ausgangspunkt der Beschäftigung des Centralvereins mit der Altersversorgungsfrage, enthaltene Zusage, daß »die Staatsbehörden auf jede zulässige Weise gern« bei der Einrichtung einer entsprechenden Anstalt mitwirken würden, zitierte der Vorstand in seinem Anschreiben an die beiden Kammern und das Handelsministerium vom 12. Dezember 1849 in der Hoffnung auf die Einlösung der Zusage mit schon fast beschwörendem Unterton: Gerade dieses Versprechen und das Vertrauen, daß auch die Volksvertretung die Notwendigkeit der vorgeschlagenen Maßnahmen anerkennen würden, hätten dem Centralverein über »mancherlei Schwierigkeiten, die sich (ihm) bei der Berathung des Gegenstandes aufdrängten, hinweggeholfen«[427].

Auf seine Eingabe erhielt der Centralverein fast zwei Jahre lang keine Antwort. In seinem Jahresbericht anläßlich der Mitgliederversammlung vom 12. Oktober 1850 sah Lette den Grund dafür »unbezweifelt . . . in den vielen anderen politischen Gesetzen«[428], mit denen sich Kammern und Regierung zur Zeit beschäftigten. Tatsächlich schenkten die beiden Kammern dem Gesetzentwurf des Centralvereins nur wenig Beachtung, so daß von dieser Seite der Plan nicht weiterverfolgt wurde. Die Erste Kammer entledigte sich in einem Beschluß vom 12. März 1851 durch die Nennung einiger Kritikpunkte, die der Regierung »zur Erwägung« gegeben wur-

426 Ebd., S. (677).
427 Ebd., S. (643).
428 Ebd., S. (937).

den, ansonsten aber durch eine wohlwollende Stellungnahme einer weiteren Beschäftigung mit der Centralvereinsvorlage[429]. Bei der Zweiten Kammer gelangte der Gesetzentwurf offenbar nur bis in die Finanzkommission, die immerhin länger als eine Stunde darüber diskutierte und sich dann zunächst einmal weitere Informationen beschaffen wollte[430]. Im Plenum der Zweiten Kammer kam es erst im Zusammenhang mit Debatten um ein Unterstützungskassengesetz 1853/54 – vor allem durch die Initiative der Centralvereinsmitglieder Carl, Degenkolb und Harkort – zu neuen Vorstößen in Richtung auf eine Altersvorsorge, in denen zwar viele Argumente aus der Centralvereinsdiskussion wieder auftauchten, ohne daß aber ausdrücklich an den Gesetzentwurf vom 12. Dezember 1848 angeknüpft wurde[431].

In den Ministerien blieb die Angelegenheit lange liegen, obwohl von der Heydt bereits am 6. Februar 1850 ein erstes Votum abgegeben hatte[432]. Erst nachdem am 10. Oktober 1851 auch ein Gutachten des Finanzministers von Bodelschwingh vorlag, forderte Ministerpräsident von Manteuffel von der Heydt auf, nun dem Centralverein eine abschließende Stellungnahme zukommen zu lassen[433]. In seinem daraufhin abgefaßten Schreiben vom 1. November 1851[434] lehnte es von der Heydt grundsätzlich ab, »diejenigen Verpflichtungen für den Staat zu übernehmen, welche zur Begründung des Instituts in Aussicht genommen werden«. Als einen Grund seiner Ablehnung führt er an, daß der Staat nicht dafür garantieren könne, daß die eingelegten Kapitalien immer zu 4 % – eine Grundlage der Tabellenberechnung – verzinst werden könnten. Bei einer schlechten Konjunktur und einem Rückgang des Zinssatzes müsse dann die Regierung für die Verluste aufkommen. Auch hielt er die vorgezogene Auszahlung von Renten im Falle der Invalidität für bedenklich, vor allem wegen der dadurch unvorhersehbaren Belastungen der Anstalt und auch wegen des zu erwartenden Verwaltungsaufwands, der durch die Prüfung der Anträge auf frühere Rentenauszahlung entstehen werde. Weiterhin befürchtete er ein »riesiges Schreibwerk« durch die eingeräumte Möglichkeit, daß eine Person mehrere Renten kaufen könne. Schließlich kritisierte er noch die Ausdehnung der Anstalt auf ganz Preußen wegen der damit verbundenen Unübersichtlichkeit, aber auch Anhäufung eines großen Kapitals, dessen Unterbringung schwierig sein werde. Das vom Centralverein ange-

---

429 Mittheilungen, Bd. 5 (1855/58), S. (2497); vor allem aber DZAM, Rep. 120, A XI 1, Nr. 10, Bd. 1: Bericht der Petitionskommission der 1. Kammer (Nr. 99), S. 27ff.

430 Ebd., Aktennotiz über die Finanzkommissionssitzung vom 23. 1. 1851.

431 Vgl. *Volkmann:* Arbeiterfrage, S. 73f.

432 DZAM, Rep. 120, A XI 1, Nr. 10, Bd. 1: Votum von der Heydts an von Manteuffel vom 6. 2. 1850.

433 Ebd., von Manteuffel an von der Heydt vom 16. 10. 1851.

434 Ebd., von der Heydt an den Centralverein vom 1. 11. 1851; hierher stammen die folgenden Zitate.

führte belgische Vorbild ließ von der Heydt nicht gelten: Dort herrschten seiner Meinung nach ganz andere Verhältnisse.

Damit war dem Centralverein nach der von der Heydtschen Ablehnung seiner Vorschläge zur Ausgestaltung der Gewerbeverfassung am 9. September 1849[435] nun eine zweite deutliche Abfuhr erteilt worden. Daß der Centralverein davon nicht härter getroffen wurde, sondern schon bald wieder daran ging, einen zweiten Statutenentwurf für eine Altersversorgungsanstalt und, als dieser nur unter unannehmbaren Auflagen genehmigt werden sollte, einen dritten auszuarbeiten[436], ist nicht nur ein Beleg für das unermüdliche Engagement seines Vorstands, vor allem Lettes, sondern auch für seine inzwischen in Auseinandersetzung mit der Reaktion erworbene Hartnäckigkeit und Durchhaltekraft.

Die Lösung des Problems einer Alters- und Invalidenversorgung wurde trotz verschiedener Abweichungen im Detail von allen Mitgliedern des Centralvereins, die ein Votum dazu abgaben, als ein entscheidender Schritt zur Befreiung des Arbeiters von der Sorge um seine Zukunft verstanden. Diese Einsicht hatte sich wegen der Neuigkeit der Materie erst im Laufe der Beschäftigung mit dem Problemkomplex bei den Beteiligten durchgesetzt. Die geplante Anstalt sollte wichtige Anreize zur Stärkung der Selbsthilfefähigkeiten des Arbeiters schaffen, die entehrende Armenpflege überflüssig machen und ihn zur langfristigen Vorsorge und zur Vorausplanung seines Lebensweges anhalten. Die durch die Selbstverwaltung ihrer Angelegenheiten gewonnene Selbstsicherheit und die gleichzeitige Einsicht in die Chancen der freien Assoziation würden die Arbeiterschaft – so war die optimistische Überzeugung im Centralverein – zur geachteten und mittragenden Kraft der gesamten bürgerlichen Gesellschaft werden lassen[437].

Solche weitreichenden Pläne mußten jedoch zwangsläufig mit den Vorstellungen der Staatsregierung, aber auch der Mehrheit der Abgeordneten der beiden Kammern, kollidieren, denn ihr sozialpolitisches Denken und Handeln war seit 1849 in erster Linie von einer »Politik der Furcht« bestimmt[438]. Es ist bezeichnend, daß die staatliche Sozialpolitik in den Jahren nach der Revolution keine Probleme aufgriff, die zumindest ansatzweise nicht auch schon im Vormärz behandelt worden waren. Den gewandelten Verhältnissen entsprechend, nahmen die Zielsetzungen und der Durchsetzungswille des Staates lediglich deutlichere Konturen an. Ge-

---

435 S. oben Anm. 314.

436 S. den Rückblick Lettes auf die Vereinsgeschichte in: Arbeiterfreund, 1. Jg. (1863), S. 14f.

437 Vgl. von Viebahns Feststellung in der Vorstandssitzung am 4. 4. 1849, die Arbeiter besäßen »vollkommen die Reife . . ., bei gehöriger Organisation ihre Angelegenheiten in administrativer und gerichtlicher Beziehung selbst zu wahren und zu schlichten«; Mittheilungen, Bd. 1, S. (405); ähnlich ebd., S. (413).

438 *Volkmann:* Arbeiterfrage, S. 93.

setzgeberische Schwerpunkte waren[439], abgesehen von der Gewerbeordnungsnovelle vom 9. Februar 1849, das neue Kinderschutzgesetz vom 16. Mai 1853, das Gesetz über das Hilfskassenwesen vom 3. April 1854, das neue Knappschaftsgesetz vom 10. April 1854 sowie die Novellierung des Armenpflegegesetzes aus dem Jahre 1842 am 27. Mai 1855. Schon diese Aufzählung zeigt, daß die Revolution trotz ihrer starken »sozialen Unterströmung« den Blick der Staatsführung nicht in eine neue sozialpolitische Richtung gelenkt hatte; offenbar war sie der Meinung, die vorhandenen Gesetze müßten – unter Beibehaltung der tradierten Grundlinie – nur entsprechend modifiziert und dem bewußter gewordenen Abwehr- und Sicherheitsbedürfnis des Staates angepaßt werden. Jedes Eingreifen in den freien Wirtschaftsablauf durch die verschiedenen, insgesamt aber als recht maßvoll zu bewertenden Einschränkungen der völligen Gewerbefreiheit diente zuallererst dazu, neue Gefährdungen des Staates zu verhindern und den politischen Status quo zu befestigen. Hierauf beschränkte sich die ausdrücklich betonte soziale Verantwortung der Reaktionsregierung für das Gemeinwohl. Folgende Feststellung von der Heydts in einer Zirkularverfügung vom 22. Mai 1851 drückt die Leitlinie der staatlichen Sozialpolitik nach 1849 treffend aus:

»Jetzt, wo es mehr als sonst darauf ankommt, die Mittel zu finden und anzuwenden, welche den in der bürgerlichen Gesellschaft wirkenden auflösenden Elementen entgegenzuwirken geeignet sind . . ., kann die Regierung die Arbeitsverhältnisse in den Fabriken nicht unbeachtet lassen.«[440]

Ein Weg dahin war für von der Heydt die Bewahrung der Arbeiter »vor Verkümmerung des Leibes und der Seele«[441], ein anderer aber, und dieser wurde vor allem von dem Innenminister und späteren Ministerpräsidenten von Manteuffel in enger Zusammenarbeit mit dem Berliner Polizeipräsidenten Hinckeldey beschritten[442], die Unterbindung fast aller Möglichkeiten zum kollektiven Handeln und zur Selbstorganisation in Vereinen.

---

439 S. dazu *Volkmann:* Arbeiterfrage, passim.

440 Zit. nach *Gladen:* Sozialpolitik, S. 38. Gladen spricht im Hinblick auf die 1850er Jahre von »Konsolidierung und Ausbau sozialpolitischer Ansätze« (S. 38), *Köllmann* (Anfänge der staatlichen Sozialpolitik, S. 420f.) von einer »Verstärkung des sozialen Schutzes«. Tatsächlich erhöhte sich durch eine Erweiterung schon bestehender Schutzbestimmungen und der betroffenen Personenkreise die Effizienz der Maßnahmen, vor allem im Bereich des Hilfskassen- und Knappschaftswesens. Dennoch unterscheidet sich die Sozialpolitik der Reaktionszeit von der des Vormärz im wesentlichen nur unter quantitativen Gesichtspunkten; von einer neuen Qualität durch die Aufnahme sozialreformerischer Forderungen kann nicht die Rede sein.

441 Zit. nach *Bergengrün:* von der Heydt, S. 213.

442 Grundsätzlich dazu *Huber:* Verfassungsgeschichte, Bd. 3, S. 169ff.; zu Karl Ludwig Friedrich von Hinckeldey (1805–1856) s. *Heinrich v. Sybel:* Carl Ludwig von Hinckeldey, in: HZ, Bd. 189 (1959), S. 108–124, aber auch *Balser:* Sozial-Demokratie, S. 274f., und *Gillis:* The Prussian Bureaucracy in Crisis, S. 183–187. Lt. *Varnhagen* (Tagebücher 5, S. 295, Eintrag vom 16. 11. 1848) wurde Hinckeldey Mitte November 1848 zum Polizeipräsidenten ernannt.

Staatliche Sozialpolitik dieser Epoche war in nahezu keinem Punkte zugleich auch soziale Reformpolitik, wie sie der Centralverein anstrebte, sondern letztlich »Interessenpolitik der Arrivierten zum Schutze der bestehenden Ordnung vor den Ansprüchen der von unten nachdrängenden Bevölkerungsschichten«[443]. Alle Projekte, die auf eine noch so begrenzte Mitsprache, Stärkung des Selbstbewußtseins und Befähigung zum gemeinsamen Handeln in Assoziationen hinzielten, widersprachen jener Grundlinie staatlicher Sozialpolitik[444]. Wie schon bei seinen Entwürfen zu einer neuen Gewerbeverfassung, in denen eine Fülle von Einzelideen steckte, die erst sehr viel später in die Praxis umgesetzt wurden[445], war der Centralverein auch mit seinem Altersversorgungsprojekt ein »einsamer Rufer in der Wüste«. Erst 40 Jahre später, am 22. Juni 1889, wurde als drittes der Bismarckschen Sozialversicherungsgesetze ein Invaliditäts- und Altersversicherungsgesetz erlassen, das auf der Grundlage des Versicherungszwanges beruhte. Es sei, so schreibt Ernst Rudolf Huber im 4. Band seiner Verfassungsgeschichte, das »schwierigste Stück« des Bismarckschen Programms gewesen, da es »auf diesem Gebiet keine Vorarbeiten und keine Erfahrungen« gegeben habe[446]. Das Projekt des Centralvereins zur Errichtung einer allgemeinen preußischen Altersversorgungsanstalt aus dem Jahre 1849 belegt das Gegenteil.

---

443 *Volkmann:* Arbeiterfrage, S. 93.

444 S. die Bemerkung Harkorts: ». . . unsere Regierung liebt die Associationen nicht, sie ist immer geneigt, politische Umtriebe hinter denselben zu suchen, und macht die Konstabler zu Vorsitzenden, wie wir dies alle Tage hier erleben«, zit. nach *Volkmann,* ebd., S. 99, Anm. 14.

445 *Teuteberg:* Mitbestimmung, S. 518.

446 *Huber:* Verfassungsgeschichte, Bd. 4, S. 1202; ähnlich auch *Herkner:* Die Arbeiterfrage, Bd. 1, S. 375. Nur *Vogel* (Bismarcks Arbeiterversicherung, S. 12) erwähnt den Vorstoß des Centralvereins mit einem Satz. Die Akten zeigen, daß ältere Vorlagen und Ausarbeitungen in den Ministerien vorlagen; ob und wieweit diese bei der Vorbereitung des Gesetzes von 1889 herangezogen wurden, könnte erst eine Detailuntersuchung ergeben. S. etwa die Akten DZAM, Rep. 120, A XI 1, Nr. 10, sowie Rep. 77, tit. 1104, Nr. 1, Bd. 3, fol. 110–116, in denen eine Fülle von Material, vor allem auch aus dem Ausland, zu finden ist.

III. Der Centralverein zu Beginn der Reaktionsperiode

Auswirkungen der Reaktionspolitik auf den Centralverein

Bei der Darstellung der beiden großen sozialreformerischen Pläne des Centralvereins in den Revolutionsjahren 1848/49 ist schon verschiedentlich auf Auswirkungen der seit November 1848, verstärkt seit Mai 1849 einsetzenden Reaktion hingewiesen worden. Zwar hat es in der Folgezeit keine direkte Einschränkung der Tätigkeit des Centralvereins durch polizeiliche Maßnahmen gegeben – dazu bot seine betont apolitische Haltung auch keine Ansatzpunkte –, doch hatte er unter einer Fülle von indirekten Behinderungen zu leiden, welche die Verfolgung seiner Ziele über die Zurückweisung jener beiden großen Pläne hinaus erheblich beeinträchtigten. Ein wichtiger Punkt in diesem Zusammenhang war der ständig wachsende Argwohn der Behörden – gemeint sind damit vor allem das Innenministerium und das Berliner Polizeipräsidium – gegen den Berliner Lokalverein mit seinen verschiedenen Bezirksvereinen und -kassen.
Bereits am 20. Dezember 1848 stellte Benda in der Vorstandssitzung des Centralvereins den Antrag, Maßnahmen zu ergreifen, damit die im Gefolge des Belagerungszustands eingeführte »alles Schicklichkeitsgefühl beleidigende polizeiliche Bevormundung« der Bezirksvereine aufhöre und ihre Wirksamkeit »nicht durch die polizeiliche Einmischung untergraben werde«[1]. Er habe zu Beginn der Revolution gegen anarchische Bestrebungen gekämpft, jetzt müsse er sich gegen »die Übergriffe der Militärherrschaft« wehren[2]. Weitere Mitglieder unterstützten Benda, und von Viebahn und einigen anderen gelang es nur unter Hinweis auf den Grundsatz des Centralvereins, »sich vom politischen Gebiete fernzuhalten« und im Hinblick auf das bald zu erwartende Ende des Belagerungszustandes den Antrag zurückzuweisen[3]. Doch von einer raschen Entspannung der Verhältnisse konnte keine Rede sein. Am 10. März 1849 notierte Varnhagen unter Bezug auf die im Widerspruch zur gesetzlich garantierten Vereinsfreiheit zunehmende Beschränkung der Versammlungen und Vereine in sein Tagebuch: »Schamlose Frechheit! Ganz das alte Polizeiwesen, Vernichtung al-

---

1 Mittheilungen, Bd. 1, S. (309).

2 Benda hatte im April in einer Reihe von Aufrufen vor der Anarchie des »durch seine Gesinnungen von Gott gestempelten Pöbel(s)« gewarnt (sog. »Catilina-Artikel«), s. *Wolff:* Revolutionschronik, Bd. 2, S. 4f.

3 Mittheilungen, Bd. 1, S. (310).

ler Freiheit. Lügner von Haus aus, immer mehr kommt an den Tag, wie sie es wirklich meinen.«[4]

Der Lokalverein selbst blieb zunächst noch unbehelligt und fühlte sich durch das oben erwähnte behördliche Angebot der Verleihung von Korporationsrechten sogar in besonderer Weise bestätigt[5], bis auch für seine Tätigkeit nach dem zweiten Staatsstreich, d. h. der Auflösung der Zweiten preußischen Kammer am 27. April 1849, und nach der Niederschlagung der Reichsverfassungskampagne im Mai 1849 die Wende kam. Die neue Regelung des Belagerungszustandes am 10. Mai 1849[6] gab die Möglichkeit, die schärfsten Kritiker der Reaktion unter verschiedenen Vorwänden zu verfolgen. In diesem Zusammenhang wurde neben anderen Mitgliedern des Berliner Volksclubs wie Julius Berends und Friedrich Köppen auch der Vorsitzende des Lokalvereins, Julius Waldeck, am 24. Mai verhaftet und von einem Kriegsgericht zu einer dreimonatigen Gefängnisstrafe verurteilt[7]. Der Lokalverein galt von nun an nach Meinung des Polizeipräsidenten Hinckeldey als Sammelpunkt von Männern der »entschiedensten sogenannten demokratischen Richtung«[8].

Wenn auch gegen die Bildungs- und Wohltätigkeitsvereine nicht mit derselben Härte vorgegangen werden konnte wie gegen politische Clubs[9], so wurden dennoch selbst die Vorschußkassenvereine von den Polizeibehörden argwöhnisch beobachtet, da sich in solchen und ähnlichen Vereinen besonders nach der Aufhebung des Belagerungszustandes am 27. Juli 1849 die »Freunde der Volkspartei« zu sammeln begannen[10]. Varnhagen notierte am 20. September 1849: »Die Unterstützungsvereine haben guten Fortgang und halten die Volksfreunde zusammen, im harmlosesten, menschlichsten Geschäft«[11], und vermerkte am 23. Oktober: »Alle dergleichen Bestrebungen liefern den festen, sichern Unterbau der künftigen Freiheit.«[12] Da zunächst offiziell die Vereinsfreiheit weiterbestand[13], erfand die Polizei eine Fülle von Schikanierungsmöglichkeiten gerade auch gegen

---

4 *Varnhagen:* Tagebücher 6, S. 79 (Eintrag vom 10. 3.1849).

5 S. oben S. 191.

6 *Huber:* Verfassungsgeschichte, Bd. 3, S. 47f.

7 *Silberner* (Hg.:): Johann Jacoby, Briefwechsel, S. 576, Anm. 5; s. auch *Varnhagen:* Tagebücher 6, S. 186f. und S. 333. *Bernstein:* Geschichte der Berliner Arbeiter-Bewegung, 1. Teil, S. 75, berichtet, daß in diesen Tagen über 1000 Personen aus Berlin ausgewiesen worden seien.

8 DZAM Rep. 77, tit. 1104, Nr. 8, Bd. 1, Schreiben Hinckeldeys vom 15. 1. 1850 an von Manteuffel, fol. 15. Zu Hinckeldey s. oben Anm. 442 zu Kap. II.

9 *Bernstein* (s. Anm. 7), S. 9.

10 *Varnhagen:* Tagebücher 6, S. 312 (Eintrag vom 11. 8. 1849): »Nachrichten von den Bezirksvereinen, alles läuft auf Wohlthätigkeit hinaus; Sicherung der Kassen.«

11 Ebd., S. 367 (Eintrag vom 20. 9. 1849).

12 Ebd., S. 408 (Eintrag vom 23. 10. 1849); ähnlich auch S. 444.

13 Vgl. *Balser:* Sozial-Demokratie, S. 273; *Varnhagen* (Tagebücher 6, S. 435) berichtete bereits am 11. 11. 1849 über Gerüchte einer gesetzlichen Beschränkung der Vereinsfreiheit, die dann am 11. 3. 1850 erfolgte.

die Wohltätigkeitsvereine, von denen der größte der am 1. Mai 1849 vom Berliner Distrikt der Arbeiterverbrüderung gegründete Gesundheitspflegeverein war[14]. Trotz vielfältiger Einschränkungen stieg jedoch dessen Mitgliederzahl von 327 im Mai auf 5110 im September 1849 an; bis zu seiner Auflösung im Frühjahr des Jahres 1853 wurden auf seine Kosten rd. 28000 Personen ärztlich behandelt und mit Medikamenten versorgt[15]. Im Gegensatz zur Arbeiterverbrüderung selbst, der er insgesamt trotz des ständigen Kontakts mit deren Deputierten zurückhaltend begegnete[16], hielt der Centralverein diesen Gesundheitspflegeverein für ein hervorragendes Beispiel einer freien Assoziation, da er zur »Befriedigung wirklicher Bedürfnisse . . . bei innerer und lebendiger Theilnahme der Bevölkerung« gegründet worden sei[17]. Damit der Gesundheitspflegeverein nicht in die scharfe Verfolgung und schließliche Auflösung der Arbeiterverbrüderung, die nach einem Attentat auf Friedrich Wilhelm IV. erfolgte, hineingezogen würde, löste er sich Mitte 1850 aus der Verbindung mit der Arbeiterverbrüderung und bestand selbständig weiter, bis auch er am 3. April 1853 seine Tätigkeit einstellen mußte.

Die Situation in verschiedenen Berliner Bezirks- und Vorschußkassenvereinen spitzte sich durch deren zunehmende Politisierung im Sommer 1849 so zu, daß in einigen Fällen ein Auseinanderbrechen drohte. Der Centralvereinsvorstand versuchte daraufhin durch Appelle, »der für die Zwecke unseres Vereins, gleichwie für das Gedeihen der bürgerlichen Gesellschaft, gleich verderblichen Spaltung der Bezirksvereine nach politischen Parteien« entgegenzutreten, meist jedoch ohne Erfolg[18]. Er legte u. a. gerade auch deshalb großen Wert auf eine Zurückdrängung der die Einheit des Lokalvereins bedrohenden Elemente, weil er wußte, daß die auch von ihm befürwortete Erteilung der Korporationsrechte an den Lokalverein von dessen Solidität und innerer Festigkeit abhing. Wenige Tage vor seinem Appell zur Einigkeit war nämlich eine Anfrage der Minister des Innern, des Handels und der Finanzen eingegangen, in der er um Aufklärung über seine Beziehungen zum Berliner Lokalverein gebeten wurde[19].

---

14 Berichte über solche Schikanen finden sich bei *Varnhagen* in großer Zahl (Tagebücher 6, z. B. S. 320, 334, 341, 420, 434f., 440 und passim). Zum Gesundheitspflegeverein s. *Balser:* Sozial-Demokratie, S. 118ff. und S. 627f.; s. auch Mittheilungen, Bd. 1, S. (608)ff., bes. S. (610) bis (627).

15 Mittheilungen, Bd. 4 (1853/55), S. (2034) und S. (2099)ff.

16 Vgl. ebd., Bd. 1, S. (608) Anm., anläßlich des Berichts über den Gesundheitspflegeverein der Arbeiterverbrüderung.

17 Mittheilungen, Bd. 4, S. (2034).

18 S. den Appell in der Vorstandssitzung vom 8. 8. 1849, Mittheilungen, Bd. 1, S. (531); auch in der Mitgliederversammlung vom 16. 5. 1849 war die Angelegenheit zur Sprache gekommen, ebd., S. (414). Anfang Januar 1850 mußte der Centralverein allerdings feststellen, daß sich ein Teil der Vereine »aus politischen Parteirücksichten abgesondert« hatte; ebd., Bd. 2, S. (726).

19 DZAM Rep. 120, DXXII/5, Nr. 1, vol. 3 (Schreiben vom 2. 8. 1849); s. auch Mittheilungen, Bd. 1, S. (532)f.

In seiner Antwort vom 9. August 1849 betonte der Vorstand nachdrücklich die Selbständigkeit des Lokalvereins, sowohl was dessen gesamte Kassenführung als auch die Verfolgung seiner Ziele und Durchführung seiner Pläne angehe[20]. Nach dieser Klarstellung hatten Handelsminister von der Heydt und Finanzminister von Rabe keine Bedenken, Friedrich Wilhelm IV. die Verleihung von Korporationsrechten an den Lokalverein vorzuschlagen[21], doch war Innenminister von Manteuffel anderer Meinung: Er befürchtete, daß der Verein nach der Gewährung der Rechte einen zu selbständigen Weg einschlagen werde, der u. U. zur politischen Parteiung führen könnte, und wollte deshalb auf eine engere Verbindung aller Lokalvereine mit dem Centralverein hinwirken[22]. Darin lag für ihn die Garantie für eine unpolitische Entwicklung. Von Staats wegen, so betonte er, sei er deshalb gegen alles, was die Einheit störe. Hinzu komme, daß die Stiftung des Königs von 15000 Talern seinerzeit nicht nur für den Centralverein allein, sondern für die gesamte Vereinsbewegung für das Wohl der arbeitenden Klassen bestimmt gewesen sei; schon diese Tatsache bedinge eine engere Anbindung. Eine Verleihung von Korporationsrechten sei dann überflüssig und abzulehnen, zumal sonst auch alle übrigen Lokalvereine um ein solches Privileg nachsuchen könnten.
Diese Zielsetzung von Manteuffels lief eindeutig darauf hinaus, die kritischen Kräfte im Lokalverein durch Verknüpfung mit dem Centralverein zu disziplinieren, denn wenige Tage vor der Abfassung dieses Schreibens an von der Heydt und von Rabe hatte der Innenminister einen Bericht des Berliner Polizeipräsidenten Hinckeldey erhalten, in dem dieser ihn auf die politische Unzuverlässigkeit der führenden Männer des Lokalvereins aufmerksam gemacht hatte[23]. Doch von der Heydt glaubte zu diesem Zeitpunkt noch nicht von seiner Bereitschaft zur Befürwortung der Korporationsrechtsverleihung abgehen zu sollen und beabsichtigte, seinen Kollegen u. a. auf die oben zitierte Zusage von Patows vom 9. März 1849 hinzuweisen, in der dieser bereits dem Lokalvereinsvorstand mitgeteilt hatte, der Gewährung der Rechte stehe nichts im Wege[24]. Bevor jedoch ein Schreiben mit diesem Inhalt aus seinem Ministerium ging, erhielt nun auch von der Heydt, möglicherweise auf Veranlassung von Manteuffels, einen Bericht Hinckeldeys über den Lokalverein aus polizeilicher Sicht[25]. Darin wies der Polizeipräsident den Handelsminister nachdrücklich auf die Vorstandsmitglieder hin, die zum größten Teil Angehörige der »äußersten demokratischen Partei« seien, und nannte u. a. Julius Waldeck,

20 DZAM Rep. 120, ebd., lt. Schreiben von der Heydts an von Manteuffel vom 22. 9. 1849.
21 Ebd.
22 Ebd., Schreiben von Manteuffels vom 17. 10. 1849 an von der Heydt und von Rabe.
23 DZAM Rep. 77, tit. 1104, Nr. 8, Bd. 1, fol. 15.
24 S. oben S. 191.
25 DZAM Rep. 120, DXXII/5, Nr. 1, vol. 3 (Schreiben von Hinckeldeys vom 3. 12. 1849).

Kalisch, Runge, Franz Duncker und David Born. Dem Lokalverein müsse deshalb mit größtem Mißtrauen begegnet werden. Hinckeldeys Warnung verfehlte ihre Wirkung nicht: Fünf Tage später erklärte sich von der Heydt trotz der seinerzeit gegebenen Zusicherung von Patows mit dem ablehnenden Votum von Manteuffels einverstanden[26]. Auch er, so ließ er seinen Kollegen wissen, besitze kein Vertrauen in die Bestrebungen und führenden Personen des Lokalvereins. Die Möglichkeit einer Verleihung von Korporationsrechten an den Lokalverein, die einen Schutz gegen allzu leichtes und schnelles polizeiliches Vorgehen gegen ihn geboten hätten, war damit aus der Welt geschafft. Wann auch er wie die meisten anderen Vereine in Berlin aufgelöst wurde, ist aus den vorhandenen Unterlagen nicht ersichtlich. In einem Überblick über die Geschichte des Centralvereins aus dem Jahre 1863 stellt Lette lediglich fest, daß der Lokalverein nach 1849 »alsbald der Ungunst der Verhältnisse erlag«[27].
Das Hin und Her um die Verleihung von Korporationsrechten an den Lokalverein hatte auch für den Centralverein negative Auswirkungen, denn die Berichte Hinckeldeys waren mit ein Grund dafür, daß von der Heydt alles daran setzte, die Auszahlung der noch ausstehenden zweiten Rate des königlichen Geschenks in Höhe von 7500 Talern zu verhindern. Der Centralvereinsvorstand war bis zum Sommer 1849 offenbar der Meinung, die Auszahlung der Restsumme sei lediglich eine Formsache. Als Benda in der Sitzung vom 27. Oktober 1848 den Antrag stellte, der Verein möge sich das Geld sofort auszahlen lassen, hielten die übrigen Vorstandsmitglieder dies wegen des Kassenstandes des Vereins noch nicht für nötig[28]; sie wollten einen entsprechenden Antrag erst stellen, nachdem eine erste Phase von Zuschuß- und Darlehensbewilligungen an Lokalvereine abgeschlossen war, um dann neue Projekte in Angriff nehmen zu können. Mit Überraschung nahm deshalb der Vorstand ein Schreiben von der Heydts vom 4. August 1849[29] zur Kenntnis, in dem dieser den Centralverein aufforderte, über seine gegenwärtige Vermögenslage zu berichten und mitzuteilen, wofür er die zweite Hälfte der Stiftungssumme, falls das Geld überhaupt »nach Verlauf so langer Zeit noch nothwendig sei«, verwenden wolle, wobei der Minister auch gleich eine Antwort mitlieferte: Er empfahl, die Summe »vorzugsweise« für den Ausbau eines gut organisierten Spar- und Prämienkassenwesens zu verwenden.
Es ist anzunehmen, daß von der Heydt den Centralverein mit diesem Schritt von der Unterstützung der inzwischen als politisch unzuverlässig

26 Ebd., Schreiben vom 8. 12. 1849.
27 Arbeiterfreund, 1. Bd. (1863), S. 10; in einer Aufzählung der mit dem Centralverein in Verbindung stehenden Vereine vom 9. 4. 1851 wird er jedoch noch erwähnt; Mittheilungen, Bd. 2, S. (1179).
28 Mittheilungen, Bd. 1, S. (288).
29 Zit. ebd., S. (553).

geltenden Bezirksvorschußkassenvereine abbringen wollte. Der Centralvereinsvorstand kam der Aufforderung von der Heydts am 8. September 1849 mit einer ausführlichen Darstellung seiner Finanzverhältnisse und einem detaillierten Bericht über seine bisherige Arbeit nach, verwahrte sich aber gegen die Festlegung in einer bestimmten Richtung[30]: Von einer Zweckgebundenheit des königlichen Geschenks sei keine Rede gewesen. Zur Begründung wies er auf die Stiftungsurkunde vom 25. Oktober 1844 hin, die gerade die alleinige Förderung des Sparkassenwesens ausgeschlossen habe[31]. Der Vorstand bat um Vertrauen in seine Arbeit und seine Entscheidungsfähigkeit, an welchen Stellen Bedürfnisse zur finanziellen Unterstützung beständen, und beantragte die Auszahlung der zweiten Rate möglichst noch vor der geplanten Mitgliederversammlung am 6. Oktober 1849. Daß der Centralverein sich noch nicht so wie ursprünglich geplant entwickelt habe und auch Beiträge und Spenden von Mitgliedern und Freunden noch nicht in erhofftem Umfange eingegangen seien, müsse »größtentheils« als Schuld der Behörden angesehen werden, die die Statutenbestätigung so lange verzögert hätten[32].

Da jedoch bis zum 6. Oktober keine Antwort des Ministers eingegangen war, legte Lette auf der Mitgliederversammlung den Standpunkt des Vorstands noch einmal unmißverständlich klar, daß die zweite Rate dem Verein »rechtlich nicht entzogen werden könne«[33], wobei aus seinen Worten die Verärgerung über die Zumutung des Ministers herauslesbar ist.

Statt des Geldes ging Ende Oktober 1849 eine erneute Verfügung von der Heydts ein, in der er dem Centralverein mitteilte, er vermöge zur Zeit kein Bedürfnis für eine Auszahlung der zweiten Rate festzustellen[34], Um zu belegen, daß ein solches Bedürfnis sehr wohl vorhanden war, verfaßte der Vorstand am 19. Dezember 1849 einen zweiten Bericht, in welchem er auf den Beschluß des Vereins hinwies, 2000 Taler als Dotationskapital in den Unterstützungsfonds der geplanten Altersversorgungsanstalt fließen zu lassen[35]. Im übrigen wiederholte er die schon im ersten Bericht vorgetragenen Argumente und betonte vor allem seine »hohe Aufgabe«, »die aus bewegter Zeit hervorgegangenen socialen Ideen auf ihre richtigen, praktisch ausführbaren Principien zurückzuführen und die schroffen Gegensätze politischer Partheiung . . . auszusöhnen«[36]. Erneut bat er deshalb um die Auszahlung des »vollen unverkümmerten Betrages«.

---

30 Abdruck des Berichts ebd., S. (553) bis (564).

31 Ebd., S. (556)f.

32 Ebd.

33 Ebd.

34 Das Schreiben ist nicht erhalten; es finden sich aber Bezugnahmen darauf in den Akten DZAM Rep. 120, DXXII/1, Nr. 1, vol. 3, fol. 6, sowie Rep. 77, tit. 1104, Nr. 8, Bd. 1, fol. 16; außerdem in den Mittheilungen, Bd. 2, S. (941)f.

35 Ebd., S. (718)ff.

36 Ebd., S. (719)f.

Das eigentliche Motiv für die ablehnende Haltung von der Heydts, der zur offiziellen Begründung seiner Weigerung, das Geld auszuzahlen, in Anbetracht der klaren Rechtslage nur sehr schwache Argumente vorbringen konnte, ergibt sich aus den erwähnten Berichten Hinckeldeys an das Innen- und an das Handelsministerium über die Aktivitäten des Berliner Lokalvereins. Dieser habe sich u. a. die Aufgabe gestellt, heißt es in einem Bericht vom 15. Januar 1849[37], sämtliche Berliner Unterstützungskassen in einer Zentralkasse unter seiner Leitung zu vereinigen. Dies bedeute, daß auf eine solche Weise die Männer der sogenannten Volkspartei »in den Besitz bedeutender pecuniärer Kräfte« kämen und auf Dauer eine ergiebige Geldquelle zur Verfügung hätten, gegen die die Behörden nichts unternehmen könnten. Der Staat dürfe diesen politischen Kräften auf keinen Fall noch weitere Geldmittel zuführen, indem er dem Centralverein die zweite Rate der königlichen Stiftung auszahle.

Von der Heydts Antwort vom 1. Februar 1850[38] auf den zweiten Antrag des Centralvereins fiel deshalb noch deutlicher als die erste aus: Für die Auszahlung der 7500 Taler liege kein Grund vor, er denke deshalb auch zur Zeit nicht daran, dem Finanzminister die Bereitstellung der Summe zu empfehlen[39]. Den Hinweis auf den Zuschuß zum Unterstützungsfonds der geplanten Altersversorgungsanstalt könne er nicht akzeptieren, da über die Errichtung der Anstalt noch nicht definitiv entschieden sei. Die Darstellung des nun beginnenden, fast vier Jahre dauernden Kleinkriegs zwischen dem Handelsminister und dem Centralverein um die Auszahlung der zweiten Rate, in den sich seit Mitte 1851 auch der Prinz von Preußen und spätere König Wilhelm I. als Protektor der Berliner gemeinnützigen Baugesellschaft einschaltete, würde hier zu weit gehen[40]. Erst Anfang November 1853 erhielt der Centralverein die Summe von 7500 Talern ausgezahlt, die ihm jedoch nur unter der Bedingung, sie vollständig in Aktien der erwähnten Baugesellschaft anzulegen, übergeben wurde.

Am Beispiel der Querelen um die Auszahlung der zweiten Rate der königlichen Stiftung zeigen sich sehr deutlich jene bis in Nebensächlichkeiten hineinwirkenden Einschränkungen und Beeinflussungsversuche der Reaktionsbehörden, mit denen sich der Centralverein nun ständig auseinanderzusetzen hatte. Daß hierbei von Manteuffel und von der Heydt, die in den ersten Reaktionsjahren trotz unterschiedlicher Anschauungen in der

37 DZAM Rep. 77, tit. 1104, Nr. 8, Bd. 1, fol. 15.

38 Ebd., fol. 16.

39 Ebd. Von Manteuffel zeigte an der Angelegenheit großes Interesse und fragte am 21. 3. 1850 nach ihrem Stand (fol. 13); am 15. 4. 1850 berichtete das Handelsministerium daraufhin über die Ablehnung des Centralvereinsantrages (fol. 14).

40 Die in diesem Zusammenhang gewechselten Schreiben füllen nahezu die ganze Akte DZAM Rep. 120, DXXII/1, Nr. 1, Bd. 3. Zur Beteiligung des Centralvereins an der Baugenossenschaft bereits im Jahre 1848 s. oben S. 181.

Schutzzollfrage ein »gutes Einvernehmen« und »kollegiales Verhältnis« verband[41], eng zusammenwirkten, läßt sich auch in einem anderen Fall belegen. Da sich die Modalitäten der Einladung zu den Mitgliederversammlungen und Vorstandssitzungen des Centralvereins als unpraktisch herausgestellt hatten, beschloß die Mitgliederversammlung vom 6. Oktober 1849 eine geringfügige Statutenänderung[42], die der Vorstand von der Heydt am 21. Februar 1850 zur Genehmigung vorlegte. Der Handelsminister hatte zwar gegen diesen Änderungswunsch nichts einzuwenden[43], benutzte aber nach Absprache mit von Manteuffel die Gelegenheit, den Centralverein in einem ganz anderen, seiner Meinung nach bedenklichen Punkt gleichfalls zu einer Revision seines Statuts zu veranlassen. Es handelte sich dabei um den in der ersten Mitgliederversammlung nach der Märzrevolution eingefügten Passus, nach dem der Vorstand zu seinen Sitzungen Arbeitervertreter einladen konnte[44]. Von der Heydt sah darin die Gefahr, daß durch eine solche Öffnung des Vorstands Sitzungen leicht in größere Vereins- oder gar öffentliche Versammlungen übergehen könnten, und bezeichnete diese Regelung als unvereinbar mit dem am 11. März 1850 erlassenen neuen Vereinsrecht[45]. Auch von Manteuffel hielt auf Rückfrage von der Heydts die Einladung »von Männern aus dem Arbeiterstande zu den Berathungen . . . für ebenso überflüssig als nachtheilig«[46], so daß beide Minister in einer gemeinsamen Verfügung vom 28. Juli 1850 an den Centralverein diesem zur Auflage machten, den genannten Passus zu streichen: Es erscheine »vollkommen genügend, wenn diejenigen Vorstands- und Ausschußmitglieder, welche von Männern aus dem Arbeiterstande Auskunft zu erhalten wünschen, sich solche durch Rücksprache« mit diesen beschafften[47]. Dazu bedürfe es keiner formellen Teilnahme an den Sitzungen.

Damit war der vormärzliche Zustand wiederhergestellt; die bürgerlichen Sozialreformer waren erneut unter sich. Die Möglichkeit einer Mitsprache von Arbeitervertretern bei den Aktivitäten des Centralvereins, die vor allem Bisky, Rouvel, Schwartz und Levy in den Vorstands- und Ausschußsitzungen 1848/49, wie die Sitzungsprotokolle beweisen, lebhaft wahrgenommen hatten, war damit in Zukunft ausgeschlossen, auch wenn Lette

41 Nach *Bergengrün:* von der Heydt, S. 153 und S. 240, vertrat von Manteuffel freihändlerische Gedanken. Zwischen beiden Ministern kam es erst im Jahre 1856 zu einer Entzweiung.

42 Mittheilungen, Bd. 1, S. (530) und S. (576)f. Es waren davon die §§ 20–22 des Statuts betroffen.

43 DZAM Rep. 77, tit. 1104, Nr. 8, Bd. 1, fol. 17.

44 S. oben S. 160.

45 DZAM Rep. 77, ebd.; zum Versammlungs- und Vereinigungsgesetz vom 11. 3. 1850 s. *Huber:* Verfassungsgeschichte, Bd. 3, S. 109f.

46 DZAM Rep. 77, ebd., Schreiben von Manteuffels an von der Heydt vom 30. 6. 1850, fol. 19.

47 Ebd., fol. 36f.

in der Generalversammlung vom 12. Oktober 1850 versprach, der Vorstand werde auch weiterhin »auf die Vernehmung sachverständiger Männer aus den verschiedenen Berufsklassen . . . zurückgehen«[48].

Die Politik der Reaktionszeit bedeutete aber nicht nur für den Centralverein eine erhebliche Einschränkung seiner Tätigkeit, was sich über die erwähnten Beispiele hinaus vielfältig belegen ließe, sondern führte auch zu Repressalien gegen einige seiner führenden Mitglieder, wenn auch das Engagement im Centralverein dabei nicht der direkte Anlaß war; Repressalien hatten wegen ihrer Haltung in den Revolutionsjahren viele Liberale zu befürchten[49]. Ein Fall war das Ausscheiden des ehemaligen Handelsministers von Patow aus seinem Amt als Oberpräsident der Provinz Brandenburg und aus dem Staatsdienst überhaupt. Voraufgegangen war ein Wutanfall des Königs, der am 23. September 1849 von Patow in aller Öffentlichkeit »furchtbar angefahren (hatte), daß er wohl rechts sitze, aber links stimme, keiner seiner Diener solle das!«[50]. Vor allem die liberale Beamtenschaft war über diesen Auftritt empört und nahm an, da es für den plötzlichen Eklat keinen direkten Anlaß gegeben hatte, der König habe ein Exempel statuieren und Furcht einflößen wollen[51]. Zwar versuchte Friedrich Wilhelm IV. einige Zeit später, durch ein »paar begütigende Worte« von Patow von seinem am 2. Oktober eingereichten Rücktrittsgesuch abzubringen[52], doch blieb dieser bei seinem Entschluß und zog sich nach seiner Entlassung am 14. Dezember 1849 auf sein Landgut in der Mark Brandenburg zurück[53]. Als auswärtiges Ausschußmitglied für die Provinz Brandenburg blieb er weiterhin mit dem Centralverein eng verbunden[54].

Auch der Vorsitzende des Centralvereins, Adolf Lette, kam mit den Reaktionsbehörden in Konflikt. Im September 1849 wurde er von Innenminister von Manteuffel vorgeladen, um sich für einen offenen Brief zu verantworten, den er am 3. Mai 1849 von Frankfurt aus an seine Wähler geschickt hatte[55]. Zudem hatte Lette zu den Paulskirchenabgeordneten gehört, die der Aufforderung des preußischen Königs zur Niederlegung ih-

---

48 Mittheilungen, Bd. 2, S. (926).

49 S. *Huber:* Verfassungsgeschichte, Bd. 3, S. 172f., zu den politischen Prozessen der Reaktionszeit; zu den Repressalien gegen liberale Beamte s. vor allem *Gillis:* The Prussian Bureaucracy in Crisis, S. 149ff.

50 *Varnhagen:* Tagebücher 6, S. 372 (Eintrag vom 24. 9. 1849).

51 Ebd., S. 383 und S. 385 (Eintragungen vom 5. und 6. 10. 1849).

52 Ebd., S. 407 (Eintrag vom 22. 10. 1849).

53 S. die Biographie von Patows in: Unsere Zeit, 2. Bd. (1858), S. 189f.; von Patow war von 1849 bis 1851 Abgeordneter der 2. Kammer für den Wahlkreis Potsdam-Osthavelland; in der Zeit des »Neuen Kurses« war er vom 6. 11. 1858 bis zum 19. 3. 1862 preußischer Finanzminister (s. *Franz Lauter:* Preußens Volksvertretung, Berlin 1877, S. 133).

54 Lt. Mittheilungen, Bd. 2, S. (1171).

55 S. *Paul Goldschmidt:* Präsident Lette. Gedächtnisrede am 10. 5. 1899, Hamburg 1899, S. 20f.

res Mandats nicht sofort gefolgt waren[56]. Konnte er von Manteuffel gegenüber zu diesem Zeitpunkt die erhobenen Anschuldigungen noch entkräften, so gelang ihm dies im Oktober 1852 vor dem Obertribunal nicht mehr[57]. Lette hatte in einer Rede die vom Ministerium Manteuffel am 19. Juni 1852 verfügte Sistierung der Gemeindeordnung vom 11. März 1850, die den Gemeinden eine selbständige Verwaltung ihrer Angelegenheiten gewähren sollte[58], kritisiert. Eine Denunziation aus den Kreisen der reaktionären »Kreuzzeitung« bot nun die offenbar erwünschte Gelegenheit zu einem Verfahren gegen ihn, bei dem das Obertribunal eine große Zahl von Zeugen hörte. Trotz erwiesener Unhaltbarkeit des Vorwurfs unberechtigter Kritik und Beleidigung des Ministers von Westphalen stellte der Oberstaatsanwalt den Antrag auf Amtsenthebung. Zwar wurde dieser Antrag vom Plenum des Gerichts mit knapper Mehrheit verworfen, doch erhielt Lette eine Verwarnung. Dadurch verlor er seinen Sitz im Staatsrat wie auch im Landesökonomiekollegium. Von Manteuffel eröffnete ihm weiterhin, der König habe kein Vertrauen mehr zu ihm und erwarte, daß er freiwillig aus seinem Amt als Präsident des Revisionskollegiums für Landeskultursachen ausscheide. Da ein solcher Schritt wie ein Eingeständnis einer Schuld ausgesehen hätte, ging Lette trotz der Peinlichkeit der Situation darauf nicht ein und verteidigte sich in einer Weise, daß er schließlich in seinem Amt bleiben konnte.

Die beiden geschilderten Fälle stehen für weitere, wobei vor allem Beamte im Centralverein vom Argwohl der Reaktion betroffen waren. Eine Folge der Repressionen gegen 1848 politisch hervorgetretene Beamte war, daß sich in Preußen bereits Ende 1849 ein »auffallender Mangel« an sachkundigen Staatsdienern zeigte: »Viele der Fähigsten sind ausgeschlossen durch zu freie Denkart, man traut ihnen nicht oder haßt sie schon, andere ziehen sich von selbst zurück . . .«, schrieb Varnhagen am 13. Dezember 1849 in sein Tagebuch[59]. Dafür war aus den Reihen des Centralvereins von Patow ein Beispiel, aber auch Quentin, der einer bevorstehenden Strafversetzung von Düsseldorf nach Görlitz durch seine Auswanderung nach Amerika zuvorkam[60]. Statt dessen traten die nach der Märzrevolution zunächst suspendierten Beamten des Vormärz, wie der ehemalige Justizminister Uhden, der Berliner Oberbürgermeister Krausnick und der wichtigste Gegenspieler des Centralvereins im Innenministerium, Mathis, wieder in den Staatsdienst ein[61].

Als Folge der durch die Reaktion aufgezwungenen Beschränkungen, der

56 *Varnhagen:* Tagebücher 6, S. 178 (Eintrag vom 19. 5. 1849).
57 *Goldschmidt* (s. Anm. 55), S. 21f.
58 *Huber:* Verfassungsgeschichte, Bd. 3, S. 127; zum folgenden s. wieder *Goldschmidt*, S. 21ff.
59 *Varnhagen:* Tagebücher 6, S. 478 (Eintrag vom 13. 12. 1849).
60 *Delbrück:* Lebenserinnerungen, Bd. 2, S. 12.
61 *Varnhagen:* Tagebücher 6, S. 472 (Eintrag vom 8. 12. 1849).

Enttäuschung über die Fruchtlosigkeit von mit großem Einsatz geplanten Projekten und der wachsenden Abneigung vieler Bürger gegen ein soziales und politisches Engagement blieb es nicht aus, daß das Interesse vieler Mitglieder am Centralverein erlahmte[62]. Bis zum Oktober 1850 schrumpfte seine Mitgliederzahl auf 217 gegenüber 344 im Sommer 1848, also um über ein Drittel, und ging auch in den folgenden Jahren weiter zurück[63]. Werbeaktionen im Dezember 1849 und im Juni 1850 konnten diese Entwicklung nicht aufhalten[64]. Die Klage Lettes über die geringe Resonanz der Vereinsarbeit in der Öffentlichkeit und der Aufruf, neue Mitglieder zu gewinnen, tauchen von nun an in jedem seiner Rechenschaftsberichte auf. Über hundert von werbenden Briefen an einzelne Personen blieben unbeantwortet – für Lette ein Beweis dafür, »daß Interesse und Verständniß für die socialen Verhältnisse und Bedürfnisse des Volks in vielen Kreisen der Gesellschaft noch fehlt«[65]. Dabei bedauerte er besonders, daß im Gegensatz zu England in Preußen vor allem die großen Grund- und Gutsbesitzer kein Interesse zeigten.

Gegenüber diesen enttäuschenden Erfahrungen konnte Lette Anfang der 1850er Jahre jedoch mit Genugtuung auf die ständig wachsende Zahl lokaler und regionaler Hilfs- und Selbsthilfevereine verweisen, mit denen der Centralverein in Verbindung trat. Sie stieg von 32 Anfang 1849 über 73 im September 1850 auf 94 im April 1851[66]. Es ist jedoch an anderer Stelle schon darauf hingewiesen worden, daß die jeweilige Intensität des Kontakts mit den einzelnen Vereinen höchst unterschiedlich war und daß von einer gemeinsamen sozialreformerischen Linie aller Vereine keine Rede sein konnte; das Spektrum reicht von Armenpflegevereinen bis zu Aussteuerkassen und Gewerbevereinen[67]. Im Hinblick auf das Mißtrauen der Behörden dem gesamten Vereinswesen gegenüber lag es für die verschiedenen Einzelinitiativen mit sozialer Zielrichtung nahe, aus ihrer Isolierung herauszutreten und durch eine lockere Verbindung zum Centralverein ihre Solidität zu dokumentieren. Diese Möglichkeit war ihnen nicht verwehrt, während nach dem neuen Vereinsgesetz vom 11. Mai 1850 für politische Vereine ein strenges Verbindungsverbot bestand[68]. Zudem hatte sich der Centralverein durch eine »Anzeige«, die er am 12. Juni 1850 den

62 Ein Beispiel war das ehemals sehr aktive Ausschußmitglied Dr. Woeniger, der – wie in der Vorstandssitzung des Centralvereins am 13. 11. 1850 mitgeteilt wurde – auf mehrfache Einladungen hin »weder erschienen (sei), noch geantwortet (habe)«; s. Mittheilungen, Bd. 2, S. (1053).

63 Ebd., S. (1007). S. auch im Rechenschaftsbericht des Centralvereins aus dem Jahre 1876 (Berlin 1876) die Tabelle über die Mitgliederzahlen, S. 13, sowie unten S. 257.

64 Mittheilungen, Bd. 2, S. (716); ebd., S. (735) bis (739).

65 Ebd., Bd. 3, S. (1701).

66 S. die Aufstellungen über die Außenkontakte des Centralvereins in den Mittheilungen, Bd. 1, S. (317)f.; Bd. 2, S. (767)ff., sowie ebd., S. (1179)ff.

67 S. dazu oben S. 184.

68 Lt. § 8 des Gesetzes; s. *Huber:* Verfassungsgeschichte, Bd. 3, S. 109f.

Zeitungen, aber auch den preußischen Bezirksregierungen zum Abdruck in ihren Amtsblättern zugesandt hatte, ausdrücklich als Kommunikationspartner für alle sozialen Hilfs- und Selbsthilfeinitiativen angeboten[69]. Zwar beschwerten sich daraufhin verschiedene Regierungen bei von Manteuffel über diese Zumutung, da sie den Centralverein für einen politischen Verein hielten, der »wesentlich der socialistischen Richtung der Zeit« angehöre[70], doch ließen andere die Anzeige ohne Einwände abdrukken, wodurch nach außen der Anschein einer behördlichen Unterstützung der Centralvereinsziele entstand[71].

Auch der Centralverein mußte – nicht zuletzt aus taktischen Gründen – ein Interesse daran haben, durch den Hinweis auf eine große Zahl von Kontakten mit lokalen und regionalen Vereinen, vor allem angesichts der zurückgehenden Mitgliederzahl, den Erfolg seiner Bemühungen zu beweisen. Dadurch erhoffte er sich eine Stärkung seiner Position gegenüber den Behörden, denn eines der Hauptargumente von der Heydts gegen die Auszahlung der zweiten Rate der königlichen Stiftung war gewesen, »die Wirksamkeit des Vereins (sei) hinter den bei dessen Gründung angeregten Erwartungen sehr weit zurückgeblieben«[72].

Von seinem ehemals angestrebten Ziel, Spitze einer Hierarchie vielfältiger selbständiger Lokal- und Bezirksvereine für das Wohl der arbeitenden Klassen zu sein, in der die Beziehungen zwar auf Freiwilligkeit, aber doch auf einem gemeinsamen Rahmenprogramm beruhen sollten, war der Centralverein 1850/51 trotz der großen Zahl »auf wechselseitigem Vertrauen« beruhenden Verbindungen tatsächlich weit entfernt[73]. All die zunächst Erfolg versprechenden Kontaktaufnahmen und Bestrebungen im einzelnen erwiesen sich bald als Scheinblüte. Nach dem polizeilichen Verbot der Arbeiterverbrüderung und bald darauf der übrigen Handwerkervereine setzte in der Folgezeit auch der Niedergang der Gewerberäte[74] und schließlich nahezu aller übrigen Vereine ein, abgesehen von einigen Unterstützungskassenvereinigungen. Veit führte im September 1852 in einer Vorstandssitzung des Centralvereins als Begründung dafür u. a. an, daß den nicht verbotenen Vereinen »durch die bloße Thatsache, daß man sie bestehen ließ, der Stempel polizeilicher Bevormundung aufgeprägt (werde) und auf diesem Wege selbst ehrenwerthe Bestrebungen gelähmt« worden seien[75].

69 Mittheilungen, Bd. 2, S. (735) bis (739).

70 Zit. aus einem Beschwerdeschreiben der Regierung in Minden vom 3. 7. 1850; DZAM Rep. 77, tit. 1104, Nr. 8, Bd. 1, fol. 28; ähnlich auch die Regierung in Erfurt, ebd., fol. 32f.

71 Von Manteuffel untersagte daraufhin dem Centralverein solche Aktivitäten ohne vorherige Genehmigung, ebd., fol. 34.

72 DZAM Rep. 120, DXXII/1, vol. 3, fol. 6f.

73 Mittheilungen, Bd. 2, S. (932); vgl. auch ebd., S. (923): Die Lokalvereine seien dem Centralverein »nur freundlich verbunden, nicht administrativ untergeordnet«. S. auch *Offermann:* Arbeiterbewegung und liberales Bürgertum, S. 199.

74 S. dazu *Tilmann:* Der Einfluß des Revolutionsjahres, S. 46ff.

75 Mittheilungen, Bd. 3, S. (1802).

Infolge des Scheiterns seiner umfassenden Organisationspläne sowie seiner Bemühungen, auf die staatliche Sozialpolitik durch Vorlage von Gesetzentwürfen Einfluß zu nehmen, blieb dem Centralverein in den 1850er Jahren nur sein drittes Arbeitsfeld: die Sammlung, Sichtung, Prüfung, Ausarbeitung und öffentliche Verbreitung sozialreformerischer Vorschläge. Er hatte aus den Erfahrungen der Jahre 1848/49 die Erkenntnis gewinnen müssen, daß er sich erst »im Stadium des Beginnens auf einem wenig angebauten Felde« befand[76] und daß es notwendig war, sich viel gründlicher mit der Durchführbarkeit einzelner sozialreformerischer Ideen zu beschäftigen. Als – wie er sich einschätzte – über den Parteien stehendes Diskussionsforum lehnte es der Centralverein deshalb ab, im »Streite der Theorie« Stellung zu beziehen, sondern wollte ausschließlich praktische Ziele unter dem Gesichtspunkt ihrer Realisierbarkeit und Bewährung verfolgen[77]. Nach seiner »Anzeige« vom 12. Juni 1950, dem dritten programmatischen Dokument nach dem Gründungsaufruf vom 7. Oktober 1844 und der »Einladung zur örtlichen Wirksamkeit« vom 14. April 1848, das wie diese eine neue Epoche der Vereinsgeschichte einleitete, sollte der zukünftige Hauptzweck der »Einrichtungen« des Centralvereins sein,

»den Verein zu einem Mittelpunkt der Kenntniß der verschiedenen Systeme und Einrichtungen zu machen, welche seinen statutenmäßigen Wirkungskreis . . . betreffen und darüber vollständige Nachrichten und umfassende statistische Übersichten sowohl aus dem Vaterlande, wie aus den auswärtigen Ländern zu sammeln, um den Behörden, Local-Vereinen und Privatpersonen zuverlässige Auskunft darüber geben zu können, zur Läuterung und Berichtigung der Ansichten auf diesen Gebieten und zur vollkommneren Beurtheilung des praktischen Werths und Erfolges jener verschienenen socialen Institutionen und Veranstaltungen beizutragen, auch zur Ausführung oder Vervollkommnung geprüfter und bewährter Einrichtungen der Art hinzuwirken«[78].

Dazu waren zunächst eine organisatorische Konsolidierung des Centralvereins und die Schaffung verschiedener äußerer Voraussetzungen notwendig. Die wichtigsten Schritte in dieser Richtung wurden seit dem Frühjahr 1850 vollzogen[79]. So verteilte der Vorstand die Vereinsgeschäfte und die Aufgaben, die sich aus dem Ziel der praktischen Umsetzung seiner Ideen ergaben, auf vierzehn neugegründete Unterkommissionen; er mietete ein eigenes Büro an und stellte einen hauptamtlichen Generalse-

76 Ebd., Bd. 2, S. (926).
77 Ebd., S. (935).
78 Ebd., S. (738).
79 Ebd., S. (739) bis (750): Beschlüsse über eine »innere Geschäfts-Organisation«, s. auch ebd., S. (1183) bis (1191).

kretär[80] ein; weiterhin schritt er zum Aufbau einer eigenen Bibliothek[81] und abonnierte die für seine Arbeit wichtigsten in- und ausländischen Zeitschriften. Außerdem begann er im Jahre 1851 mit der Herausgabe einer als Presseinformationsdienst gedachten »Lithographischen Korrespondenz«[82] und organisierte öffentliche Vortragsveranstaltungen in Berlin, auf denen Fachleute über Spezialprobleme aus dem Felde der Sozialreform referierten[83]. Vor allem aber benutzte der Vereinsvorstand seine seit August 1848 erscheinenden »Mittheilungen« noch stärker als bisher als Kommunikations- und Informationsmedium. Bis Ende 1852 lagen bereits fünfzehn Hefte dieser »Mittheilungen« mit einem Gesamtumfang von über 1800 Seiten vor, deren Inhalt zu jeweils etwa einem Drittel aus Berichten über Lokalvereinsprojekte sowie sozialreformerische Experimente, über vereinsinterne Angelegenheiten und schließlich über allgemeinere soziale Problemfelder in Form von Denkschriften, Stellungnahmen usw. bestand. Darüber hinaus wurden die öffentlichen Vorträge als Broschüren gedruckt, deren Inhalt man so – gerade auch durch die Versendung von Freiexemplaren an einflußreiche Stellen, u. a. an die Ministerien – einem größeren Publikum bekanntzumachen hoffte[84].

Wenn sich auch manche der genannten Einrichtungen nicht bewährten und nach einiger Zeit wieder aufgegeben werden mußten, so bestimmte dennoch die in der zitierten »Anzeige« vom 12. Juni 1850 aufgewiesene Richtung die Arbeit des Centralvereins in weiten Teilen bis zum Ende der 1850er Jahre, obgleich letztlich der geplante Schritt von der theoretischen Erörterung zur praktischen Wirksamkeit nur in sehr beschränktem Umfang gelang. So lag gerade in der Zuweisung spezieller Aufgabengebiete an

80 Es handelte sich um den Privatdozenten *Dr. Johann Karl Glaser* (geb. 1814), später Professor der Kameralwissenschaften an der Berliner Universität; 1866/67 war Glaser Abgeordneter der preußischen Zweiten Kammer.

81 Lt. Mittheilungen, Bd. 2, S. (1053), kaufte der Centralverein als Grundstock für 30 Taler Teile einer Privatbibliothek auf; ein erstes Bücherverzeichnis von Mitte 1851 nennt bereits 438 Titel, von denen rund die Hälfte englische und französische Titel waren, s. ebd., S. (1261) bis (1284).

82 S. dazu das Programm der »Lithographischen Korrespondenz« im 2. Band der Mittheilungen (1851), S. (1256). Sie erschien ab Herbst 1851 wöchentlich und sollte u. a. den Zeitungen Material zum Wiederabdruck liefern, ging aber nach knapp einem Jahr wegen Abonnentenmangels wieder ein (Rechenschaftsbericht des Centralvereins, Berlin 1876, S. 17); das Handelsministerium wie auch das Innenministerium hatten eine finanzielle Unterstützung abgelehnt (DZAM Rep. 120, DXXII/1, Nr. 1, Bd. 3, fol. 33–36; Rep. 77, tit. 1104, Nr. 8, Bd. 1, fol. 51–55). Einige Exemplare haben sich im StaatsA Koblenz (Abt. 441, Nr. 5484) erhalten.

83 Rechenschaftsbericht des Centralvereins, Berlin 1876, S. 30f.; dort eine (unvollständige) Liste der Vortragsthemen. Die Reihe der Vorträge begann am 4. 12. 1850 mit einem Bericht *Kalischs* über Fortbildungsanstalten.

84 Zu Umfang, Erscheinungsweise usw. der Mittheilungen s. die editorischen Anmerkungen zu dem Reprintdruck, Hagen 1980, Bd. 1, S. 43*f. Belegexemplare der genannten Broschüren finden sich vor allem in den Akten DZAM, Rep. 77, tit. 1104, Nr. 8, Bd. 1, sowie DZAM, Rep. 120, DXXII/1, Nr. 1, Bd. 3.

die vierzehn Unterkommissionen mehr eine Absichtserklärung, die der Centralverein in der Folgezeit bloß in wenigen Teilbereichen einlösen konnte. Eine Aufzählung der Zuständigkeiten der Kommissionen zeigt jedoch die Reichweite des geplanten sozialreformerischen Programms. Die im April und Mai 1850 mit jeweils einem ehrenamtlichen Hauptdezernenten und mehreren Mitarbeitern besetzten Kommissionen sollten folgende Schwerpunkte behandeln und konkrete Reformvorschläge für das jeweilige Gebiet erarbeiten[85]:

»1. Spar- und Prämienkassen;
2. Gründung der Lokalvereine sowie Unterstützung derselben;
3. Darlehenskassen und Bankwesen;
4. Aussteuerkassen;
5. Sterbe- und Krankenkassen und Gesundheitspflege-Vereine;
6. Invalidenkassen und Altersversorgung, auch Armenpflege;
7. organisatorische Einrichtungen unter den gewerbtreibenden Klassen, insbesondere zum Schutz und zur Sicherstellung der beiderseitigen Interessen von Arbeitgebern und Arbeitnehmern, Lehrlingen, Gehilfen und Meistern: Fabrikordnungen, Gewerbegerichte und die mit diesen Einrichtungen unmittelbar zusammenhängenden Unterstützungs-, Wander- und ähnlichen Kassen; desgleichen Beschäftigung der Gefangenen;
8. Verbesserung des Gefängniswesens;
9. Unterrichts- und Bildungswesen, namentlich Schuleinrichtungen für Fabrikkinder, Sonntagsschulen und Handwerkerfortbildungsschulen, Vereine junger Handwerker für diesen Zweck, Kleinkinder-Bewahranstalten;
10. Veranstaltung und Leitung der einzurichtenden öffentlichen Vorträge;
11. Volksbibliotheken und Volksschriften;
12. Wohnungsverhältnisse in gesundheitlicher Beziehung usw.;
13. Verhältnisse der landwirtschaftlichen Arbeiter, innere Kolonisation;
14. Kassenwesen und Fürsorge für Ausbreitung des Vereins.«

Für das Vorgehen des Centralvereins bei der Beschaffung und Verarbeitung von Informationen ist folgendes Beispiel kennzeichnend: Der Vorstand hatte im Frühjahr 1851 erfahren, daß Rudolf Gneist, der kurz vorher dem Verein als Mitglied beigetreten war, eine längere Englandreise plante. Lette bat Gneist daraufhin in einem Schreiben vom 18. Mai 1851, »doch während seines Aufenthaltes in England und London genaue Nachrichten einzusammeln über die Gesundheitspflegevereine, über Hilfs- und Unterstützungskassen und Fabrikknappschaften, über öffentliche Bäder und Waschhäuser und über die Erfahrungen der betreffenden Vereine«[86]. Gneist interessierte sich daraufhin besonders für das Gesundheitswesen in England und hielt nach seiner Rückkehr auf Bitten des Vorstands vor dem Centralverein einen öffentlichen Vortrag »über die öffentlichen Bade- und Waschhäuser für die arbeitenden Klassen in England«, der großes Aufsehen erregte und auch die Einrichtung einiger Bade- und Waschhäuser zur

85 Wörtlich zitiert nach dem Rechenschaftsbericht des Centralvereins aus dem Jahre 1876, Berlin 1876, S. 14f.

86 Zit. nach *Eugen Schiffer:* Rudolf von Gneist, Berlin 1929, S. 52.

Folge hatte[87]. Ein weiteres Ergebnis war übrigens, daß das Ausschußmitglied Rodbertus in der Folgezeit eine engagierte, schriftlich geführte Auseinandersetzung mit Gneist über die Rolle des Staates bei der Errichtung solcher Häuser begann und – davon ausgehend – die Aufgabe des Staates überhaupt bei der Lösung der sozialen Probleme erörterte[88].

Da diese Debatte die Spannbreite des sozialpolitischen Denkens in der Centralvereinsspitze zeigt, sei sie kurz dargestellt. Rodbertus versuchte an dem von Gneist ausgebreiteten Material zu beweisen, daß soziale Einrichtungen in einem liberalen Staat, d. h. – so Rodbertus – ein »Freistaatsocialismus«, letztlich Schritte auf dem Weg zu einem umfassenden Staatssozialismus seien und England hier schon weiter fortgeschritten sei als Preußen[89]. Gneist kritisierte dagegen die Ansätze eines »Sozialstaates« in England und Frankreich, weil diese dazu führten, daß jeder nur seinem Erwerb und Vergnügen nachlaufe und sich um den Staat selbst schließlich nicht mehr kümmere[90]. Er plädierte statt dessen für die auf der Freiheit des einzelnen beruhende, dem »innersten Wesen unseres Nationalcharakters« entsprechende Kombination von Besitz und Amt in einem genossenschaftlich strukturierten Gemeinwesen, in dem die einzelne Person Kraft, Zeit, Leben und Gesundheit investieren solle. Den höheren Klassen wies er in einem solchen Staatsgebilde eine besondere Verantwortung für das Ganze wie für die unteren Klassen im besonderen zu, eine Verantwortung, der sie durch die uneigennützige Übernahme von Ehrenämtern im Staat, in den Kommunen und Kreisverbänden nachkommen könnten.

In einer Reihe von Briefen versuchte Rodbertus Gneist, der recht schnell im Centralverein eine einflußreiche Stellung erreicht hatte[91] und nach Lettes Tod im Jahre 1868 für viele Jahre den Vorsitz übernehmen sollte, sowohl auf die Begrenztheiten der Centralvereinsstrategie aufmerksam zu machen, als auch aufzuzeigen, in welche Richtung der Verein bei konsequenter Fortführung seiner Ansätze eigentlich gehen müsse. Eine ähnliche Position hatte Rodbertus ja bereits bei der Erörterung des Altersversicherungsprojekts im Jahre 1849 vertreten[92]. Hier wie dort konnte er aber sei-

87 Berlin 1852; auch abgedruckt in den Mittheilungen, Bd. 3, S. (1771) bis (1792). Zur Resonanz auf den Vortrag s. DZAM, Nachlaß Gneist, Rep. 92, Nr. 62.

88 Der Briefwechsel befindet sich im DZAM in den Nachlässen Rodbertus, Rep. 92, B 8, und Gneist, Rep. 92, Nr. 62, 63 und 67; s. dazu auch *Jürgen Reulecke:* Englische Sozialpolitik um die Mitte des 19. Jahrhunderts im Urteil deutscher Sozialreformer, in: *Wolfgang J. Mommsen* (Hg.): Die Entstehung des Wohlfahrtsstaates in Großbritannien und Deutschland 1850–1950, Stuttgart 1982, bes. S. 54f.; vgl. außerdem *Erich Hahn:* Rudolf Gneist and the Prussian Rechtsstaat: 1862–78, in: The Journal of Modern History, vol. 49 (1977), On-Demand Supplement, D 1361–1381, bes. D 1369.

89 DZAM, Nachlaß Gneist, Rep. 92, Nr. 62 (Brief Rodbertus' vom 28. 10. 1852).

90 Ebd., Nachlaß Rodbertus, Rep. 92, B 8 (Brief Gneists vom 28. 1. 1860).

91 Bereits kurz nach seinem Beitritt wurde Gneist am 16. 4. 1851 in den Berliner Ausschuß des Centralvereins, s. Mittheilungen, Bd. 2, S. (1196), und am 24. 5. 1852 zum Mitglied des Vorstands gewählt; ebd., Bd. 3, S. (1718).

92 S. oben Kapitel II, S. 277ff.

ne Meinung nicht durchsetzen; die von Lette eingeschlagene Linie eines sozialen Liberalismus mit zunehmender Betonung der liberalen Komponente wurde auch von Gneist und den meisten anderen Vorstandsmitgliedern vertreten. In diesen Entwicklungsstrang paßt auch die sich in den 1850er Jahren vollziehende Übernahme und starke Propagierung des Genossenschaftsgedankens durch den Centralverein. Sie ist zugleich ein Beleg dafür, daß man sich nun verstärkt in seiner sozialreformerischen Zielsetzung dem von der Proletarisierung bedrohten, vor allem handwerklichen Kleinbürgertum zuwandte, das als eine Art Puffer zwischen den Klassen wirken konnte. Der Anstoß dazu ging von zwei Vorträgen Victor Aimé Hubers »Über Associationen mit besonderer Beziehung auf England« (19. Februar 1851) und »Über die cooperativen Arbeiterassociationen in England« (23. Februar 1852) aus[93]. Höhepunkt und zugleich Übergang in eine neue Phase der Centralvereinsentwicklung, die in der vom Centralvereinsvorstand wesentlich mit initiierten Gründung des »Volkswirtschaftlichen Kongressen« sichtbar wird[94], war in diesem Zusammenhang dann der Vortrag von Hermann Schulze-Delitzsch über »Die arbeitenden Klassen und das Associationswesen in Deutschland – als Programm zu einem deutschen Congreß« im Jahre 1858[95].

Neben dem schon ausführlich dargestellten Engagement des Centralvereins in der Frage der Altersversicherung für Arbeiter, die in den 1850er Jahren noch mehrfach auf der Tagesordnung stand, und neben den vielfältigen Überlegungen und Berichten über das Genossenschaftswesen, das zu den sogenannten »Gesellschaften zur gegenseitigen Unterstützung«, d. h. zu den Selbsthilfekassen aller Art, in mehrfacher Hinsicht fließende Übergänge besaß, waren es vorwiegend noch weitere fünf Bereiche, die – wenn man von den Publikationen und den Themen der öffentlichen Vortragsveranstaltungen des Centralvereins ausgeht – intensiver behandelt wurden[96].

---

93 Die Vorträge wurden in Berlin 1851 und Berlin 1852 als Broschüren gedruckt.

94 Zum Volkswirtschaftlichen Kongreß s. zuletzt *Volker Hentschel:* Die deutschen Freihändler und der volkswirtschaftliche Kongreß 1858 bis 1885, Stuttgart 1975, der jedoch die Beteiligung des Centralvereins an der Gründung des Kongresses im wesentlichen auf die Aktivitäten Lettes beschränkt und die einschlägige Akte DZAM Rep. 77, tit. 1104, Nr. 7, Bd. 1, nicht benutzt hat. S. dagegen *Toni Offermann:* Arbeiterwegung und liberales Bürgertum in Deutschland, 1850–1863, Bonn 1979, bes. S. 205 und passim.

95 Der Beitrag von *Schulze-Delitzsch* wurde in Leipzig 1858 gedruckt; im preußischen Innenministerium galt das Buch als »polizeilich sehr bemerkenswerth« (DZAM Rep. 77, tit. 1109, Nr. 1, Bd. 3, fol. 108). Zum Verhältnis Hubers zu Schulze-Delitzsch, der erst 1858 Mitglied des Centralvereins wurde, möglicherweise im Anschluß an den 2. Internationalen Wohltätigkeitskongreß in Frankfurt/Main im Herbst 1857, wo er Lette kennenlernte, s. *Helmut Faust:* Geschichte der deutschen Genossenschaftsbewegung, Frankfurt/Main 1977³, S. 184ff. und S. 255ff.; s. außerdem *Ingwer Paulsen:* Victor Aimé Huber als Sozialpolitiker, Berlin 1956², S. 134f.

96 Auf einen Nachweis der vielen einschlägigen Artikel, die zum folgenden als Belege genannt werden könnten, wird verzichtet. Sie lassen sich leicht aus den Inhaltsverzeichnissen der

Eine Fülle von Berichten dokumentierte in aller Breite die Entwicklung des Sparens und der Sparkassen; die »Mittheilungen« stellen in dieser Hinsicht eine einzigartige Quelle zum Stand des Sparkassenwesens in Mitteleuropa um die Mitte des 19. Jahrhunderts dar. Damit im Zusammenhang stand die Einrichtung von Kredit- und Leihinstituten, die vor allem kleinen Handwerksmeistern und sonstigen Gewerbetreibenden der unteren Mittelschicht in Notlagen Hilfe gewähren sollten. Die Wohnungsfrage, in der sich der Centralverein ja bereits 1848/49 durch seine Beteiligung an der Berliner gemeinnützigen Baugesellschaft engagiert hatte, spielte ebenfalls immer wieder eine Rolle, wobei der Centralverein vor allem auf die Funktion der Wohnung für ein gesundes Familienleben der Arbeiter, wie er es verstand, aufmerksam machte und sich für die Abschaffung der menschenunwürdigen Kellerwohnungen in Berlin einsetzte. Gesundheit, Hygiene und Nahrung der Unterschichten war dementsprechend ein weiterer Komplex, der die bürgerlichen Sozialreformer bewegte, da unhygienische Verhältnisse und daraus hervorgehende Krankheiten nicht nur die Arbeitskraft und damit die Existenz des einzelnen Arbeiters und seiner Familie vernichteten, sondern auch die Gesamtheit bedrohen konnten, wie verschiedene Epidemien gezeigt hatten. Auch die alte, bereits Anfang der 1840er Jahre von Friedrich Harkort und anderen erhobene Forderung nach besserer Erziehung und (Fort-)Bildung griff der Centralverein immer wieder auf; das Spektrum seiner Vorschläge und Berichte reichte von der zweckmäßigen Einrichtung von Säuglingsbewahranstalten und Kinderkrippen bis zu den Arbeiterbildungsvereinen und sogenannten »Handwerks-Feiertagsschulen«. Ausländische Beispiele, vor allem belgische und englische, spielten häufig bei der Argumentation eine wichtige Rolle und wurden ausführlich dokumentiert.

All diese Aktivitäten konnten aber den bereits 1849/50 von Lette beklagten Mitgliederschwund zunächst nicht aufhalten[97], wie die folgende Übersicht über die Mitgliederentwicklung zeigt.

Bde. 2–5 der Mittheilungen in der Reprintausgabe sowie aus dem ausführlichen Sachregister im Anschluß an Bd. 5 erschließen. Außerdem ist auf eine Reihe von Aufsätzen zu verweisen, in denen der Verf. Teilaspekte angesprochen hat, z. B. zur Wohnungsfrage, zum Verhältnis zur englischen Sozialpolitik, zur Entstehung der Sozialstatistik, zum Verhältnis zur Kunst, zur Einstellung zu Arbeitskämpfen und zur Arbeiterjugend (s. Literaturverzeichnis).

97 S. oben S. 249.

Entwicklung der Mitgliederzahlen des Centralvereins von 1848 bis 1865

Jahr	Gesamt	davon aus Berlin abs.	in %	Auswärtige abs.	in %	von den Auswärtigen stammten aus dem Rheinland	Westfalen	Schlesien
1848	344	284	82,6	60	17,4	19	5	14
1850	217	176	81,1	41	18,9	11	3	10
1851	217	162	74,7	55	25,3	13	2	11
1853	199	137	68,8	62	31,2	12	4	8
1858	167	95	56,9	73	43,1	16	5	13
1862	155	96	61,9	59	38,1	16	4	12
1863	152	97	63,8	55	36,2	14	3	12
1865	248	108	43,6	140	56,4	22	19	20

Quelle: Rechenschaftsbericht des Centralvereins über seine Entstehung, Entwicklung und Thätigkeit in den Jahren 1844–1876, Berlin 1876, S. 13.

Erst die Herausforderung durch die in den 1860er Jahren wiederentstehende selbständige Arbeiterbewegung führte zu einem neuen Zulauf an Mitgliedern, dies vor allem aus Unternehmerkreisen, die den Centralverein als eine potentiell befriedende Institution entdeckten und ihn verstärkt dann in den 1870er Jahren entsprechend zu fördern begannen. Zudem traten Handelskammern, Gewerbevereine, einzelne Großbetriebe und städtische Magistrate als korporative Mitglieder bei. Im Jahre 1875, kurz nachdem der Centralverein seine Tätigkeit auf das Gebiet des gesamten Deutschen Reiches ausgedehnt hatte, wurden bereits 635 Mitglieder gezählt, darunter bezeichnenderweise allein 133 aus der Rheinprovinz und 90 aus der Provinz Westfalen; Berlin stellte zu diesem Zeitpunkt nur noch 21,1 % der Mitglieder (= 134)[98].

Es ist für sein sich wandelndes Selbstverständnis seit Beginn der 1850er Jahre bezeichnend, daß sich von nun an der Centralverein nicht mehr so sehr als ein Verein im herkömmlichen Sinn verstand, sondern daß er sich mit den »besonders in England bestehenden statistischen und naturwissenschaftlichen Gesellschaften (verglich) . . ., deren patriotische Thätigkeit sich theils für die Volksbildung, theils für die einschlagende Gesetzgebung und Verwaltung ihres Landes vielfach nützlich« gemacht habe[99]: In ähnlicher Weise, wenn auch auf einem anderen Gebiet, wolle der Centralverein »die verschiedenen Seiten der socialen Lebensverhältnisse und Bedürfnisse . . . unserer (ärmeren) Mitbrüder erforschen und ihre Zustände durch Einrichtungen, welche diesen besonderen Verhältnissen entsprechen, fortschreitend zu verbessern« helfen[100]. In der Betonung des »Erfor-

98 Der Arbeiterfreund, 14. Jg. (1876), S. 97.
99 Mittheilungen, Bd. 2, S. (924).
100 Ebd., S. (922).

schens« lag der zwar mehr oder weniger von außen erzwungene, dennoch aber wenigstens partiell doch innovatorische Schritt dieser um 1850 beginnenden dritten Periode der Centralvereinsgeschichte. Er leistete auf seine Weise, und die Hefte der »Mittheilungen« beweisen das, einen wichtigen Beitrag zur Entstehung der modernen Sozialwissenschaft, an den dann rund zwei Jahrzehnte später der Verein für Socialpolitik anknüpfen konnte[101].

101 Eine detaillierte sozialgeschichtliche Untersuchung der Ausformung (bürgerlicher) Sozialwissenschaft in der zweiten Hälfte des 19. Jahrhunderts steht noch aus; die verdienstvolle Arbeit von *Pankoke* (Sociale Bewegung – Sociale Frage – Sociale Politik, Stuttgart 1970) beschränkt sich weitgehend auf die Zeit bis zur Jahrhundertmitte, ebenfalls sein Aufsatz: Fortschritt und Komplexität. Die Anfänge moderner Sozialwissenschaft in Deutschland, in: *Reinhart Koselleck* (Hg.): Studien zum Beginn der modernen Welt, Stuttgart 1977, S. 352–374. Die Arbeiten von *Anthony Oberschall:* Empirical social research in Germany 1848–1914, Paris/The Hague 1965; *Ulla G. Schäfer:* Historische Nationalökonomie und Sozialstatistik als Gesellschaftswissenschaften, Köln/Wien 1971, und *Irmela Gorges:* Sozialforschung in Deutschland 1872–1914, Königstein/Ts. 1980, bringen zu diesem Problem allenfalls einige knappe Hinweise. Vgl. den Aufsatz des *Verf.:* Pauperismus, »social learning« und die Anfänge der Sozialstatistik in Deutschland, in: *Hans Mommsen / Winfried Schulze* (Hg.): Vom Elend der Handarbeit, Stuttgart 1981, S. 358–372.

Schlußbetrachtungen

»Unvollkommene Erfolge« – »verfehlte Bestrebungen«?

»Unvollkommene Erfolge« und »verfehlte Bestrebungen« – mit diesen beiden Etiketten hat der Centralverein seine frühe Phase aus der Rückschau des Jahres 1876 selbstkritisch gekennzeichnet[1]. Das klingt nach Enttäuschung und Resignation, doch zeigt der Kontext, daß eine solche Annahme falsch wäre. Vielmehr stand hinter dieser Selbsteinschätzung die grundsätzlich für positiv gehaltene, sogar optimistisch gefärbte Bewertung, daß der Centralverein die ganze Zeit über »mitten in der lebendig fortschreitenden Entwicklung der gesellschaftlichen Zustände des 19. Jahrhunderts«[2] gestanden habe, einer Entwicklung, in deren Verlauf es den bürgerlichen Sozialreformern erst allmählich klar geworden sei, mit welch »unendlich weite(m) Gebiet«[3] sie es zu tun hatten: Die »soziale Frage« habe sich als erheblich vielschichtiger herausgestellt, als die Gründer und führenden Personen der Anfangsphase des Centralvereins zunächst geglaubt hätten. Mit einer solchen Beurteilung bekannte sich der Centralverein ausdrücklich zu einem Lernprozeß im Sinne des – modern ausgedrückt – »trial and error«: Das weitgehende Scheitern der umfassenden Vereinspläne der Frühzeit erschien dem Vorstand des Jahres 1876 rückblickend als notwendiges Lehrgeld, das gezahlt werden mußte, um nun auf der Grundlage eines – wie er meinte – fundierteren Erfahrungs- und Wissensstandes »klar erkennbare und sicher zu begrenzende Aufgaben«[4] lösen zu können. Ob der Vorstand auch jetzt wieder infolge einer zu selektiven Sicht der Dinge zu optimistisch argumentierte, sei dahingestellt, doch stellt der Begriff des »sozialen Lernen«, der sich hier zur Benutzung anbietet, einen guten, wenn auch nicht den einzig möglichen Ansatzpunkt dar, um Funktion, Bedeutung und Wirksamkeit des Centralvereins als eines ersten »Stoßtrupps der Sozialreform«[5] in der Phase der beginnenden Industrialisierung zusammenfassend einzuschätzen.

Die Gründung des Centralvereins im Jahre 1844 war eine Antwort auf zu-

---

1 Rechenschaftsbericht des Centralvereins für das Wohl der arbeitenden Klassen, Berlin 1876, S. 68; auch abgedruckt in: Arbeiterfreund, 14. Jg. (1876), S. 85–152, Zitat S. 152.

2 Adolf Lette: Zur Geschichte der Bildung und Wirksamkeit des Central-Vereins . . ., in: ebd., 1. Jg. (1863), S. 24.

3 Rechenschaftsbericht (s. Anm. 1), S. 68.

4 Ebd.

5 S. oben S. 19 f. der vorliegenden Arbeit.

nehmende innergesellschaftliche, potentiell systemsprengende Bedrohungen gewesen; neben der wachsenden Furcht vor einer sozialen Revolution waren weitere Anstöße von der Einsicht in die Unzulänglichkeit herkömmlicher Mittel zur Behebung sozialen Elends wie auch vom Blick auf die sozialen Folgen der Industrialisierung in England ausgegangen. Allerdings hat sich mit diesen mehr aus einer defensiven Haltung entspringenden Anstößen bei einer Reihe von frühliberalen Sozialreformern auch eine offensive Motivation verbunden, die nicht unterschätzt werden darf, nämlich das Bestreben, zugleich ein bestimmtes, wenn auch nur vage formuliertes bürgerliches Leitbild von Gesellschaft zu realisieren. Eine solche Verschränkung von defensiven und offensiven Elementen ist ein Grund mit für die Janusköpfigkeit der frühliberalen Bewegung gewesen, die letztlich doch mit den überkommenen Verhältnissen in Staat und Gesellschaft, die sie eigentlich ändern wollte, eng verknüpft blieb[6]. Ihr Gesellschaftsbild beruhte infolgedessen im wesentlichen auf vorindustriellen Wertmustern und auf dem aufgeklärten Optimismus, daß es möglich sei, durch gezielte gesellschaftliche Planung ein berufsständisch gegliedertes, harmonisches Sozialgefüge »mittlerer Existenzen« (Gall) zu schaffen.

Insgesamt läßt sich jedenfalls die vormärzliche Konstellation als Beginn eines sozialen Lernprozesses im liberalen, aber zum Teil auch sozial-konservativen Besitz- und Bildungsbürgertum interpretieren, der schließlich u. a. den Plan hervorgebracht hat, eine hierarchisch strukturierte Organisation zur Bündelung und Effektuierung aller bisher schon bekanntgewordenen sozialreformerischen Einzelinitiativen zu gründen und zugleich vielfältige weitere Aktivitäten anzuregen. Soziales Lernen vollzieht sich im Zusammenspiel von Konfrontation und Kommunikation und verläuft – beim Individuum wie in gesellschaftlichen Gruppen – in mehr oder weniger deutlich voneinander abhebbaren Stufen[7], die sich auch in der frühen Centralvereinsgeschichte nachweisen lassen: Auf die Stufe der Konfrontation mit sozialen Problemen und Konfliktkonstellationen erfolgt das Bewußtwerden der potentiellen Sprengkraft dieser Probleme und die Entscheidung, ob ein Eingreifen notwendig und wünschenswert ist. Das jetzt erreichte Lernniveau erlaubt ein »reflexives Lernen« (Habermas), d. h. die Möglichkeit eines geplanten und günstigenfalls ständig reflektierten Han-

---

6 S. zur Diskussion dieser These ausführlich *Leonard Krieger:* The German Idea of Freedom, Chikago 1972², passim.

7 Die folgenden Lernstufen werden in Anlehnung an *Werner Kirsch:* Entscheidungsprozesse, Bd. 1, Wiesbaden 1970, S. 70ff., formuliert; vgl. auch *Otto Neuloh:* Zum Bezugsrahmen von sozialer Innovation und sozialem Konflikt, in: *ders.* (Hg.): Soziale Innovation und sozialer Konflikt, Göttingen 1977, S. 24; weiterhin *Günter Wiswede / Thomas Kutsch:* Sozialer Wandel (= Erträge der Forschung, Bd. 86), Darmstadt 1978, bes. S. 195ff. Das von *Stephan Ruß-Mohl* (Dramaturgie politischer Reformen, in: Aus Politik und Zeitgeschichte, B 26/82, S. 3–25) aufgestellte idealtypische Verlaufsmuster einer »Reformkonjunktur« besitzt übrigens viele Ähnlichkeiten mit diesem Modell. Zur kritischen Einschätzung s. unten Anm. 58.

delns[8]. Es beginnt dann die Suche nach Informationen über Zusammenhänge und Lösungsstrategien, die schließlich zur Diskussion und Bewertung – eventuell auch versuchsweisen Durchführung – einzelner Lösungsansätze vor dem Hintergrund eines mehr oder weniger klar formulierten Wertesystems und Gesellschaftsbildes führt. Die letzte Stufe dieses Lernprozesses besteht dann in Auswahl und Propagierung sowie im Bemühen um Realisierung erfolgversprechender Lösungsideen unter gleichzeitiger Entwicklung von Durchsetzungstrategien.

Wenn auch die Aufzählung solcher Stufen des Lernprozesses in dieser abstrakten Form relativ trivial erscheint[9], so leistet das Modell bei der Anwendung auf die Entwicklung des Centralvereins doch wichtige Gliederungs- und Ordnungsdienste. Auf die Frage, wie »makroskopisches Lernen«[10] abläuft, d. h. wie eine gesamte Gesellschaft allmählich ihre kollektiven Normen und Wertsetzungen ändert, gibt es allerdings bisher nur ungenügende Antworten, vor allem keine umfassenderen historischen Analysen, so daß hier höchstens einige Hypothesen geäußert werden könnten. Einzelne Hinweise auf Teillernprozesse, z. B. hinsichtlich des sich wandelnden Stellenwertes von Zeit im Bewußtsein der Menschen[11] oder ihres generativen Verhaltens, legen aber die Annahme nahe, daß auch kollektive Lernprozesse und Verhaltensänderungen in Schritten, die oft schichtenspezifisch vollzogen werden[12], ablaufen. Auch in diesem Problemzusammenhang gibt es also das konfliktträchtige Phänomen der »Gleichzeitigkeit des Ungleichzeitigen«. Bei der Anwendung jenes Stufenmodells auf den Centralverein geht es jedoch nicht so sehr um die Makroebene, sondern um eine der Zahl nach nur kleine Gruppe von Personen, wenngleich diese für sich beanspruchten, die Spitze einer breiten Reformbewegung zu sein und deshalb für die Allgemeinheit neue Denkmuster zur Beurteilung

8 Vgl. *Wiswede/Kutsch,* S. 181.

9 Eine solche Trivialität ist nicht von vornherein negativ zu bewerten, wenn man von der Feststellung *Karl Poppers* ausgeht, daß man sich, da auf sozialhistorischem Gebiet keine umfassenderen Gesetze zu erreichen seien, mit trivialen Gesetzen zufrieden geben müsse (zit. bei *Wiswede/Kutsch,* S. 201); s. auch *Karl Popper:* Prognosen und Prophetie in den Sozialwissenschaften, in: *E. Topitsch* (Hg.): Logik der Sozialwissenschaften (= NWB, Bd. 6), Köln/Berlin 1970, S. 113–125.

10 Vgl. *Wiswede/Kutsch,* S. 196f., die in diesem Zusammenhang Habermas zitieren. *Habermas* hatte bezweifelt, daß die bisherigen Lerntheorien auch auf Makrophänomene anwendbar seien, und vermutet, daß hier andere – »übersubjektive« – Arten von Lernprozessen relevant seien. Der oben zitierte Begriff ist von *Amitai Etzioni* entlehnt: Die aktive Gesellschaft, Opladen 1975, S. 162 und passim.

11 S. etwa *Edward P. Thompson:* Zeit, Arbeitsdisziplin und Industriekapitalismus, in: *R. Braun* u. a. (Hg.): Gesellschaft in der industriellen Revolution (= NWB, Bd. 56), Köln 1973, S. 81–112.

12 Letzteres trifft etwa, wie *Adelheit von Nell* nachgewiesen hat, auf den »demographischen Übergang« von der agrarischen zur industriellen Bevölkerungsweise zu: Die Entwicklung der generativen Strukturen bürgerlicher und bäuerlicher Familien von 1750 bis zur Gegenwart, Diss. Bochum 1973.

der aktuellen sozialen Situation wie auch zur Lösung zukunftsgerichteter Planungsaufgaben zu produzieren. Die Initiatoren des Centralvereins standen dabei zweifellos in der Tradition jener auf Kant u. a. zurückführbaren Auffassung, daß die Gesellschaft gezielt verändert werden könne, somit »machbar« sei[13]. Der oft zitierte Satz Altensteins aus dem Jahre 1807, der Reformpolitiker nehme das Innere des Staates »nicht wie es ist, sondern wie es sein kann, und schafft es hiernach für seinen Zweck, der mit dem höchsten Zweck für das Ganze zusammentrifft, um«, kennzeichnet ein Programm, das sicherlich auch die meisten der Centralvereinsinitiatoren unterschrieben hätten.

Angesichts des Anspruchs des Vereins, der in seiner Namengebung *Central*verein zum Ausdruck kommt, bieten sich zwei weitere wichtige Interpretationsrichtungen an: eine, die den organisatorischen Aspekt aufgreift, und eine weitere, die von der Bedeutung des Centralvereins im Kontext des sozialen Wandels zu Beginn der Frühindustrialisierungsphase ausgeht. Der Organisationsplan des Centralvereins, nach dem in Preußen, später in ganz Deutschland ein hierarchisch strukturiertes System aller sozialreformerischen Initiativen vom lokalen Bereich über Bezirks- und Provinzvereine bis hin zu einer zentralen Dachorganisation geschaffen werden sollte, läßt sich als bemerkenswerte innovatorische Leistung charakterisieren, die nicht nur – wie gezeigt – Vorbild für staatliche Organisationspläne in der Revolutionszeit war, sondern bereits ansatzweise spätere »moderne« Organisationsformen von Parteien, Gewerkschaften und Interessenverbänden vorwegnahm. Das vormärzliche Verständnis von »Partei« hatte dagegen noch kaum zu einem »Verlangen nach Organisation«[14] geführt. In der hierarchischen Struktur des Centralvereins deutet sich zudem ein typischer Zug deutscher politischer Kultur an, die in einem unverbundenen Nebeneinander vieler selbständiger Einzelinitiativen eine Schwäche sah. Ohne dazu hier detailliertere Ausführungen machen zu wollen[15], sei doch darauf hingewiesen, daß u. a. die Aufsplitterung des ehemaligen Deutschen Reiches in eine Vielzahl einzelner Staaten ein Grund mit für die Erwartungshaltung war, eine nationale Zusammenfassung[16] sozial-»fort-

---

13 S. hierzu *Reinhard Koselleck:* Staat und Gesellschaft in Preußen 1815–1848, in: *W. Conze* (Hg.): Staat und Gesellschaft im deutschen Vormärz 1815–1848, Stuttgart 1970², S. 85; hierher stammt auch das folgende Zitat.

14 S. *Dieter Langewiesche:* Die Anfänge der deutschen Parteien, in: GG, 4. Jg. (1978), S. 329. *Langewiesche* weist dabei auf die große Bedeutung der »außerparlamentarischen Aktions- und Organisationsebene« für die Entstehung des deutschen Parteiwesens hin (S. 339f.) und hebt hervor, daß die Bemühungen zur Schaffung von Zentralinstanzen allerdings zunächst durchweg scheiterten (S. 345).

15 S. dazu *Irmlinde Veit-Brause:* Art. Partikularismus, in: *O. Brunner* u. a. (Hg.): Geschichtliche Grundbegriffe, Bd. 4, Stuttgart 1978, S. 735–766.

16 Zur Ausprägung eines deutschen Nationalbewußtseins im Vormärz s. *Werner Conze:* Sozialgeschichte 1800–1850, in: *W. Zorn* (Hg.): Handbuch der deutschen Wirtschafts- und Sozialgeschichte, Bd. 2, Stuttgart 1976, S. 426ff.

schrittlicher« Kräfte in einem gestuften System werde die Lösung der sozialen und auch politischen Zeitfragen entscheidend vorwärtstreiben, zumal der Zollverein im wirtschaftlichen Bereich den Beweis für die Richtigkeit dieser Annahme bereits erbracht zu haben schien. Daß die Gründung des Centralvereins in direktem Zusammenhang mit der Berliner Zollvereinsausstellung erfolgte, war auch aus diesem Grunde kein Zufall[17]. Diskussionen über die statutenmäßige Definition der Mitgliedschaft, meist von der Frage der Beitragshöhe ausgehend, zeigen jedenfalls, daß mit der Vereinsbewegung für das Wohl der arbeitenden Klassen eine – wenn auch noch relativ lockere – Organisation intendiert war, die über das, was im Verständnis der Zeit als »Verein« bezeichnet wurde[18], deutlich hinausführte und sich als sozialreformerischer Interessenverband kennzeichnen läßt. Dieser wollte so lange wirksam sein – das entsprach seinem oben erwähnten Leitbild einer »klassenlosen Bürgergesellschaft«[19] –, bis seine Rolle als »vermittelndes Glied zwischen der Staatsregierung und den Regierten« überflüssig war, d. h., bis »die einzelnen Stände . . . durch (ein) versöhnendes Band umschlungen und sich gegenseitig genähert« haben würden[20].

Eine zweite innovatorische Bedeutung des Centralvereins erschließt sich aus der Art und Weise, wie er den vor sich gehenden sozialen Wandel, den »Modernisierungsprozeß« zunächst der preußischen, dann der gesamten deutschen Gesellschaft zu beeinflussen versuchte. Bei der Verwendung von Elementen der historischen Modernisierungstheorie zur Analyse der technisch-ökonomischen Wandlungsprozesse im Deutschland des 19. Jahrhunderts hat es sich als fruchtbar erwiesen, von einem challenge-response-Verhältnis zwischen dem »Pionier« England und dem »Nachzügler« Preußen-Deutschland auszugehen[21]. Aus dem offensichtlichen deut-

---

17 S. oben S. 45 der vorliegenden Arbeit.

18 S. hierzu bes. *Thomas Nipperdey:* Verein als soziale Struktur in Deutschland im späten 18. und frühen 19. Jahrhundert, in: *ders.:* Gesellschaft, Kultur, Theorie, Göttingen 1976, S. 174–205; weiterhin *Otto Dann:* Die Anfänge politischer Vereinsbildung in Deutschland, in: *U. Engelhardt* u. a. (Hg.): Soziale Bewegung und politische Verfassung, Stuttgart 1976, S. 197–232. Die Bedeutung des frühen Vereinswesens ist in den letzten Jahren immer mehr in den Blick gekommen; die vorliegende Arbeit versteht sich u. a. auch als Beitrag zu diesem Forschungsbereich. Vgl. neuerdings auch *Wolfgang Hardtwig:* Politische Gesellschaft und Verein zwischen aufgeklärtem Absolutismus und der Grundrechtserklärung der Frankfurter Paulskirche, in: *Günter Birtsch* (Hg.): Grund- und Freiheitsrechte im Wandel von Gesellschaft und Geschichte, Göttingen 1981, S. 336–358; außerdem *Klaus Tenfelde:* Lesegesellschaften und Arbeiterbildungsvereine: Ein Ausblick, in: *O. Dann* (Hg.): Lesegesellschaften und bürgerliche Emanzipation, München 1981, S. 253–274, sowie verschiedene neuere Aufsätze *Dieter Langewiesches* (s. Lit.verz.).

19 S. oben S. 17f.

20 DtVjschr., Jg. 1845, Heft 2, S. 337f.

21 S. bes. *Alexander Gerschenkron:* Economic Backwardness in Historical Perspective, New York 1965[2]; Teilabdruck in: *R. Braun* u. a. (Hg.): Industrielle Revolution. Wirtschaftliche Aspekte (= NWB, Bd. 50), Köln/Berlin 1972, S. 59–78; außerdem *Hans-Ulrich Wehler:* Modernisierungstheorie und Geschichte, Göttingen 1975, bes. S. 49.

schen time-lag gegenüber England im Bereich der Industrialisierung zog eine fortschrittsoptimistische bürgerliche Elite von Unternehmern und höheren Beamten die Konsequenz, sich der im Nachzüglerstatus begründeten Herausforderung stellen zu wollen und sich intensiv um den Anschluß an die technisch-ökonomische Entwicklung zu bemühen[22]. Dieses Ziel trat z. B. bei der von einem ständig wachsenden Selbstbewußtsein dieser Kreise geprägten Beurteilung der Zollvereinsausstellung von 1844 deutlich zutage. Durch Abwerbung von englischen Fachkräften, Industriespionage, gezielte Propagierung neuer technischer Erkenntnisse sowie durch die Einrichtung von Musterwerkstätten und die Förderung von Englandreisen hatte bis zum Jahre 1844 jener time-lag schon deutlich verringert werden können[23]. Diese Zusammenhänge sind inzwischen von der Forschung ausführlich herausgearbeitet worden, doch ist bisher zu wenig beachtet worden, daß die challenge-response-Konstellation auch den sozialen Bereich prägte, wenngleich hier das Verhältnis des »Nachzüglers« zum »Pionier« erheblich ambivalenter war. Zwar bemühte sich auch in diesem Bereich eine bürgerliche Elite darum, Folgerungen aus den englischen Erfahrungen zu ziehen, doch kann hier von einer Bereitschaft zur Nachahmung nur sehr bedingt die Rede sein.

Wenn Gerschenkron die Richtigkeit der Marxschen These, nach der »das industriell entwickeltere Land . . . dem minder entwickelten nur das Bild der eignen Zukunft« zeige[24], mit Blick auf die ökonomischen Verhältnisse bezweifelt bzw. ihr nur eine »halbe Wahrheit« zubilligt[25], so ist jene These erst recht für den sozialen Bereich zu modifizieren. Wie die Darstellung der Programmatik und Selbsteinschätzung des Centralvereins gezeigt hat, verstand sich dessen Führungsspitze durchaus als eine sozialreformerische Elite in Preußen, deren Planen und Handeln von vornherein und dann die gesamte hier behandelte Zeit hindurch u. a. darauf gerichtet war, aus dem Beispiel Englands zu lernen und die dort gemachten Erfahrungen kritisch zu rezipieren. Da man die sozialen Zustände in den industriellen Ballungsräumen Englands nicht zuletzt durch Friedrich Engels' vielbeachtete Darstellung der »Lage der arbeitenden Klassen in England« gut zu kennen glaubte[26], hielten es die bürgerlichen Sozialreformer, vor allem mit Blick

22 S. *Reinhard Bendix:* Modernisierung und soziale Ungleichheit, in: *W. Fischer* (Hg.): Wirtschafts- und sozialgeschichtliche Probleme der frühen Industrialisierung, Berlin 1968, S. 179–246, bes. S. 224.

23 S. *Martin Schumacher:* Auslandsreisen deutscher Unternehmer 1750–1851, Köln 1968, sowie *Wolfhard Weber:* Industriespionage als technologischer Transfer in der Frühindustrialisierung Deutschlands, in: Technikgeschichte, Bd. 42 (1975), S. 287–305. Die Entstehungsgeschichte der »Mechanischen Werkstätte« Friedrich Harkorts in Wetter bietet ein gutes Beispiel für diese Art des Nachahmens und Aufholens, s. *Wolfgang Köllmann:* Friedrich Harkort, Bd. 1: 1793–1838, Düsseldorf 1964, bes. S. 56ff.

24 *Karl Marx:* Das Kapital. Vorwort (= MEW Bd. 23), Berlin-Ost 1972, S. 12.

25 *Gerschenkron* (s. Anm. 21), S. 60.

26 Vgl. hierzu bes. *Hans Jürgen Teuteberg:* Zeitgenössische deutsche Reflexionen über die

auf eigene Traditionen und die – wie man annahm – vorhandenen Chancen für eine positivere soziale Entwicklung aufgrund des noch anderen industriellen Entwicklungsstandes, für sinnvoll, das englische Beispiel höchstens partiell nachzuahmen. Auch aus diesem Grunde hafteten dem deutschen Frühliberalismus »defensorische und damit zugleich politisch und sozial tendentiell konservative Züge« an[27]. Das zeigt sich u. a. darin, daß sich die Blicke vieler deutscher Liberaler trotz der Polarität von Staat und Gesellschaft immer wieder auf den Staat als zentrale stabilisierende Kraft richteten[28], die allein den sicheren Rahmen für eine Sozialreform aus dem Schoße der Gesellschaft gewährleisten konnte (s. u.). Diese Einstellung gewann 1848/49 eine zusätzliche Verstärkung durch die Annahme, daß der Gegensatz zwischen Staat und Gesellschaft jetzt aufgehoben sei. Das muß z. B. mit gesehen werden, wenn der Centralvereinsvorstand, hier im Hinblick auf das Problem gesetzlich vorgeschriebener Altersversorgungskassen, feststellt: »Die Verpflichtung durch das Gesetz wird . . . wie in so vielen anderen Lebensverhältnissen bei uns zu Lande bewirken müssen, was man in England der Gewohnheit und der Sitte überlassen kann.«[29] Die »Wohlthaten der Association«, die sich in England angesichts des großen Elends der Arbeiterschaft erwiesen hätten, seien auch in Preußen anzustreben, jedoch nicht durch ein Gewährenlassen der Arbeiter, welche die Chancen assoziativen Handelns noch nicht in ausreichendem Maße erkannt hätten, sondern durch bürgerliche Anleitung und Führung. Auch aus diesem Grunde erschien – der Auffassung von einem bürgerlichen Patronat entsprechend, die von den meisten Sozialreformern vertreten wurde – eine hierarchisch von oben nach unten durchstrukturierte Organisation notwendig zu sein.

Hier zeigt sich ansatzweise noch ein weiteres Grundelement der frühen Centralvereinsgeschichte: Ein solches Organisationskonzept lag den meisten Centralvereinsinitiatoren schon deshalb besonders nahe, weil die wichtigsten führenden Männer in einer Person hohe Beamte – und damit Repräsentanten des Staates – und liberal eingestellte Bürger, Privatpersonen also, mit sozialreformerischem Engagement waren. Dadurch erhielt diese spezielle Ausprägung des Liberalismus im Vormärz und in der Re-

---

Rolle des Faktors Arbeit in den frühen Phasen der britischen Industrialisierung (1750 bis 1850), in: *H. Kellenbenz* (Hg.): Wirtschaftspolitik und Arbeitsmarkt, Wien 1974, S. 238 bis 270; s. auch *(Lorenz von Stein):* Der Sozialismus in Deutschland, in: Die Gegenwart, 7. Bd., Leipzig 1852, der feststellt, Engels' Buch habe »mächtig gewirkt« und »großen Nachklang« gehabt (S. 538f.).

27 *Lothar Gall:* Vorwort, in: *ders.* (Hg.): Liberalismus (= NWB, Bd. 85), Köln 1976, S. 10.

28 *James J. Sheehan:* Liberalismus und Gesellschaft in Deutschland 1815–1848, in: ebd., S. 218f.; vgl. auch *Werner Conze:* Das Spannungsfeld von Staat und Gesellschaft im Vormärz, in: *ders.* (Hg.): Staat und Gesellschaft (s. Anm. 13), S. 264; außerdem *Walter Bussmann:* Zur Geschichte des deutschen Liberalismus im 19. Jahrhundert, in: *H. Böhme* (Hg.): Probleme der Reichsgründungszeit 1848–1879 (= NWB, Bd. 26), Köln 1972², S. 85–103, und *Leonard Krieger* (s. Anm. 6).

29 Mittheilungen, 1. Bd. (1848/49), S. (584).

volution einen deutlich bürokratischen Zug. Mit Hinweis darauf stellt sich die Frage, wie groß und wie differenziert eigentlich das Wissen dieser Personen über die realen Verhältnisse der Unterschichten war bzw. wieweit die zeitgenössischen staatlichen Entscheidungsträger überhaupt vor dem Erlaß von Verordnungen und Verfügungen nicht nur Gutachten ihrer Kollegen, sondern auch verläßliche Informationen von den Betroffenen und über die Betroffenen eingeholt haben. Es ist dies die im Zusammenhang mit der »Transformierbarkeit« einer Gesellschaft wichtige Frage nach dem (sozialen) Wissen bei den gesellschaftlichen Eliten als einem zentralen Faktor, der nicht nur die Beziehung zur Realität herstellt, sondern auch »Sinn« produziert, d. h. ein wichtiges Band darstellt, »das Handeln und Handelnde zusammenhält und gesamtgesellschaftliche Bindungen beeinflußt«[30]. Die Entstehung der amtlichen Statistik in dieser Zeit ist ein Hinweis auf die wenigstens von einigen Beamten erkannte Notwendigkeit, daß Regierungsentscheidungen und -planungen auf exakten Daten beruhen müssen, wenn sie ihren Zweck erreichen sollen. Dies bezog sich aber nicht nur auf das staatliche Handeln, sondern auch auf sozialreformerische Zukunftsplanung. Nicht zufällig engagierten sich einige dieser an Statistik interessierten Beamten gerade im Centralverein: Georg von Viebahn und Friedrich Wilhelm von Reden waren die bekanntesten von ihnen; später trat vor allem Ernst Engel hinzu[31]. Das Motto, das von Reden 1847 dem ersten Heft der von ihm herausgegebenen »Zeitschrift des Vereins für deutsche Statistik« voranstellte – »forsche – prüfe – rede – hilf«[32] –, bringt die oben genannten Lernstufen in eine knappe Formel und hätte auch, verstärkt seit Beginn der 1850er Jahre, der Wahlspruch des Centralvereins sein können.

30 *Etzioni* (s. Anm. 10), bes. Kapitel 6, Zitat S. 161; zum Problem der »Transformierbarkeit« s. ebd., S. 144; *Etzioni* versteht darunter die »Fähigkeit, nicht nur adaptiven Wandel zu erzeugen oder in einer alten Einheit neue Stabilität wiederherzustellen, sondern auch ein neues Muster, neue Teile und eine neue Gesellschaft zu verwirklichen«.

31 *von Reden* als Ausschußmitglied des Centralvereins hatte bereits 1847 durch »ein über ganz Deutschland gespanntes Netz von Korrespondenzen« begonnen, die Preis/Lohn-Verhältnisse zu untersuchen. Seine Ergebnisse trug er am 2. 3. 1847 in der Generalversammlung des Centralvereins vor und veröffentlichte sie dann in der Zeitschrift des Vereins für deutsche Statistik unter dem Titel: Erwerbsmangel, Massenverarmung, Massenverderbnis – deren Ursachen und Heilmittel, 1. Jg. (1847), S. 118–135; Wiederabdruck in: *Carl Jantke/Dietrich Hilger* (Hg.): Die Eigentumslosen, Freiburg/München 1965, S. 461 bis 484. An diesen ersten Ansatz konnte der Centralverein dann zu Beginn der 1850er Jahre anknüpfen; s. dazu *Jürgen Reulecke:* Pauperismus, »social learning« und die Anfänge der Sozialstatistik in Deutschland, in: *H. Mommsen / W. Schulze* (Hg.): Vom Elend der Handarbeit, Stuttgart 1981, S. 358–372. Zu *von Viebahn* und *von Reden* s. oben Anm. 27 und Anm. 130 zu Kapitel I; *Ernst Engel* (1821–1896) war seit den 1860er Jahren Direktor des Königlich Statistischen Büros und veröffentlichte später verschiedene Ergebnisse seiner statistischen Untersuchungen in der Zeitschrift Arbeiterfreund. Lujo Brentano und weitere Mitglieder des Vereins für Socialpolitik wie Schmoller und Wagner waren zeitweise Schüler Engels; s. *Lujo Brentano:* Mein Leben im Kampf um die soziale Entwicklung Deutschlands, Jena 1931, bes. S. 43ff. und S. 74.

32 Zitiert nach der Titelseite der Zeitschrift (s. Anm. 31).

Grundvoraussetzung für eine erfolgreiche Tätigkeit des Centralvereins als Sammelpunktes einer sozialreformerischen Elite in einer einem starken Wandel unterliegenden Gesellschaft war – das stellte sich immer stärker heraus –, daß der Staat nicht nur in die Planungen mit einbezogen wurde, sondern daß er die ihm zugewiesene Rolle auch tatsächlich spielte. Aufgrund der Erfahrungen der vormärzlichen Zeit und des Revolutionsjahres dachte ihm der Centralverein die Funktion sowohl eines »Bollwerks gegen soziale Unruhe«[33] als auch zugleich des Garanten eines freien Entfaltungsraumes zu, in dem dann soziale Reformen den Weg zu einem harmonischen Ausgleich konkreter sozialer Spannungen und letztlich zum sozialen Frieden überhaupt ebnen würden. Indem hiermit dem Staat bei der Aufgabe der gesellschaftlichen »Transformierung«[34] eine Rolle zugewiesen wurde, die man zugespitzt auf den Begriff vom »Nachtwächterstaat« bringen kann, wenn dieses Etikett nicht nur pejorativ den schwachen Staat bezeichnet, sondern auch eine »positive Staatsidee« umfassen kann, baute der Centralverein seine Tätigkeit im Grunde auf einem nicht vorhandenen Fundament auf bzw. ging von falschen Voraussetzungen aus. Damit wird deutlich, daß mit der Interpretation des Centralvereins als eines sozialen Innovators im organisatorischen Bereich und als des Sammelpunktes einer sozialreformerischen Elite in einem typischen Nachzüglerstaat im wesentlichen eine Interpretation seiner Absichtserklärungen und möglichen Bedeutung, nicht aber seiner tatsächlichen Leistung im Vormärz und in der Revolution gegeben worden ist; denn wie im Vormärz lief seine Entwicklung, gemessen an seinen weitgreifenden Entwürfen und Zielen, auch im Revolutionsjahr und in der Folgezeit auf ein Scheitern hinaus[35]: Weder seine Organisationspläne, die er zunächst nach seiner Gründung, dann sofort nach der Revolution in die Tat umzusetzen versucht hatte, noch seine beiden großen Reformpläne des Jahres 1848/49, durch die er sich als allgemein anerkannte sozialreformerische Stoßkraft zu qualifizieren gehofft hatte, ließen sich verwirklichen.

An dieser Stelle bietet es sich an, die eingangs zitierte rückblickende Bewertung des Centralvereinsvorstands aus dem Jahre 1876 wieder aufzugreifen. Bezogen auf die hindernisreiche Entwicklung im ersten Jahrzehnt der Centralvereinsgeschichte legt das Etikett »unvollkommene Erfolge« die Beurteilung nahe, die Erfolge seien deshalb so unvollkommen gewesen, weil die äußeren Umstände keine Vollkommenheit zuließen. Diese Erklärung hat zunächst viel für sich: Von den beiden genannten Voraussetzungen eines erfolgreichen Handelns – Abschirmung gegen soziale Unruhe und Gewährung eines sozialreformerischen Handlungsspielraums –

---

33 *Sheehan:* Liberalismus (s. Anm. 28), S. 218.

34 *Etzioni* (s. Anm. 30).

35 S. oben S. 251 der vorliegenden Arbeit.

erfüllte der Staat die gesamte Zeit über jeweils nur eine von beiden, d. h. – bis auf wenige Monate im Jahre 1848 – nur die »Bollwerk«-Funktion. Erst als er im Gefolge der revolutionären Ereignisse für kurze Zeit diese Funktion verlor, war er – gezwungenermaßen – bereit, die andere Voraussetzung zu schaffen, jenen Freiraum, in dem der Centralverein eine breitere praktische Wirksamkeit entfalten konnte. Doch als die in dieser Zeit mit viel Engagement angegangenen wichtigsten Projekte des Vereins spruchreif waren, war das Pendel bereits wieder zur anderen Seite hin ausgeschlagen: Der Staat der Reaktionszeit, der jetzt die Erfahrung der Revolution hinter sich hatte, setzte alles daran, die Gefahr einer zweiten Revolution zu bannen, und nahm seine »Bollwerk«-Funktion in einer Weise wahr, die auch die Tätigkeit des Centralvereins erheblich beeinträchtigte. Als Hauptdilemma ergab sich für den Verein, daß sich die beiden für seine Wirksamkeit notwendigen Voraussetzungen aus der Sicht der Reaktionsregierungen vor und nach der Revolution gegenseitig ausschlossen[36]; Staat und Gesellschaft standen weiterhin in Polarität zueinander[37]. Ein Unterschied zum Vormärz bestand lediglich darin, daß der Staat die Kräfte der Bewegung nun ausgeschaltet und die Lage deshalb viel sicherer im Griff hatte als vor der Revolution.

Der Centralvereinsvorstand spürte den Klimawechsel im Vergleich zur ministeriellen Aufgeschlossenheit des Frühjahrs und Sommers 1848 sehr deutlich: Ähnlich entwürdigend und dilatorisch wie im Vormärz die Behandlung der Statutenfrage verlief jetzt das Gerangel um die Auszahlung der zweiten Rate der königlichen Stiftungssumme, die Friedrich Wilhelm IV. dem Verein am 25. Oktober 1844 zugesagt hatte. In diesem Zusammenhang mußte sich der Vorstand von Handelsminister von der Heydt vorwerfen lassen, seine Wirksamkeit sei »hinter den bei (der) Gründung angeregten Erwartungen sehr weit zurückgeblieben«[38], ohne daß der Minister auch nur andeutungsweise die Bereitschaft erkennen ließ, die Gründe für den geringen Erfolg zu akzeptieren.

Trotz der unübersehbaren äußeren Gründe für das weitgehende Scheitern der Centralvereinsbemühungen um eine Sozialreform im Vormärz und in der Revolution wäre es jedoch verfehlt, die Erklärung für die Unvollkommenheit seiner Erfolge allein hier suchen zu wollen. Mit dem zweiten Etikett – »verfehlte Bestrebungen« – der zitierten rückblickenden Selbsteinschätzung aus dem Jahre 1876 deutet sich gleichzeitig auch eine Einsicht in eigene Unzulänglichkeiten an. Zur genauen Bestimmung, welche »Bestre-

---

36 S. zum Beispiel die oben in Anm. 444 zu Kapitel II zitierte treffende Bemerkung *Friedrich Harkorts* zum Verhältnis der Reaktionsregierung zu den »Associationen«.

37 *Conze:* Spannungsfeld, in: *ders.* (Hg.): Staat und Gesellschaft (s. Anm. 13), S. 268; *Wolfgang Köllmann:* Die Anfänge der staatlichen Sozialpolitik in Preußen bis 1869, in: *E. W. Böckenförde* (Hg.): Moderne deutsche Verfassungsgeschichte (1815–1918) (= NWB, Bd. 51), Köln 1972, S. 420.

38 DZAM Rep. 120, DXXII/1, Bd. 3, fol. 7.

bungen« der Verein aus seinem über zwanzig Jahre späteren Blickwinkel, seiner derzeitigen Selbsteinschätzung und seinem Kenntnisstand im Kaiserreich Bismarckscher Prägung darunter konkret verstand, ist hier nicht der Ort, doch lenkt dieses Urteil den Blick auf die Frage, ob die frühliberalen Sozialreformer von ihren eigenen Ansprüchen her überhaupt eine Chance zu einem erfolgreichen, dauerhaften Wirken in Richtung auf ihr gesellschaftliches Leitbild gehabt haben.

Dazu ist zunächst folgendes festzuhalten: Eine Konsequenz aus den ersten sechs Jahren der Centralvereinsarbeit war zu Beginn der 1850er Jahre ja bereits die betonte Hinwendung zum »Erforschen« der sozialen Verhältnisse, wie die »Anzeige« vom 12. Juni 1850 zeigt[39]. Darin drückte sich nicht nur die Tatsache aus, daß dem Verein unter den Bedingungen der Reaktionszeit kaum eine andere Möglichkeit des Handelns geblieben war, sondern auch die gewachsene Einsicht in die Notwendigkeit nüchterner Faktenanalyse. Die vormärzlichen Pläne des Centralvereins zur Lösung der sozialen Frage waren noch »weitgehend aus (der) unmittelbaren lebenswirklichen Erfahrung«[40] des Groß- und Bildungsbürgertums abgeleitet und deshalb – vor allem auch im sozialen Bereich – vorindustriellen Denkweisen und Lösungsvorstellungen verhaftet geblieben. Die innovatorische Bedeutung des Centralvereins lag deshalb in dieser Phase auch nicht in den diskutierten Einzelmaßnahmen, sondern in seinem Organisationskonzept. Die Reaktionen der Regierung und besonders der beiden preußischen Kammern auf seine Gesetzesinitiativen des Jahres 1849 hatten ihm dann vor Augen geführt, daß er – getragen von der offensichtlichen Fehleinschätzung einer sich anbahnenden Aussöhnung von Staat und Gesellschaft – mit seinen Reformvorschlägen eindeutig zu weit gegriffen hatte. In der Hinwendung zur Tätigkeit des Sammelns, Sichtens und kritischen Prüfens sozialreformerischer Detailerfahrungen und Einzelmaßnahmen zeigt sich jener Trend zur »Realpolitik«[41], der in der Reaktionszeit auch andere Bereiche des öffentlichen Lebens und andere politische Gruppen zu prägen begann: Man wollte nach den Stürmen der Revolutionszeit nun »zur Sache kommen« und versuchte damit die negativen Erfahrungen ins Positive zu wenden. Ob man jenen Schritt des Centralvereins mehr als Folge von Resignation, Frustration und innerer Emigration oder mehr als sinnvolle Selbstbescheidung werten sollte, ist schwer zu entscheiden; beide Einschätzungen müssen wohl als die zwei Seiten ein und derselben Medaille gesehen werden.

---

39 S. oben S. 251 der vorliegenden Arbeit.

40 *Lothar Gall:* Thesen in Sektion 9 des 30. Historikertags 1974 in Braunschweig; s. den Bericht in Beiheft GWU, Stuttgart 1976, S. 80.

41 *Conze:* Spannungsfeld (s. Anm. 37), S. 268, der auf das Werk *August Ludwig von Rochaus* »Grundsätze der Realpolitik, angewendet auf die staatlichen Zustände Deutschlands« hinweist, das in Stuttgart 1853 anonym erschienen ist.

Für den Centralverein war mit diesem Schritt wenigstens im Ansatz die Einsicht verbunden, daß derjenige, der Sozialreform mit Aussicht auf Erfolg betreiben will, mindestens drei Forderungen erfüllen muß[42]: Er muß sein gesellschaftliches Leitbild möglichst eindeutig fixieren bzw. seine Wertvorstellungen klären und Ziele daraus ableiten. Weiterhin muß er die realen sozioökonomischen und politischen Bedingungen analysieren, auf deren Grundlage die Reformaktivitäten anzusetzen haben und denen jeweils spezifische Chancen oder Hemmnisse entstammen. Schließlich muß eine Klärung darüber erfolgen, welche Mittel zur Erreichung der sozialreformerischen Ziele geeignet erscheinen, damit auf dieser Grundlage ein Programm des Mitteleinsatzes entworfen werden kann. Zieht man diesen Forderungenkatalog zur Interpretation der Centralvereinstätigkeit in der hier behandelten Phase heran, so stößt man bald auf ein grundsätzliches Defizit seiner »Lehrjahre«, auf die Tatsache nämlich, daß seine Zielsetzungen und seine Mittelauswahl nur unzureichend mit einer gründlicheren Analyse sowohl der Realisierbarkeit dieser Ziele als auch der tatsächlichen Wirksamkeit der in Aussicht genommenen Mittel vor dem Hintergrund der realen Verhältnisse verknüpft waren. Dies hatte als einer der ersten bereits Karl Rodbertus 1849 erkannt, als er in seiner durchaus wohlwollend gemeinten Kritik am Vereinswesen für das Wohl der arbeitenden Klassen unter anderem exemplarisch klarlegte[43], die Verbindung des Zieles Verbesserung der materiellen Lage der Arbeiterschaft mit dem vorgeschlagenen Mittel der Spar- und Prämienkassen sei so lange fragwürdig und realitätsfremd, wie nicht geklärt sei, ob die Arbeiter angesichts ihrer geringen und sehr wechselhaften Einkünfte überhaupt Geld zum Sparen erübrigen könnten.

Im Grunde hatte der Centralverein bei einer relativ unscharfen und weitgreifenden Zielsetzung die dritte Forderung vor den beiden anderen erfüllen, d. h. als Hauptmittel zur »Hebung« der arbeitenden Klassen die verschiedenen, im einzelnen durchweg nicht neuen sozialreformerischen Ideen und Bestrebungen in einer gestuften Organisation bündeln wollen. Die Zielvorstellungen konkretisierten sich dann zwar in der Revolutionszeit und waren auch – wie die Entwicklung der betrieblichen Mitbestimmung und des Sozialversicherungswesens bis heute beweist – keineswegs grundsätzlich illusionär, doch zeigte ihm das Scheitern seiner beiden großen Gesetzesinitiativen, daß er – besonders im Bereich der Betriebsverfassung – die realen politischen und sozioökonomischen Verhältnisse sowie das Problembewußtsein seiner Zeitgenossen falsch eingeschätzt hatte. Die

42 Die folgenden Ausführungen lehnen sich an Thesen an, die *Erik Boettcher* in dem von ihm hg. Band »Sozialpolitik und Sozialreform« in der Einleitung formuliert hat (Tübingen 1957, S. 20). Vgl. auch die ähnlichen Kategorien bei *Ruß-Mohl:* Dramaturgie (s. Anm. 7).

43 So *Rodbertus* in seiner Stellungnahme zu dem Altersvorsorge-Projekt des Centralvereins im Jahre 1849; s. dazu oben S. 227ff.

führenden Köpfe des Centralvereins zogen jedoch aus dieser Einsicht allenfalls vordergründige Konsequenzen und begriffen die hier liegende Herausforderung nicht als Impuls zu einer tiefergehenden Analyse der Grundstrukturen der sich herausbildenden industriekapitalistischen Verhältnisse, obwohl zwei der bedeutendsten Intellektuellen jener Zeit sie in differenzierten Kritiken darauf aufmerksam zu machen versucht haben: Karl Rodbertus und Lorenz von Stein.

Einige der wichtigsten Punkte der Kritik Rodbertus', die er im Zusammenhang mit seinem Gutachten über das Altersversorgungsprojekt des Centralvereins Mitte 1849 formuliert hat, sind ja bereits oben zitiert worden[44]. Rodbertus' Analyse der Pauperismusgründe und der Entwicklung der volkswirtschaftlichen Produktivität hatte ihn zu der Aufforderung an den Centralvereinsvorstand geführt, »vor Allem für die Erhöhung des Einkommens der Arbeiter zu sorgen«; erst dadurch würden diese in die Lage versetzt, an den Genüssen, an der Bildung und an der Sitte der Zeit teilzunehmen und bürgerliche Tugenden zu erwerben. Und den bürgerlichen Sozialreformern insgesamt, die – so Rodbertus – in der Gefahr seien, bloß zu »Armenpfleger(n) und Moralisten zu werden«, schrieb er kurz und treffend ins Stammbuch: »Wer glaubt, daß der Pauperismus in der Unsittlichkeit der arbeitenden Klassen seinen Grund hat, verwechselt Ursache und Wirkung.« Allerdings meinte er noch, daß eine deutliche Verbesserung der Arbeitereinkommensverhältnisse auch »ohne Eingriff in das Grund- und Kapital-Eigenthum und die Grundsätze der Verkehrsfreiheit« möglich sei. Bis zum Erlaß entsprechender Gesetze besäßen die sozialen Vereine durchaus noch einerseits in der Bekämpfung aktueller Not durch die Durchsetzung höherer Arbeiterlöhne eine wichtige Funktion, andererseits aber auch eine politische Aufgabe in der Aufdeckung der »Anfechtungen und Uebel, welche die Gesellschaft ins Verderben zu führen drohen«.

Weniger vermittelnd fiel die Analyse Lorenz von Steins aus dem Jahre 1852 aus[45]: Er sah die Vereinsbewegung für das Wohl der arbeitenden Klassen in der Form, in der sie begonnen worden war, von vornherein zur Erfolglosigkeit verurteilt. Entweder wolle sie die materielle Not der Ar-

44 Ebd.; die folgenden Zitate stammen aus den Mittheilungen, 1. Bd. (1848/49), S. (494)ff. Vgl. dazu auch neuerdings *Toni Offermann:* Arbeiterbewegung und liberales Bürgertum, Bonn 1979, S. 201f.

45 *(Lorenz von Stein):* Der Sozialismus in Deutschland (s. Anm. 26), S. 546f.; hierher stammen auch die folgenden Zitate. Wiederabdruck in: Lorenz von Stein. Schriften zum Sozialismus, hg. von *Eckhart Pankoke,* Darmstadt 1974, dort S. 45f.; s. hierzu ebenfalls *Offermann* (s. Anm. 44), S. 201, der allerdings den Verf. des anonymen Artikels nicht identifiziert hat. Die scharfe Stellungnahme von Steins ist allerdings auch im Zusammenhang mit seiner grundsätzlichen Kritik am »Versagen des liberalen Bürgertums« in der 1848er Revolution zu sehen; s. dazu *Dirk Blasius/Eckart Pankoke:* Lorenz von Stein, Darmstadt 1977, S. 51 und passim.

beiter beheben, dann laufe das Engagement bloß auf eine verbesserte Armenpflege hinaus bzw. führe zur Konkurrenz mit den schon bestehenden Wohltätigkeitsinstitutionen, oder aber sie dringe zu den eigentlichen Wurzeln des gesellschaftlichen Wandels vor; dann aber müsse sie eine völlig neue Organisation der ganzen Gesellschaft anstreben, und das bedeute vor allem die »Abschüttelung der Herrschaft des Capitals über die Arbeit«. Zugleich müsse damit die Anerkennung der Tatsache einhergehen, daß in der Gesellschaft ein »neues Element« entstanden sei, »dessen Umfang, Macht, Ansprüche und wirkliches Ziel noch durchaus nicht abzusehen« seien. Beide Alternativen führten aber angesichts der bestehenden Verhältnisse in eine Sackgasse und letztlich zum Scheitern.

Beide Kritiker wiesen also auf gesellschaftliche Konstellationen hin, die vor allem auf ökonomisch bedingten »schreiendsten Widersprüchen« (Rodbertus) beruhten und die Möglichkeit eines harmonischen Ausgleichs zwischen den Klassen unter bürgerlicher Regie zumindestens höchst fragwürdig erscheinen lassen mußten. Eine Übernahme dieser Einsichten hätte zweifellos für die bürgerlichen Sozialreformer eine radikale Aufgabe ihres frühliberalen Gesellschaftsbildes bedeutet. Dies war nun allerdings angesichts der gesamten Werthierarchie, des Erfahrungsschatzes, Erwartungshorizonts und auch Selbsterhaltungstriebs der hier angesprochenen Gruppe des Besitz- und Bildungsbürgertums nicht zu erwarten. Ihre Vertreter als »gesellschaftliche Akteure«[46] suchten auf ihre Art, mit Hilfe einer ohne Zweifel in spezifischer Weise verengten Analyse der Realität Wissen zu gewinnen, um die sozialen Verhältnisse interpretieren zu können und ihrem eigenen Handeln »Sinn« zu verleihen. Insofern war der erwähnte Rückzug des Centralvereins in den 1850er Jahren auf das »Erforschen« eine durchaus »sinn«volle Bescheidung als Teil einer interessenbezogenen Handlungsstrategie. Der gesamtgesellschaftliche Anspruch, den die Sozialreformer ihrem Tun unterlegten, und der daraus entspringende Patronatscharakter ihres Zugriffs auf die soziale Frage mußten allerdings desto problematischer werden, je mehr sich jenes »neue Element« – die Arbeiterklasse – profilierte und zugleich die »Herrschaft des Capitals« (Lorenz von Stein) zunahm. Dieses Schicksal teilten die bürgerlichen Sozialreformer – cum grano salis – mit dem Schicksal des Liberalismus in Deutschland überhaupt.

Es ist leicht, rückblickend von einer »prinzipielle(n) Verfehltheit«[47] der Centralvereinskonzeption zu sprechen, zumal dann auch ebenso leicht an dieser oder jener Entwicklung »Schuldige« gefunden werden können[48].

46 *Etzioni* (s. Anm. 10), S. 160ff.

47 So ein Ergebnis der ansonsten recht anregenden Studie *Offermanns* (s. Anm. 44), S. 203.

48 Zu diesem Problem mit Blick auf die 1848er Revolution s. *Thomas Nipperdey:* Kritik oder Objektivität? Zur Beurteilung der Revolution von 1848, in: *ders.:* Gesellschaft, Kultur, Theorie, Göttingen 1976, S. 278.

Daß der Centralverein die politische Dimension von Sozialreform negierte und sich zu den Kernfragen des Verhältnisses von Kapital und Arbeit und der politischen Emanzipation der Arbeiterklasse nur verschwommen geäußert hat, hing zweifellos auch mit der grundsätzlichen Neuheit der Situation zusammen, die nur von sehr wenigen Zeitgenossen in ihrer Bedeutung annähernd erkannt wurde. Für diese Situation gab es keine sicheren Deutungsmuster; sie war offener als je zuvor. So beklagte auch Rodbertus, daß sich »noch nicht einmal die Wissenschaft«[49] mit den Zusammenhängen von Produktivitäts- und Lohnentwicklung beschäftigt habe, und forderte eine neue Nationalökonomie. Und Lorenz von Stein ging davon aus, daß erst eine neue »Wissenschaft der Gesellschaft« die durchgreifenden Lösungen für die Probleme des »wirklichen Lebens« bringen und »unserm Verständnis menschlicher Dinge . . . eine neue Welt eröffnen«[50] werde. Insofern konnten die Pläne und Aktivitäten des Centralvereins in der Frühindustrialisierungsphase nur tastende Schritte in dem »unendlich weiten Gebiet«[51] der sozialen Frage sein. Verunsichert und ernüchtert, zugleich aber auf sein Gesellschaftsbild fixiert, sah er bewußt von großen Konzepten ab und widmete sich zunächst einmal den vielfältigen Problemen der alltäglichen Lebensbedingungen, um hier den »arbeitenden Klassen« Erleichterungen zu verschaffen und Verbesserungen zu bewirken. Eine kaum übersehbare Fülle von Detailproblemen, die alle in irgendeiner Weise die Einzelschicksale der arbeitenden Menschen belasteten, kam dadurch in den Blick der bürgerlichen Sozialreformer. Die oben erwähnte Einführung gußeiserner Koksöfen als einer verbesserten Heiz- und Kochmöglichkeit im Winter 1848/49 durch den Berliner Lokalverein war ein typisches Beispiel dafür[52].

Hausgerät und Haushaltsführung, Schulgeldfragen und Wohnverhältnisse, Säuglingspflege und Körperhygiene, Fragen des Lesestoffs, der Weiterbildung sowie der billigen und qualitätvollen Nahrungsmittel, die Belastungen der Unterschichten durch die Mahl- und Schlachtsteuer und das Salzmonopol – dies waren einige der Problemfelder, um die sich jetzt der Centralverein neben der Propagierung der verschiedenen Vorsorge- und Selbsthilfekassen und des Assoziationswesens verstärkt zu kümmern begann. Daß seine Maßnahmen und Empfehlungen von bürgerlichen Wertvorstellungen und Normensetzungen bestimmt waren, in deren selbstverständlicher Übertragung auf die Arbeiterschaft kein Problem gesehen wurde, ist dabei zwar evident; jenes schnelle Urteil, die bürgerlichen Sozialreformer hätten also nichts weiter als »soziale Demagogie«[53] betrieben

49 S. Anm. 44, S. (494).

50 S. Anm. 45, S. 560ff.; vgl. auch *Blasius/Pankoke* (s. Anm. 45), passim.

51 S. oben Anm. 3.

52 S. oben S. 178 der vorliegenden Arbeit.

53 S. die Einleitung zur vorliegenden Arbeit, S. 26; vgl. außerdem den Artikel von *Siegfried Schmidt/Eldrid Czichy* über den Centralverein in dem DDR-Handbuch: Die bürgerlichen

und durch ihre Maßnahmen die Emanzipation der Arbeiterklasse hintertreiben wollen, wird jedoch weder der Leistung noch der langfristigen Bedeutung dieser bemerkenswerten »sozial-liberalen« Strömung gerecht, die sich dann im weiteren Verlauf des 19. Jahrhunderts immer weiter ausfächerte.

Trotz der erwähnten Begrenztheiten, trotz der irrigen Annahme, auf die aktive Mitbeteiligung des Staates an der Sozialreform, die Karl Rodbertus und Lorenz von Stein in jeweils eigenwilliger Weise gefordert haben, verzichten zu können, entstand durch vielfältige Lernprozesse, aus »unvollkommenen Erfolgen« und »verfehlten Bestrebungen« langfristig eine Fülle von Mosaiksteinen, die – ohne daß der Centralverein an ein solches Endergebnis gedacht hätte – in das Gesamtbild des modernen Sozialstaates eingefügt werden konnten[54]. Viele sozialreformerische Ansätze bereits des frühen Centralvereins erweisen sich, wenn man auch noch verschiedene weitere Reifungsstufen einrechnen muß, aus heutiger Sicht – um ein weiteres Bild zu benutzen – als Keime mit einer recht langen Inkubationszeit. Es ist unbestritten, daß bei der Herausbildung des modernen Sozialstaatsgedankens neben die Bestrebungen der Sozialreformer, die noch lange Zeit an ihrem gesellschaftlichen Harmoniemodell bürgerlicher Prägung festhielten, und neben die christliche Sozialethik die selbständig agierende Arbeiterbewegung treten mußte, die durch ihre Forderungen die grundsätzliche Konflikthaftigkeit der inzwischen entstandenen Industriegesellschaft offenkundig werden ließ und die bürgerliche Seite immer wieder zur erneuten Suche nach Konfliktregelungswegen und Formen eines modus vivendi zwang[55]. Hier lag das Schwergewicht der Probleme, mit denen sich der Centralverein dann in den 1860er Jahren und später die beiden weiteren »Stoßtrupps der Sozialreform« – der Verein für Socialpolitik und die Gesellschaft für Soziale Reform – bis zum Ersten Weltkrieg auseinandersetzen mußten.

*

Angesichts der Tatsache, daß die Geschichte der bürgerlichen Sozialreform in Deutschland seit der ersten Hälfte des 19. Jahrhunderts – gerade auch im Vergleich zu ähnlichen Bestrebungen in anderen Industriegesellschaften – noch ein recht unbeackertes Feld ist, sollen abschließend noch

---

Parteien in Deutschland 1830–1945, Bd. 2 (Leipzig 1970): »Bei aller subjektiven Ehrlichkeit einzelner seiner Mitglieder diente der Verein insgesamt dem Bemühen der Bourgeoisie, die Emanzipation der Arbeiterklasse zu verhindern« (S. 872).

54 S. das noch allgemeinere Urteil *Galls* (Vorwort, S. 15; s. oben Anm. 27), der »vielbeschworene Sozialstaat« habe seine Zielsetzungen wie auch Beschränkungen »sehr weitgehend aus liberalem Geist erhalten«.

55 S. dazu die beiden Beiträge von *Jürgen Reulecke* (Sozialer Konflikt und bürgerliche Sozialreform in der Frühindustrialisierung) und *Rüdiger vom Bruch* (Streiks und Konfliktregelung im Urteil bürgerlicher Sozialreformer 1872–1914) in dem von *K. Tenfelde* und *H. Volkmann* hg. Sammelband: Streik, München 1981, S. 237–252 und S. 253–270.

sechs vorläufige und zugespitzte Thesen genannt werden, die durch die vorliegende Arbeit zwar keineswegs völlig abgedeckt sind, bei einer weiteren Beschäftigung mit dem Thema aber möglicherweise von Nutzen sein können.

1. Die Sozialreformer waren das organisierte und personifizierte soziale Gewissen des Bildungs- und zum Teil auch Besitzbürgertums. Vor allem sie haben wie kaum eine andere bürgerliche Gruppe nicht nur die Folgen des sozialen Wandels zu reflektieren versucht, sondern sich auch darum bemüht, durch wissenschaftliche Untersuchungen die sachliche Basis für Problemlösungsstrategien zu gewinnen und diese in der Öffentlichkeit zu propagieren. Dies geschah zwar durch eine weitgehend unkritische Übertragung bürgerlicher Wertvorstellungen auf die Arbeiterschaft und letztlich aus einem Wunschdenken heraus, das von einem mehr oder weniger verschwommenen Harmoniemodell bestimmt war. Aber trotz der zweifellos damit verbundenen pro-domo-Motivation verschmolz das bürgerliche Selbsterhaltungsstreben mit einem breiteren Gemeinwohldenken, weil es von dem Glauben getragen war, die liberale und offene bürgerliche Gesellschaft sei, sofern sie soziale Prinzipien berücksichtige, die optimale Gesellschaftsform.

2. Die gesamte Zeit über haben die bürgerlichen Sozialreformer das undankbare Geschäft der Vermittlung und Befriedung zwischen den Klassenkontrahenten zu betreiben versucht und behauptet, »neutral« zu sein. Dabei haben sie beiden Seiten immer wieder Argumente zur Mäßigung der jeweiligen Forderungen und Verhaltensweisen vorgehalten, die wenigstens zum Teil auch einer breiteren Öffentlichkeit bekannt wurden und zu einer zunehmenden sozialpolitischen Information und Diskussion beitrugen, wobei eine gewisse Patronatsattitüde gegenüber der Arbeiterschaft nicht zu übersehen ist. Insgesamt ist jedoch die Wirkung dieses Bemühens nur schwer abzuschätzen. Immerhin läßt sich zeigen, daß später auch verschiedene Führer der Arbeiterbewegung auf vielerlei Einzelanregungen und Vorleistungen aus sozialreformerischen Kreisen zurückgegriffen haben, auch wenn sie insgesamt Distanz bewahrten.

3. Aus der Erkenntnis, welch ein »unendlich weites Gebiet« die soziale Frage war, aus einer bewußten Theorieabstinenz und um sich nicht zu verzetteln, lief die Strategie der Sozialreformer mindestens seit den 1850er Jahren darauf hinaus, nur »klar erkennbare und sicher zu begrenzende Aufgaben«[56] anzugehen. Auf diese Weise kam aber dann doch eine Fülle sozialer Einzelprobleme ins Blickfeld. Gerade dadurch, daß sich dann später einzelne Spezialvereine dieser oder jener Problematik besonders annahmen, wird das Bild der bürgerlichen Sozialreform im weiteren Verlauf des 19. Jahrhunderts so buntscheckig, wenn man von den drei herausra-

56 S. oben Anm. 4.

genden »Stoßtrupps« einmal absieht. Das bürgerliche Engagement im Bereich der sozialen Frage wurde zudem zunehmend nicht nur aus sozialreformerischem Denken allein gespeist, sondern erhielt auch von anderen bürgerlichen Bestrebungen Impulse: von der Mäßigkeits- und Hygienebewegung ebenso wie von lebensreformerischen Ideen, von christlich-karitativen Bemühungen, von der inzwischen reformierten Armenpflege usw. Sozialreform begann dadurch zwar immer konturloser zu werden, dennoch sollte die Bedeutung dieser »Grauzone« des Bemühens um Behebung von sozialen Mißständen und Reagierens auf Krisenkonstellationen für die weitere deutsche Geschichte nicht unterschätzt werden. Vor allem gegen Ende des 19. Jahrhunderts schossen solche Initiativen wie Pilze aus dem Boden – ihr Spektrum, ihre Zuordnung und ihre Wirksamkeit sind bisher von der Forschung nahezu völlig übergangen worden.

4. Ursula Ratz kommt in ihrem vor kurzem erschienenen Buch über die Gesellschaft für Soziale Reform zu dem Ergebnis, deren Leistung habe nicht so sehr in der Erreichung klarer sozialreformerischer Fortschritte gelegen – sie spricht sogar von »Erfolgsdefizit« –, sondern in der Verhinderung des Bestrebens reaktionärer Kreise, »das erreichte Maß an Freiheits- und Teilnahmerechten und sozialpolitischem Fortschritt wieder abzubauen«[57]. Hier liegt eine weitere wichtige Funktion der gesamten bürgerlichen Sozialreform im 19. Jahrhundert: die Absicherung, Verteidigung und – wenn möglich – Verbreiterung gewonnener Positionen im sozialpolitischen Bereich. Dabei gab es Phasen, in denen die Sozialreformer offensiver, andere Phasen, in denen sie nur defensiv agieren und agitieren konnten.

5. Die oben zitierte Einsicht des Centralvereins in die Unvollkommenheit seiner Erfolge belegt zudem eine Bereitschaft zum kollektiven sozialen Lernen im Sinne des »trial and error«. Die Geschichte der deutschen Sozialreform läßt sich auch als spezifische Ausprägung eines bürgerlichen Lernprozesses im Umgang mit den sozialen Problemen der modernen Lebenswelt verstehen[58]. Bei der Konstatierung der großen Schwierigkeiten, die die Arbeiterschaft bei ihrer Eingewöhnung in die von der Industrie bestimmte Lebenswelt zu überwinden hatte, wird häufig übersehen, daß auch große Teile des Bürgertums, neben dem Handwerk gerade auch das Bildungsbürgertum, erhebliche Anpassungsprobleme hatten, die zwar

57 *Ursula Ratz:* Sozialreform und Arbeiterschaft, Berlin 1980, S. 259.

58 Dieses Erklärungsmodell ist keineswegs ausreichend und hat auch bereits berechtigte Skepsis hervorgerufen (s. *Bernd Weisbrod:* Wohltätigkeit und »symbolische Gewalt« in der Frühindustrialisierung, in: *H. Mommsen / W. Schulze* [Hg.]: Vom Elend der Handarbeit, Stuttgart 1981, S. 355), doch eröffnet es m. E. durchaus eine Reihe zusätzlicher Fragemöglichkeiten, die sich z. B. aus interessen- und konflikttheoretischen Ansätzen so nicht ableiten lassen. Allerdings ist das letzte Wort über die Anwendung lerntheoretischer Thesen zur Erklärung historischer Prozesse noch nicht gesprochen; s. auch oben Anm. 7 und 10.

nicht so sehr von existentieller als mehr von sozialpsychologischer Art waren. Auch Mentalitäts- und Werthierarchieänderungen beruhen auf Lernprozessen; der Vorsprung, den das Bürgertum im Vergleich zur Arbeiterschaft hier potentiell schon aufgrund seiner Bildung besaß, ist zwar evident, zugleich aber auch seine sehr viel stärkere Befangenheit in vormodernen, vorindustriellen Wertkategorien und Normen, die ein relativ unbefangenes Lernen erheblich erschwerten und sich in der Weimarer Republik dann in fataler Weise auswirkten.

6. Abschließend sei noch einmal auf jenes Kernproblem, das bei der Beurteilung der gesamten bürgerlichen Sozialreform immer wieder mitreflektiert werden muß, hingewiesen: Bei ihrem breiten und letztlich wohl auch vielfach wirksamen Bemühen um soziale Innovationen in verschiedenen Bereichen des gesellschaftlichen Lebens sind die bürgerlichen Sozialreformer davon ausgegangen, daß man die Arbeiterfrage als ein rein soziales, vom politischen Bereich völlig loslösbares Problem verstehen und entsprechend angehen könne. Diese künstliche Isolierung lenkte davon ab, daß auch Sozialreform wie jede Reform etwas mit der Umverteilung von Macht zu tun hat[59]. Da Politik letztlich Kampf um Macht ist, diese gedankliche Verbindung aber gewollt oder ungewollt nicht hergestellt wurde, mußten alle sozialreformerischen Programme mehr oder weniger halbherzig bleiben. Hinter dieser Haltung mag das noch aus dem Vormärz stammende Bild von der Dichotomie von Staat und Gesellschaft gestanden haben, das – positiv gefaßt – auch beinhaltet, daß die Gesellschaft Selbstheilungskräfte besitze, die – sofern der Staat nicht restriktiv eingreift – gesellschaftliche Konfliktlagen und Krisen zu beheben vermögen. Grundsätzlich ist deshalb festzuhalten, daß die Sozialreformer der Gretchenfrage nach ihrem Verhältnis zu politischen Reformen immer wieder ausgewichen sind. Das bezieht sich nicht so sehr auf einzelne Personen, sondern auf die Organisationen der Sozialreform im 19. Jahrhundert als ganze.

Ob diese sechs Thesen zu halten sind oder ob sie erheblich modifiziert werden müssen, können erst weitere Forschungen zeigen. Daß die bürgerlichen Sozialreformer aber – langfristig gesehen – einen spezifischen Anteil an jenem Subprozeß der allgemeinen »Modernisierung« gehabt haben, der auf die Formel »Institutionalisierung von Konflikten« gebracht worden ist[60], dürfte kaum zu bestreiten sein, auch wenn – wie die Geschichte des Centralvereins für das Wohl der arbeitenden Klassen in der

59 S. *Martin Greiffenhagen:* Überlegungen zum Reformbegriff, in: *ders.* (Hg.): Zur Theorie der Reform. Entwürfe und Strategien, Heidelberg/Karlsruhe 1978, bes. S. 32, wo der Verf. zustimmend auch Christian Graf von Krockow zitiert: »Die Umverteilung von Macht läßt die Reform unausweichlich zum Machtkampf, zum politischen Konflikt werden . . .«

60 Vgl. *Hans-Ulrich Wehler:* Modernisierungstheorie und Geschichte, Göttingen 1975, S. 17.

Frühindustrialisierungsphase belegt – bei kurzfristiger Betrachtung viel mehr das Scheitern der meisten Pläne als der Erfolg in den Blick kommt. In jeder Reformeuphoriephase – und es hat deren mehrere in den letzten rund 150 Jahren gegeben – pflegen weitgesteckte Ziele, Globalkonzepte und vor allem illusionäre Erwartungen zu wuchern; schon ein erster Blick in die Geschichte der Sozialreform in Deutschland zeigt aber, daß jede Reformpolitik offenbar ein langwieriges Geschäft ist, ein mühsames Bohren in dicken Brettern; und was Christian Graf von Krockow über Reformen insgesamt gesagt hat, gilt in besonderem Maße für Reformen im sozialen Bereich:

»Reformen mögen manchmal gelingen, häufiger scheitern, immer Konflikte hervorrufen; in jedem Falle bezeichnen sie das Alltägliche: den Stoff sozusagen, aus dem Politik als der Kampf um die Veränderung oder Bewahrung bestehender Verhältnisse gemacht ist.«[61]

61 *Christian Graf von Krockow:* Reform als politisches Prinzip, München 1976, Vorwort.

Quellen- und Literaturverzeichnis

I. QUELLEN

1. Ungedruckte Quellen

Geheimes Staatsarchiv Berlin-Dahlem (GehStA);
Rep. 84a (Justizministerium): Nr. 5410, 5411, 10955–57
Rep. 92, Nachlaß von Arnim, Nr. A 43

Staatsarchiv Detmold (StaatsA D):
Präsidialakten: M 1 I P, Nr. 361, Nr. 362, Nr. 365
Reg. Minden: I S, Nr. 491; I U, Nr. 1330

Hauptstaatsarchiv Düsseldorf, Zweigstelle Kalkum (HStAD):
Reg. Aachen: Präs. Nr. 683; Reg. Aachen Nr. 1253, Nr. 4870
Reg. Düsseldorf: Präs. Nr. 1329, Nr. 1330, Nr. 1331; Reg. Düsseldorf Nr. 1585, Nr. 1587
Reg. Köln: Nr. 1482, Nr. 2233, Nr. 7814
Landratsamt Elberfeld: Nr. 17, Nr. 18
Personalakte von Viebahn: Präs. Nr. 1624

Landeshauptarchiv, ehemals Staatsarchiv Koblenz (StaatsA K):
Oberpräsidium: Abt. 403, Nr. 166, Nr. 912, Nr. 6581, Nr. 6632, Nr. 7385, Nr. 9569
Reg. Koblenz: Abt. 441, Nr. 5484
Reg. Trier: Abt. 442, Nr. 6402

Stadtarchiv Köln (StA Köln):
Zeitungsberichte: IV 19 D – Nr. 32, Nr. 33
Bestand 1073 (Mevissen) Nr. 111–115
Fuchs: Stadtchronik, Bd. III (1837–1844) und Bd. IV (1845–1854) (= Chroniken und Darstellungen, Nr. 217, Nr. 218)

Zentrales Staatsarchiv Merseburg, Historische Abteilung II (DZAM)
Rep. 76 (Ministerium der Geistlichen, Unterrichts- und Medicinal-Angelegenheiten): II, Sekt. I, Gen 1, Bde. 1–3
Rep. 77 (Ministerium des Innern): tit. 245, Nr. 4; tit. 505, Nr. 15; tit. 1104, Nr. 1, Bde. 3 und 4; Nr. 7, Bd. 1; Nr. 8, Bde. 1–3; tit. 1533, Nr. 2, Bd. 1; tit. 1542, Nr. 2; tit. 1557, Nr. 1; tit. 1560, Nr. 1; tit. 1562, Nr. 1
Rep. 92 (Nachlässe): Nachl. Gneist Nr. 15, Nr. 61, Nr. 62, Nr. 63, Nr. 66, Nr. 67, Nr. 68, Nr. 69; Nachl. Hansemann, Nr. 8, Nr. 14; Nachl. Rodbertus A 10, B 8, B 9
Rep. 120 (Ministerium des Handels und der Gewerbe): A XI 1, Nr. 10, Bd. 1; B I 1, Nr. 59, Bd. 2; B V 33, Nr. 4, vol. 2; D XXII/1, Nr. 1, vol. 1, vol. 3, vol. 4; D XXII/2, Nr. 1; D XXII/5, Nr. 1, vol. 1–vol. 3, Nr. 4; D XXII/6, Nr. 1; D

XXII/7, Nr. 1; D XXII/8, Nr. 1, Nr. 2, Nr. 5; D XXII/9, Nr. 1, Nr. 2, Nr. 4, Bd. 1; D XXII/10, Nr. 1, Nr. 2, Nr. 3
Personalakten: *Baumstark* (Rep. 76, Vf., Lit. B, Nr. 31), *Bornemann* (Sign. 2.5.1, Nr. 148), *Lette* (Rep. 87, 2B, Nr. 496), *von Patow* (Rep. 77, tit. 183[e], Nr. 3 sowie Sign. 2.6.2, Nr. 3654); *Quentin* (Sign. 2.6.2, Nr. 3856), *von Viebahn* (Sign. 2.6.2, Nr. 5172)

Staatsarchiv Münster (StaatsA M)
Oberpräsidium: Nr. 690, Nr. 2510
Reg. Arnsberg: Präs. I, Nr. 125, Nr. 1270, Reg. Arnsberg B, Nr. 61
Landratsamt Hagen: Nr. 476

Stadtarchiv Wuppertal (StA Wuppertal)
Protokolle der Stadtverordnetenversammlung Elberfeld: D V 130
Stadtratsprotokolle: D V 536
Stadträthliches Protokoll-Buch (Barmen): DV 610

2. *Zeitungen, Zeitschriften und zeitgenössische Jahrbücher*

Barmer Zeitung, Jg. 1844/45
Elberfelder Zeitung, Jg. 1844/45
Evangelische Kirchen-Zeitung. Hg. von *E. W. Hengstenberg*, 34. und 35. Bd. (Jan.–Dez. 1844)
Kölnische Zeitung, Jg. 1844/45
Neue Rheinische Zeitung, Organ der Demokratie. Red. von *Karl Marx*, Köln Juni 1848–Mai 1949. Faksimiledruck Berlin/Bonn-Bad Godesberg 1977

*

Der Arbeiterfreund. Zeitschrift des Centralvereins in Preußen für das Wohl der arbeitenden Klassen, hg. von *K. Brämer*, Bd. 1ff, Berlin 1863ff.
Deutsches Bürgerbuch, hg. von *H. Püttmann*, für 1845: Darmstadt 1845 (1. Jg.), für 1846: Mannheim 1846 (2. Jg.)
Deutsche Vierteljahrsschrift, Stuttgart/Tübingen, Jg. 1838–1850
Dieß Buch gehört dem Volke. Hg. von *Otto Lüning*, 1. und 2. Jg. Bielefeld 1845, 3. Jg. Paderborn 1847
Die Gegenwart. Eine enzyclopädische Darstellung der neuesten Zeitgeschichte für alle Stände. Red. von *A. Kurtzel*, 12 Bde., Leipzig 1848–1856
Gesellschaftsspiegel, Organ zur Vertretung der besitzlosen Volksklassen und zur Beleuchtung der gesellschaftlichen Zustände der Gegenwart. Red. von *Moses Heß*, Elberfeld Juli 1845–Juni 1846
Mittheilungen des Centralvereins für das Wohl der arbeitenden Klassen, Bd. 1 (Heft 1–3) Berlin 1848/49; Bd. 2 (Heft 4–9) Berlin 1849/50; Bd. 3 (Heft 10–15) Berlin 1851/52, Faksimilenachdruck, hg. von *W. Köllmann* und *J. Reulecke*, Hagen 1980
Mittheilungen des Centralvereins für das Wohl der arbeitenden Klassen, Neue Folge, Bd. 1 Berlin 1853/55; Bd. 2 Berlin 1855/58, Faksimilenachdruck, hg. von *W. Köllmann* und *J. Reulecke*, Hagen 1980
Neue Jahrbücher der Geschichte und Politik. Begründet von *K. H. L. Pölitz*, hg. von *F. Bülau*, Leipzig, Jg. 1840–1849

Norddeutsche Blätter für Kritik, Literatur und Unterhaltung. Beiträge zum Feldzuge der Kritik, Berlin, Jg. 1844/45
Rheinische Jahrbücher zur gesellschaftlichen Reform. Hg. unter Mitwirkung Mehrerer von *H. Püttmann*, 1. Bd., Darmstadt 1845
Unsere Gegenwart und Zukunft. Hg. von *Karl Biedermann*, Bd. 1–3, Leipzig 1846
Unsere Zeit. Jahrbuch zum Conversations-Lexikon, Bde. 1–8, Leipzig 1857–1864
Unsere Zeit. Deutsche Revue der Gegenwart. Monatsschrift zum Conversations-Lexikon, Neue Folge. Hg. von *R. Gottschall*, 1.–5. Jg., Leipzig 1865–1869
Weser-Dampfboot. Eine Zeitschrift für Unterhaltung, geselliges Leben, Handels-, Gewerb- und Schiffahrts-Angelegenheiten. Hg. und red. von *Otto Lüning* und *A. Osterwald*, Rinteln (Minden) 1844
Das Westphälische Dampfboot. Eine Monatsschrift. Hg. und red. von *Otto Lüning*, 1. Jg.: Bielefeld 1845/46; 2. Jg.: Paderborn 1847/48
Zeitschrift des Central-Vereins in Preußen für das Wohl der arbeitenden Klassen, hg. von *G. Weiß*, Bd. 1–3, Leipzig 1859/61
Zeitschrift des Vereins für deutsche Statistik, hg. von *Dr. Freiherrn von Reden*, 1. Jg. (1847) und 2. Jg. (1848)
Zeitschrift für die gesammte Staatswissenschaft in Vierteljahrs-Heften. Hg. von *Robert Mohl* u. a., Bd. 1–3, Tübingen 1844–1846

Weitere Zeitungen und Zeitschriften, von denen in den Akten Einzelstücke aufgefunden wurden, wie z. B. die Königlich privilegirte Berlinische (Vossische) Zeitung, Magdeburgische Zeitung, Triersche Zeitung, »Der Freimüthige« (hg. von *J. Lasker*) u. a. werden nur in den Anmerkungen aufgeführt.

3. Sonstige gedruckte Quellen und zeitgenössische Literatur

Adelmann, Gerhard: Quellensammlung zur Geschichte der sozialen Betriebsverfassung. Ruhrindustrie unter besonderer Berücksichtigung des Industrie- und Handelskammerbezirks Essen, 2 Bde. (= Publikationen der Gesellschaft für rheinische Geschichtskunde LIV), Bonn 1960/65
Amtlicher Bericht über die allgemeine Deutsche Gewerbe-Ausstellung zu Berlin im Jahre 1844, hg. von *Georg von Viebahn*, 3 Bde., Berlin 1845/46
Auerbach, Leopold: Denkwürdigkeiten des Geheimen Regierungsrathes Dr. Stieber. Aus seinen hinterlassenen Papieren bearbeitet, Berlin 1884
Bauer, Bruno: Vollständige Geschichte der Partheikämpfe in Deutschland während der Jahre 1842–1846, 3 Bde., Charlottenburg 1847; reprograph. Neudruck, Aalen 1964
Berends, Julius: Hebung der Noth der arbeitenden Klassen. Ein Wort betreffend den Localverein zur Beförderung des Wohls der arbeitenden Klassen, Leipzig 1845
ders.: Vorträge über Vergnügen und öffentliche Feste. Gehalten im Berliner Handwerker-Verein, Berlin 1846
Bergsträsser, Ludwig: Briefe des Präsidenten Lette aus dem Frankfurter Parlament, in: Deutsche Rundschau, 178. Bd. (1919), S. 169–184
Biedermann, Karl: Sozialistische Bestrebungen in Deutschland, in: ders. (Hg.): Unsere Gegenwart und Zukunft, 1. Bd., S. 194–264, 2. Bd., S. 206–267, 3. Bd., S. 268–332, alle Bände Leipzig 1846
Born, David: Über die Freiheit des Gewerbes und die Wirksamkeit des Kapitals auf die Lage der arbeitenden Klassen, Berlin 1851

Born, Stephan: Erinnerungen eines Achtundvierzigers, Leipzig 1898, Neudruck Berlin/Bonn 1978

(Born, Stephan): Der Verein zur Hebung der arbeitenden Klassen und die Volksstimme über ihn. Von einem Handwerker, Leipzig 1845

Buhl, Ludwig: Andeutungen über die Not der arbeitenden Klassen und über die Aufgabe der Vereine zum Wohl derselben, Berlin 1845

Der Centralverein für das Wohl der arbeitenden Klassen in Berlin. Rechenschaftsbericht über seine Entstehung, Entwicklung und Thätigkeit in den Jahren 1844–1876, vorgelegt dem Brüsseler Congreß für Gesundheitspflege und Rettungswesen 1876, Berlin 1876

Delbrück, Rudolf von: Lebenserinnerungen, 2 Bde., Leipzig 1905

Diesterweg, Friedrich Adolph Wilhelm: Sämtliche Werke, bearb. von *Ruth Hohendorf*, Bd. 6, Berlin-Ost 1963

Dohna, Hermann Graf zu: Die freien Arbeiter im preußischen Staat, Leipzig 1847

Dräger, Horst (Hg.): Volksbildung in Deutschland im 19. Jahrhundert, Bd. 1, Braunschweig 1979

Eisenmann: Die Partheyen der teutschen Reichsversammlung, ihre Programme, Statuten und Mitglieder-Verzeichnisse, Erlangen 1848

Fallati, Johannes: Das Vereinswesen als Mittel zur Sittigung der Fabrikarbeiter, in: Zeitschrift für die gesammte Staatswissenschaft, Bd. 1 (1844), S. 737–791

Fenske, Hans (Hg.): Vormärz und Revolution 1840–1849 (= Quellen zum politischen Denken der Deutschen im 19. und 20. Jahrhundert, Bd. IV), Darmstadt 1976

ders. (Hg.): Der Weg zur Reichsgründung (= Quellen zum politischen Denken der Deutschen im 19. und 20. Jahrhundert, Bd. V), Darmstadt 1977

Fischer, Ferdinand: Republik und Socialismus oder Blicke auf Preußens Zustände, Hamburg 1848

Gerlach, Leopold von: Denkwürdigkeiten aus dem Leben Leopold von Gerlachs. Nach seinen Aufzeichnungen hg. von seiner Tochter, 1. Bd. Berlin 1891

Gesetz-Sammlung für die Königlichen Preußischen Staaten, Jg. 1839–1850

Glaser, Johann Carl: Über Credit-Einrichtungen mit besonderer Rücksicht auf die Förderung des Credits der Handwerker, Berlin 1851

ders.: Über die Aussteuer-Kassen und die damit verwandten Einrichtungen, Berlin 1852

Gneist, Rudolf: Über öffentliche Bade- und Waschanstalten besonders in England, Berlin (1852)

ders.: Politische Skizzen aus den Revolutionstagen 1848 (1849); Wiederabdruck bei *Eugen Schiffer:* Rudolf von Gneist, Berlin 1929

(Rudolf von Gneist): Der Central-Verein für das Wohl der arbeitenden Klassen in 50jähriger Thätigkeit (1844–1894), Rechenschaftsbericht, erstattet von dem zeitigen Vorsitzenden des Vereins, Berlin 1894

Grün, Karl: Über wahre Bildung. Eine Vorlesung gehalten den 28. April 1844 zu Bielefeld zum Besten der armen Spinner im Ravensbergischen, Bielefeld 1844

Grundlach, Karl: Die erste Versammlung des Berliner Lokalvereins für das Wohl der arbeitenden Klassen, in: Norddeutsche Blätter für Kritik, Literatur und Unterhaltung, Heft IV (1844), S. 28–34

Handbuch über den Königlich Preußischen Hof und Staat für die Jahre 1844–1849

Hansen, Joseph (Hg.): Rheinische Briefe und Akten zur Geschichte der politischen Bewegung 1830–1850, 2 Bde., Essen 1919, Neudruck Osnabrück 1967; Bd. 2,2, bearb. von *H. Boberach*, Köln/Bonn 1976

Harkort, Friedrich: Die Vereine zur Hebung der untern Volks-Klassen nebst Bemerkungen über den Central-Verein in Berlin, Elberfeld 1845, Faksimilenachdruck in: Mittheilungen des Centralvereins für das Wohl der arbeitenden Klassen, hg. von *W. Köllmann* und *J. Reulecke*, Bd. 1 (1848/49), Hagen 1980, S. (45*) – (92*)

ders.: Bemerkungen über die Hindernisse der Civilisation und Emancipation der untern Klassen, Elberfeld 1844; Wiederabdruck in: *K. E. Jeismann* (Hg.): Friedrich Harkort. Schriften und Reden zu Volksschule und Volksbildung, Paderborn 1969, S. 64–100

Huber, Victor Aimé: Auch ein Wort über den Schwanenorden und dessen mögliche Bedeutung, in: Evangelische Kirchen-Zeitung, Jg. 1844, Nr. 11 vom 7. 2. 1844, Sp. 81–88

ders.: Die Selbsthülfe der arbeitenden Klassen durch Wirtschaftsvereine und innere Ansiedelung, Berlin 1848

ders.: Über Association mit besonderer Beziehung auf England, Berlin 1851

ders.: Über die cooperativen Arbeiterassociationen in England, Berlin 1852

ders.: Ausgewählte Schriften über Sozialreform und Genossenschaftswesen, in freier Bearb. hg. von *K. Munding*, Berlin (1894)

Jantke, Carl / Hilger, Dietrich (Hg.): Die Eigentumslosen. Der deutsche Pauperismus und die Emanzipationskrise in Darstellungen und Deutungen der zeitgenössischen Literatur, Freiburg/München 1965

Kalisch, Ernst Wilhelm: Zur Geschichte des Berliner Lokalvereins für das Wohl der arbeitenden Klassen, in: Mittheilungen des Centralvereins für das Wohl der arbeitenden Klassen, 1. Heft (1848), S. 81–98

ders.: Über die öffentliche Waisenerziehung und die deutsche Pestalozzi-Stiftung, in: Mittheilungen des Centralvereins für das Wohl der arbeitenden Klassen, 3. Heft (1849), S. 371–391

ders.: Über die Fortbildungsanstalten und deren Stellung zum Schulorganismus, Berlin 1850

ders.: Über die Beschäftigung der schulpflichtigen Jugend in Fabriken usw., Berlin (1852)

Kochhann, Heinrich Eduard: Mitteilungen aus den Jahren 1839–1848, Berlin 1906

Köllmann, Wolfgang (Hg.): Wuppertaler Färbergesellen-Innung und Färbergesellenstreiks 1848–1857, Akten zur Frühgeschichte der Arbeiterbewegung in Deutschland (= Historische Forschungen, Bd. 5), Wiesbaden 1962

K(öppen, Friedrich): Die zweite Versammlung des Berliner Localvereins für das Wohl der arbeitenden Klassen, in: Norddeutsche Blätter für Kritik, Literatur und Unterhaltung, Heft VI (1844), S. 39–52

Körner, Hermann Joseph Aloys: Lebenskämpfe in der Alten und Neuen Welt. Eine Selbstbiographie, 2 Bde., New York 1865/66

Kool, Frits / Krause, Werner (Hg.): Die frühen Sozialisten (= Dokumente der Weltrevolution, Bd. 1), Olten/Freiburg 1967

Kowalski, Werner: Vom kleinbürgerlichen Demokratismus zum Kommunismus. Zeitschriften aus der Frühzeit der deutschen Arbeiterbewegung (1834–1847) (= Archivalische Forschungen zur Geschichte der deutschen Arbeiterbewegung, Bd. 5/1), Berlin–Ost 1967

Kroneberg, Lutz / Schloesser, Rolf (Hg.): Weber-Revolte 1844. Der schlesische Weberaufstand im Spiegel der zeitgenössischen Publizistik und Literatur, Köln 1979

Lauter, Franz (Hg.): Preußens Volksvertretung in der zweiten Kammer und im Hause der Abgeordneten vom Februar 1849 bis Mai 1877, Berlin o. J. (1878)

Lette, Wilhelm Adolf: Die Reorganisation der Staats- und der Selbstverwaltung in Preußen, Berlin 1868

Liedke, G. S.: Hebung der Noth der arbeitenden Klassen durch Selbsthülfe. Eine Handlung, Berlin 1845 *ders.:* Zweiter Beitrag zur Hebung der Noth der arbeitenden Klassen durch Selbsthülfe. Eine neue Tatsache, Berlin 1847

Marx-Engels-Werke (MEW): Bd. 1ff., Berlin-Ost 1956ff.

M(enzel), W(olfgang): Aus Anlaß der Fabrikemeuten, in: Deutsche Vierteljahrs Schrift, Jg. 1844, Heft 4, S. 371–405

Meyen, Eduard: Der Berliner Localverein für das Wohl der arbeitenden Classen, in: *H. Püttmann* (Hg.): Rheinische Jahrbücher zur gesellschaftlichen Reform, Bd. 1, Darmstadt 1845, S. 198–214

Mone: Ueber das deutsche Vereinswesen, in: Deutsche Vierteljahrs Schrift, Jg. 1840, (3. Heft), S. 287–333

Nippold, F. (Hg.): Christian Carl Josias Frh. von Bunsen. Aus seinen Briefen und nach eigener Erinnerung geschildert von seiner Witwe, Bd. 2, Leipzig 1869

Nobiling, Karl Philipp: Die Berliner Bürgerwehr in den Tagen vom 19. März bis 7. April 1848, Berlin 1852

Obermann, Karl (Hg.): Flugblätter der Revolution. Eine Flugblattsammlung zur Geschichte der Revolution 1848/49 in Deutschland, Berlin-Ost 1970

Poland, Franz: Eine Pfingstidee im Jahre 1847, oder Etwas Wahres am Communismus und Socialismus, in: Neue Jahrbücher der Geschichte und Politik, X. Jg. (1847), S. 430–447

Poschinger, Heinrich von (Hg.): Unter Friedrich Wilhelm IV. Denkwürdigkeiten des Ministerpräsidenten Otto Freiherrn von Manteuffel, Bd. 1 und 2, Berlin 1900/01

Quentin, Karl: Ein Wort zur Zeit der Arbeiter-Koalitionen, Düsseldorf 1840; Wiederabdruck in: Mitheilungen des Centralvereins für das Wohl der arbeitenden Klassen, 1. Heft (1848), S. 72–81

Rachfahl, Felix: König Friedrich Wilhelm IV. und die Berliner Märzrevolution im Lichte neuer Quellen, in: Preußische Jahrbücher, Bd. 110, Teil 4 (1902), S. 264–309, S. 413–462

Reden, Friedrich Wilhelm Freiherr von: Erwerbsmangel, Massenverarmung, Massenverderbnis – deren Ursachen und Heilmittel (1847), in: *C. Jantke/D. Hilger* (Hg.): Die Eigentumslosen, Freiburg/München 1965, S. 461–484

Riehl, Wilhelm Heinrich: Die Arbeiter. Eine Volksrede aus dem Jahre 1848, in: *C. Jantke / D. Hilger* (Hg.): Die Eigentumslosen, Freiburg/München 1965, S. 394–405

ders.: Die bürgerliche Gesellschaft, hg. von *Peter Steinbach,* Frankfurt/M. u. a. 1976

ders.: Zur Naturgeschichte der politischen Vereine, in: Deutsche Vierteljahrs Schrift, Jg. 1867, Heft 2, S. 1–25

(Rochau, August Ludwig von): Grundsätze der Realpolitik, angewendet auf die staatlichen Zustände Deutschlands, Stuttgart 1853

Rodbertus, Johann Karl: Gesammelte Werke und Briefe, hg. von *Thilo Ramm,* Abt. I, Bd. 1, Osnabrück 1972

ders.: Die Forderungen der arbeitenden Klassen. Neudruck in: Sozialökonomische Texte, Heft 5, hg. von *A. Skalweit,* Frankfurt 1946

Sammlung sämmtlicher Drucksachen der Zweiten Kammer, 1849–1855

Schlechte, Horst (Hg.): Die Allgemeine Deutsche Arbeiterverbrüderung 1848 bis 1850. Dokumente des Zentralkomitees für die deutschen Arbeiter in Leipzig (= Schriftenreihe des Statsarchivs Dresden, Bd. 11), Weimar 1979

Schmidt, Adolf: Die Zukunft der arbeitenden Klassen und die Vereine für ihr Wohl, Berlin 1845

Schmidt, Peter (Bearb.): General-Sach- und Namen-Register der Publikationen des Central-Vereins für das Wohl der arbeitenden Klassen von 1848 bis 1895. In Anlaß des fünfzigjährigen Bestehens des Centralvereins (1844 bis 1894), Berlin 1896

Schneer, Alexander: Ueber die Noth der Leinen-Arbeiter in Schlesien und die Mittel, ihr abzuhelfen. Ein Bericht an das Comité des Vereines zur Abhilfe der Noth unter den Webern und Spinnern in Schlesien . . ., Berlin 1844

ders.: Ueber die Zustände der arbeitenden Klassen in Breslau mit Benutzung der amtlichen Quellen des Königlichen Polizei-Präsidii und des Magistrats, Berlin 1845

Schraepler, Ernst (Hg.): Quellen zur Geschichte der sozialen Frage in Deutschland, Bd. I: 1800–1870 (= Quellensammlung zur Kulturgeschichte, Bd. 6), 2. neubearb. und erweiterte Auflage, Göttingen u. a. 1960

Schulze-Delitzsch, Hermann: Mitteilungen über gewerbliche und Arbeiter-Assoziationen, Leipzig 1850, Wiederabdruck in: *H. Fenske* (Hg.): Der Weg zur Reichsgründung (= Quellen zum politischen Denken der Deutschen im 19. und 20. Jahrhundert, Bd. 5), Darmstadt 1977, S. 36–41

ders.: Die arbeitenden Klassen und das Associationswesen in Deutschland – als Programm zu einem deutschen Kongreß, Leipzig 1858

Der Schwanenorden. Wort eines Preußen an seine Zeitgenossen, Erfurt 1844

Schwarz, Max (Hg.): MdR. Biographisches Handbuch der Reichstage, Hannover 1965

Silberner, Edmund (Hg.): Johann Jacoby, Bd. 1: Briefwechsel 1816–1849, Hannover 1974

Stein, Lorenz von: Blicke auf den Socialismus und Communismus in Deutschland, und ihre Zukunft, in: Deutsche Vierteljahrs Schrift, Jg. 1844, Heft 2, S. 1–61; Wiederabdruck Darmstadt 1974

ders.: Die socialen Bewegungen der Gegenwart, in: Die Gegenwart, 1. Bd., Leipzig 1848, S. 79–93; Wiederabdruck in: *ders.:* Schriften zum Socialismus 1848, 1852, 1854, hg. von *E. Pankoke,* Darmstadt 1974, S. 1–15

ders.: Der Socialismus in Deutschland, in: Die Gegenwart, 7. Bd., Leipzig 1852, S. 517–563; Wiederabdruck in: *ders.:* Schriften zum Sozialismus 1848, 1852, 1854, hg. von *E. Pankoke,* Darmstadt 1974, S. 16–62

Stenographische Berichte über die Verhandlungen der zur Vereinbarung der preußischen Staats-Verfassung berufenen Versammlung, Bde. 1–3, Berlin 1848

Stenographischer Bericht über die Verhandlungen der deutschen constituirenden National-Versammlung zu Frankfurt am Main, 9 Bde., hg. von *F. Wigard,* Frankfurt/M. 1848

Stillfried-Rattonitz, Rudolph Maria Bernhard Freiherr von: Der Schwanenorden. Sein Ursprung und Zweck, seine Geschichte und seine Alterthümer, Halle 1845[2]

Stolleis, Michael (Hg.): Quellen zur Geschichte des Sozialrechts (= Quellensammlung zur Kulturgeschichte, Bd. 20), Göttingen u. a. 1976

Varnhagen von Ense, Karl August: Tagebücher, Bde. 2–6, Leipzig 1861/62

Wermuth, Carl Georg Ludwig/Stieber, Wilhelm: Die Communisten-Verschwörungen des neunzehnten Jahrhunderts. Im amtlichen Auftrage zur Benutzung der Polizei-Behörden der sämmtlichen deutschen Bundesstaaten auf Grund der betreffenden gerichtlichen und polizeilichen Akten dargestellt, 2 Teile, Berlin 1853/54; reprograph. Nachdruck Hildesheim 1969

Die Wiederbelebung des Schwanenordens in Preußen im Jahre 1843, in: Deutsche Vierteljahrs Schrift, Jg. 1844, Heft 2, S. 212–246

Wolff, Adolf: Berliner Revolutionschronik. Darstellung der Berliner Bewegungen im Jahre 1848 nach politischen, socialen und literarischen Beziehungen, 3 Bde., Berlin 1851–1854

Wolff, Wilhelm: Das Elend und der Aufruhr in Schlesien, in: *H. Püttmann* (Hg.): Deutsches Bürgerbuch für 1845, Darmstadt 1845, S. 174–199; Faksimiledruck Köln 1975

II. DARSTELLUNGEN

Adler, Georg: Die Geschichte der ersten Sozialpolitischen Arbeiterbewegung in Deutschland mit besonderer Rücksicht auf die einwirkenden Theorien. Ein Beitrag zur Entwicklungsgeschichte der sozialen Frage, Breslau 1885; unveränd. fotomechan. Nachdruck, Frankfurt/M. 1966

Angermann, Erich: Robert von Mohl 1799–1875. Leben und Werk eines altliberalen Staatsgelehrten, Neuwied 1962

Anton, Guenther K.: Geschichte der preußischen Fabrikgesetzgebung bis zu ihrer Aufnahme durch die Reichsgewerbeordnung; auf Grund amtlicher Quellen, Berlin 1953

Baar, Lothar: Der Kampf der Berliner Arbeiter während der industriellen Revolution, in: Jahrbuch für Regionalgeschichte, Bd. 2 (1967), S. 27–49

Baernreither, J. M.: Die Englischen Arbeiterverbände und ihr Recht. Ein Beitrag zur Geschichte der sozialen Bewegung in der Gegenwart, Tübingen 1886

Bahne, Siegfried: Die Freiherren Ludwig und Georg Vincke im Vormärz (= Monographien zur Geschichte Dortmunds und der Grafschaft Mark, Bd. 5), Dortmund 1975

ders.: Die Verfassungspläne König Friedrich Wilhelms IV. von Preußen und die Prinzenopposition im Vormärz, Habil.schrift (Ms), Bochum 1970

Balser, Frolinde: Die Anfänge der Erwachsenenbildung in Deutschland in der ersten Hälfte des 19. Jahrhunderts. Eine kultursoziologische Deutung (= Beiträge zur Erwachsenenbildung), Stuttgart 1959

dies.: Sozial-Demokratie 1848/49 bis 1863. Die erste deutsche Arbeiterorganisation »Allgemeine Arbeiterverbrüderung« nach der Revolution (= Industrielle Welt, Bd. 2), Stuttgart 1962

Bendix, Reinhard: Modernisierung und soziale Ungleichheit, in: *W. Fischer* (Hg.): Wirtschafts- und sozialgeschichtliche Probleme der frühen Industrialisierung, Berlin 1968, S. 179–246

Bergengrün, Alexander: Staatsminister August Freiherr von der Heydt, Leipzig 1908

Berger, Louis: Der alte Harkort. Ein Westfälisches Lebens- und Zeitbild, Leipzig 1890

Bergeron, Louis / Furet, François / Koselleck, Reinhart: Das Zeitalter der europäischen Revolution. 1780–1848 (= Fischer Weltgeschichte, Bd. 26), Frankfurt/M./Hamburg 1969

Bergmann, Dieter: Die Berliner Arbeiterschaft in Vormärz und Revolution 1830–1850, in: *O. Büsch* (Hg.): Untersuchungen zur Geschichte der frühen Industrialisierung, Berlin 1971, S. 455–511

Bernstein, Eduard: Die Geschichte der Berliner Arbeiter-Bewegung. Ein Kapitel zur Geschichte der deutschen Sozialdemokratie, 1. Teil: Vom Jahre 1848 bis zum Erlaß des Sozialistengesetzes, Berlin 1907

Best, Heinrich: Interessenpolitik und nationale Integration 1848/49. Handelspolitische Konflikte im frühindustriellen Deutschland (= Kritische Studien zur Geschichtswissenschaft, Bd. 37), Göttingen 1980

Bigler, Robert M.: The Social Status and Political Role of the Protestant Clergy in Pre-March Prussia, in: *H. U. Wehler* (Hg.): Sozialgeschichte heute. Festschrift für Hans Rosenberg zum 70. Geburtstag (= Kritische Studien zur Geschichtswissenschaft, Bd. 11), Göttingen 1974, S. 175–190

Birke, Adolf M.: Voluntary Associations – Aspekte gesellschaftlicher Selbstorganisation im frühindustriellen England, in: Gesellschaftliche Strukturen als Verfassungsproblem, Beiheft 2 zu »Der Staat«, Berlin 1978, S. 79–91

Birker, Karl: Die deutschen Arbeiterbildungsvereine 1840–1870 (= Einzelveröffentlichung der Historischen Kommission zu Berlin, Bd. 10), Berlin 1973

Birtsch, Günter: Liberalismus und Tradition. Grundrechte und Liberalismus in Deutschland bis zur Revolution von 1848/49, in: Aus Politik und Zeitgeschichte, B 20/82, S. 13–21

Blackbourn, David / Eley, Geoff: Mythen deutscher Geschichtsschreibung, Frankfurt/M. u. a. 1980

Blasius, Dirk: Konservative Sozialpolitik und Sozialreform im 19. Jahrhundert, in: *G. K. Kaltenbrunner* (Hg.): Rekonstruktion des Konservativismus, Freiburg 1972, S. 469–488

ders. / Eckart Pankoke: Lorenz von Stein (= Erträge der Forschung, Bd. 69), Darmstadt 1977

Bleiber, Helmut: Zur Darstellung des Vormärz und der bürgerlich-demokratischen Revolution von 1848/49 in Deutschland in der bürgerlichen Geschichtsschreibung der BRD, in: 125 Jahre Kommunistisches Manifest . . ., Berlin-Ost 1975, S. 91–101

ders.: Bourgeoisie und bürgerliche Umwälzung in Deutschland. Zum Stand und zu Problemen der Forschung, in: ZfG, 25. Jg. (1977), S. 305–332

Bloth, Hugo Gottwald: Adolph Diesterweg. Sein Leben und sein Wirken für Pädagogik und Schule, Heidelberg 1966

Böckenförde, Ernst-Wolfgang (Hg.): Moderne deutsche Verfassungsgeschichte (1815–1918) (= NWB, Bd. 51), Köln 1972

Böhme, Helmut (Hg.): Probleme der Reichsgründungszeit 1848–1879 (= NWB, Bd. 26), Köln 1972[2]

Boelcke, Willi Alfred: Art. »Liberalismus«, in: HdWW, 13. Lieferung, S. 32–47

Boettcher, Erik (Hg.): Sozialpolitik und Sozialreform. Ein einführendes Lehr- und Handbuch der Sozialpolitik, Tübingen 1957

Boldt, Hans: Deutsche Staatslehre im Vormärz (= Beiträge zur Geschichte des Parlamentarismus und der politischen Parteien, Bd. 56), Düsseldorf 1975

Born, Karl Erich (Hg.): Moderne deutsche Wirtschaftsgeschichte (= NWB, Bd. 12), Köln/Berlin 1966

ders.: Sozialpolitische Probleme und Bestrebungen in Deutschland von 1848 bis zur Bismarckschen Sozialgesetzgebung, in: *H. J. Varain* (Hg.): Interessenverbände in Deutschland (= NWB, Bd. 60), Köln 1973, S. 72–84

Brakelmann, Günter: Die soziale Frage des 19. Jahrhunderts (= Materialreihe der evangelischen Sozialseminare), Bielefeld 1975[5]

Brandt, Hartwig: Ansätze einer Selbstorganisation der Gesellschaft in Deutschland im 19. Jahrhundert, in: Gesellschaftliche Strukturen als Verfassungsproblem, Beiheft 2 zu »Der Staat«, Berlin 1978, S. 51–67

Braun, Rudolf u. a. (Hg.): Gesellschaft in der industriellen Revolution (= NWB, Bd. 56), Köln 1973

ders. u. a. (Hg.): Industrielle Revolution. Wirtschaftliche Aspekte (= NWB, Bd. 50), Köln 1972

Brentano, Lujo: Die liberale Partei und die Arbeiter, in: Preußische Jahrbücher, 40. Bd. (1877), S. 112–123

Bruch, Rüdiger vom: Bürgerliche Sozialreform und Gewerkschaften im späten deutschen Kaiserreich. Die Gesellschaft für Soziale Reform (GSR) 1901–1914, in: IWK, 14. Jg. (1979), S. 581–610

ders.: Streiks und Konfliktregelung im Urteil bürgerlicher Sozialreformer 1872–1914, in: *K. Tenfelde / H. Volkmann* (Hg.): Streik. Zur Geschichte des Arbeitskampfes in Deutschland während der Industrialisierung, München 1981, S. 253–270

Brunner, Otto / Conze, Werner / Koselleck, Reinhart (Hg.): Geschichtliche Grundbegriffe. Historisches Lexikon zur politisch-sozialen Sprache in Deutschland, bisher Bde. 1–4, Stuttgart 1972/1975/1978/1982

Brusatti, Alois/Haas, Wilhelm/Pollak, Walter (Hg.): Geschichte der Sozialpolitik mit Dokumenten, Wien u. a. 1962

Bühl, Walter: Theorien sozialer Konflikte (= Erträge der Forschung, Bd. 53), Darmstadt 1976

Büsch, Otto (Hg.): Untersuchungen zur Geschichte der frühen Industrialisierung vornehmlich im Wirtschaftsraum Berlin/Brandenburg (= Einzelveröffentlichungen der Historischen Kommission zu Berlin, Bd. 6), Berlin 1971

Butterhof, Hans-Wolf: Wissen und Macht. Widersprüche sozialdemokratischer Bildungspolitik bei Harkort, Liebknecht und Schulz, München 1978

Calleo, David P.: Legende und Wirklichkeit der deutschen Gefahr, Bonn 1980

Conze, Werner: Vom »Pöbel« zum »Proletariat«. Sozialgeschichtliche Voraussetzungen für den Sozialismus in Deutschland, in: *H. U. Wehler* (Hg.): Moderne deutsche Sozialgeschichte (= NWB, Bd. 10), Köln 1973[4], S. 111–136

ders. / Groh, Dieter: Die Arbeiterbewegung in der nationalen Bewegung. Die deutsche Sozialdemokratie vor, während und nach der Reichsgründung (= Industrielle Welt, Bd. 6), Stuttgart 1966

ders.: Möglichkeiten und Grenzen der liberalen Arbeiterbewegung in Deutschland. Das Beispiel Schulze-Delitzschs, in: *H. J. Varain* (Hg.): Interessenverbände in Deutschland (= NWB, Bd. 60), Köln 1973, S. 85–102

ders.: (Hg.): Staat und Gesellschaft im deutschen Vormärz 1815–1848 (= Industrielle Welt, Bd. 1), Stuttgart 1970[2]

ders.: Sozialgeschichte 1800–1850, in: *W. Zorn* (Hg.): Handbuch der deutschen Wirtschafts- und Sozialgeschichte, Bd. 2, Stuttgart 1976, S. 426–494

ders. (Hg.): Sozialgeschichte der Familie in der Neuzeit Europas (= Industrielle Welt, Bd. 21), Stuttgart 1976

Coser, Lewis A.: Theorie sozialer Konflikte (= Soziologische Texte, Bd. 30), Neuwied/Berlin 1972

Dann, Otto: Die Anfänge politischer Vereinsbildung in Deutschland, in: *U. Engelhardt* u. a. (Hg.): Soziale Bewegung und politische Verfassung (= Industrielle Welt, Sonderband für Werner Conze), Stuttgart 1976, S. 197–232

ders. (Hg.): Lesegesellschaften und bürgerliche Emanzipation. Ein europäischer Vergleich, München 1981

Diesterweg und wir. Diesterweg Symposion 1966, hg. vom Diesterweg Komitee der DDR, Berlin-Ost 1967

Dorpalen, Andreas: Das Bild der Revolution von 1848 in der Geschichtsschreibung der DDR, in: HZ, Bd. 210 (1970), S. 324–368

Dowe, Dieter: Aktion und Organisation. Arbeiterbewegung, sozialistische und kommunistische Bewegung in der preußischen Rheinprovinz 1820–1852 (= Schriftenreihe des Forschungsinstituts der Friedrich-Ebert-Stiftung, Bd. 78), Hannover 1970

ders.: Die erste sozialistische Tageszeitung in Deutschland. Der Weg der »Trierschen Zeitung« vom Liberalismus über den »wahren Sozialismus« zum Anarchismus (1840–1851), in: AfS, Bd. XII (1972), S. 55–107

Dräger, Horst: Die Gesellschaft für Verbreitung von Volksbildung. Eine historisch-problemgeschichtliche Darstellung von 1871–1914, Stuttgart 1975

Dreitzel, Hans Peter (Hg.): Sozialer Wandel. Zivilisation und Fortschritt als Kategorien der soziologischen Theorie, Neuwied/Berlin 1972[2]

Drewitz, Ingeborg: Berliner Salons. Gesellschaft und Literatur zwischen Aufklärung und Industriezeitalter (= Berlinische Reminiszenzen, Bd. VII), Berlin 1965

Droz, Jacques: Les révolutions allemandes de 1848, Paris 1957

Eckert, Hugo: Liberal- oder Sozialdemokratie. Frühgeschichte der Nürnberger Arbeiterbewegung (= Industrielle Welt, Bd. 9), Stuttgart 1968

Eichmeier, Jens Peter: Anfänge liberaler Parteibildung (1847–1854), Diss. Göttingen 1968

Engelberg, Ernst: Deutschland 1849–1871 (= Lehrbuch der deutschen Geschichte, Bd. 7), Berlin-Ost 1959

Engelhardt, Ulrich: »Verschmelzung der Interessen« statt »unseliger Konflikte zwischen Kapital und Arbeit«? Zur Konfliktprophylaxe im frühindustriellen Betrieb . . ., in: AfS, Bd. XXI (1981), S. 97–178

ders. / Sellin, Volker / Stuke, Horst (Hg.): Soziale Bewegung und politische Verfassung. Beiträge zur Geschichte der modernen Welt (= Industrielle Welt, Festschrift für Werner Conze), Stuttgart 1976

Erdmann, Gerhard: Die deutschen Arbeitgeberverbände im sozialgeschichtlichen Wandel der Zeit, Neuwied/Berlin 1966

Erdmann, Manfred: Die verfassungspolitische Funktion der Wirtschaftsverbände in Deutschland 1815–1871, Berlin 1968

Etzioni, Amitai: Die aktive Gesellschaft. Eine Theorie gesellschaftlicher und politischer Prozesse, Opladen 1975

Eyck, Frank: Deutschlands große Hoffnung. Die Frankfurter Nationalversammlung 1848–49, München 1973

Faber, Karl Georg: Die Rheinlande zwischen Restauration und Revolution. Probleme der rheinischen Geschichte von 1814 bis 1848 im Spiegel der zeitgenössischen Publizistik, Wiesbaden 1966

ders.: Strukturprobleme des deutschen Liberalismus im 19. Jahrhundert, in: Der Staat, 14. Jg. (1975), S. 201–227

Facius, Friedrich: Wirtschaft und Staat. Die Entwicklung der staatlichen Wirtschaftsverwaltung vom 17. Jahrhundert bis 1945 (= Schriften des Bundesarchivs, Bd. 6), Boppard 1959

Faulenbach, Bernd: Ideologie des deutschen Weges. Die deutsche Geschichte in der Historiographie zwischen Kaiserreich und Nationalsozialismus, München 1980

Faust, Helmut: Geschichte der Genossenschaftsbewegung. Ursprung und Aufbruch der Genossenschaftsbewegung in England, Frankreich und Deutschland sowie ihre weitere Entwicklung im deutschen Sprachraum, Frankfurt/M. 1977[3]

Feldenkirchen, Wilfried: Kinderarbeit im 19. Jahrhundert. Ihre wirtschaftlichen und sozialen Auswirkungen, in: Zeitschrift für Unternehmensgeschichte, 26. Jg. (1981), S. 1–41

Fischer, Wolfram: Wirtschaft und Gesellschaft im Zeitalter der Industrialisierung (= Kritische Studien zur Geschichtswissenschaft, Bd. 1), Göttingen 1972

Fischer-Lette, Marie: Ein Lebensbild des verewigten Präsident(en) Dr. Lette. Zu seinem 100jährigen Geburtstag, Carlshorst/Berlin 1899[2]

Friedensburg, Wilhelm: Stephan Born und die Organisationsbestrebungen der Berliner Arbeiterschaft bis zum Berliner Arbeiterkongress (1840–Sept. 1848) (= Beiheft 1 des Archivs für die Geschichte des Sozialismus und der Arbeiterbewegung), Leipzig 1923

Gaile, Jochen: Menschenrecht und bürgerliche Freiheit. Ideologiebildung im Zeichen der entstehenden bürgerlichen Gesellschaft 1789 bis 1848 (= Schriftenreihe für Sozialgeschichte und Arbeiterbewegung, Bd. 15), Marburg 1978

Gall, Lothar (Hg.): Liberalismus (= NWB, Bd. 85), Köln 1976

ders.: Liberalismus und »bürgerliche Gesellschaft«. Zu Charakter und Entwicklung der liberalen Bewegung in Deutschland, in: *ders.* (Hg.): Liberalismus (= NWB, Bd. 85), Köln 1976, S. 162–186

Gebhardt, Hartwig: Revolution und liberale Bewegung. Die nationale Organisation der Konstitutionellen Partei in Deutschland 1848/49, Bremen 1974

Geiger, Ruth-Esther: Der Teufel soll die Wühlerpresse holen! Zeitschriften oppositioneller Öffentlichkeit von den Jakobinern zur Berliner März-Revolution 1848, Diss. Hamburg 1977, Berlin 1979

Gerhardt, Martin: Johann Hinrich Wichern. Ein Lebensbild, Bd. II: Höhe des Schaffens 1846–1857, Hamburg 1928

Gessner, Dieter: Zur Genesis der »bürgerlichen Gesellschaft« in Deutschland, in: NPL, XXVI. Jg. (1981), S. 281–291

Gierke, Otto von: Das deutsche Gesellschaftsrecht, Bd. 1: Rechtsgeschichte der deutschen Genossenschaften, Berlin 1868, Neudruck Graz 1954

Gillis, John R.: The Prussian Bureaucracy in Crisis 1840–1860. Origins of an Administrative Ethos, Stanford/California 1971

Gladen, Albin: Geschichte der Sozialpolitik in Deutschland. Eine Analyse ihrer Bedingungen, Formen, Zielsetzungen und Auswirkungen (= Wissenschaftliche Paperbacks, Bd. 5), Wiesbaden 1974

Goetting, Hildegard: Die sozialpolitische Idee in den konservativen Kreisen der vormärzlichen Zeit, Diss. phil. Berlin 1920

Goldschmidt, Paul: Präsident Lette. Gedächtnisrede, gehalten im Berliner Handwerkerverein am 10. Mai 1899, Hamburg 1899

Gosden, P. H. J. H.: The friendly societies in England 1815–1875, Manchester 1961

Gottschalch, Wilfried / Karrenberg, Friedrich / Stegmann, Franz Josef: Geschichte der sozialen Ideen in Deutschland (= Deutsches Handbuch der Politik, hg. von *H. Grebing*, Bd. 3), München/Wien 1969

Greiffenhagen, Martin (Hg.): Zur Theorie der Reform. Entwürfe und Strategien, Heidelberg/Karlsruhe 1978

Greven-Aschoff, Barbara: Die bürgerliche Frauenbewegung in Deutschland 1894–1933 (= Kritische Studien zur Geschichtswissenschaft, Bd. 46), Göttingen 1981

Griewank, Karl: Vulgärer Radikalismus und demokratische Bewegung in Berlin 1842–1848, in: Forschungen zur Brandenburgischen und Preußischen Geschichte, Bd. 36 (1924), S. 14–38

Groß, Eberhard: Erziehung und Gesellschaft im Werk Adolf Diesterwegs. Die Antwort der Schule auf die Soziale Frage, Weinheim 1966

Gugel, Michael: Industrieller Aufstieg und bürgerliche Herrschaft. Sozioökonomische Interessen und politische Ziele des liberalen Bürgertums in Preußen zur Zeit des Verfassungskonflikts 1857–1867, Köln 1975

Habermas, Jürgen: Strukturwandel der Öffentlichkeit, Neuwied/Berlin 1971[5]

Haenchen, Karl: Zur revolutionären Unterwühlung Berlins vor den Märztagen des Jahres 1848, in: Forschungen zur Brandenburgischen und Preußischen Geschichte, Bd. 55 (1944), S. 83–114

Häusler, Wolfgang: Von der Massenarmut zur Arbeiterbewegung. Demokratie und soziale Frage in der Wiener Revolution von 1848, Wien/München 1979

Hahn, Erich: Rudolf Gneist and the Prussian Rechtsstaat: 1862–1878, in: The Journal of Modern History, vol. 49 (1977), On-Demand-Supplement, D 1361–1381

Hahn, Manfred: Historiker und Klassen. Zur Grundlegung einer Geschichte der bürgerlichen Gesellschaft, Frankfurt/New York 1976

Haltern, Utz: Die »Welt als Schaustellung«. Zur Funktion und Bedeutung der internationalen Industrieausstellung im 19. und 20. Jahrhundert, in: VSWG, 60. Bd. (1973), S. 1–40

ders.: Entwicklungsprobleme der bürgerlichen Gesellschaft. Literaturbericht, in: GG, 5. Jg. (1979), S. 274–292

Hamerow, Theodore S.: Restoration, Revolution, Reaction. Economics and Politics in Germany, 1815 to 1871, Princeton (New Jersey) 1958

ders.: The Social Foundations of German Unification 1858–1871. Ideas and Institutions, Princeton (New Jersey) 1969

Hansen, Joseph: Gustav von Mevissen. Ein rheinisches Lebensbild 1815–1899, 1. Bd., Berlin 1906

Hardtwig, Wolfgang: Politische Gesellschaft und Verein zwischen aufgeklärtem Absolutismus und der Grundrechtserklärung der Frankfurter Paulskirche, in: *Günter Birtsch* (Hg.): Grund- und Freiheitsrechte im Wandel von Gesellschaft und Geschichte, Göttingen 1981, S. 336–358

Hasenclever, Josua (Hg.): Josua Hasenclever aus Remscheid-Ehringhausen. Erinnerungen und Briefe, Halle 1922

Helbach, Hans-Peter: Berliner Unternehmer in Vormärz und Revolution 1847–1848, in: *O. Büsch* (Hg.): Untersuchungen zur Geschichte der frühen Industrialisierung, Berlin 1971, S. 416–454

Henning, Hansjoachim: Preußische Sozialpolitik im Vormärz? Ein Beitrag zu den arbeiterfreundlichen Bestrebungen in Unternehmen der Preußischen Seehandlung unter Christian von Rother, in: VSWG, Bd. 52 (1965), S. 485–539

Hentschel, Volker: Die deutschen Freihändler und der volkswirtschaftliche Kongreß 1858–1885 (= Industrielle Welt, Bd. 16), Stuttgart 1975

Herberts, Hermann: Alles ist Kirche und Handel . . . Wirtschaft und Gesellschaft des Wuppertals im Vormärz und in der Revolution 1848/49 (= Bergische Forschungen, Bd. XII), Neustadt/Aisch 1980

Herkner, Heinrich: Die Arbeiterfrage. 2 Bde., Berlin/Leipzig 1922[8]

Heyde, Ludwig: Abriß der Sozialpolitik (= Hochschulwissen in Einzeldarstellungen), Heidelberg 1959[11]

Hofmann, Werner: Ideengeschichte der sozialen Bewegung des 19. und 20. Jahrhunderts, Berlin 1974[5]

Hoppe, Ruth: Bibliographie der in den Jahren 1820 bis 1850 erschienenen bürgerlichen Literatur zur Lage der Arbeiter, in: *J. Kuczynski:* Bürgerliche und halbfeudale Literatur aus den Jahren 1840 bis 1847 zur Lage der Arbeiter (= *J. Kuczynski:* Die Geschichte der Lage der Arbeiter unter dem Kapitalismus, Bd. 9), Berlin-Ost 1960

Huber, Ernst Rudolf: Deutsche Verfassungsgeschichte seit 1789, Bde. 2–4, Stuttgart u. a. 1975[2], 1970[2] und 1978

Husung, Hans-Gerhard: Politische Krisen und kollektiver Protest in Norddeutschland zwischen Restauration und Revolution 1848, Diss. Braunschweig 1979

Illner, Eberhard: Bürgerliche Organisierung in Elberfeld 1775–1850 (= Bergische Forschungen, Bd. XVIII), Neustadt/Aisch 1982

Jahnke, Hermann: Ferdinand Schmidt. Ein Bild seines Lebens und Wirkens, Berlin o. J. (1886)

Jantke, Carl: Der vierte Stand. Die gestaltenden Kräfte der deutschen Arbeiterbewegung im 19. Jahrhundert, Freiburg 1955

ders.: Zur Deutung des Pauperismus, in: *ders. / Hilger, Dietrich* (Hg.): Die Eigentumslosen. Der deutsche Pauperismus und die Emanzipationskrise in Darstellungen und Deutungen der zeitgenössischen Literatur, Freiburg/München 1965, S. 7–47

Kaeber, Ernst: Vormärzlicher Liberalismus in Berlin, Wiederabdruck in: *ders.:* Beiträge zur Berliner Geschichte. Ausgewählte Aufsätze, Berlin 1964, S. 144–159

ders.: Bodelschwingh und die Berliner Märzrevolution, in: *ders.:* Beiträge zur Berliner Geschichte. Ausgewählte Aufsätze, Berlin 1964, S. 160–179

Kaelble, Hartmut: Berliner Unternehmer während der frühen Industrialisierung.

Herkunft, sozialer Status und politischer Einfluß (=Veröffentlichungen der Historischen Kommission zu Berlin, Bd. 40), Berlin/New York 1972

ders.: Kommunalverwaltung und Unternehmer in Berlin während der frühen Industrialisierung, in: *O. Büsch* (Hg.): Untersuchungen zur Geschichte der frühen Industrialisierung, Berlin 1971, S. 372–415

Kaschuba, Wolfgang / Lipp, Carola: Zur Organisation des bürgerlichen Optimismus – Regionale Formierungsprozesse des Bürgertums im Vormärz und in der Revolution 1848, in: SOWI, 8. Jg. (1979), S. 74–82

Keinemann, Friedrich: Preußen auf dem Wege zur Revolution, Hamm 1975

Kellenbenz, Hermann: Verkehrs- und Nachrichtenwesen, Handel, Geld-, Kredit- und Versicherungswesen 1800–1850, in: *W. Zorn* (Hg.): Handbuch der deutschen Wirtschafts- und Sozialgeschichte, Bd. 2, Stuttgart 1976, S. 369–425

Koch, Rainer: »Industriesystem« oder »bürgerliche Gesellschaft«. Der frühe deutsche Liberalismus und das Laisser-faire-Prinzip, in: GWU, Jg. 29 (1978), S. 605–628

Kocka, Jürgen: Preußischer Staat und Modernisierung im Vormärz: Marxistisch-leninistische Interpretationen und ihre Probleme, in: *H. U. Wehler* (Hg.): Sozialgeschichte heute. Festschrift für Hans Rosenberg zum 70. Geburtstag (= Kritische Studien zur Geschichtswissenschaft, Bd. 11), S. 211–227

ders.: Industrielle Angestelltenschaft in frühindustrieller Zeit – Status · Funktion · Begriff –, in: *O. Büsch* (Hg.): Untersuchungen zur Geschichte der frühen Industrialisierung, Berlin 1971, S. 315–367

ders.: Unternehmensverwaltung und Angestelltenschaft am Beispiel Siemens 1847 bis 1914 (= Industrielle Welt, Bd. 11), Stuttgart 1969

ders.: Stand–Klasse–Organisation. Strukturen sozialer Ungleichheit in Deutschland vom späten 18. bis zum frühen 20. Jahrhundert im Aufriß, in: *H. U. Wehler* (Hg.): Klassen in der europäischen Sozialgeschichte, Göttingen 1979, S. 137–165

ders.: Die Angestellten in der deutschen Geschichte 1850–1980, Göttingen 1981

ders. (Hg.): Angestellte im europäischen Vergleich (= Geschichte und Gesellschaft, Sonderheft 7), Göttingen 1981

Köhler, Ruth / Richter, Wolfgang (Hg.): Berliner Leben 1806–1847. Erinnerungen und Berichte, Berlin 1954

Köllmann, Wolfgang: Gesellschaftsanschauungen und sozialpolitisches Wollen Friedrich Harkorts, in: Rheinische Vierteljahrsblätter, Jg. 25 (1960), S. 81–99

ders.: Friedrich Harkort, Bd. 1: 1793–1838 (= Beiträge zur Geschichte des Parlamentarismus und der politischen Parteien, Bd. 27), Düsseldorf 1964

ders.: Soziale Frage und soziale Bewegungen, in: *W. Först* (Hg.): Das Rheinland in preußischer Zeit. 10 Beiträge zur Geschichte der Rheinprovinz, Köln/Berlin 1965, S. 145–165

ders.: Die Geschichte der Bergarbeiterschaft, in: *W. Först* (Hg.): Ruhrgebiet und neues Land (= Beiträge zur neueren Landesgeschichte des Rheinlandes und Westfalens, Bd. 2), Köln/Berlin 1968, S. 49–112

ders.: Die Anfänge der staatlichen Sozialpolitik in Preußen bis 1869, in: *E. W. Bökkenförde* (Hg.): Moderne deutsche Verfassungsgeschichte (1815–1918) (= NWB, Bd. 51), Köln 1972, S. 410–429

ders.: Politische und soziale Entwicklung der deutschen Arbeiterschaft 1850–1914, in: *G. A. Ritter* (Hg.): Die deutschen Parteien vor 1918 (= NWB, Bd. 61), Köln 1973, S. 316–330

ders.: Bevölkerung in der industriellen Revolution. Studien zur Bevölkerungsgeschichte Deutschlands (= Kritische Studien zur Geschichtswissenschaft, Bd. 12), Göttingen 1974

ders.: Aus dem Alltag der Unterschichten in der Vor- und Frühindustrialisierungsphase, in: *J. Reulecke / W. Weber* (Hg.): Fabrik, Familie, Feierabend. Beiträge zur Sozialgeschichte des Alltags im Industriezeitalter, Wuppertal 1978², S. 11–37

Köster, Johanna: Der rheinische Frühliberalismus und die soziale Frage, hg. von *W. P. Fuchs* (= Historische Studien, Heft 342), Berlin 1938, Reprint Vaduz 1965

Koselleck, Reinhart: Preußen zwischen Reform und Revolution. Allgemeines Landrecht, Verwaltung und soziale Bewegung von 1791 bis 1848, Stuttgart 1975²

ders.: Begriffsgeschichte und Sozialgeschichte, in: *P. Ch. Ludz* (Hg.): Soziologie und Sozialgeschichte (= Kölner Zeitschrift für Soziologie und Sozialpsychologie, Sonderheft 16), Opladen 1972, S. 116–131

ders.: Staat und Gesellschaft in Preußen, 1815–1848, in: *H. U. Wehler* (Hg.): Moderne deutsche Sozialgeschichte (= NWB, Bd. 10), Köln 1973⁴, S. 55–84

ders.: »Erfahrungsraum« und »Erwartungshorizont« – zwei historische Kategorien, in: *U. Engelhardt u. a.* (Hg.): Soziale Bewegung und politische Verfassung, Stuttgart 1976, S. 13–33

Koszyk, Kurt / Obermann, Karl: Zeitgenossen von Marx und Engels, Assen 1975

Kramer, Helmut: Fraktionsbindungen in den deutschen Volksvertretungen 1819–1849 (= Schriften zur Verfassungsgeschichte, Bd. 7), Berlin 1968

Kratzsch, Gerhard: Die Entfaltung des Vereinswesens in den letzten 200 Jahren. Eine sozialgeschichtliche Studie, in: Geschichte, Politik und ihre Didaktik. Zeitschrift des Landesverbandes Nordrhein-Westfälischer Geschichtslehrer, Heft 1/2 (1979), S. 26–52

Krause, Hans: Die Demokratische Partei von 1848 und die soziale Frage, Frankfurt/M. 1923

Krause, Werner (Hg.): Bürgerliche und kleinbürgerliche ökonomische Sozialismuskonzeptionen (1818–1917) (= Schriftenreihe des Zentralinstituts für Wirtschaftswissenschaften der Akademie für Wissenschaften der DDR 14/1), Berlin-Ost 1976

Kriege, A.: Geschichte der Evangelischen Kirchenzeitung unter der Redaktion E. W. Hengstenbergs, Diss. Bonn 1958

Krieger, Leonard: The German Idea of Freedom. History of a Political Tradition, Chicago 1972²

Krockow, Christian Graf von: Reform als politisches Prinzip, München 1976

Kroker, Evelyn: Die Weltausstellungen im 19. Jahrhundert. Industrieller Leistungsnachweis, Konkurrenzverhalten und Kommunikationsfunktion unter Berücksichtigung der Montanindustrie des Ruhrgebiets zwischen 1851 und 1880 (= Studien zur Naturwissenschaft, Technik und Wirtschaft im 19. Jahrhundert, Bd. 4), Göttingen 1975

Kuczynski, Jürgen: Die Geschichte der Lage der Arbeiter unter dem Kapitalismus, Bde. 1 und 2, Berlin-Ost 1961/62

Külp, Bernhard / Schreiber, Wilfried (Hg.): Soziale Sicherheit (= NWB, Bd. 40), Köln/Berlin 1971

Lampert, Heinz: Sozialpolitik, Berlin/Heidelberg/New York 1980

Landes, David S.: Der entfesselte Prometheus. Technologischer Wandel und industrielle Entwicklung in Westeuropa von 1750 bis zur Gegenwart, Köln 1973

Langewiesche, Dieter: Europäische Liberale in den Revolutionen von 1848. Gesellschafts- und verfassungspolitische Zielvorstellungen, in: Aus Politik und Zeitgeschichte, B 20/82, S. 22–31

ders.: Die deutsche Revolution von 1848/49 und die vorrevolutionäre Gesellschaft: Forschungsstand und Forschungsperspektiven, in: AfS, Bd. XXI (1981), S. 458 bis 498

ders.: Republik, konstitutionelle Monarchie und »soziale Frage«. Grundprobleme der deutschen Revolution von 1848/49, in: HZ, Bd. 230 (1980), S. 529–548 *ders.:* Die Anfänge der deutschen Parteien. Partei, Fraktion und Verein in der Revolution von 1848/49, in: GG, 4. Jg. (1978), S. 324–361

Lennox, Frank H. jr.: Socialism of the Chair in the 1870's. A Study of the Theory and Practice of Social Reform in Germany, Diss. Madison (University of Wisconsin) 1972

Lepsius, Rainer: Parteisystem und Sozialstruktur: zum Problem der Demokratisierung der deutschen Gesellschaft, in: *G. A. Ritter* (Hg.): Die deutschen Parteien vor 1918 (= NWB, Bd. 61), Köln 1973, S. 56–80

Liebchen, Günther: Zu den Lebensbedingungen der unteren Schichten im Berlin des Vormärz, in: *O. Büsch* (Hg.): Untersuchungen zur Geschichte der frühen Industrialisierung, Berlin 1971, S. 270–314

Lomberg, August: Bergische Männer, Elberfeld 1921

Marquardt, Frederick D.: Pauperismus in Germany During the Vormärz, in: Central European History, Vol II (1969), S. 77–88

ders.: A. Working Class in Berlin in the 1840's?, in: *H. U. Wehler:* Sozialgeschichte heute. Festschrift für Hans Rosenberg zum 70. Geburtstag (= Kritische Studien zur Geschichtswissenschaft, Bd. 11), Göttingen 1974, S. 191–210

Matz, Klaus-Jürgen: Pauperismus und Bevölkerung. Die gesetzlichen Ehebeschränkungen in den süddeutschen Staaten während des 19. Jahrhunderts (= Industrielle Welt, Bd. 31), Stuttgart 1980

Mayer, Gustav: Die Anfänge des politischen Radikalismus im vormärzlichen Preußen, Wiederabdruck in: *H. U. Wehler* (Hg.): Radikalismus, Sozialismus und bürgerliche Demokratie, Frankfurt/M. 1969

ders.: Die Trennung der proletarischen von der bürgerlichen Demokratie in Deutschland (1863–1870), Wiederabdruck in: *H. U. Wehler* (Hg.): Radikalismus, Sozialismus und bürgerliche Demokratie, Frankfurt/M. 1969

Mehring, Franz: Geschichte der deutschen Sozialdemokratie, Bd. 1, Neudruck Berlin 1976

Meinhardt, G.: Der schlesische Weberaufstand von 1844, in: Jahrbuch der Schlesischen Friedrich-Wilhelms-Universität zu Breslau, Bd. 17 (Berlin 1972)

Meyer, Dora: Das öffentliche Leben in Berlin im Jahr vor der Märzrevolution (= Schriften des Vereins für die Geschichte Berlins, Heft XLVI), Berlin 1912

Meyer, Hermann: 1848. Studien zur Geschichte der Deutschen Revolution, Darmstadt 1948

ders.: Karl Marx und die deutsche Revolution von 1848, in: HZ 172 (1951), S. 517–534

Michel, Ernst: Sozialgeschichte der industriellen Arbeitswelt, ihre Krisenformen und Gestaltungsversuche, Frankfurt/M. 1949

Mitterauer, Michael / Sieder, Reinhard: Vom Patriarchat zur Partnerschaft. Zum Strukturwandel der Familie, München 1977

Moldenhauer, Rüdiger: Die Petitionen aus der Stadt Berlin an die deutsche Nationalversammlung 1848/49, in: Archiv für Frankfurts Geschichte und Kunst, Heft 54 (1974), S. 209–235

Mommsen, Hans (Hg.): Sozialdemokratie zwischen Klassenbewegung und Volkspartei, Frankfurt/M. 1974

Mommsen, Wolfgang J.: Die liberale Idee in einer sich wandelnden Gesellschaft. Der deutsche Liberalismus von seinen Anfängen bis zur Gegenwart, in: Aus Politik und Zeitgeschichte. Beilage zur Wochenzeitung Parlament, B 23/79 (1979), S. 3–23

ders.: Der deutsche Liberalismus zwischen »klassenloser Bürgergesellschaft« und »Organisiertem Kapitalismus«. Zu einigen neueren Liberalismusinterpretationen, in: GG, 4. Jg. (1978), S. 77–90

ders.: (Hg.): Die Entstehung des Wohlfahrtsstaates in Großbritannien und Deutschland 1850–1950 (= Veröffentlichungen des Deutschen Historischen Instituts London, Bd. 11), Stuttgart 1982

Müller, Friedrich: Korporation und Assoziation. Eine Problemgeschichte der Vereinigungsfreiheit im deutschen Vormärz (=Schriften zum Öffentlichen Recht, Bd. 21), Berlin 1965

Na'aman, Shlomo: Lassalle (= Veröffentlichungen des Instituts für Sozialgeschichte Braunschweig), Hannover 1971[2]

Nell, Adelheid von: Die Entwicklung der generativen Strukturen bürgerlicher und bäuerlicher Familien von 1750 bis zur Gegenwart, Diss. Bochum 1973

Neuloh, Otto (Hg.): Soziale Innovation und sozialer Konflikt (= Studien zum Wandel von Gesellschaft und Bildung im 19. Jahrhundert, Bd. 15), Göttingen 1977

Nipperdey, Thomas: Gesellschaft, Kultur, Theorie (= Kritische Studien zur Geschichtswissenschaft, Bd. 18), Göttingen 1976

ders.: Probleme der Modernisierung in Deutschland, in: Saeculum 30 (1979), S. 292–303

Noyes, Paul H.: Organization and Revolution. Working-Class Association in the German Revolutions of 1848–1849, Princeton (New Jersey) 1966

Nyssen, Helge: Zur Soziologie der Romantik und des vormarxistischen Sozialismus in Deutschland. Bettina von Arnims soziale Ideen, Diss. Heidelberg 1950

Obermann, Karl: Die Volksbewegung in Deutschland von 1844 bis 1846, in: ZfG, 5. Jg. (1957), S. 503–525

ders.: Gustav Adolf Schlöffel, in: Männer der Revolution 1848, hg. vom Arbeitskreis Vorgeschichte und Geschichte der Revolution 1848/49, Berlin-Ost, S. 191 bis 215

ders.: Deutschland 1815–1849 (= Lehrbuch der deutschen Geschichte, Bd. 6), Berlin-Ost 1976[4]

ders.: Zur politischen Haltung der gemäßigten Liberalen am Vorabend und in der deutschen Märzrevolution 1848, in: ZfG, 27. Jg. (1979), S. 209–225

Offermann, Toni: Arbeiterbewegung und liberales Bürgertum in Deutschland 1850–1863 (= Politik und Gesellschaftsgeschichte, Bd. 5), Bonn 1979

Pankoke, Eckart: Sociale Bewegung – Sociale Frage – Sociale Politik. Grundfragen der deutschen »Socialwissenschaft« im 19. Jahrhundert (= Industrielle Welt, Bd. 12), Stuttgart 1970

ders.: Soziale Systeme in historischen Prozessen. Zur Problemgeschichte der soziologischen Wandlungstheorie, in: AfS, Bd. XI (1971), S. 483–499

ders.: Soziale Selbstverwaltung. Zur Problemgeschichte sozial-liberaler Gesellschaftspolitik, in: AfS, Bd. XII (1972), S. 185–203

ders.: Sozialpolitik zwischen staatlicher Systematisierung und situativer Operationalisierung. Zur Problem- und Programmgeschichte sozialer Politik, in: *Ch. v. Ferber / F. X. Kaufmann* (Hg.): Soziologie und Sozialpolitik (= Sonderheft 19 der Kölner Zeitschrift für Soziologie und Sozialpsychologie), Opladen 1977, S. 76–97

Paschen, Joachim: Demokratische Vereine und preußischer Staat. Entwicklung und Unterdrückung der demokratischen Bewegung während der Revolution 1848/49 (= Studien zur modernen Geschichte, Bd. 22), München u. a. 1977

Paulsen, Ingwer: Victor Aimé Huber als Sozialpolitiker (= Friedewalder Beiträge zur Sozialen Frage, Bd. 7), Berlin 1956[2]

ders.: V. A. Huber und die Sozialpolitik des deutschen Protestantismus, in: GWU, 5. Jg. (1954), S. 299–303

Petersdorff, Herman von: Kleist-Retzow. Ein Lebensbild, Stuttgart/Berlin 1907

ders.: König Friedrich Wilhelm der Vierte, Stuttgart 1900

Pfaff, Martin / Voigtländer, Hubert (Hg.): Sozialpolitik im Wandel. Von der selektiven zur integrierten Sozialpolitik, Bonn 1978

Piltz, Werner: Die Berliner Arbeiter 1815–48, Diss. Jena 1922

Plessen, Marie-Louise: Die Wirksamkeit des Vereins für Socialpolitik von 1872–1890. Studien zum Katheder- und Staatssozialismus (= Beiträge zur Geschichte der Sozialwissenschaften, Heft 3), Berlin 1975

Puhle, Hans-Jürgen: Vom Wohlfahrtsausschuß zum Wohlfahrtsstaat, in: *G. A. Ritter* (Hg.): Vom Wohlfahrtsausschuß zum Wohlfahrtsstaat. Der Staat in der modernen Industriegesellschaft, Köln 1973, S. 29–68

Puppke, Ludwig: Sozialpolitik und soziale Anschauungen frühindustrieller Unternehmer in Rheinland-Westfalen (= Schriften zur Rheinisch-westfälischen Wirtschaftsgeschichte, NF Bd. 13), Köln 1966

Quarck, Max: Die erste deutsche Arbeiterbewegung. Geschichte der Arbeiterverbrüderung 1848/49. Ein Beitrag zur Theorie und Praxis des Marxismus, Leipzig 1924

Rachel, Hugo / Wallich, Paul: Berliner Großkaufleute und Kapitalisten, Bd. 3: Übergangszeit zum Hochkapitalismus 1806–1856, neu hg., ergänzt und bibliogr. erweitert von *Johannes Schultze* u. a. (= Veröffentlichungen des Vereins für Geschichte der Mark Brandenburg, Bd. 34, Neudrucke Bd. 3), Berlin 1967

Ratz, Ursula: Sozialreform und Arbeiterschaft. Die »Gesellschaft für Soziale Reform« und die sozialdemokratische Arbeiterbewegung von der Jahrhundertwende bis zum Ausbruch des Ersten Weltkrieges (= Einzelveröff. der Historischen Kommission zu Berlin, Bd. 27), Berlin 1980

Repgen, Konrad: Märzbewegung und Maiwahlen des Revolutionsjahres 1848 im Rheinland (= Bonner Historische Forschungen, Bd. 4), Bonn 1955

Reulecke, Jürgen: Die erste sozialistische Versammlung in Deutschland, in: Zeitschrift des Bergischen Geschichtsvereins, 87. Bd. (1974/76), S. 97–104

ders.: Vom blauen Montag zum Arbeiterurlaub. Vorgeschichte und Entstehung des Erholungsurlaubs für Arbeiter vor dem Ersten Weltkrieg, in: AfS, Bd. XVI (1976), S. 205–248

ders.: Sozio-ökonomische Bedingungen und Folgen der Verstädterung in Deutschland, in: Zeitschrift für Stadtgeschichte, Stadtsoziologie und Denkmalpflege, Jg. 4 (1977), S. 269–287

ders.: Pauperismus, »social learning« und die Anfänge der Sozialstatistik in Deutschland, in: *H. Mommsen / W. Schulze* (Hg.): Vom Elend der Handarbeit. Probleme historischer Unterschichtenforschung (=Geschichte und Gesellschaft. Bochumer Historische Studien, Bd. 24), Stuttgart 1981, S. 358–372

ders.: Englische Sozialpolitik um die Mitte des 19. Jahrhunderts im Urteil deutscher Sozialreformer, in: *W. J. Mommsen* (Hg.): Die Entstehung des Wohlfahrtsstaates in Großbritannien und Deutschland 1950–1950, Stuttgart 1982, S. 40–56

ders.: Sozialer Konflikt und bürgerliche Sozialreform in der Frühindustrialisierung, in: *K. Tenfelde / H. Volkmann* (Hg.): Streik. Zur Geschichte des Arbeitskampfes in Deutschland während der Industrialisierung, München 1981, S. 237–252

ders.: »Kunst« in den Arbeiterbildungskonzepten bürgerlicher Sozialreformer im 19. Jahrhundert, in: *E. Mai / H. Pohl / St. Waetzoldt* (Hg.): Kunstpolitik und Kunstförderung im Kaiserreich, Berlin 1982, S. 83–93

ders.: Bürgerliche Sozialreformer und Arbeiterjugend im Kaiserreich, in: AfS, Bd. XXII (1982), S. 299–329

Ritscher, Wolfgang: Koalitionen und Koalitionsrecht in Deutschland bis zur Reichsgewerbeordnung, Stuttgart/Berlin 1917

Ritter, Gerhard A. (Hg.): Die deutschen Parteien vor 1918 (= NWB, Bd. 61), Köln 1973

Rosenbaum, Heidi: Formen der Familie. Untersuchungen zum Zusammenhang

von Familienverhältnissen, Sozialstruktur und sozialem Wandel in der deutschen Gesellschaft des 19. Jahrhunderts, Frankfurt/M. 1982
Rosenberg, Hans: Politische Denkströmungen im deutschen Vormärz (= Kritische Studien zur Geschichtswissenschaft, Bd. 3), Göttingen 1972
Rüegg, Walter / Neuloh, Otto (Hg.): Zur soziologischen Theorie und Analyse des 19. Jahrhunderts (= Studien zum Wandel von Gesellschaft und Bildung im 19. Jahrhundert, Bd. 1), Göttingen 1971
Rürup, Reinhard (Hg.): Historische Sozialwissenschaft. Beiträge zur Einführung in die Forschungspraxis, Göttingen 1977
Rupieper, Hermann-Josef: Die Polizei und die Fahndungen anläßlich der deutschen Revolution von 1848/49, in: VSWG, 64. Bd. (1977), S. 328–355
Ruß-Mohl, Stephan: Dramaturgie politischer Reformen. Reformkonjunkturen, neue soziale Bewegungen und politisches Krisenmanagement, in: Aus Politik und Zeitgeschichte, B 26/82, S. 3–25
Sachße, Christoph / Tennstedt, Florian: Geschichte der Armenfürsorge in Deutschland, Stuttgart u. a. 1980
Sänger, Jochen: Die Arbeiterbewegung in Rheda. Vom Rhedaer Kreis bis zur SPD heute, Gütersloh 1975
Schäfer, Hermann: Arbeitsverdienst im Lebenszyklus. Zur Einkommensmobilität von Arbeitern, in: AfS, Bd. XXI (1981), S. 237–267
Scheuble, Julius (Hg.): 100 Jahre staatliche Sozialpolitik 1839–1939, bearb. von *O. Neuloh*, Stuttgart 1957
Schieder, Wolfgang: Anfänge der deutschen Arbeiterbewegung. Die Auslandsvereine im Jahrzehnt nach der Julirevolution von 1830 (= Industrielle Welt, Bd. 4), Stuttgart 1963
Schiffer, Eugen: Rudolf von Gneist, Berlin 1929
Schinkel, Harald: Armenpflege und Freizügigkeit in der preußischen Gesetzgebung vom Jahre 1842, in: VSWG, 50. Bd. (1963), S. 459–479
Schlumbohm, Jürgen: Freiheit. Die Anfänge der bürgerlichen Emanzipationsbewegung in Deutschland im Spiegel ihres Leitwortes (ca. 1760–ca. 1800) (= Geschichte und Gesellschaft. Bochumer Historische Studien, Bd. 12), Düsseldorf 1975
Schmidt, Gustav: Politischer Liberalismus, »Landed Interests« und Organisierte Arbeiterschaft, 1850–1880. Ein deutsch-englischer Vergleich, in: *H. U. Wehler* (Hg.): Sozialgeschichte heute (= Kritische Studien zur Geschichtswissenschaft, Bd. 11), Göttingen 1974, S. 266–288
Schmidt, Martin / Schwaiger, Georg (Hg.): Kirchen und Liberalismus im 19. Jahrhundert (= Studien zur Theologie und Geistesgeschichte im 19. Jahrhundert, Bd. 19), Göttingen 1976
Schmidt, Siegfried: Zur Frühgeschichte der bürgerlichen Parteien in Deutschland, in: ZfG, 13. Jg. (1965), S. 973–991
ders. / Czichy, Eldrid: Zentralverein für das Wohl der arbeitenden Klassen (ZWAK) 1844 bis zum ersten Weltkrieg, in: *D. Fricke* u. a. (Hg.): Die bürgerlichen Parteien in Deutschland. Handbuch der Geschichte der bürgerlichen Parteien und anderer bürgerlichen Interessenorganisationen vom Vormärz bis zum Jahre 1945, Leipzig 1970, S. 872–876
Schneider, Hans Richard: Bürgerliche Vereinsbestrebungen für das »Wohl der arbeitenden Klassen« in der preußischen Rheinprovinz im 19. Jahrhundert, Diss. Bonn 1967
Schomerus, Heilwig: Die Arbeiter der Maschinenfabrik Esslingen. Forschungen zur Lage der Arbeiterschaft im 19. Jahrhundert (= Industrielle Welt, Bd. 24), Stuttgart 1977

Schütte, Heinz: Die Rolle der Genossenschaften bei der Industrialisierung (= Schriftenreihe des Forschungsinstituts der Friedrich-Ebert-Stiftung, Bd. 86), Hannover 1971

Schütz, Rüdiger: Preußen und die Rheinlande. Studien zur preußischen Integrationspolitik im Vormärz, Wiesbaden 1979

Schrader, Gerhard: Quirin Croon, in: Rheinisch-Westfälische Wirtschaftsbiographien, Bd. IV, Münster 1941, S. 49–70

Schramm, Percy Ernst: Hamburg, Deutschland und die Welt, München 1943

Schulte, Wilhelm: Volk und Staat. Westfalen im Vormärz und in der Revolution 1848/49, Münster 1954

Schulz, Gerhard: Über Entstehung und Formen von Interessengruppen in Deutschland seit Beginn der Industrialisierung, in: Politische Vierteljahresschrift, 2. Bd. (1961), S. 124–154

Schulze, Winfried: »Sozialistische Bestrebungen in Deutschland«. Bemerkungen zu einer Aufsatzfolge Karl Biedermanns (1846), in: VSWG, 57. Bd. (1970), S. 93–104

Schumacher, Martin: Auslandsreisen deutscher Unternehmer 1750–1851 unter besonderer Berücksichtigung von Rheinland und Westfalen (= Schriften zur Rheinisch-westfälischen Wirtschaftsgeschichte, Bd. 17), Köln 1968

Sedatis, Helmut: Liberalismus und Handwerk in Südwestdeutschland, Stuttgart 1979

Seeber, Gustav: Preußisch-deutscher Bonapartismus und Bourgeoisie. Zu Ausgangspositionen und Problemen der Bonapartismusforschung, in: Jahrbuch für Geschichte, Bd. 16 (1977), S. 71–118

Serlo, Walter: Bergmannsfamilien in Rheinland und Westfalen (= Rheinisch-Westfälische Wirtschaftsbiographien, Bd. III), Münster 1963

Sheehan, James J.: Liberalismus und Gesellschaft in Deutschland 1815–1848, in: *L. Gall* (Hg.): Liberalismus (= NWB, Bd. 85), Köln 1976, S. 208–231

ders.: Partei, Volk and Staat. Some Reflections on the Relationship between Liberal Thought and Action in Vormärz, in: *H. U. Wehler* (Hg.): Sozialgeschichte heute (= Kritische Studien zur Geschichtswissenschaft, Bd. 11), Göttingen 1974, S. 162–174

Shorter, Edward: Die Geburt der modernen Familie, Reinbek bei Hamburg 1977

Stadelmann, Rudolf: Soziale und politische Geschichte der Revolution von 1848, München 1970[2]

ders.: Soziale Ursachen der Revolution von 1848, in: *H. U. Wehler* (Hg.): Moderne deutsche Sozialgeschichte (= NWB, Bd. 10), Köln 1973[4], S. 137–155

Stearns, Peter N.: Die Herausbildung einer sozialen Gesinnung im Frühindustrialismus. Ein Vergleich der Auffassungen französischer, britischer und deutscher Unternehmer, in: *P. Ch. Ludz* (Hg.): Soziologie und Sozialgeschichte (= Sonderheft 16 der Kölner Zeitschrift für Soziologie und Sozialpsychologie), Opladen 1972, S. 320–342

Stegmann, Franz Joseph: Von der ständischen Sozialreform zur staatlichen Sozialpolitik. Der Beitrag der Historisch-Politischen Blätter zur Lösung der sozialen Frage (= Politische Studien, Beiheft 4), München/Wien 1965

Stein, Hans: Pauperismus und Assoziation. Soziale Tatsachen und Ideen auf dem westeuropäischen Kontinent vom Ende des 18. bis zur Mitte des 19. Jahrhunderts unter besonderer Berücksichtigung des Rheingebiets, Leiden 1936

Stein, Lorenz von: Die Verwaltungslehre; Teil 1, Abt. 3: Das System des Vereinswesens und des Vereinsrechts, Nachdruck der 2. Aufl. Stuttgart 1869, Aalen 1962

Stiebel, Nora: Der »Zentralverein für das Wohl der arbeitenden Klassen« im vormärzlichen Preußen. Ein Beitrag zur Geschichte der sozialreformerischen Bewegung, Diss. Heidelberg 1922 (masch.-schr.)

Strutz, Edmund: Bergische Wirtschaftsgeschichte, in: *J. Hashagen u. a.:* Bergische Geschichte, Remscheid-Lennep 1958, S. 299–446

Stürmer, Michael: 1848 in der deutschen Geschichte, in: *H. U. Wehler* (Hg.): Sozialgeschichte heute (= Kritische Studien zur Geschichtswissenschaft, Bd. 11), Göttingen 1974, S. 228–242

Stuke, Horst: Philosophie der Tat. Studien zur Verwirklichung der Philosophie bei den Junghegelianern und den Wahren Sozialisten (= Industrielle Welt, Bd. 3), Stuttgart 1963

ders.: Bedeutung und Problematik des Klassenbegriffs. Begriffs- und sozialgeschichtliche Überlegungen im Umkreis historischer Klassentheorie, in: *U. Engelhardt* u. a. (Hg.): Soziale Bewegung und politische Verfassung (= Industrielle Welt, Sonderband für Werner Conze), Stuttgart 1976, S. 46–82

Sybel, Heinrich von: Carl Ludwig von Hinckeldey, in: HZ, Bd. 189 (1959), S. 108–124

Taubert, Rolf: Autonomie und Integration. Das Arbeiter-Blatt Lennep (= Dortmunder Beiträge zur Zeitungsforschung, Bd. 24), München 1977

Tenfelde, Klaus: Sozialgeschichte der Bergarbeiterschaft an der Ruhr im 19. Jahrhundert (= Schriftenreihe des Forschungsinstituts der Friedrich-Ebert-Stiftung, Bd. 125), Bonn-Bad Godesberg 1977

ders.: Lesegesellschaften und Arbeiterbildungsvereine: Ein Ausblick, in: *O. Dann* (Hg.): Lesegesellschaften und bürgerliche Emanzipation, München 1981, S. 253–274

ders. / Volkmann, Heinrich (Hg.): Streik. Zur Geschichte des Arbeitskampfes in Deutschland während der Industrialisierung, München 1981

Tennstedt, Florian: Sozialgeschichte der Sozialpolitik in Deutschland, Göttingen 1981

Teuteberg, Hans Jürgen: Geschichte der industriellen Mitbestimmung in Deutschland. Ursprung und Entwicklung ihrer Vorläufer im Denken und in der Wirklichkeit des 19. Jahrhunderts (= Soziale Forschung und Praxis, hg. von der Sozialforschungsstelle an der Universität Münster in Dortmund, Bd. XX), Tübingen 1961

ders.: Zeitgenössische deutsche Reflexionen über die Rolle des Faktors Arbeit in den frühen Phasen der britischen Industrialisierung (1750–1850), in: *H. Kellenbenz* (Hg.): Wirtschaftspolitik und Arbeitsmarkt, Wien 1974, S. 238–270

Thamer, Hans-Ulrich: Von der Korporation zur Assoziation. Zur Frühgeschichte von Sozialismus und Arbeiterbewegung in Frankreich und Deutschland, in: NPL, XXV. Jg. (1980), S. 62–78

Thomas, R. Hinton: Liberalism, Nationalism and die German Intellectuals (1822–1847). An Analysis of the Academic and Scientific Conferences of the Period, Cambridge 1951, Reprint Westport (Connecticut) 1975

Tilman, Margret: Der Einfluß des Revolutionsjahres 1848 auf die preußische Gewerbe- und Sozialgesetzgebung, Diss. Berlin 1935

Titmuss, Richard M.: Essays on »The Welfare State«, London 1966[6]

Tjaden, Karl Hermann: Soziales System und sozialer Wandel, Stuttgart 1972

Treitschke, Heinrich von: Deutsche Geschichte im 19. Jahrhundert, 5 Teile (bis zur Märzrevolution), Leipzig 1927

Trende, Adolf: Geschichte der deutschen Sparkassen bis zum Anfang des 20. Jahrhunderts, Stuttgart 1957

Treue, Wilhelm: Wirtschafts- und Sozialgeschichte Deutschlands im 19. Jahrhun-

dert, in: *B. Gebhard:* Handbuch der deutschen Geschichte, Bd. 3, hg. von *H. Grundmann*, Stuttgart 1960[8], S. 315–413
ders.: Gewerbeförderung und technische Entwicklung zur Zeit der Frühindustrialisierung in Preußen, in: Technikgeschichte, 36. Jg. (1969)
Twellmann, Margrit: Die Deutsche Frauenbewegung im Spiegel repräsentativer Frauenzeitschriften. Ihre Anfänge und erste Entwicklung 1843–1889 (= Marburger Abhandlungen zur Politischen Wissenschaft, hg. von *W. Abendroth*, Bd. 17/I), Meisenheim/Glan 1972
Uhden, Leo: Gruppenbewußtsein und informelle Gruppenbildungen bei den deutschen Arbeitern im Jahrhundert der Industrialisierung (= Untersuchungen über Gruppen und Verbände, Bd. 1), Berlin 1964
Uhlig, Gottfried: Bourgeoisie und Volksschulen im Vormärz. Schulpolitische Kämpfe in Westfalen 1838–1848, Berlin-Ost 1960
Uhlig, Otto: Arbeit – amtlich angeboten. Der Mensch auf seinem Markt, Stuttgart u. a. 1970
Ullmann, Peter: Tarifverträge und Tarifpolitik in Deutschland bis 1914. Entstehung und Entwicklung, interessenpolitische Bedingungen und Bedeutung des Tarifvertragswesens für die sozialistischen Gewerkschaften (= Moderne Geschichte und Politik, Nr. 6), Frankfurt/M. u. a. 1977
Ullrich, Volker: Emanzipation durch Integration. Zur Kritik der bürgerlichen Geschichtsschreibung über die Arbeiterbewegung bis 1914, in: Kritik der bürgerlichen Geschichtswissenschaft (= Sonderband »Das Argument«, Bd. 75, 1972), Teil II, S. 104–147
Valentin, Veit: Geschichte der deutschen Revolution 1848–1849, 2 Bde., Reprint Köln 1970
Varain, Heinz Josef (Hg.): Interessenverbände in Deutschland (= NWB, Bd. 60), Köln 1973
Vester, Michael: Die Entstehung des Proletariats als Lernprozeß. Die Entstehung antikapitalistischer Theorie und Praxis in England 1792–1848 (= Veröffentlichungen des Psychologischen Seminars der TU Hannover), Frankfurt/M. 1972[2]
Vogel, Walter: Bismarcks Arbeiterversicherung. Ihre Entstehung im Kräftespiel der Zeit, Braunschweig 1951
Volkmann, Heinrich: Die Arbeiterfrage im preußischen Abgeordnetenhaus 1848–1869 (= Schriften zur Wirtschafts- und Sozialgeschichte, Bd. 13), Berlin 1968
ders.: Kategorien des sozialen Protests im Vormärz, in: GG, 3. Jg. (1977), S. 164–189
Wehler, Hans-Ulrich (Hg.): Moderne deutsche Sozialgeschichte (= NWB, Bd. 10), Köln 1973[4]
ders. (Hg.): Sozialgeschichte heute. Festschrift für Hans Rosenberg zum 70. Geburtstag (= Kritische Studien zur Geschichtswissenschaft, Bd. 11), Göttingen 1974
ders.: Modernisierungstheorie und Geschichte, Göttingen 1975
Wende, Peter: Der Revolutionsbegriff der radikalen Demokraten, in: Archiv für Frankfurts Geschichte und Kunst, Heft 54 (1974), S. 57–68
ders.: Radikalismus im Vormärz. Untersuchungen zur politischen Theorie der frühen deutschen Demokratie (= Frankfurter Historische Abhandlungen, Bd. 11), Wiesbaden 1975
Wernicke, Kurt: Kommunisten und politische Aktivisten in der Berliner Arbeiterbewegung vor, während und nach der Revolution 1848/49, in: Beiträge zur Geschichte der deutschen Arbeiterbewegung, 10. Jg. (1968), S. 298–344
Wilden, Josef: Gründer und Gestalten der Rhein-Ruhr-Industrie, Düsseldorf 1951

Winkhaus, Eberhard: Wir stammen aus Bauern- und Schmiedegeschlecht, Görlitz 1932

Winkler, Heinrich-August: Zum Verhältnis von bürgerlicher und proletarischer Revolution bei Marx und Engels, in: *H. U. Wehler* (Hg.): Sozialgeschichte heute (= Kritische Studien zur Geschichtswissenschaft, Bd. 11), Göttingen 1974, S. 326–353

Wirtz, Rainer: Zur Logik plebejischer und bürgerlicher Aufstandsbewegungen – Die gescheiterte Revolution von 1848, in: SOWI, 8. Jg. (1979), S. 83–88

Wiswede, Günter / Kutsch, Thomas: Sozialer Wandel. Zur Erklärungskraft neuerer Entwicklungs- und Modernisierungstheorien (= Erträge der Forschung, Bd. 86), Darmstadt 1978

Wurzbacher, Gerhard: Die öffentliche freie Vereinbarung als Faktor soziokulturellen, insbesondere emanzipatorischen Wandels im 19. Jahrhundert, in: *W. Rüegg / O. Neuloh* (Hg.): Zur soziologischen Theorie und Analyse des 19. Jahrhunderts, Göttingen 1971, S. 103–122

Zapf, Wolfgang (Hg.): Theorien des sozialen Wandels (= NWB, Bd. 31), Köln 1970[2]

Ziese, Gerhard: Über die Anfänge der Arbeiterbewegung in Berlin. Neue Quellen zur Geschichte des Bundes der Gerechten in Deutschland, in: Beiträge zur Geschichte der deutschen Arbeiterbewegung, 7. Jg. (1965), Sonderheft, S. 140–156

Zorn, Wolfgang (Hg.): Handbuch der deutschen Wirtschafts- und Sozialgeschichte, Bd. 2.: Das 19. und 20. Jahrhundert, Stuttgart 1976

Zunkel, Friedrich: Der Rheinisch-Westfälische Unternehmer 1834–1879 (= Dortmunder Schriften zur Sozialforschung, Bd. 19), Köln/Opladen 1962

Orts- und Namenregister

(Die Stichwörter *Berlin, Deutschland* und *Preußen* wurden nicht aufgenommen. Ortsnamen sind kursiv gesetzt.)